新医科系列教材编审委员会

主 任 委 员　李伯群　泉州医学高等专科学校

　　　　　　　　吕国荣　泉州医学高等专科学校

副主任委员　王翠玲　泉州医学高等专科学校

委　　　员（以姓氏汉语拼音为序）

　　　　　　　　陈娇娥　泉州医学高等专科学校

　　　　　　　　董学峰　泉州医学高等专科学校

　　　　　　　　杜振双　泉州医学高等专科学校附属人民医院

　　　　　　　　黄斯佳　泉州医学高等专科学校

　　　　　　　　李宏林　泉州医学高等专科学校

　　　　　　　　刘晓云　泉州医学高等专科学校

　　　　　　　　刘玉琪　福建医科大学附属第二医院

　　　　　　　　丘东海　泉州医学高等专科学校

　　　　　　　　张　茗　泉州医学高等专科学校

　　　　　　　　朱建彬　泉州医学高等专科学校

新医科系列教材

体育与大健康教育

刘晓云 著

厦门大学出版社 国家一级出版社
全国百佳图书出版单位

图书在版编目（CIP）数据

体育与大健康教育 / 刘晓云著. -- 厦门：厦门大学出版社，2023.10
ISBN 978-7-5615-8961-8

Ⅰ.①体… Ⅱ.①刘… Ⅲ.①体育-高等学校-教材 ②健康教育-高等学校-教材 Ⅳ.①G807.4②G647.9

中国版本图书馆CIP数据核字(2023)第059958号

出 版 人	郑文礼
责任编辑	郑　丹
封面设计	李嘉彬
技术编辑	许克华

出版发行　厦门大学出版社
社　　址　厦门市软件园二期望海路39号
邮政编码　361008
总　　机　0592-2181111　0592-2181406(传真)
营销中心　0592-2184458　0592-2181365
网　　址　http://www.xmupress.com
邮　　箱　xmup@xmupress.com
印　　刷　厦门市明亮彩印有限公司

开本　787 mm×1 092 mm　1/16
印张　17.5
插页　2
字数　406千字
版次　2023年10月第1版
印次　2023年10月第1次印刷
定价　49.00元

本书如有印装质量问题请直接寄承印厂调换

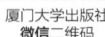

厦门大学出版社
微信二维码

厦门大学出版社
微博二维码

1934年,泉州地区医护人员极为匮乏,对护理人才的培养培训也较为稀缺。惠世医院(现福建医科大学附属第二医院)附设惠世护士学校应运而生,它便是泉州医学高等专科学校的前身,也是泉州历史上第一所中等医学专科学校。岁月如歌,初心如磐。近90载的办学历程,学校不忘"精诚惠世"初心,牢记全心全意为人民健康服务的宗旨,以人才培养为根本,以服务社会为己任,踔厉奋发,笃行不怠,为社会培养、输送了6万多名高素质技术技能型医药卫生人才。他们扎根八闽大地,为福建医疗卫生事业和人民健康做出了巨大的贡献。

脚踏实地,方能行稳致远。学校自2004年升格为大专院校以来,在国家高职教育发展的快车道中抢抓机遇,砥砺奋进,实现了一次又一次的超越:2008年,参加国家教育部高职高专院校人才水平评估,成绩名列全省前茅,获优秀等级;2009年,被确定为福建省示范性高等职业院校;2010年,被确定为国家示范性(骨干)高职院校立项建设单位;2014年,顺利通过国家验收,步入全国高等职业教育先进行列;2015年,通过高等职业院校第二轮人才培养工作评估;2020年,成为福建省示范性现代高等职业院校;2021年,获批福建省高水平职业院校和专业建设计划项目A类立项建设单位;2022年,开启应用型本科医学院校新征程。

习近平总书记指出:"人民健康是民族昌盛和国家强盛的重要标志。""培养造就大批德才兼备的高素质人才,是国家和民族长远发展大计。"在大数据、云计算、人工智能等新科学技术大规模应用的背景下,医学也正向高度信息化和智能化方向发展。医学教育需要更新价值理念,以办人民满意的医学教育为目标培养新医科人才。2020年9月，国务院办公厅印发《关于加快医学教育创新发展的指导意见》，提出"把医学教育摆在关系教育和卫生健康事业优先发展的重要地位，立足基本国情，以服务需求为导向，以新医科建设为抓手，着力创新体制机制，分类培养研究型、复合型和应用型人才，全面提高人才培养质量，为推进健康中国建设、保障人民健康提供强有力的人才保障"。这一重大部署，吹响了我国新时代新医科建设的号角。

为党育人，为国育才。心怀"国之大者"，必须响应时代要求和群众需求，培养国家需要的、人民喜欢的、有温度的好医生。为了更好更快地服务"健康新福建""幸福泉州"建设，学校正举全校之力升格创建泉州健康医学院，致力于培育高素质应用型医学人才，打造人才培养新高地，全方位、全周期保障人民健康。

教材是课程建设的基石，课程建设是学科培育的关键，学科培育是人才培养的基础。编写本套新医科系列教材是学校响应时代发展需要、加强学科专业建设、培养高素质应用型医学人才的重要举措。《产时超声》站在学科发展前沿，顺应近10年来超声影像新学科的蓬勃发展，是编者根据多年的临床实践并结合国内外最新文献编写而成；融合"大健康"理念，《体育与大健康教育》对大学生健康从思想、心理、生理、传染病预防、体育锻炼、膳食营养、生活习惯、危机处理等几个方面做了全方位的阐述；立足大数据、云计算、物联网、人工智能在医疗领域的广泛应用，《新医科视域下的医学生信息素养》重构信息素养教材知识体系，以更好地满足新时代医学生专业素养的提升；《智能医学》主要介绍智能医学的基本理念、基础知识以及在医学领域的应用，既注重基础知识的讲解，又关注智能医学前沿技术发展的新趋势；《重症康复评定》全面阐述了重症康复过程中评估的重要性和技术要点，体系完整，逻辑清晰，通俗易懂，适合作为普通高等院校多个专业的新医科特色教材；《叙事医学能力培养》以叙事医学的文本细读、反思性写作和医患沟通为编写重点，理实融通，医文结合，为医学人文的落地找到着陆点；《口腔转化医学》覆盖了口腔各个学科及其他医学基础学科，研究口腔主要疾病的发病机制，并将最新研究成果转化为临床医疗新技术和新方法；《慢重症居家管理》全面阐述了常见的居家慢重症病种、特点、管理要点以及自我管理。总体来看，本套新医科系列教材囊括了目前医疗行业的各个热门领域，既具有医学研究的学理性、科学性和前瞻性，又突出了新医科人才培养的基础性、人文性和适用性，真正做到落实"大健康"、聚焦"胜任力"、服务"全周期"。

潜心问道,精益求精。在学校党委的大力支持和高度重视下,学校成立了新医科系列教材编审委员会,加强领导,统一部署,各学院、各部门通力合作,众多专家教师和相关单位的工作人员全身心地投入这项工作,尤其是每部教材的编写人员,他们在日常繁忙的教学和工作之余,投入了大量的时间和精力,刻苦钻研,潜心问道,在孜孜不倦中不断自我突破,力求打造精品,不负育人使命。我们期待本套教材的发行能为学校的人才培养、内涵建设以及高质量发展夯实基础;能成为学校申办本科院校、提升办学层次的强大助推器;能助推学校成为医学教育领域的典范,为国家新医科的发展贡献自己的力量。

泉州医学高等专科学校新医科系列教材编审委员会
主任委员:李伯群　吕国荣
副主任委员:王翠玲
2023 年 9 月 6 日

　　随着社会经济的飞速发展,人们的生活节奏越来越快,生存压力也逐渐变大,导致人们的生活方式和心理状态向多样化、复杂化发展。生物因素、环境因素、社会因素、心理因素等各类不同因素共同影响着人类身心健康的综合发展。所以,持续、广泛地开展健康教育和健康促进工作是解决人类健康问题最经济而长期有效的措施之一。

　　健康教育的对象是所有人,从幼儿开始,到青少年,再到中老年,贯穿一个人的一生。进入大学阶段,健康教育更显重要。大学生是一个特殊的群体,是今后社会向前发展的一支重要力量,所以我们要重点维护大学生群体的身心健康。大学时期又是一个人由家庭走向社会、由青涩走向成熟的转型时期。在这一时期,感情与社会的碰撞,身体机能的发展,常常会导致青年学生面临心理冲突;事业和职业的选择,学习和就业的压力,容易聚集为强烈的挫折感,使青年学生形成身心疾病;健康与保健知识的不足、疾病防治与急救知识的缺乏,常使青年学生遇到疾病时感到恐惧。编写本书的目的是帮助青年学生更好地掌握常见疾病的预防知识,增强自身素质;能正确对待疾病,有应对突发状态的防控措施;树立正确的价值观及健康观,预防各种心理障碍;在关键时期,能更好地进行自我调节,顺利适应社会;改善对个人和公共卫生的态度,培养自我保健的能力。

　　全书共分为九章。第一章为大学生健康教育概述,针对健康观与健康中国、健康与亚健康、健康教育与健康促进、健康标准与健康管理等方面进行论述;第二章探究了大学生思想道德健康教育,对大学生的理想信念教育、诚信教育、廉洁教育、体育与思想道德教育进行探究;第三章为大学生心理健康教育,分析了大学生心理问题及咨询、大学生情绪与压力管理、大学生健康人格塑造与体育锻炼对心理疾病的调节;第四章介绍了大学生生理健康教育,论述了人体各系统基本结构、生理健康及影响因素和体育锻炼对人体机能的影响;第五章为大学生常见传染病及预防教育,针对常见病毒性传染病与常见细菌性传染病的基础知识进行分析,论述了体育锻炼在疾病预防中的作用与体育锻炼对疾病发生率的影响;第六章介绍了大学生体育运动与健康教育,分析了体育运动的原则与运动处方的应用,对运动损伤的处理进行了论述;第七章为大学生膳食营养教育,分析了营养及营养素、合理膳食的基本原则、体育锻炼与健康饮食、食品安全常识;第八章探究了大学生生活环境养成教育,针对自然环境、校园环境与运动环境三方面进行研究;第九章为大学生危机处理教育,讲授大学生在遇到紧急情况时如何有效避险。

  在本书的编撰过程中,参阅和引用了一些专家和学者的研究成果,在此表示诚挚的谢意。由于编者水平有限,本书不足之处在所难免,恳请同行和读者批评指正,以便不断修订完善。

著 者

2023 年 4 月

目录

第一章　大学生健康教育概述 ·· 1
　　第一节　健康观与健康中国 ·· 1
　　第二节　健康与亚健康 ·· 4
　　第三节　健康教育与健康促进 ·· 8
　　第四节　健康标准与健康管理 ··· 12

第二章　大学生思想道德健康教育 ··· 17
　　第一节　思想道德健康教育内涵 ··· 17
　　第二节　理想信念教育 ··· 22
　　第三节　诚信与廉洁教育 ··· 33
　　第四节　体育与思想道德教育 ··· 52

第三章　大学生心理健康教育 ··· 57
　　第一节　心理健康教育内涵 ··· 57
　　第二节　心理问题与咨询 ··· 71
　　第三节　情绪与压力管理 ··· 78
　　第四节　体育锻炼对心理疾病的调节 ··· 94

第四章　大学生生理健康教育 ··· 99
　　第一节　人体各系统基本结构 ··· 99
　　第二节　生理健康及影响因素 ·· 117
　　第三节　体育锻炼对人体机能的影响 ·· 119
　　第四节　常见疾病及预防 ·· 122

第五章　大学生常见传染病及预防教育 ·· 129
　　第一节　传染病及其预防常识 ·· 129

第二节　常见病毒性传染病及预防 ··· 134
　　第三节　常见细菌性传染病及预防 ··· 143
　　第四节　体育锻炼对疾病发生率的影响 ·· 149

第六章　大学生体育运动与健康教育 ··· 158
　　第一节　体育运动与健康 ·· 158
　　第二节　体育运动的原则 ·· 162
　　第三节　运动处方的应用 ·· 163
　　第四节　运动损伤的处理 ·· 166

第七章　大学生膳食营养教育 ··· 175
　　第一节　营养及营养素 ·· 175
　　第二节　合理膳食的基本原则 ··· 193
　　第三节　体育锻炼与健康饮食 ··· 194
　　第四节　食品安全常识 ·· 202

第八章　大学生生活环境养成教育 ·· 205
　　第一节　自然环境与健康 ·· 205
　　第二节　校园环境与健康 ·· 218
　　第三节　运动环境与健康 ·· 220

第九章　大学生危机处理教育 ··· 222
　　第一节　突发灾难避险与急救 ··· 222
　　第二节　身体常见急症与急救 ··· 226
　　第三节　运动危机处理 ·· 251

参考文献 ··· 267

后　记 ·· 269

第一章 大学生健康教育概述

第一节 健康观与健康中国

健康是实现人的全面发展的基础,是让社会公民具有高素质和高质量生活的前提条件。在现代社会中,健康已经成为国家和公民共同关注的重要议题,是每个公民的基本需求之一。同时,随着社会文明程度的提高,人们对健康的认识也在不断进步。

世界卫生组织(WHO)在成立之初,就对健康的概念做出了明确的分析。其概念为:健康既包括人的个体,也包括人类群体,其内涵不仅包括让个体和群体避免疾病危害,还包括让人们能够在生理、心理和社会性方面具有更好的状态。因此可以看出,健康具有三个维度的意义,要求个体的人或人类群体拥有良好的身体素质,并进一步形成健康的精神面貌,同时还要具有更佳的适应社会环境的能力。健康的三个维度需要实现层次递进,并且能够互相影响,在人的生存与发展中缺一不可。如果缺少任何一个维度的指标,人就不能算作健康的人。

一、生物心理模式的健康观

在近现代医学产生之后,生理学界和医学界就对人的健康提出了基本的定义。它以人的生物学原理为基础,认为健康主要是指人在生理机能上保持的平稳状态,并且可以通过相关手段进行检测,确保没有疾病,而且各项指标处于合理状态。因此,早期的健康观是以人没有疾病,身体各个组织器官能够正常运转为基础的。这种健康观念在19世纪至20世纪早期对于医学、化学发展起到了推动作用,并且也促进了社会文明的进步。让健康成为一项公共事业,是每个工业国家都需要关注的问题。但在后现代社会中,随着生产力的极大解放和社会文明的进步,人们对于健康的需求与日俱增,早已不满足于没有身体疾病。而且,随着精神病学和心理科学的发展,人们也需要将心理卫生和精神健康纳入大健康体系。

随着社会的飞速发展,人们逐渐认识到,单从生物学角度来说明健康问题远远不够,判断个体健康与否的标准会受到人种、年龄、经济状况、居住条件乃至各国文化背景、社会道德规范和政治经济制度等多种因素的影响。心理与生理、人与环境的关系重要性也日益为人们所重视。

当代的健康观是建立在生物和心理学的基础之上的，并且充分考虑了人的社会性要素，需要从生理、心理和社会科学这三个角度来扩大健康的内涵。为此，人们提出了健康在身体上、心理上和社会适应性上的三个维度。健康应是一种身心健康、适应良好的完满状态，健康的目标是追求一种更积极的状况、更高层次的适应和发展。[①]

二、现代健康观

人的健康观是随着社会进步而不断发展的。在21世纪，人们的健康观已经突破了没有疾病的范畴，扩展到了身体素质的优异，并且还延伸为在心理上、道德上和社会适应能力上的良好状态。

现代的健康观是较为完整的科学概念。它把健康的范围从"生物人"扩大到"社会人"，从个体健康扩大到群体健康，以及人类生存空间的完美。它还强调人与环境的和谐相处，要求人们主动协调人类机体与环境的关系，保持人的健康与社会环境和物质环境的高度统一。现代健康概念中的心理健康、社会性健康和道德完善是对生物医学模式下的健康的有力补充和发展，它既考虑到人的自然属性，又考虑到人的社会属性，从而摆脱了人们对健康的片面认识。

现代健康概念的描述是广义的、科学的，但是也应当看到这种健康观是非常理想化的。健康是一种状态，定义健康与否是在一个统一体中的动态过程，即在健康与疾病之间存在着亚健康状态。亚健康状态指介于健康和疾病之间的中间状态，又称人体的第三状态。研究显示，我国亚健康人群约占全国人口的70%，衰老、慢性疲劳综合征、经前期综合征、更年期综合征等均被认为属于亚健康状态。

三、健康中国的发展

体育强则中国强，国运兴则体育兴。习近平总书记高度关心和重视体育事业，多次强调建设体育强国的重要意义，推动体育事业改革发展。党的二十大报告提出"促进群众体育和竞技体育全面发展，加快建设体育强国"，进一步明确了全国体育战线在新时代新征程上的使命任务，吹响了体育人扬帆起航再立新功的时代号角。现场聆听报告的体育战线代表纷纷表示，将踔厉奋发、锐意前行，让青春在加快建设体育强国、全面建设社会主义现代化国家的火热实践中绽放绚丽之花。[②]

[①] 胡小勇,杨沈龙,钟琪,等.社会阶层与健康的关系："社会—心理—生理"机制[J].科学通报,2019,64(2):12.

[②] 贾腊江.大学生健康促进与健康教育[M].西安:陕西科学技术出版社,2018.

健康中国形成的过程如下:

(一)2007年公布"健康护小康,小康看健康"

2007年9月8日中国科协年会上,卫生部部长陈竺公布了"健康护小康,小康看健康"的三步走战略。

(二)2008年卫生部启动了"健康中国2020"战略研究

2008年,为积极应对我国主要健康问题和挑战,推动卫生事业全面协调可持续发展,在科学总结新中国成立60年来我国卫生改革发展历史经验的基础上,卫生部启动了"健康中国2020"战略研究。

(三)2015年政府工作报告首提"健康中国"

2015年3月,国务院总理李克强在十二届全国人大三次会议上所做的政府工作报告首次提出"健康中国"的概念,并指出:"健康是群众的基本需求,我们要不断提高医疗卫生水平,打造健康中国。"

(四)2015年明确提出了推进"健康中国"建设任务

2015年10月,党的十八届五中全会明确提出了推进"健康中国"建设任务。

(五)2016年8月19日至20日全国卫生与健康大会

2016年8月19日至20日,全国卫生与健康大会在京召开。习近平强调,没有全民健康,就没有全面小康。要把人民健康放在优先发展的战略地位,以普及健康生活、优化健康服务、完善健康保障、建设健康环境、发展健康产业为重点,加快推进健康中国建设,努力全方位、全周期保障人民健康,为实现"两个一百年"奋斗目标、实现中华民族伟大复兴的中国梦打下坚实的健康基础。

(六)2016年《"健康中国2030"规划纲要》发布

2016年10月25日,中共中央、国务院印发了《"健康中国2030"规划纲要》,规划从普及健康生活、优化健康服务等五大任务出发,对未来15年的健康工作进行了部署。这是国内首个且最高规格的健康产业规划,也意味着"健康中国"战略的正式落地和实施。

(七)2017年"健康中国"战略写进党的十九大报告

2017年10月18日,中国共产党第十九次全国代表大会在北京人民大会堂隆重开幕。习近平总书记在党的十九大报告中提出"实施健康中国战略"。

(八)健康中国战略有了"路线图"和"施工图"

2019年7月15日,国务院印发《国务院关于实施健康中国行动的意见》,强调国家层面成立健康中国行动推进委员会,制定印发《健康中国行动(2019—2030年)》。

2019年7月15日,国务院办公厅印发《健康中国行动组织实施和考核方案》,提出建立健全组织架构,依托全国爱国卫生运动委员会,成立健康中国行动推进委员会。

(九)党的十九届五中全会提出加快建设健康中国

党的十九届五中全会通过的《中共中央关于制定国民经济和社会发展第十四个五年规划和二〇三五年远景目标的建议》,提出了"全面推进健康中国建设"的重大任务。这是以习近平同志为核心的党中央从党和国家事业发展全局作出的重大战略部署,充分体现了以人民为中心的发展思想,必将对我国卫生健康事业发展、增进人民健康福祉产生深远的影响。

第二节 健康与亚健康

一、健康

健康是每个人得以生存和发展的基础,也是一个国家培养高素质的社会公民的基础。健康与人们追求高质量生活的目标有着密切的关系。在不同的历史时期,人类社会对健康有着不同的定义,围绕健康的研究一直在不断推进。

(一)健康观的发展

在人类社会早期发展阶段,人力就是重要的生产力,群体的数量是一个文明发展的根基。因此,社会要求每个成员都有更长的寿命,并且身体素质能够适应劳动生产的要求。但早期社会没有发达的生物学和医学,人们会将个人的生命和健康当作一种命运,会通过占卜来求取健康。同时,人们也在探索个人与自然之间的关系,试图从中找出健康长寿的奥秘。随着科学的进步,人们从生物学的角度认识了健康的根源,对各类疾病有了新的认知,借助体育运动和医学来获得健康,形成了自然科学背景下的健康观。

(二)健康的新概念

健康的正式定义为:健康是指生理、心理及社会适应三个方面全部良好的一种状况,而不仅仅是指没有生病或者体格健壮。我们可以把健康的概念理解为:在自然人社会动态大系统中,人类用以表示生命存在、生命质量、生命价值的范畴。它的内涵和外延具有时代和文化特征,而且仍将不断变化发展。现代人应站在时代和文化的高度,从生理、心理、社会三个维度去珍惜生命之存在、提高生命之质量、创造生命之价值。

二、亚健康

(一)亚健康的概念

亚健康是介于健康与疾病之间的一种动态变化的中间状态,在健康—亚健康—疾病的动态变化过程中,亚健康处于中位,较健康或疾病更为复杂。根据这一定义,经过严格的统计学统计,人群中真正健康和患病者加起来不足 2/3。有 1/3 以上的人群处在健康和患病之间的过渡状态,世界卫生组织称此过渡状态为"第三状态",国内常常称之为"亚健康"状态。第三状态处理得当,身体可向健康转化,反之,则患病。

(二)亚健康状态的形成

大量的研究证实,形成亚健康状态的主要因素有四点。

一是过度疲劳,简称过劳。过劳可造成脑力、体力的巨大消耗,远远超过人体的承受能力,从而导致细胞、组织、器官较长时间处于入不敷出的超负荷状态。

二是中老年人,由于自身正处于缓慢衰老的过程中,其身体储备能力、适应能力、抗病能力不断下降,生理上、心理上、精神上都处于相对不稳定状态。

三是有些疾病早期没有什么明显的症状,在发病前仅有功能障碍,在相当长时期内尚难发现器质性病变,因此,往往不被人们重视和关注。

四是人体内在不断发生周期性变化,即使是健康的人,有时也会在一个特定的时期内处于亚健康状态,如女性月经期的表现,男性疲劳时的表现。

随着工业的发展、经济的繁荣、空气污染的加剧、生活节奏的加快、竞争的加剧和人际关系的日趋复杂,影响人体健康的因素发生了很大变化。伴随着医学模式的转变,致病因素不仅仅是单一生物因素,还包括社会因素、心理因素等。

造成身体出现第三状态的原因主要有以下几个方面。

1. 精神压力

在现代社会中,社会发展速度较快,人们也需要适应快节奏的工作与生活。同时,社会的不断发展也对个人的素质和能力提出了更高的要求,这些因素都会让人在精神上产生巨大的压力。在精神压力的作用下,人们就容易在生理上出问题,产生心理上的亚健康和生理机能的失调。

2. 营养的不均衡

社会物质生产水平的提升虽然解决了人们的温饱问题,也让人们可以享受更好的饮食条件,但依然会造成营养上的不均衡,进而导致人们的身体素质下降。其原因主要来自两个方面:一方面是个人生活习惯不健康,即人们在饮食中过于追求味觉享受,不注重健康饮食;另一方面是在工业生产条件下,许多食品热量过高,营养过剩,也影响了人们的健康。

3. 城市环境的影响

现代社会的大部分人群都生活在城市环境中,这是城市化所带来的必然结果。城市化导致人们远离自然环境,同时产生许多问题,例如拥堵、噪声和空气污染,这不仅会让人的身体健康受到影响,而且还会影响人的心理状态。

同时,在城市环境中,每个人的生活空间都是有限的。其中,大量的高层建筑已经成为人们工作和生活的主要场所,然而,高楼大厦封闭的环境和空调的大量使用,在很大程度上形成了不健康的呼吸环境,使人们的身体长期处在氧含量较低的状态下。

4. 作息不规律

人的健康生活需要生物钟带来有规律的作息,主要是按时饮食、定期活动和准时睡觉。但在现代化的生活条件下,人们会过度追求夜生活,这使得身体的自然规律遭到了破坏。过度熬夜、不健康的作息时间、不良的睡眠习惯,都是现代社会中影响人们健康的主要因素。

5. 缺乏锻炼

体育锻炼对于人们身体素质的提高具有重要意义。在现代社会中,要想维持身体的健康,人们需要经常参加体育运动。但许多人出现身体亚健康的主要原因有两点,一是缺乏锻炼的意识,导致身体素质不断下降;二是在训练时没有掌握正确的方法,没有结合自己的身体状况来制订合理的锻炼方案。

6. 滥用药物

许多人在身体和心理上出现问题时,通常会使用过多的药物,而药物滥用会影响身体的免疫机能或导致对药物的依赖。最常见的包括滥用抗生素、滥用营养品和滥用精神类药物等。

7. 内劳外伤

外伤劳损、穷思竭虑、生活无序最易引起各种疾病。只有一张一弛、动静结合、劳逸结合,才能避免内劳外伤引发的各种疾患。

(三)亚健康状态的分类

1. 生理性亚健康

生理上的亚健康主要是由身体各个系统的机能低下和身体环境失衡而引发的。但这种亚健康状态从医学角度难以找到病原,因为身体的各个器官在医学角度是健康的。亚健康人群在身体上表现为四肢无力、耐力不足、嗜睡或失眠,在进行活动时容易产生疲劳,并且即使及时休息也难以消除这种疲劳。亚健康人群在高度工业化的国家中普遍存在,一般认为是因生活不规律和生活节奏过快引起。生理性亚健康会严重影响人们的学习和工作状态,使人的活动能力下降。

2. 心理性亚健康

人们在长期的医疗保健实践中发现,良好的心理状态对人体的健康素质、疾病的变化及防治效果可以起到积极的促进作用,这种心理状态被称为正性心理状态;反之,不良的心理状态则会产生相反的效应,对人体健康起到消极的作用,这种心理状态则被称为负性心理状态。大量的研究表明,负性心理状态容易导致不同程度的孤独感、自卑感、失落感等,这些消极的心理状态既是亚健康的表现,又是引起疾病的诱因。

在亚健康状态下,心理问题最常见的表现有:

(1) 烦躁不安。

站着累,坐着也累,听见任何响动都会烦躁,总有吵架的冲动。

(2) 心神不定。

对任何以前能轻松处理的问题现在都没有把握,眉头紧皱,若有所思,担心马上会大难临头。

(3) 心理极端。

具有强烈的妒忌心理,对谁都不服,即使当面迫于情势强颜欢笑,在背后也会用最恶毒的语言发泄不满。

(4) 恐惧紧张。

心理状态较差的人会对其他人缺乏信任,也难以产生与别人交流合作的意愿,在与各类人群接触时,容易感到紧张和恐惧,比较害怕社交场合。

(5) 记忆力下降。

亚健康状态会影响大脑的功能,容易导致记忆力下降,忘记重要的人和事物。

(6) 失去兴趣。

心理亚健康人群往往对任何事物都提不起兴趣,不愿意接触新事物,容易产生懒惰心理。在遇到人和事情时,容易反应迟钝,失去判断力。

(7) 抑郁心理。

心理健康表现为心态上的消极和情绪上的压抑,因此非常不自信。这种心理有可能转化为抑郁症,从心理上的亚健康转变为医学上的疾病。

3. 社会适应性亚健康

这种亚健康状态会导致心态和情绪上的问题,处于这种状态的人会越来越喜欢逃避人群和社会环境,导致社会适应力越来越差。这样就会与社会脱节,无法掌握新的信息和技术,从而影响自己的工作。在参与社会活动时,由于不愿意与别人交流,自身也难以获得事业上的成功。

4. 自然适应性亚健康

人类生活的自然环境十分复杂,包括阳光、空气、土壤、水以及各种噪声、辐射等因素。它们以不同的方式,经过各种途径对人体发生作用,再通过人体内部的各种机制,引起各种各样的反应。人们若能充分利用各种有利因素,就能让自己富有生命力,有效地维持生命过程,保障健康。若能避免有害因素,或对其采取一定的保护措施,消除或防范其危害,也能获得很好的效果。当然,若不能避免,或有害因素的危害超过了一定限度,保护性措施难以发挥作用,就会造成人体与自然环境之间失去平衡,轻者可诱发亚健康,重者可导致疾病。

(四)亚健康的预防措施

人在处于亚健康状态时,可以通过自我调节来逐渐恢复。每个人都应该做好对亚健康的预防工作。要充分地了解自我、他人和社会,在生活中保持良好的心态,能够善于自我激励;及时调整自己的生活状态,养成健康的生活习惯;要谨慎对待烟酒、游戏等容易让人成瘾的事物;要按照自己的生物钟来安排每日的作息;积极参与体育锻炼,体育锻炼可以让人获得良好的身体素质,提高意志力,还能娱乐和放松;要注意劳逸结合,张弛有度。

许多人的亚健康状态是由生活压力引起的,过于繁忙的生活会让身体和心理都难以承受,因此需要适当休息,通过娱乐活动等调节生活状态。

第三节 健康教育与健康促进

一、健康教育

健康教育学是研究健康促进与健康教育的理论、方法和实践的科学。其知识体系和研究内容涉及医学、行为学、教育学、心理学、人类学、社会学、传播学、经济学、管理学、政策学等相关学科领域。健康教育是一门迅速发展的学科,健康教育的含义也在不断发展深化中。

(一)健康教育的含义

健康教育主要是指国家和社会通过学校教育和社会教育的方式,向公民普及健康知识,培养人们健康生活习惯和健康技能的教育行为。开展健康教育可以有效提高全体公民的身体素质,减少疾病的发生,有效改善生活的质量。

健康教育的开展需要依赖一批具有教育能力的人才来进行,这些人才包括体育教师、教练、体育事业的从业人员等。这些人才通过传播健康知识和技能,能够让受教育者了解健康知识,为促进个体的身心健康奠定基础。健康教育鼓励并帮助人们达到健康状态。每个人都应为此做出努力,并要知道在必要时如何寻求适当的帮助。

(二)健康教育的特点

健康教育需要国家、社会和学校来共同开展,从而使健康教育能够深入学生群体和社区居民,因此是社会教育和社会管理的一部分。它具有三个主要特征:一是强调以教育来传播健康知识,让人通过改变观念和行为来保持健康。二是以预防为主,让人们在没有疾病的状态下获得身心发展。三是健康教育是国家和社会需要做的公共事务,要按照一定的战略规划来实施。

因此,我们认为,健康教育是以促进健康为目标,借助教育手段,促成人们获得增进健康的知识和技能,形成增进自身和他人健康的意识,并付诸行动。

健康教育的顺利实施需要全社会的共同关注,要能在社会中形成一定的健康文化,让群体的观念和行为都发生改变,从而让整个社会都形成正确的健康观导向。健康教育需要社会与个人共同完成,仅靠个人形成健康意识是远远不够的。人们在适应社会的过程中,必然会受到社会价值观和主要行为方式的影响,必须融入某种文化当中。因此,只有社会文化是健康的,个人才能有健康的环境。

因此,要改变行为,还必须改善有利健康的相关因素,如提供充足的资源、有效的社区管理、提供有力的社会支持以及提高自我帮助的技能等。此外,还要采取各种方法帮助群众了解他们自己的健康状况,并做出自己的选择以便改善他们的健康状况,而不是直接强迫他们改变某种行为。因此健康教育必须是有计划、有组织、有系统的,只有这样才能达到预期的目的。

(三)健康教育的意义

1. 实现人人健康

健康是人类的第一财富,有了健康不等于有了一切,但没有健康就等于失去一切。同时,健康也是人们获得幸福生活的重要保障。幸福生活包括物质生活和精神生活两方面。幸福与健康是分不开的。[①]

健康的大趋势是自我保健。如果保健还停留在卫生部门"防病治病"的水平上,那么防病治病的对象只能是患病或直接受疾病威胁的少数人,达不到人人健康的目标。只有以"健康第一"为目标,通过开展全民和终身的健康教育提高人们的自我保健意识和技能,才能提升全民的健康素质。全民族健康素质的不断提升是社会主义现代化建设的重要目标,是人民生活质量改善的重要标志,是社会主义精神文明建设的重要内容,是经济和社会可持续发展的重要保障。

2. 维护健康的关键途径

学生的健康问题主要表现在以下方面:

健康观念方面表现为对健康的内涵理解不全面,自我保健意识淡薄。

躯体健康方面表现为对慢性疾病的预防观念和知识欠缺、行为不足。

心理健康方面表现为自我意识与需要的发展、新环境的适应、生活的主题、角色任务改变产生的压力与矛盾,以及因冲突而造成的心理卫生问题。

社会健康方面表现为"适应"与"创造"并举,为现在、将来扮演好自己的角色打基础,具有长期性、复杂性、相对性的特点。

解决这些问题,健康教育是最直接而关键的途径。总之,应像《黄帝内经·素问》中强调的那样:不治已病治未病,不治已乱治未乱。

---

① 侯江红,刘文婧.社会资本对居民健康与主观幸福感的调节效应:基于中国社会状况综合调查的分析[J].武汉理工大学学报:社会科学版,2019,32(2):105-112.

二、健康促进

(一)健康促进的行动纲领

1986 年《渥太华宣言》奠定了健康促进的理论基础,明确提出了健康促进的 5 个主要行动纲领:

1. 鼓励各国建立健康促进的政策

健康促进主要建立在公共基础卫生的基础上,各国政府和公共组织还需要通过一系列的政策手段,让公民形成健康意识,参与健康活动,促进人们身体、心理和社会适应能力的健康发展。

2. 建立健康促进的条件

在推行健康促进的政策时,政府与社会各界都有责任帮助人们创造良好的基础条件,让人们能够生活在健康的环境当中。其中包括加强公共绿化环境建设、保护自然环境、完善体育和文化基础设施等。

3. 依托社区实现健康促进

健康促进计划的实施主体是社区,要让社区环境成为人们参与健康活动的主要渠道。要从社区的角度来组织和教育广大公民,让人们增强健康意识,提升健康技能。

4. 实现个人健康发展

社会各界要通过教育、宣传等手段,让个人能够获得促进健康发展的能力,提高生活质量,更好地融入社会。

5. 调整卫生服务方向

卫生部门的作用不仅仅是提供临床和资料服务,也是调整卫生服务类型与方向,将健康促进和预防作为提供卫生服务模式的组成部分,让最广大的人群受益。[①]

(二)健康促进的策略

健康促进策略是指为达到计划目标所采取的战略措施。《渥太华宣言》确定了健康促进的三大策略:

1. 倡导

良好的健康是社会经济和个人发展的主要资源,也是生活质量的重要部分,政治、经济、社会、文化、环境、行为和生物学因素均可促进健康或损害健康,健康促进行动的目的是通过对健康的支持,使上述因素有利于健康。

2. 赋权

健康促进战略强调,在现代社会中健康是人的基本权益之一,政府、市场和公共部门都有责任为促进公民的健康发展而服务。国家需要建立完善的公共医疗体系,促进医疗

---

① 魏琼.健康促进肩负的责任担当[J].家庭生活指南,2020(10):203-204.

资源的合理分配,要让每位公民都能够公平地享有医疗卫生资源。政府和学校在发展教育事业时也需要加强体育和健康教育。与此同时,媒体也要加强健康知识的宣传,让学生群体和社区居民都能够掌握基本的健康知识,形成健康意识并付诸行动。

3. 协调

健康促进需要协调所有相关部门、群体和个人的行动,包括政府、卫生和其他社会经济部门、非政府和志愿者组织、工矿企业和新闻媒介部门、社区、家庭和个人。各社会团体以及卫生人员的主要责任是协调社会不同部门共同参与卫生工作。在保护和改善健康的健康促进活动中,必须使各利益相关者之间协调一致,组成强大的联盟和社会支持体系,共同协作,实现健康目标。

健康促进的实现需要借助倡导、赋权、协调三大策略,但从健康促进的内涵可以看出,健康促进涉及各类行业、各级部门和各方面人群。因此,社会动员是其最基本也是最核心的策略。社会动员就是动员社会成员共同努力、积极行动、实现共同的社会目标的过程。社会动员的层次包括:领导层的动员,非政府组织的动员,社区、家庭和个人参与的动员,专业人员参与的动员。

(三)健康促进的基本特征

健康促进应该以公共医疗和健康教育为主,使人们具有进行自我健康管理的能力。同时,健康促进还需要整个社会环境的支持,各个部门需要从经济、政策、文化等方面提供支持;健康促进既关系到社会群体,也包括社会中的每个成员,需要人们在生活中促进健康发展;在疾病的三级预防中,健康促进强调一级预防甚至更早阶段的预防,这样既能避免暴露于各种健康危险因素之中,又可以全面增进健康素质;社区和群众的积极参与是巩固和发展健康的基础,人们健康知识和观念的形成则是主动参与的关键。健康促进强调通过健康教育激励领导者重视和个人参与的意愿,营造健康促进的良好氛围。因此,健康教育是健康促进的先导,健康促进应该以健康教育为基础,否则健康促进难以得到巩固。

健康促进不仅包括了健康教育的行为干预内容,还包括支持行为改变的政策、经济、法规等,是全社会共同参与的事业。

(四)健康促进的任务

健康促进的任务包括争取和促进领导层及决策层转变观念,从政策上对有关健康需求和有利健康的活动给予支持,并制定相应的促进健康的政策和规划。世界卫生组织倡导把健康融入所有的公共政策,这也是健康促进在公共政策制定方面的贡献;培养社区、家庭和个人对预防疾病、促进健康、提高生活质量的责任感;创造有益健康的外部环境;积极推动医疗部门观念与职能的转变,使医疗部门的作用向着提供健康服务的方向发展;深入开展全民健康教育,教育和引导群众养成良好的卫生习惯,提倡文明、健康、科学的生活方式,提高全民健康素质。[①]

---

① 贾腊江.大学生健康促进与健康教育[M].西安:陕西科学技术出版社,2018.

第四节　健康标准与健康管理

一、健康标准

在21世纪,健康的标准相较过去已经发生了很大的变化,其内涵从没有疾病和身体素质良好,扩展到了心理素质、思想素质和社会适应性等多个维度。但人们要想获得思想和社会适应性方面的健康,就需要拥有更为健康的身体和心理素质,后两种标准是让每个人能够健康发展的基础。身体素质又可以看成是心理素质健康与否的基础,但心理上的疾病也会影响身体健康,会制约人体在生理上的机能。人在身体素质较差时更容易情绪低落,尤其是当人们承受慢性疾病的困扰时,也容易产生抑郁、焦虑等心理状态。因此,大健康的发展需要人们按照多维的标准来保障。

(一)身体健康

身体健康是指人体结构完整和生理功能正常,具有生活自理能力,能够顺利完成日常工作。世界卫生组织衡量是否健康的标准中有关躯体健康的部分为:

(1)精力充沛,能从容不迫地负担日常生活和工作压力;

(2)善于休息,睡眠良好;

(3)身体应变能力强,能适应外界环境的各种变化;

(4)能抵抗普通感冒和一般传染病;

(5)体重适中,身体匀称,站立时头、肩、臂和腿的位置协调;

(6)眼睛明亮,反应敏锐,眼睑不发炎;

(7)牙齿清洁,无缺损,无疼痛,牙龈颜色正常,无出血现象;

(8)头发有光泽,无头屑;

(9)肌肉丰满,皮肤富有弹性,脏器结构功能正常。

(二)心理健康

心理健康的内涵包括个人能够处理好自己与他人和社会的关系,能够了解自己的优点和缺点,能够控制好个人的情绪状态等,从而让个人更能适应外部的生活环境。心理健康在狭义上主要是指个人在精神状态上的健康,其中包括个性成长、人格的完善与个人在思想行为上的健康。广义的心理健康包括个人与外部环境保持良好的关系,个人能够对外部产生健康的感知和理解,发展心理效能能力,以保持持久、高效和自我满足的心理状态。

(三)社会适应良好

人具有社会化属性,需要在社会环境下扮演各类角色,并产生更强的社会适应能力。因此,在现代社会中,一个人能否适应社会,也是判断其是否健康的关键因素。人的生存与发展都以在自己所处的社会环境下取得资源为前提,需要实现与他人及社会组织的合作,让自己在社会中产生价值。社会适应力能够在很大程度上影响一个人的身心健康和价值实现程度。健康的社会适应力主要包括能够对社会环境产生良性的感知,能够理解社会的发展变化,能够与他人建立关系网络等。

(四)道德健康

人在生存和发展中,要想拥有更好的心理素质和社会适应性,就必须实现道德的健康发展。道德包括人对自己、他人和外部事物的认知,进而形成思想、情感和行为等品德修养。因此,道德健康一方面是指人对社会公共秩序、文化习惯的遵守,使人具有良好的社会适应能力,另一方面是指人在成长和发展过程中能够形成健康的人格和思想等。总之,道德健康是一种更为全面的健康评价标准,对于个人和社会的发展都具有重要意义。

二、健康管理

(一)健康管理的概念

健康管理是运用管理学的方法,结合健康知识对自己的身体素质、心理素质等各个方面进行管理的过程,目的是能够让自己各方面的素质得到提升,进而提高生活质量。

健康管理具有个性化的特点,需要人们结合自己的身体情况、心理素质分析出自己在健康发展中存在的问题,并根据这些问题来想出相应的解决方案。要想实现健康管理的目标,除了需要专业人员、各个部门和机构的支撑外,还需要人们能够具有自我管理的能力,需要人们能够掌握基本的健康知识。因此,学校开展健康教育是十分必要的。

健康管理的应用范畴现在主要是指慢性非传染性疾病的防治与管理,是在涉及健康的维护和促进、疾病预防与治疗等各种健康事务上的体现和运用。一般来说,健康管理主要涉及了解健康、分析评估健康、预测健康风险、计划和控制健康等方面。健康管理的重点在于对各种健康危险因素及不良生活方式进行决策、计划、控制等综合管理。通过健康管理的方法和手段,以最少的投入获取最大的健康回报。

(二)健康管理的策略

1. 公共层面的健康管理

要想实现个人层面的健康管理,其前提条件是人们所生存的社会环境能够为健康管理提供支持。为此,政府、社区、学校、医疗机构和相关商业机构需要共同构建公共健康管理的服务体系。这一服务体系的主要作用包括:能够帮助人们检测和了解自己的健康情况;能够形成社会各个群体的健康大数据并加以分析,了解居民的健康水平;能够制定健康发展规划,按照一定的目标和计划来实施健康工程;能够加强健康知识和技能的宣传教育等。更重要的是,社会各个机构中需要形成一批具有专业技术水平的人才,例如体育教练、保健专家和医疗卫生专家等。

高校是推进社会健康教育的重要机构,可以通过完善育人体系来对大学生这一特殊群体开展健康教育。大学生是未来社会发展的重要人才,他们的健康对于社会发展和居民健康水平的提高具有重要意义。在高校全面开展健康教育的条件下,大学生也能够提高健康管理的能力。大学生在学习和生活中,应该在教师、医生等专业人员的支持下,养成良好的生活习惯,积极参与体育锻炼,制订健康计划,从而提高健康管理的能力。

2. 个人层面的健康管理

个人层面的健康管理主要强调从个人角度主动认识并了解健康,预测可能导致疾病发生的各种危险因素,评价存在的健康风险,继而进行自我管理,保障个人健康。在自我管理的过程中,重要的是识别个人身心,特别是生活方式中存在的健康风险,进而加以干预、调整和管理,包括利用医学求助和相关服务。行为学的观点认为:生活方式与行为都是后天获得的,因此每个人都可以通过学习获得更好的处理环境问题的技能。研究证明,有效干预个体健康行为可以大幅度降低因吸烟、缺乏体力活动、营养不良、酗酒和其他物质滥用等所导致死亡和伤残的风险。

大学生群体虽然已经具备成人的思想意志水平,但他们的自我管理能力并不强,容易产生情绪波动,并且在生活上容易放纵自己的欲望。这样很容易诱发一系列健康问题。同时,在市场经济条件下,大学生面临更为激烈的竞争,在学业和事业上的压力也较大,更容易产生较大的心理压力。高校所进行的健康教育,就是要让大学生对自我健康有明确的认知,具有掌控自己生活的能力,从而对自我健康进行管理。

公共和个人层面的健康管理互为依赖,公共健康管理的实施离不开个人健康的自我管理,而个人健康管理也需要公共健康管理者的引导和支持。因此大学生要学会进行个人层面的自我健康管理。

(三)健康管理的方法

1. 学校健康管理方法

(1)了解大学生的健康状况。高校应该依据健康发展的标准对大学生的日常学习和生活进行管理,通过多种渠道收集大学生在健康发展方面的信息,从而了解当代大学生的身体、心理和思想道德等的健康状态。

(2)对大学生健康进行评估。高校应该在大学生健康信息的基础上,围绕当今社会对公民健康发展的要求,着重分析大学生的健康水平。

(3)健康促进干预管理。通过学生健康改善的行动计划以及对生活方式的管理,对大学生不同危险因素实施个性化的健康指导,改变其不良生活方式。健康的生活方式包括合理饮食、戒烟限酒、适量运动、心理平衡等。学校健康管理应该融入医学、心理学等多学科的理论和技术,通过多种形式的健康教育活动,把卫生知识和行为改变技能传授给大学生,增强大学生的自我保健意识。

2. 个人健康管理方法

个人健康管理的重心是要让自己远离可能影响健康的生活习惯,养成健康的生活方式,从而改善自己的身体和心理素质。其中主要包括个人思想意识的提升,个人良好生活习惯的养成及定期的体育锻炼等。这些管理行为能让自己在健康水平上得到提高。大学生所进行的自我健康管理,需要结合高校中的学习和生活环境来进行。其中应该包含两个方面的内容:一方面是要利用校园内的健康服务设施,积极参与体育锻炼,预防大学生群体容易出现的疾病,提高身体素质;另一方面要积极应对学习与生活中的压力,锻炼自己的意志品质,养成良好的思想道德素质,提高社会适应力。

大学生进行健康管理首先要掌握必要的健康知识和行为技能,如体育锻炼的技能等,这需要大学生通过学习来实现。同时,大学生要能够借助这些健康知识,对自我的健康情况增进了解,这是进行健康管理的前提条件。

(1)建立自觉关注健康的意识:由于意识、信念、态度都是导致行为发生的重要倾向因素,所以大学生要培养自己对个人健康的主动关注意识和敏锐感觉,逐步树立关注个人健康的积极态度,自觉为个人健康负责。

(2)保持经常性自我监督:通过自我观察、自我记录等自我监督的方式,动态了解自己的身体变化。另外还可以借助定期的专业体检,获得更为科学和准确的个人健康状况。

(3)积极对个人行为和生活方式进行管理:对个人行为和生活方式的干预,是自我健康管理中的一项重要内容。保持健康,预防疾病就是要改变不健康的生活方式。健康管理是一项系统性工程,涉及社会每个成员的基本利益,需要个人与社会共同协作进行。高校在帮助大学生进行个人健康管理时,需要加强健康教育,为大学生创造促进健康发展的良好环境。

(四)高校学生面临的主要健康问题

1. 饮食问题

当代大学生大多数都生活在物质条件较为优越的环境中。因此,饮食所带来的问题主要是营养过剩和营养不均衡所导致的。不少大学生的饮食不规律,作息也不规律。这种生活习惯容易导致大学生出现肥胖或是偏瘦等问题,导致心血管疾病和肠胃疾病发生。

2. 睡眠问题

睡眠是全身进行休息、放松的过程,也是让身体机能和大脑功能保持健康状态的根本保障。但大学生群体很容易出现睡眠不足或睡眠质量不佳的问题,而睡眠问题又是引发多种疾病的重要原因。睡眠不佳的原因主要有:一是大学生习惯于过夜生活或是熬夜自习,使其睡眠规律混乱;二是大学生面临心理压力时容易产生失眠或多梦等现象。

3. 运动问题

体育锻炼是提高身体素质、增强意志力和获得情绪放松的重要途径。参与体育锻炼还可以让人走出室内环境,亲近自然,并与他人进行交流。因此,大学生为了提高身体素质,应该以体育锻炼为主,改变自己的不良生活习惯。一些大学生出现体质上和心理上的问题,并且患上疾病,很主要的一个原因就是不愿意运动。

4. 烟草问题

烟草会严重威胁人体健康:烟草会损害人的呼吸系统,让肺部的活力降低;烟草中的尼古丁也被确认为一级致癌物;烟草燃烧时会产生一氧化碳,在被吸入后,会取代氧气被血红蛋白吸收,让循环系统的供血能力下降;同时烟草中的其他化学物质也会被身体吸收,诱发脏器组织的疾病。大学生染上烟瘾,会危害身心健康。

5. 环境问题

人的生存环境包括自然环境与社会环境。人们要想获得发展,就需要融入社会环境,但这使得人们远离了自然,形成许多健康威胁。同时,在城市化和工业化进程中,社会生产对环境的破坏也是不可避免的。环境污染问题日趋显著,成为威胁人类健康的重要因素。

6. 疾病问题

现代化的科技条件和生活环境能够延长人的寿命,也能够帮助人们治愈许多顽疾。但现代生活也容易让人们患上现代文明病,如心血管疾病、精神疾病、肝脏疾病、肠胃疾病、骨关节疾病等。这些疾病都有着年轻化的趋势,一些大学生也受到了这些疾病的困扰,导致生活质量下降。

7. 心理问题

心理疾病和心理亚健康是困扰现代社会人群的一大顽疾,严重影响人的健康生活,并且也难以治愈。心理上的问题存在于社会各群体中,在大学生中也十分常见。大学生进入大学校园后,会逐渐脱离对家庭的依赖,并且高校和教师也更加注重大学生的自我管理。大学生需要自己解决学习和生活上的问题,同时不断接触社会环境。许多大学生不能适应高校中新的学习方式和学校的集体生活,也难以适应社会带来的压力。

人际关系始终是影响大学生心理健康的一个重要方面,大学生缺乏人际交往的知识和技巧,以自我为中心,又容易出现自卑心理。同时,经济状况、生活方式、价值观等方面的差异,都会影响大学生的人际交往。大学生由于缺乏社会经验,在认识和行为上陷入各种各样的误区,容易出现一些心理问题。这些心理问题如果处理不好,往往会给大学生的健康带来严重影响。

8. 性与生殖问题

大学生正处于性意识从萌芽到日渐明确和成熟的阶段。随着性生理的成熟,性欲望与性冲动增强,这种心理需要与实际行为相矛盾,造成心理冲突。因此,要科学地掌握性知识,解决因性无知而引起的性心理和性行为问题,保证心理健康和行为文明,只有这样才能保持身心健康。

9. 安全应急与避险问题

大学生需要掌握基本的急救知识与技能,从而能够从容应对各种突发事件,能够及时对自己或者被救助者进行现场急救,争取宝贵的抢救时机。[①]

---

① 陈叶坪,张桂兰.大学生健康教育[M].2版.武汉:华中科技大学出版社,2018.

第二章 大学生思想道德健康教育

第一节 思想道德健康教育内涵

一、道德的功能和作用

在社会政治、经济、文化的发展过程中,公共道德和个人的思想道德都具有重要作用,其产生的影响是积极的还是消极的,取决于社会群体的整体道德情况和个人的道德素养。由于人具有很强的社会性,人们参与的大多数生活与生产活动都需要在人际关系中形成,并且人们也需要为了达到一定的目标来结成由人形成的组织团体,如政府和企业等。在建立社会关系的过程中,道德准则是必不可少的,它要求每个成员都能够按照一定的准则来做出行动。这些约定俗成或人为制定的规则都属于道德的一部分。

在人类社会发展过程中,个人的意志不断成长起来,个人的利益也不断得到尊重,社会进步的重要目标是让人获得自由,能够按照个人的意志来行事。但社会要想发展,也需要个人实现权利与义务的统一,在实现个人价值的过程中,必须受到法律和道德准则的约束。人们在适应社会的过程中,必然会与其他人产生矛盾冲突,这就需要以道德准则来约束,让全体社会成员产生尊重他人、尊重集体的意识,使人们可以按照一定的规则行事。由此,社会中就逐渐形成公序良俗、职业道德、社会文化等,从而促进了社会的良性发展。

人的行为模式往往会经过从幼儿时期至成年时期的引导和固化,道德规范在引导和助推人的世界观、人生观、价值观的形成中扮演着重要角色,使人们形成公正、幸福、荣誉、义务等方面的固定观念,发挥着教育与教化功能。如果社会成员的具体行为符合道德规范的要求,那么其就会受到社会舆论的认同或赞许,进而使这种符合道德规范的行为得到正面强化,这就是道德的激励功能。而且,社会中的道德规范还会通过社会舆论等途径对社会成员的思想和言行进行品评和判断,显现了道德的评价功能。除此之外,也有观点认为道德具有保护功能,可资借鉴。

二、道德教育的意义与优化

维系社会公共道德、促进个人道德素养的发展,需要通过教育来实现。各层次学校都肩负着培养学生思想道德素质的使命,因此需不断加强道德教育,实现内容、形式等方面的优化。大学生群体处于从学生过渡到社会劳动者的重要阶段,其道德建设与知识技能培养同等重要,因此高校需要加强道德教育,为社会培养高素质、高学历的人才。

(一)坚持把立德树人作为根本任务

任何伟大事业的成就都需要大批人才的支撑,而人才是通过教育途径培养出来的。新时代大学生作为社会主义建设者和接班人,需要历经锤炼,才能拥有过硬的品格和卓越的能力,才能具备服务于社会主义现代化强国的建设和发展的能力。

党和国家在发展教育事业的过程中,高度重视大学生人才培养工作,将高校视为重要的教育阵地。高校要坚持把立德树人作为中心环节,帮助大学生成长为具有知识技能、社会适应能力和高尚思想道德素养的现代化人才。高校要落实立德树人根本任务,就需要深化道德教育的改革,创新全员育人、全程育人、全方位育人的新模式。

立德树人揭示了教育的本质,彰显了道德发展与人的全面发展的辩证关系。将立德树人作为教育的根本任务,具有鲜明的时代特征,与中华民族伟大复兴的追求高度契合。全面加强德育工作,不断提高全民族的道德文明素养,持续增强社会主义强国的软实力,这已经成为我国教育战线的一项重大战略任务。立德树人是人才成长的根本规律,也是新时代大学生思想品德教育的基本原则和基本导向。

(二)关于新时代大学生道德教育的若干优化建议

在新时代我国高等教育的发展过程中,高校要落实立德树人根本任务,围绕培养社会主义事业接班人的重要使命,实现高校思想道德教育工作的优化。

首先,高校要以立德树人为导向,牢牢把握新时代党和国家的思想理论,积极改革落后的道德教育模式。在习近平新时代中国特色社会主义思想的引领下,各高校一定要将立德树人的根本任务完全植入于大学生教育事业的各个方面,要不断提升道德教育在整体教育教学工作中的受重视程度。高校不能仅仅注重科学知识的传授和专业技能的培养,还要深刻地认识到,只有培养出拥有充分道德觉悟的人才,才能为社会主义建设注入应有的力量。高校要以新时代大学生的道德需求为出发点,进一步完善道德教育模式与机制。

其次,高校和教师要在道德教育中主动实践,以大学生的成长需求为中心。教师在道德教育中应该更加重视与学生的双向互动,要能够在生活中给学生以师长的关爱,提升学生的道德素养。只有这样,教师才能在学生中产生更深刻的道德影响和示范作用。

再次,要积极应对新媒体时代对大学生道德教育的影响。随着新媒体时代的到来,整个社会的信息流通方式、社会舆论流变机制、价值观念的传播和渗透方式都发生了深刻变化,对道德教育的推行以及青年群体正确三观的形成也造成了一定冲击。这其中存在正面影响,但也存在很多负面影响。大学生群体还处于心智逐渐成熟的过渡阶段,故其道德层面的辨别能力和判断能力还较为有限,尤其是在自媒体兴起的情况下,鱼龙混杂的新媒体环境在很多情况下会宣扬错误的价值观念。大学生道德教育要积极应对新媒体时代的相关影响,将教育举措与教育机制融入新媒体时代的舆情背景中,持续推动校园网络文化建设。需要自媒体网络和传统教育网络形成教育合力,不断消除大学生道德行为"知行分离"倾向,持续形成培育和践行社会主义核心价值观的道德风尚与舆论氛围,引导大学生在知行统一中成为高尚的道德行为主体。

最后,网络道德教育应成为新时代大学生道德教育的重要组成部分。道德规范引导与约束着社会成员在社会经济生活中的一言一行,而网络社会的逐渐成形拓展了社会成员的社会经济生活空间。尤其是对于大学生群体来说,他们在网络生活中较为活跃,可以说网络生活在大学生的日常生活中占据了很大比重。因此,注重和加强网络道德教育已经成为推进大学生道德教育的重要组成部分。在内容上,网络道德教育应涵盖社会主义核心价值观教育、网络道德认知和道德选择判断教育、网络心理健康教育、网络礼仪教育、网络行为规范教育、网络信息安全教育等方面。在教学方法上,要推动团体教育法、规范讨论法、预防教育法、实践教育法充分结合。在实践措施上,要强化网络舆论阵地的建设,充分利用网络平台,着力满足大学生群体的文化需求,推广灵活多样的道德修养课程,深度培育正确网络道德文化。

三、加强大学生思想道德健康教育的途径

随着我国经济的高速发展、国际形势的日趋复杂、社会意识形态的不断变化、科学技术和生活水平的不断提高和高校教育形式的变革发展,当代大学生思想的独立性、多变性、差异性日益明显。高素质、高品德、高能力的人才培养模式是实现高等教育培养我国社会主义事业接班人任务的重要保证。大学生兴趣选择空间广泛,活动对象众多,思想活跃性强。同时,他们的心理也易受外界环境的影响,世界观、人生观、价值观表现出多元、多变、难测的特征,呈现出积极与消极交织、昂扬与颓废并存、热情与冷漠共生的现象。这要求我们及时研究应对策略,确保高校思想政治教育工作的稳步有效开展,为国家的社会主义建设及时输送高素质人才。

(一)融会贯通新时代大学生思想道德教育的实施途径

道德教育与学科知识教育在实施路径上有着很大的区别,主要在于教学成果很难被衡量,教师无法借助相应的工具来对大学生受教育的实效做出评价。因此,道德教育的评价标准难以严格规定,成果评价较为模糊。然而,为了落实道德教育的使命,高校也必须提高道德教育的实效性。为此,高校应该建立多元的道德教育实施路径,从理论知识教育、实践、宣传和学生自我教育等角度来加强道德教育。在理论知识教育方面,高校要立足于党的新时代思想理论,紧抓社会主义主流意识形态与社会主义核心价值观,进而开展

政治理论、思想理论教育,让大学生能够形成对自我和社会的理性认知。在实践方面,教师应该对学生起到示范带动作用。同时,要通过校园文化活动和社会实践活动锻炼大学生的道德素质,通过大学生的实际行为来做出评价。在宣传教育方面,主要是利用社会中先进的传播媒介来进行思想价值观的引导,并在校园中形成良好的道德文化。在自我教育方面,大学生要形成在道德素质成长上的自我教育意识,这对提高高校道德教育的实效尤为重要。

(二)不断创新新时代大学生思想道德教育的实施方法

除了整合与融合教育途径之外,新时代大学生思想道德教育还要在教育方法方面不断创新与优化以实现教育目标。第一,要把原理阐明。如果大学课堂上思想道德伦理的讲授方式和方法缺乏创新,就很容易落入空洞说教、居高临下的窠臼,反而容易催生大学生的反感与逆反心理。在课堂上,一定要注重大学生作为道德主体的特征,立足其面临的客观现实,善于寓教于事、教于无形,并在描述方式上力求形象、生动、具体。第二,要把情感感化法做精。常言道:"动之以情,晓之以理。"任何说服或教育,离开情感层面的感动与感化,都是不可能有充分的效果的。思想道德水平的提升必然包含情感因素,思想道德教育的推行也必然要以情感为依托。因此,大学生的思想道德教育要注重情感对人的主观世界的调节作用,在具体方法与技巧上要做精做透。对于大学生群体,教师要充分理解与尊重他们,不能盛气凌人,要帮助其解决实际困难,做到情理交融、循循善诱。第三,要把激励激发法做足。在新时代大学生思想道德教育中,要深切把握大学生群体的行为动机,着力于其追求崇高人格、坚定理想信念的积极性的提升,不能仅仅将其看作批评和改造的对象,而要充分关注其作为道德主体的主观能动性。第四,要把楷模感召法做准。榜样的力量是无穷的。在思想道德教育的实施过程中,要注重正面典型的树立,精准定位、确立标杆,通过示范效应来引导大学生形成正确的价值观和人生观,通过鲜明的形象和鲜活的事例来感召大学生向先进学习、向楷模靠拢。第五,要把异常转化法做细。对于那些思想道德水平不足的大学生,教育者要切实担起责任,重点关注,尝试通过多种途径耐心细致地帮助其解决价值观与人生观的异常问题,发扬其性格中的优点,转化其品性中的不足。第六,要把心理治疗法做专。大学生思想道德教育的施行者可以充分借鉴与引入现代心理咨询与心理治疗方法,以增进大学生心理健康为路径,助力思想道德教育工作深入推进,将心理调适与思想品德涵养充分结合,不断提高自身专业水准,持续提升思想道德教育的实际效果。

(三)积极应对新媒体时代对新时代大学生思想道德教育提出的挑战

新媒体在当今时代日益发达,已经成为大势所趋,这一现象对新时代大学生思想道德教育提出了某些层面的挑战。面对这一社会运行领域的发展趋势,教育者应积极应对筹划、冷静分析症结、实事求是思考、审慎制定策略。

首先,要在新时代大学生思想道德教育中全面倡导与植入正确的信息伦理观念,从根本上确保新时代大学生群体在思想道德培育与形成方面不出现偏差。新媒体是网络信息技术进一步发展的产物,新媒体时代必然呼唤与之相适应的信息伦理观念。而之所以当今的新媒体在社会影响方面产生了很多负面效应,在很大程度上也是因为信息伦理观念的更新与普及并没有完全跟上时代的步伐。因此,在新时代大学生思想道德教育中,一定要强调信息伦理观念的树立与培育。一方面,要将社会主义核心价值观、中华优秀传统文化相关理念注入其中,在新媒体时代予以继承与弘扬;另一方面,也要深入研究新媒体环境的新特点和新趋势,建构较为成熟稳定的信息伦理观念体系,并将之纳入新时代大学生思想道德课程体系,推动信息伦理教育成为大学生思想道德教育的重要组成部分。

其次,要全力打造助力正确思想道德观念培育与形成的主流新媒体网络信息体系。为了积极应对新媒体时代带来的挑战,我们需要更进一步,不仅仅要在理念上进行倡导,还要在大学生思想道德课程中进行布局。思想道德教育与其他专业知识教育是不同的,这门学科与道德主体的社会经济生活息息相关,而新媒体对大学生群体日常生活的影响又无处不在,因此,为了与全社会范围内新媒体带来的负面效应形成有效对抗,教育行政管理部门及各大高校应该投入更多资源来打造属于自己的主流新媒体网络信息平台与系统,并使之能够为大学生群体广泛接受,传播正能量、普及新观念,积极建设主流媒体桥头堡与新时代大学生的精神家园。

再次,采取科学而有效的手段全面加强对新媒体网络环境中大学生思想道德相关网络舆情的监控与引导。基于信息网络及新媒体的相关特点,加上大学生心智不够成熟,很多情况下大学生群体会在网络平台尤其是新媒体上发表过激言论或不负责任的言论,进而给社会舆情造成不利影响,也不利于思想道德教育的推进。因此,教育行政管理部门及各高校有义务与责任建立相关机制,采取科学而有效的手段,全面加强对新媒体网络环境中大学生思想道德相关网络舆情的监控与引导。一方面,要实时进行监督和控制,以便及时发现问题并解决问题;另一方面,要合理引导,将网络舆情控制在安全范围内,以免出现舆情失控等恶劣情况。

最后,要持续发力建设一支精通新媒体教学的专业师资队伍。由于新媒体具有很多传统媒体不具备的新特点与新属性,传统思想道德教育模式难以与之相适应,那么在下一步大学生思想道德教育工作中,就应该经过一定时期的努力,建设一支精通新媒体教学的专业师资队伍。这支师资队伍一部分由精通管理技能的管理者组成,全面负责包括主流新媒体网络信息平台在内的各种新媒体硬件与机制管理;另一部分由精通教育教学技能的专业教师组成,专职负责新媒体时代背景下大学生思想道德教育的具体教学活动及实践活动。两方面的专业人员互相支持、互相配合,共同致力于推进新媒体领域中大学生思想道德教育的整体工作。[1]

---

[1] 齐爱花.当代大学生道德素质教育理论与实践研究[M].北京:冶金工业出版社,2020.

第二节 理想信念教育

高校要将大学生培养为社会主义事业的接班人,就需要让大学生牢固树立理想信念。在全球化的社会发展过程中,我国也面临着多元文化、思潮与价值观的冲击,大学生在接触社会时,容易形成极端利己主义的价值观,进而放弃了理想信念。因此,高校需要在思想道德教育体系中强化理想信念教育。

一、坚定理想信念的重要意义

理想信念是人的精神世界中最为重要的思想,它制约甚至决定着人的价值取向和行为选择。理想信念是人的世界观、人生观、价值观的外化和凝结,是提高人生境界的保障。没有理想信念,一个人的境界就会丧失核心和灵魂。理想信念能够帮助人们形成奋斗目标,进而产生奋斗的动力。大学生要想在学业和事业上取得成功,就得树立自己的理想。拥有理想的人,在奋斗过程中能形成强烈的责任意识,能够不断地完善自我的知识体系、提高技能水平、提升思想修养,进而成长为社会主义事业的栋梁。

(一)理想信念对于实现人生价值的意义

每一个人要想实现个人价值,获得高质量的生命,就需要牢固树立个人的理想信念。理想信念是一种强大的精神力量,能够帮助人们树立正确的人生观和价值观,有助于人们产生克服困难的意志力。尽管大学生在成长过程中所学专业和个人的追求不尽相同,但他们追求成功人生的信条是共通的。

对于大多数人来说,理想信念是伴随着个人认知体系和价值体系的形成而逐渐建立起来的。大学生在学习过程和不断积累人生经验的过程中,能够通过理性思维逐渐建立起合理的理想目标。个人的理想可以分为短期理想和长远理想。短期理想一般包括某项事业最终要达成的目标和结果,长远理想通常是指人生的奋斗理想。人生理想则是由学习、生活和事业上的多个奋斗目标构成的。因此,大学生要想实现个人的理想,就需要从当下开始,一步步地去为理想而实践。

大学生的人生理想也与国家和民族的命运紧密相连。国家与社会能够为大学生实现理想创造奋斗环境。就属性分析而言,理想具有如下性质:其一,理想具有未来属性。所谓理想,是特定社会的个体对于自身、集体、民族、社会、国家等在未来的时间维度内对某种状态作出的目标性设定。因此,理想一定是放眼未来的、指向今后的、充满愿景的。其二,理想具有可能属性。因为理想中的目标或状态并不是以往或现在已经发生了的,而是在将来可能实现的,所以理想可能会实现,也可能不会实现,具有一定的不确定性。其三,理想具有意识属性。理想首先存在于社会实践主体的主观世界当中,所以其必然是思维观念的产物。没有达成客观实现的理想则只能存在于人的头脑之中。在这个意义上,理想是一种意识产物。明确这一点,一方面会使我们更好地在主观世界中树立和构建自身的理想,另一方面会使我们懂得缺乏可实现性的理想是没有任何现实意义的。其四,理想具有实践属性。预设的理想并不是通过想象或描述就能实现的,必须通过社会实践主体遵循客观规律进行具体实践才可能将设想变成现实,需要持续不懈的努力才可能变成客观存在。其五,理想具有超前属性。理想往往是崇高的,在内容上是超越了当前生产实践和社会实践状况的,相关愿景指向对象的水准较当前情况高超很多,具有超前属性。如果目标容易实现,则不能称之为理想。其六,理想具有创造属性。理想在某种程度上是"高不可攀"的,如果没有从无到有的创造性思维和创造性实践,那就无法实现。其七,理想具有选择属性。理想的形成、树立与实现一定是一个价值选择的过程,在分辨客观存在的事物对理想实现是有利还是不利时,我们需要趋利避害,完成兴利除害的过程,并最终实现心中的理想。其八,理想具有时代属性。理想属于主观意识的范畴,大而化之则属于社会意识的范畴。根据辩证唯物主义和历史唯物主义原理,不论是个人理想还是群体理想,都是扎根于特定历史条件和时代发展阶段之中的。不存在超越一切历史时代发展阶段的理想,脱离了特定历史条件的理想只能是空想或幻想。

(二)信念是理想得以建立的基础保障

理想与信念之间有着十分紧密的关系,信念是理想得以巩固的基础。人们在理想的指引下可以形成信念,从而具备了为实现理想而奋斗的精神力量。信念在思想意识领域代表着人们对于某种事物或价值观的信赖关系,并且可以从全局方面来指导人的行动。信念还具有坚持的含义,即人们在确立了理想信念之后,就不会轻易动摇,在面对挫折时,也能够克服困难,继续为理想目标而奋斗。

人只有拥有了信念,在为目标奋斗的道路上才会不畏艰险、不受蛊惑、不贪小利,才会在方向上保持不变、在态度上保有热忱、在行动上维持自律。就全社会范围而言,信念具有多样性的特点。一方面,不同的社会实践主体基于生存环境、成长历程、自身条件、利益需要、风俗习惯、性格特征等方面的不同,其持有和坚守的信念肯定会呈现出不同的样态。另一方面,同一个社会个体或者社会群体在不同的成长阶段和历史时期,也会形成各自不同的信念体系。因此,信念的形成需要正确引导和全面引领。

理想和信念总是相互依存、相互支撑的。如前所述,理想就是指产生于生产实践和社会实践之中的、具有未来发生可能性的、关于自身发展和社会前进愿景的希望与追求,具有超前属性和创造属性。而信念则具有执着性和行动性。信念所坚守和指向的对象在于理想,而理想则需要通过坚守信念而得以实现,信念是实现理想的保障。离开了理想来谈信念,信念就会被放空,失去了努力的目标和方向;而离开了信念来谈理想,理想就会被架空,失去了在客观行动中加以坚持的主观状态。由此可见,理想和信念彼此密不可分、互利互融。在这个意义上,我们经常将理想和信念放在一起来衡量和使用,称之为理想信念。

在培养大学生的过程中,高校需要建立一个让其产生理想信念的基础。大学生在学习过程中,就需要为人生未来的发展树立规划,按照自己的奋斗目标去完善知识体系,并有目的地参加社会实践。在树立理想的过程中,大学生还应该为理想树立信念,将理想融入自己的生活与实践当中。首先,理想信念为新时代大学生指引着人生的奋斗目标。在中国特色社会主义进入新时代的背景下,大学生的人生画卷徐徐展开。只有早日树立正确而坚定的理想信念,才能获得人生正确航向的指南针,才能获得精神动力去学习、成长和奋斗。人生的道路必然是曲折而复杂的。一个人如果没有理想信念的指引,就难免会受到客观环境的负面影响而迷失方向、迷失自我,难以获得人生的意义。其次,理想信念为新时代大学生提供了人生的拼搏动力。只有具备崇高而坚定的理想信念,才能培养出勇敢坚毅、百折不挠的拼搏精神,才会获得不断进取、止于至善的源源动力。如果缺失了理想信念,人生必然是碌碌无为、平庸无奇的。最后,理想信念为新时代大学生提升了人生的精神境界。人的一生漫长也短暂,甜蜜也苦涩,有趣也无聊。每一个人最终能达到的人生境界是存在高下之分的。人存活于世,不仅仅是满足了动物本能需求或物质欲望就能自足的。人总会拥有这样或那样的精神追求,总要拥有一个自认为丰富的精神世界,总要不断提升自己的精神境界。如果一个人的精神世界枯竭了,他就会感到颓废和空虚。而精神境界的提升依靠的是坚守理想信念、为实现人生目标而不断努力。如果没有理想信念,就不会拼搏奋斗,也就不可能提升精神境界。

(三)树立实现中华民族伟大复兴中国梦的社会理想

大学生作为今后我国社会主义事业的栋梁,应该有着为中华民族伟大复兴而奋斗的共同理想。要想实现中华民族的伟大复兴,就要坚持中国共产党的领导和社会主义道路,为社会主义事业而奋斗。大学生在成长过程中,需要将个人理想与全民族的共同理想统一在一起,这样才能更好地融入社会并实现个人理想。因此,大学生需要认同社会的共同理想,并对我国社会主义道路充满自信与信念,能够在实践中向着共同理想而奋斗。首先,新时代大学生必须充分坚定对共产主义和中国共产党的绝对信仰。共产主义理想是人类最为崇高而科学的理想,共产主义社会是人类社会发展形态中的最终形态。中国共产党是中国工人阶级的先锋队,同时是中国人民和中华民族的先锋队,是中国特色社会主义事业的领导核心,代表中国先进生产力的发展要求,代表中国先进文化的前进方向,代表中国最广大人民的根本利益。党的最高理想和最终目标是实现共产主义。历史已经充分证明,只有中国共产党才能救中国,只有中国共产党才有这个能力来领导人民实现中华民族伟大复兴。新时代大学生对共产主义和中国共产党的信仰一定是绝对忠诚的,是深入骨髓的。大学生对中国共产党的认同是以情感认同为基础,经由组织认同和价值认同的深化,最后落实到行为认同的逐层递进过程。同时,这四个层次的认同之间又存在一定程度的交互作用。其次,新时代大学生必须充分坚定对中国特色社会主义道路的绝对自信。不论在历史上还是在现实中,都是中国共产党在指引与领导中华民族和中国人民坚定地走中国特色社会主义道路。中华人民共和国成立70余年的历史,概括起来就是中华民族从站起来、富起来到强起来的历程。在中国共产党的领导下,我们成立了中华人民共和国,建立了社会主义基本制度,这是中华民族伟大复兴的重要转折点。我们致力于建设中国特色社会主义,实现中华民族从站起来到富起来的伟大飞跃,让中国特色社会主义进入新时代,使中华民族前所未有地接近伟大复兴目标,逐步实现从富起来到强起来的目标。面对我们已经取得的辉煌成就,我们必须进一步坚定道路自信、理论自信、制度自信、文化自信,并将之融入新时代大学生的理想信念中去。最后,新时代大学生必须充分坚定对中华民族伟大复兴的绝对信念。中华民族是一个拥有灿烂文明历史的伟大民族,为人类文明的进步与人类社会的发展做出了巨大贡献。但近代以来,经历了半殖民地半封建社会的浩劫,国家贫弱、民族受辱、民生凋敝,人民饱受苦难。中国共产党登上历史舞台后,领导中国人民和中华民族走上了民族复兴之路。经过了百年奋斗历程,在中国共产党的领导下,中国与中华民族已经以崭新的形象屹立于世界舞台,正在焕发出新的蓬勃生机。对此,新时代大学生一定要更加坚定对民族复兴的绝对信念,将自己的人生完全汇入滚滚向前的历史大潮中,在伟大中国梦中实现自己的人生梦。

二、伟大中国梦引领下的新时代理想信念

中国梦是国家富强、民族振兴、人民幸福的梦,它体现了亿万中华儿女的心声,具有强大的凝聚力和感召力。只有树立中国特色社会主义共同理想,才能坚定自信、增强自觉、实现自强,才能坚持中国道路、弘扬中国精神、凝聚中国力量。每个中国人都是"梦之队"的一员,加强大学生的"中国梦"教育,就是要把它融入大学生的思想政治教育之中,让它进入大学生的头脑。只有在中国梦的引领下,让大学生自觉树立远大理想,才能引导大学生健康成长成才,才能为中华民族伟大复兴凝聚力量。

(一)何谓中国梦

中国梦的本质内涵是国家富强、民族振兴、人民幸福,中国梦的根本归宿在于人民。为世界的和平与繁荣贡献自己的力量是中国梦的题中应有之义。中国特色社会主义进入新时代,每一个人的梦想都是伟大中国梦的组成部分。在实现中华民族伟大复兴的历史进程中,每一个人为之奋斗努力的实际行动,最终都会汇聚成磅礴之力来共同创造历史。

中国梦体现了国家利益、民族利益和人民利益的高度一致与完全统一。在中国梦的统领之下,国家、民族和个人都被融入一个命运共同体,在一个方向、一个目标、一个道路的指引下,团结一致、共同向前。中国梦,是国家的梦,是民族的梦,归根结底是人民的梦。中国梦的实现需要中国共产党领导人民共同为之奋斗努力,而在不断实践中的中国梦也必然会为实现人民根本利益创造更多的基础与前提。简言之,中国梦,人民造;人民造梦,梦造福于人民。中国梦就是每一个中国人的梦,也理应是每一名新时代大学生的人生梦。就中国梦的基本属性而言,首先,中国梦是历史与逻辑的高度统一。中华民族有五千年的灿烂文明,经历过辉煌,也承受过苦难。中国共产党带领中国人民进行新民主主义革命,推翻了半殖民地半封建社会,建立了社会主义制度,探索出中国特色社会主义道路,使中华民族实现了从站起来、富起来到强起来的伟大飞跃。其次,中国梦是国家梦和个人梦的高度统一。中国梦不是空洞的口号,也不是集体的幻想。中国梦的实现要以国家为基础

和载体,因为中国梦首先是中国的梦。在这个国家之梦的指引下,国家相关政策、制度、法律等都要给予支持与配合,国家的任何行为均要以之为准绳。同时,这个国家之梦的实现,归根结底要依靠这个国家每位成员的奋斗与拼搏,在追求个人之梦的过程中将个人理想和社会共同理想加以充分融合,最终实现个人梦与国家梦的同频共振。最后,中国梦是现实性与可期性的高度统一。就现实来说,中国特色社会主义进入新时代,"两个一百年"奋斗目标是在中国特色社会主义事业的重要社会发展目标。每一位社会主义事业的建设者和接班人都要将此铭记于心,并奋力前行。就长期来说,社会主义建设必然通向的社会形态是共产主义社会,因此社会主义事业的建设者和接班人要志存高远、坚定信心,在现实性与可期性的高度统一中追求伟大中国梦的最终实现。

(二)中国梦与个人梦的应然关系

当代大学生是实现伟大复兴中国梦的重要人才力量,是民族发展的希望。大学生应该树立为中国梦而奋斗的理想信念,成为引领社会风尚的代表。中国梦的理想与个人的人生理想应该实现高度统一。大学生在追求个人幸福的过程中,要以社会责任为己任。

个人理想和社会理想的关系,其实就是个人和社会关系在理想层面的反映。既然个人与社会相互依存、相互制约,那么个人理想和社会理想之间也是彼此相连、密不可分的。如果个人理想脱离了社会理想,甚至与社会理想相悖,那么个人理想就不可能实现,因为其失去了应有的社会基础;如果社会理想失去了个人理想的支持,或者说社会成员的个人理想四分五裂,无法形成合力,那么社会理想也就不复存在。新时代大学生理想信念的锤炼,要以正确处理个人理想和社会理想之间的关系为前提和基础。

在中国特色社会主义新时代,社会理想就是伟大中国梦,就是国家富强、民族振兴、人民幸福;而新时代大学生基于自身条件、成长背景、所学专业、性格特点等方面的不同,在个人理想的内容上肯定有差异。但个人理想在本质上肯定要与社会理想相一致,契合社会发展趋势与规律,成为社会理想的组成部分。新时代大学生的个人理想也必须和社会理想相一致,要将其完全融入伟大中国梦之中。大学生的理想信念要以中国梦为指引,伟大中国梦的逐步实现也会使大学生的个人理想最终得到凝练和升华。

(三)中国梦引领下的新时代大学生理想信念

新时代大学生理想信念的培育、树立和坚守,离不开伟大中国梦的全面引领。完全基于个人利益考虑的所谓理想信念,不可能在人生实践中获得预期的效果,甚至都不会成为可以长期坚守的人生精神支柱。符合社会发展规律的正确而崇高的理想信念一定是扎根于特定社会发展历史时期的土壤之中的,不是个人主观臆断的,也不是个体凭空想象的。新时代大学生在将个人理想追求融入伟大中国梦追求的过程中,首先要做的就是要处理好现实与理想的关系。中国梦是伟大的,是可期的,更是现实的。大学生群体处于由学校迈向社会的人生转折阶段,各方面的条件有限,缺乏独立的经济能力,在选择就业时还经常在人才市场中面临激烈的竞争。在这种情况下跟大学生谈"理想",某些大学生往往基于现实的压力而产生抵触情绪,认为眼前的生存问题都难以解决,大谈理想未免奢侈。对此,广大大学生在培育理想信念时,必须正确认识现实与理想之间的关系。确实,现实与理想具有相互矛盾的一面。理想具有超越性,如果轻而易举就能实现,那么就不能称之为理想。但更为重要的是,理想并不是好高骛远、南柯一梦,其本身又孕育着未来性、实践性和现实性。理想总要受到现实的束缚和制约,但必定会在未来改变现实、超越现实。一方面,现实是在不断发展进步的,其肯定包含了理想的因素;另一方面,理想要以现实为基础,包含着现实的因素,要促动现实向理想转化。只要具备了相应的条件,理想就是可以转化为未来的现实。

现实向理想转化,理想有效指引现实,其关键就在于社会主体能够坚守自己的理想信念,积极实践、艰苦奋斗、努力不懈。客观而论,理想的最终实现需要一个时空延续与延展的过程,而且越是远大和崇高的理想,其实现过程就越为复杂与艰辛。着眼于历史与现实,任何理想的最终实现都不是轻而易举的,总会遇到各种艰难险阻、坎坷障碍。如果遇到一些困难,就产生悲观失望的情绪,就萌生退缩投降的念头,那么理想就真的会变成幻想。尤其对于大学生群体而言,世界观、人生观和价值观还处于形成阶段,思想状态并不稳定,也比较容易受到客观困难的消极影响。我们必须通过新时代大学生理想信念教育使其充分懂得,只有在理想信念的支持下,通过拼搏努力去实践、去实干,并在这一过程中不断锤炼和坚定理想信念,理想才有可能最终实现。在追求和实现理想的过程中,缺失了艰苦奋斗的精神和作风,没有百折不挠、愈挫愈奋的勇气,理想是不可能自动转化为现实的。坚持艰苦奋斗的精神和作风,不仅意味着要在物质层面严于律己、节俭朴素,还意味着要在精神层面始终保持一往无前、不畏艰苦的精神状态和昂扬斗志。

(四)将实现中国梦完全融入新时代大学生理想信念

如前所述,中国梦的本质为国家富强、民族振兴、人民幸福。这个梦想必定是远大的、崇高的,是需要数代人为之不懈努力奋斗的。虽然中国梦本身是令人振奋的、促人奋进的,但中华民族伟大复兴绝不是一朝一夕之事,绝不是靠空想空谈就能一蹴而就的。作为新时代大学生,必须将自己的理想信念注入实际行动之中,将理想信念转化为实际行动,只有这样才能无愧于党和人民的重托,才能无愧于社会主义事业建设者和接班人的历史使命。因此,新时代大学生必须在立志上下功夫、在践行上真用力,不断锤炼和坚定理想信念,将理想信念注入实际行动。首先,新时代大学生的志向与理想要高远。立志是开创任何伟大事业的起点,也是实现人生梦想和人生抱负的精神基础。每一名新时代大学生都应该为能够出生与成长于当今伟大时代而感到骄傲和振奋。中国特色社会主义进入新时代,每一名大学生都得以在社会发展进步的基础上施展自己的才华、实现自己的抱负。越是在这种有利条件下,广大大学生越是应该志存高远,将自己的前途命运和国家与民族的前途命运紧密相连。要放开眼界,不应鼠目寸光;要心胸开阔,不应斤斤计较。只有在青年时期树立远大志向,才能给未来的人生旅程带来无限光明。其次,新时代大学生的志向与理想要定位于做实事、做大事。在中国共产党的坚强领导下,我们的社会主义事业已经获得了辉煌的成就,但作为社会主义事业的建设者和接班人,新时代大学生一方面要居安思危,要正视当前与未来我们面临的各种困难,审时度势、迎难而上,将为祖国和人民做大事作为自己的人生志向；另一方面要放眼大局，不能存贪图安逸之念，不能以自私自利为荣，而要立志为国家和民族献身、为社会和他人服务。最后，新时代大学生的志向与理想要讲求亲身实践，躬身而行。中华民族伟大复兴不可能靠空喊理想信念就能实现，其必然是依靠一点一滴的奋斗铸就而成，依靠一步一个脚印践行而成。在新时代大学生群体中，我们需要创造一种良好氛围，鼓励志存高远、求真务实、脚踏实地和埋头苦干的精神。我们要引导大学生立足自身的学业和未来的工作岗位，扎扎实实地追求远大理想和实现人生价值。总而言之，新时代大学生要将国家富强、民族振兴、人民幸福的中国梦完全融入自己的血液之中，不断锤炼与践行理想信念。就新时代大学生理想信念的教育方式来说，可以通过共产主义信仰教育、全面的理想教育、坚强的信念教育，把国家和民族层面的中国梦具体化为大学生的职业理想、事业理想、专业理想、家庭理想与人生理想。同时，可以把共产主义理想和信仰细化为个人拼搏进取的信念、学习成才的认知以及建立幸福家庭的祈愿，并通过活动实践方法、榜样的案例法和创新创业成果展示法将理想信念教育与中国梦的政治性、严肃性、生动性、创新启发性统一起来。

三、新时代大学生理想信念教育面临的困难及原因

大学生理想信念的树立关系到整个民族未来的发展前景。只有当大学生群体树立起为中华民族伟大复兴而奋斗的理想时，我国社会主义事业的建设才会有人才力量的支持。在当前社会中，由于社会思想的多元化，不少大学生在理想信念上出现了偏差，容易受到商业社会的影响，形成极端利己的个人观念，从而将个人与社会发展对立起来。因此，在新时代背景下，高校的理想信念教育也面临更多挑战，需要高校尊重大学生的个性发展，明确共同理想教育的目标。

（一）新时代大学生理想信念教育面临的困难

在当代社会中，许多群体都存在理想信念缺失的问题。这就要求高校将理想信念教育视为思想道德教育的重要构成部分，在培养大学生知识与技能的同时，实现大学生在思想政治素养与道德素养方面的全面发展。目前，高校教育面临着外来文化价值观和意识形态的冲击，这给传统的思想道德教育带来了巨大的挑战，也正因如此，理想信念教育才变得更加紧迫。

一些大学生由于社会生活经验不足，缺少理性的认知能力，对于自我和社会发展规律的认知十分有限。同时，大学生的价值体系还没有完全成型，因此很容易被网络或社会上流传的错误价值观所误导，在思想上容易出现迷茫、困惑与矛盾的状态，导致其树立的人生理想出现偏差。一些大学生渴望追求卓越，又缺乏艰苦奋斗、吃苦耐劳的思想准备；希望通过自身的努力在未来的职业生涯中崭露头角，但又对网络媒体中流传的各种负能量手足无措；深度认同伟大中国梦，但又基于自身利益的考虑而惧怕未来可能出现的各种困难。他们在大学校园中接受的理想信念教育往往停留在理论层面。而在社会实践中往往会遇到与这些理论不尽相符的各种现象。因此，大学生理想信念教育确实面临很多困难，

我们必须正视这些问题,并积极应对。

一些大学生由于对自我发展的要求放松,导致处于一种放任自流的状态,在学习和生活上都缺乏目标感。不少大学生在经历了高中时代的紧张生活后,接受相对宽松的大学管理,自我管理能力大大减弱。在学习上,他们处于放任状态;在生活中,他们则过度追求个人享受,难以树立长远的人生奋斗目标。

某些大学生对人生持有享乐主义态度,这会严重阻碍其理想信念的树立。受到西方一些不良思潮的影响,一些大学生形成了一种以享乐主义为基调的人生态度,这种不良的情绪或态度,往往体现为政治上的不求进步、思想上的不求崇高、学习上的不求上进、生活上的不求节俭。其往往只注重个人的权利和自由,而漠视集体利益、社会公德和纪律规范。甚至某些大学生陷入了拜金主义的泥淖,认为只有金钱是万能的,金钱是无所不能的,人生在世最重要的就是有钱,其他的一切都是说教而已。这种拜金主义直接扭曲了他们的消费观念,使他们认为物质享受是人生的至高追求。因此,他们不顾自身的消费能力,一味地去攀比排场、追逐名牌、过度消费。他们将这种不具有正当意义的非理性消费认定为人生价值,甚至做出借贷消费的荒唐之事。持有拜金主义的人生观和价值观的人,连正常的学习和生活都保证不了,遑论理想信念。

有些大学生在成长过程中受到了家庭或社会的影响,其理想目标都建立在功利主义的价值观之上,对社会中高尚的道德理想持否定态度。大学生在发展过程中,容易过于追求短期经济利益,并且为满足个人欲望而破坏道德的准则。面对现实中的困惑与迷茫,一些大学生认为只谈理想信念根本不足以有效应对,反而是功利主义和实用主义更能帮助其在心理上找到平衡,在事实上获得答案。因此,他们进而觉得只有金钱和权力是破解人生难题的钥匙。虽然在市场经济环境中,对于物质财富的渴求无可厚非,但这些大学生将对金钱与权力的追求推向极端,认定人生中只有物质财富和权势地位值得追求,这样就会面临非常危险的处境。如果眼中只有金钱与权力,在未来的人生轨道上很可能会丧失理智,甚至走向自我毁灭的深渊。

有些大学生虽然能够树立起远大的理想,但其对理想的信念不够坚定,在实践中缺乏行动力,也缺乏强大的心理素质。因此,这些大学生仅是思想上的巨人,却严重缺乏践行理想目标的能力。其理想固然远大,却没有在思想上留下深刻的烙印,成为一种虚假的想象。当他们在学习中或是社会实践中遇到挫折时,他们的思想就会产生动摇,进而出现自我怀疑、自我否定,甚至出现否定社会的心理状态。面对这些现象,高校需要针对大学生的问题,加强心理健康教育,培养大学生的意志力、行动力,在学科教学中强化实践教学和能力教育。事实上,如果教育模式与教育方式没有达到最佳状态,那么针对大学生的理想信念教育将不可避免地具有局限性。因为理论和原理毕竟还停留在纸面上,而大学生群体可能对于理想实现过程中呈现出的艰巨性还缺乏思想准备和心理准备,进而就会导致理想与行动之间的严重脱节。很多大学生似乎在主观上确立了正确的理想信念,但一旦遇到现实的打击,就失去了行动和实践上的主动性和积极性。这说明大学生对于应该如何践行理想和应对挫折还认识得不够全面。

(二)新时代大学生理想信念教育存在缺失的原因分析

在当今社会中,高校理想信念教育面临多元价值观的挑战。作为教育主体的大学生,在个体层面都会形成自己的价值理解,持不同的观念和理想。此外,面对市场经济社会与国际环境的价值观冲击,高校这个教育阵地承受着更大的挑战。

从全球化的背景来看,经济全球化带动了文化与信息的全球化,这使得我国传统的民族文化与社会主流意识形态受到西方文化及价值观的影响和冲击。同时,自20世纪末期以来,国际共产主义运动进入低谷期,西方敌对势力对我国的意识形态渗透从未停止,并且有目的地让我国社会放弃社会主义的理想信念。在21世纪的信息化社会中,国际文化与价值观借助网络渠道快速向社会各个群体传播,使得享乐主义、极端利己主义等思潮快速传播,对大学生群体影响巨大。高校要通过党的理论教育,让大学生紧密团结在党的周围,在思想和行动上都能跟党走,向党靠拢。

从国内环境来看,社会上流传的落后思想和存在的不正之风对大学生树立正确理想信念造成了负面影响。近几十年来,我国在经济发展方面的成就举世瞩目,综合国力不断增强,人民生活水平不断提升。但在市场经济大潮的冲击下,社会上也确实流传着"一切向钱看"等拜金主义落后思想观念,这种扭曲的价值观对当代大学生造成了一定程度的负面影响,对其树立正确理想信念殊为不利。同时,在市场经济环境中,也在一定范围内存在着不正之风和腐败现象。这些负面社会现象也会给部分大学生的思想造成负面影响。一些思想意志薄弱、理想信念不坚定的大学生会产生很多负面情绪,甚至形成扭曲的价值观和偏激的思想。一些大学生陷入拜金主义、享乐主义、虚无主义的泥淖,终日不思进取、玩世不恭,对政治冷眼待之;还有一些大学生则急功近利、热衷名利,其人生观中实用主义、功利主义色彩过浓,天天幻想着一夜暴富、升官发财。

从家庭教育条件来看,许多中国家长在养育孩子的过程中,并没有帮助他们形成明确的理想信念,甚至还在价值观方面给孩子带来负面影响。家庭对于大学生价值观的形成起到了十分关键的作用。家长的思想价值观、道德水平和行动能力,都会潜移默化地对孩子造成影响。许多家长在教育孩子的过程中,将主要精力放在了学习成绩和技能培训方面,对孩子的价值观、道德素养和理想信念的形成却不予重视。同时,许多家长作为社会中的成员,其本身也缺乏理想信念的支持,在思想和行为上无法成为孩子的榜样。总之,许多大学生的家庭环境无法为他们树立理想信念提供帮助。

从学校教育来看,高校针对大学生群体进行的理想信念教育模式存在很大的提升空间。大学生的主观认知偏差以及客观经验的有限性共同制约了理想信念的锤炼。

由于上述原因,某些大学生对理想信念的认知存在偏差。不论是对理想信念的深刻内涵和重要意义,还是对理想信念中的应有内容,不少大学生都持有模糊甚至是错误的认识。理想信念的树立和坚守不是一蹴而就的,需要经历一个反复锤炼的过程。大学生在进入大学之前最为关注的就是高考,而进入大学校园之后最为担心的也往往是学习成绩和就业问题。他们缺乏围绕理想信念的相关思想意识充分开展社会实践的能力。因此,没有经过考验和锤炼的理想信念就较容易发生动摇,坚定的理想信念就会因缺乏实践基础而难以树立起来。

四、新时代大学生理想信念教育的发展方向

在新时代,高校必须在党的领导下进行理想信念教育。学校党组织要带领大学生树立为社会主义事业而奋斗的理想。为此,高校应该结合党建活动,对大学生开展党的教育活动,让大学生充分了解党的历史和初心、使命。大学生理想信念的形成不能脱离时代。因此,大学生需要深深融入时代,把握我国社会的发展进程,只有这样才能兼顾社会责任的履行与个人价值的实现。为此,高校在理想信念教育的理论、内容与方法上都要符合党在新时代的要求,融入党性教育的内容,开展党建系列活动。

当大学生面对纷繁复杂的世界心生迷茫时,当大学生面对崇高远大的理想而心生畏惧时,党的光辉指引一定能为他们拨云见日、指点迷津,培育他们养成百炼成钢的理想信念。中国共产党代表了人民的根本利益,引领着中国特色社会主义事业的前进方向。对新时代大学生施以理想信念教育,最根本的就是要将新时代大学生群体紧密团结在党的周围,使其在党的关怀培养和全面领导下,志存高远、磨砺意志,真正成为德智体美劳全面发展的社会主义建设者和接班人,为中华民族伟大复兴中国梦的实现众志成城、拼搏不息,为共产主义理想的最终实现不舍昼夜、百折不挠。

中国特色社会主义理论体系,是中国共产党在社会主义现代化建设实践中,在不断解放思想、实事求是、与时俱进、求真务实的进程中创立和发展起来的。它的每一步进程,都透射出与时俱进的鲜明特征,充分体现着当代中国社会发展的历史逻辑。在中国特色社会主义理论的指导下,中国共产党领导全国人民全面推进中国特色社会主义事业不断向前发展。新时代大学生树立、践行与坚守理想信念的过程应基于中国特色社会主义事业的实践基础。因此,要持续加强中国特色社会主义理论教育,将其贯穿于新时代大学生理想信念教育的全过程。要使新时代大学生深刻理解国家、民族和人民的过去、现在和未来。特别是现在中国特色社会主义进入新时代,我们要将习近平新时代中国特色社会主义思想相关内容完全融入大学生理想信念教育的内容与课程设置之中,用新思想来武装头脑,用新成果来服务人民。要通过推行新时代大学生理想信念教育,增强大学生对祖国和民族繁荣昌盛的责任感和使命感,为中华民族伟大复兴而持续奋斗。

在新时代背景下,党和国家的各项事业都是建立在我国全面建设小康社会的基础上,是围绕实现中华民族伟大复兴中国梦的共同理想而进行的。把握这个时代主题,大学生在成才的过程中才能更好地融入社会、找到自我发展的机遇,才能将个人的实践与时代的发展脉搏融合为统一整体。许多大学生在思想、信念上的缺失,正是他们遭遇挫折和失败的根本原因。他们受到功利主义、极端利己主义的思潮影响,对个人和社会都产生了不切实际的认知,从而在发展中走向了错误的方向。因此,大学生理想信念的形成,必须建立在科学与理性的基础上,要遵循社会发展的规律,要经得起实践的检验,这样大学生才能建立起具有可行性的理想目标。

每个社会主体基于其自身各方面条件的差异可以选择不同指向与内容的人生理想,

但个人的人生理想必须与社会共同理想相一致,至少不能与之相违背,否则这种所谓的理想也就只能是一种空想。中国特色社会主义进入新时代,实现中华民族伟大复兴就是全国各族人民的共同理想。因此,我们一定要在推动大学生理想信念教育的过程中,将实现中华民族伟大复兴深植每一名新时代大学生的内心深处,以使其获得为了国家和民族奋勇前进的内生动力,将个人有限的生命汇入无限的伟大梦想之中。中国梦明晰了大学生理想信念教育的时代目标,丰富了大学生理想信念教育的内容体系,增强了大学生理想信念教育的现实适应性。把中国梦作为大学生理想信念教育的重要主题,是当前大学生理想信念教育的题中应有之义。

教师在高校教育中扮演着至关重要的角色,尤其是在培养大学生正确的理想信念方面。为学生进行思想道德教育的教师,不仅包括辅导员和思想政治工作者,还有各个学科的教师。特别是高校思想政治理论课教师作为思想政治教育工作的主要承担者,肩负着为社会主义现代化建设培养全面发展合格人才的重要责任,他们的信仰与信念价值导向作用鲜明,直接关系高校思想政治理论课的成效,关系大学生理想信念的树立,更关系高校的社会主义办学方向。高校思想政治理论课教师要潜心问道,深入学习马克思主义以坚定科学的信仰;强化自觉,在中国特色社会主义共同理想的指引下积极传道;矢志不渝,追求共产主义远大理想。

理想信念教育不能只停留在思想重视和口号中,需要在高校与教师的教学实践中深入实施。因此,教师需要结合理想信念教育总体的目标与任务,在教学活动中加强教学模式的创新,突出知识与实践教学的结合度,使大学生可以在生活实践及社会实践中为了理想信念的树立而付诸行动。大学生理想信念的建立和巩固是通过大学的学习和实践不断完善起来的过程。当他们的知识结构和社会实践经验不断丰富时,就会对个人角色与社会发展规律形成更深刻的理解,这样形成的理想信念才是科学的和牢固的。为此,教师应该摆脱过去在思想道德教育和理想教育中的说教特征,不局限于知识理论的教学,而应该结合学生未来适应社会的需求来做出创新。其中主要包括以下方法:一是结合党史学习教育,要让大学生多参观革命历史博物馆和革命圣地,学习红色精神;二是要结合社会中典型的人物和事迹,积极开展实证教学;三是结合大学生的就业需求,让学生走进企业进行实践,开展职业道德教育。除此以外,还需要正视新媒体在人生理想信念形成中的独特作用,要深入研究以新媒体为载体和媒介的信息传播和舆情涨落规律,将新媒体相关创新宣传方式应用到新时代大学生理想信念教育中。"新媒体这把'双刃剑'正深刻改变着大学生的生活方式、思维方式、行为方式和价值观念,给大学生理想信念教育带来了严峻挑战。探索如何利用新媒体有效开展大学生理想信念教育问题,转变教育观念、改革教育方法、更新教育内容、拓展教育渠道、创新教育模式、化'被动'为'主动',是适应新形势、新变化的必然要求,对于当前开展高校思想政治工作、培养社会主义事业接班人具有积极的意义。"[①]

---

① 傅君英.新时代大学生理想信念教育研究[M].西安:西安电子科技大学出版社,2019.

第三节　诚信与廉洁教育

一、诚信教育

大学生是十分宝贵的人才资源,是民族的希望、祖国的未来。当代大学生思想道德状况的主流是积极、健康、向上的。诚信是现代文明社会的基石,大学生的诚信品质是其思想道德品质中的核心内容。作为特殊的青年群体,当代大学生诚信道德的形成、发展与变化,受到价值观、心理发展、人际交往等因素的深刻影响。恪守诚信是绝大多数大学生的共识,但少数大学生缺乏诚信意识,这必须引起高度重视。从我做起,从现在做起,恪守现代社会生活中的诚信道德规范,对个人、社会以及国家都具有十分重要的意义。

(一)大学生诚信的特点

1. 大学生诚信行为的特点

(1)大学生诚信行为的一般特点。

大学生是社会居民中接受高等教育的群体,其知识水平和思想认知水平要普遍高于社会中的大部分群体。大学生在进入社会后通常会成为社会各个行业中的中高层人才,因此,大学生的成长状况和思想道德水平对于社会发展具有很重要的意义。在大学生适应社会发展的过程中,诚信是一种十分必要的道德属性,是大学生融入市场经济环境的必要条件。社会需要大学生成长为有用的人才,而大学生也需要在融入社会环境的过程中拥有诚信意识,从而让周围的人对其产生信任感。当代大学生在知识技能的掌握上有了很大的进步,但在诚信品质的培养上仍需要进一步加强。高校在培养大学生的诚信品质时,需要培养守信精神、对工作负责的精神,让大学生能够更好地施展自己的才能。许多用人单位在聘用大学生时,也发现了部分大学生在诚信上的不足,包括违约、工作不负责等,这需要引起高校的重视。

(2)大学生校园诚信行为特点。

在大学的学习生活中,大学生应该逐渐养成诚信意识,主要包括在学习中和与教师、同学打交道的过程中坚守诚信原则。当代大学生在大部分情况下都能形成良好的诚信品质,但在面临某些压力和利益冲突时,其诚信品质就会受到考验。这主要体现在两个方面:一方面是无法严格要求自己保持诚信,而对他人要求过高;另一方面是会受到社会不良价值观的影响,被私利所驱动,进而破坏诚信原则。大学生对诚信还没有形成深刻的认知,没有意识到诚信品质对自己的人格和道德健康产生的重要影响,这就导致大学生在一些与利益挂钩的问题上表现出缺乏诚信的行为。例如,有些大学生在考试时想通过作弊获得高分,认为作弊行为不会带来太大的后果,因此漠视了在考试中的诚信,这些细节问题会逐渐影响大学生对待事物的态度。还有一些大学生在面对奖学金评定、学生干部评选等实际利益时，也会采取弄虚作假的行为，这是在利益驱使下诚信品质滑坡的结果。因此，高校需要针对大学生的诚信行为进行教育和引导，让大学生能够将诚信牢牢树立在自己的思想意识深处。

（3）大学生职业生活诚信行为特点。

大学生在职业生活中更需要展现诚信品质，这也是获得社会认可的关键。大学生的职业生活主要体现在就业和创业活动中，包括个人简历介绍、签订就业协议、入职工作以及与他人合作的创业过程等。在现实的就业市场中，许多大学生的诚信品质明显达不到要求，导致用人单位和个人对大学生的信任减少。例如，有些大学生在选择工作时，不按照用人单位的合同来办事，经常产生违约行为，在遇到更好的工作时，就会无视之前的约定。还有些大学生只将用人单位当成自己的跳板，在工作中缺乏负责精神，对单位缺少主人翁意识，这导致大学生换工作的频率逐年上升。许多刚毕业的大学生在就业方面表现出不稳定，这让用人单位难以对其进行长期职业规划和培养。

（4）大学生公共生活诚信行为特点。

①人际交往中的双重人格。所谓双重人格，是对表里不一、人前人后两种态度所表现出来的人的性格特征的概括。部分大学生在校园生活中就产生了唯利是图、急功近利的价值观，使其在与人相处的过程中也以利益作为准则，在思想和行为上都丧失了诚信这一品质。缺少了诚信，许多大学生就变得表里不一。

②个人责任与社会责任错位。这主要表现为部分大学生不积极参加集体活动，对人对事都比较冷淡。尤其现在的大学生很多都是独生子女，他们因长期受家庭关怀，形成了对自己及对家庭的明确而强烈的责任意识，但因认知水平的局限及社会交往的局限，他们进入大学后并未将责任意识的内涵、外延加以扩大，不能把社会责任和个人责任统一起来。

2. 大学生诚信心理的特点

当代大学生的诚信心理整体上呈现一种正向趋势，但个体的诚信品质发展结构不平衡，而且大学生诚信心理的年级差异非常显著。

（1）大学生诚信心理的一般特点。

大学生接受了高等教育，在思想道德水平上理应成为社会各个群体的代表，展现出高素质人才的优点。在市场经济社会中，大学生既要拥有良好的道德素质，也需要具备诚信品质，这样才能在社会契约关系中形成良好的信誉，才能拥有更好的发展前景。市场经济的价值规范要求每个组织和个人都具有诚信意识，能够按照承诺、合同和约定来办事。大学生的诚信品质需要在校园学习过程中逐渐培养起来。高校的教育对于大学生价值体系和思想体系的形成具有关键作用，需要教师、学校和社会共同积极引导。但不少大学生在价值观形成的过程中，受到了市场经济社会中一些不良风气的影响，也会产生许多不诚信的行为。

大学生无论是在学习还是在社会实践中，都应该秉持诚信的原则，要对自己所说的话负责，要能坚守自己做出的承诺。不少大学生受到社会不良价值观的影响，在面对个人利益的诱惑或面对利益冲突时，往往很难按照诚信的原则来行事。由于大学生的基本原则和价值观还没有完全成型,当他们面对需要牺牲个人利益来维护诚信的局面时,往往会难以守住底线。高校和教师应该正确引导大学生在面对利益和道德冲突时做出正确选择,维护校园诚信环境。否则,大学生就会模仿社会中那些不良行为,不再坚持自己的原则,成为一个缺乏诚信的人。

(2)大学生诚信心理的年级差异。

大学生的诚信心理会随着学年的增加而发生一些变化,体现为高年级的学生与低年级的学生相比会有不同的道德观念及心理状态。对于刚入学的大学生来说,他们的心理状态依然处于高中生阶段,在适应大学校园的过程中,会逐渐接触到新鲜的事物,让自己的内心不断发生变化。大学新生所面对的各种利益冲突较少,社会和校园中的一些不良现象还没有影响到他们。因此,新生在诚信问题上一般能够坚持原则。

在校园学习生活中,大学生需要独自面对很多情况,其中会涉及人际关系和利益上的冲突,同时也会面临生活和学习上的压力,这些压力和外界的干扰就会影响到大学生的思想观念与心理状态。因此,大学生的诚信品质会面临考验。许多大学生见到学校和社会中的不公平现象时,会怀疑自己的价值观是否正确,当自身的心理防线动摇时,就容易随波逐流,吸收社会上的不良价值观。因此,在大学生的成长阶段,校园环境和社会环境对于他们能否强化诚信品质具有很重要的作用。

3. 大学生诚信价值观的特点

(1)大学生诚信价值观的总体特点。

从诚信的目标这一角度看,大学生讲诚信主要是以遵从社会规范和尊重他人利益为出发点的,以不影响他人利益和社会规则为最低目标。这与大学生的整体素质和所受的教育是相符的。当代大学生对事物的道德价值进行判断时,对"集体性"的态度要比对"利己性"更为积极。随着社会的发展和大学生自我意识的成熟,他们已不再单纯地追求个性,不再盲目地发展自我,而是能够以理性的思维方式发展自我,更注重对传统文化的继承与吸收,更加重视将自我与社会、集体进行融合,更强调个体如何在集体中得到认可,以及自身价值如何在社会中得到体现。

(2)大学生诚信价值观的年级差异。

从目前大学生的成长过程来看,如果学校不重视思想道德教育,不重视道德环境的构建,随着年级的升高,大学生所拥有的诚信价值观会有所缺失。一是从高中生转变为大学生后,大学新生通常对未来的生活有着很多美好的愿望,会以理想化的心态来看待新的环境。为此,大学新生也会更严格地约束自己,期望能给身边的人留下好的印象,这时大学新生很容易建立起优秀的道德价值观。二是尽管许多新入学的大学生在内心深处持有一些不良的价值观,但在新的环境中,这些价值观更容易被掩盖。如果周围的人际关系和谐,他们也会反思自己过去的错误认知,逐渐消弭那些错误的思想。

因此,高校如果能够从新生入学阶段就加强思想道德教育,并为新生创造良好的环境,就能使大学生尽早树立正确的价值观。在大学生适应了校园的学习与生活环境,并且不断地接触社会环境后,他们的阅历会变得丰富起来,也会在与外界的交流过程中接触到形形色色的人和事,其中不乏那些违背诚信精神的人和事。这个阶段的大学生在价值观方面会面临很大的考验,如果高校不能正确引导他们,他们会更容易学习那些违反道德的行为方式,因而产生思想道德方面的滑坡。一旦这些不诚信的行为给大学生带来私利,大学生的不良价值观就会得到固化,大学生就会逐渐成为不讲诚信的人。

(二)大学生诚信的重要意义

1. 诚信是大学生健康成长的重要保证

(1)诚信是大学生树立科学理想的重要基础。

大学生在学习和成长过程中,应该对未来的发展道路树立自己的理想。从科学的理想观来看,理想不仅是个人的发展理想,也包括人对国家、社会产生的愿景和目标。理想的形成是人们基于当下的发展状态,对于未来有可能实现的目标形成的理性思维。因此,理想不光是一种对于未来的合理想象,还是可以指导社会实践的可行性目标。理想需要建立在科学理性的基础上。大学生的诚信品质对于理想的实现具有重要意义,是一种不可缺少的因素。诚信品质能够让大学生在处理人际关系和适应社会环境中形成责任感,并帮助大学生建立基本的原则。诚信品质也会影响大学生理想信念的建立,决定了理想是否科学,是否能够实现。诚信品质也在大学生实践理想的过程中不断发挥作用,是帮助大学生实现理想的思想意识素质。

(2)诚信是大学生实现全面发展的重要前提。

诚信是我国传统道德和现代社会基础素养的一部分,在人们融入社会、处理社会关系时将产生重要作用。当代大学生在学习实践过程中不仅要获得适应时代环境的知识与能力,也要注重思想素质、道德素质和人文素质的全面发展。而诚信品质就是大学生实现全面发展的基础品质。

(3)诚信是大学生步入社会的重要条件。

高校需要重视诚信教育,这样才能帮助大学生成为更适应新时代发展的重要人才。在当前市场经济的条件下,诚信已经成为个人和企业融入市场竞争环境的重要准则,要求人们按照契约精神来参与市场活动。大学生作为社会各行各业的中坚力量,在毕业后也应树立诚信品质。诚信品质与大学生的学历和能力同样重要,是大学生获得社会认可的必备素质,也是决定大学生能获得美好发展前景的根本条件。

2. 大学生诚信是社会主义建设的必然要求

(1)社会主义社会是一个诚信友爱的社会。

一个社会是否和谐,一个国家能否实现长治久安,很大程度上取决于全体社会成员的思想道德素质。没有诚信,民主就难以取信于民;没有诚信,法治建设就难以得到民众的尊重和维护;没有诚信,公平和正义就难以体现;没有诚信,人与人之间就难以和谐相处;没有诚信,民主法治、公平正义、诚信友爱、充满活力、安定有序、人与自然和谐相处的社会主义和谐社会也将难以实现。因此,建立和谐社会必须以诚信为本,诚信是构建和谐社会的道德基础,社会主义和谐社会应是一个诚信友爱的社会。

(2)落实大学生诚信教育是一项社会责任。

诚信,是加强公民道德建设的基本要求,是思想道德教育的重点,也是维系人与人之间关系的重要纽带。在社会主义市场经济的建设过程中,特别是在我国加入世贸组织的大背景下,社会倡导诚信,市场经济在自身发展的进程中呼唤诚信。高校作为人才培养的主阵地,实施诚信教育,落实这一公民道德规范,是学校应当承担的一项社会责任,也是学校应当肩负的历史使命。

十年树木,百年树人。诚信品质是需要从年轻一代开始培养的,贯穿当代青少年成长的全过程。这就需要我国社会在学前教育、中小学教育和大学教育的全过程中,都能融合诚信教育的内容,将其作为思政教育、体育等教育体系的组成单元。诚信教育也应该融合到大学生的课堂教学和生活环境中,要围绕培养大学生成为社会主义建设的合格人才来开展诚信教育。大学生要成为社会其他群体的表率,要成为能力素质和道德素质都同样优秀的人才,今后才能够成为我国社会主义的建设力量。当代大学生的诚信品质对完善社会主义市场经济、建设中国特色的社会主义具有重要意义。

(3) 诚信教育是社会主义精神文明建设的内在需要。

在我国全面建设社会主义现代化国家、实现中华民族伟大复兴的进程中,全体公民都应该坚守诚信,这是社会主义精神文明建设的重要一环。大学生是实现中华民族伟大复兴中国梦的重要接班人,他们应具备良好的思想道德品质。因此,高校在加强社会主义人才培养的过程中,需要对大学生进行思想道德教育,帮助他们培养诚信品质。

第一,在推进我国社会主义物质文明和精神文明建设的过程中,大学生的思想道德素质培养是必不可少的。加强诚信教育是提高大学生思想道德素质的主要内容。是否讲诚信是大学生成为合格的社会主义建设人才的必要评价标准。新时代的社会主义精神文明建设需要全体公民践行社会主义核心价值观,构建文明社会,以诚信来维护社会秩序。大学生作为新时代的人才,需要在社会中发挥表率作用,自觉践行诚信品质,以适应新时代经济社会的发展。随着我国市场经济体制的不断完善,诚信已经成为社会道德准则的一部分,过去那些不符合诚信原则的违法、违规和破坏道德的行为逐渐被人们所抛弃。因此,大学生在步入社会的过程中,应该抛弃利己主义,关注长远利益,抓住时代发展的脉搏,成长为具有优良道德品质的人才。

第二,新时代社会关系的建立,应以大学生的诚信品质为基础。诚信不仅是市场经济中一项重要的行为准则,也是我国传统道德品质之一。因此,任何一位公民都应以诚信品质构建良好的社会关系。大学生在校园生活中就应该培养诚信品质,正确处理自己与教师及同学的关系;在走上社会后,也要用诚信来建立人际关系,努力实现个人价值,并成为推动社会发展的重要力量。

第三,新时代公民道德建设要求高校加强诚信教育。公民道德建设要基于新时代的社会主义思想,提高公民的思想觉悟、道德素质和文明素养,进而全面提高社会主义的精神文明建设水平。高校在公民道德教育中发挥重要作用,大学生群体是提高公民素质的重要力量。高校通过提高大学生的诚信素养,可以进一步影响整个社会的思想道德水平。在我国深入推进社会主义市场经济建设的过程中,由于新的问题不断出现,地区、城乡和社会各个领域的矛盾也会不断出现,公民的思想道德水平也会经受各个方面的考验,一些群体和个人也会出于私利,破坏社会的道德准则。大学生群体掌握着新的知识,具有适应时代的能力,在参与社会主义精神文明建设的过程中应该发挥更为重要的作用。因此,高校在培养社会主义人才的过程中,一方面应增加大学生的知识储备,培养大学生的各项技能,另一方面应提高大学生的思想道德品质,使其成为公民道德建设的代表群体。

(三)大学生诚信教育的内容、原则与方法

1. 大学生诚信教育的内容

(1)中国传统诚信文化教育。

诚信既体现在我国的传统道德观念中,也是现代市场经济价值观的重要部分。因此,我国的社会主义诚信教育应该旨在实现传统价值观和现代价值观的融合。

在我国传统社会的发展中,思想家和教育家一直倡导诚信品质,认为只有遵循诚信才能够构建我国传统社会关系的基础。例如,孔子所说的"人无信不立"就成为我国数千年文明得以发展的一项重要原则。诚信原则是指导中国人完善自我修养并融入社会环境的根本。同时,诚信观念也讲究实事求是,要求人们根据自己和社会的实际情况与他人进行交流。

在我国古代的教育体系中,讲究的是读书人能够建立修身齐家、治国平天下的基本理想,而实现这些理想的关键在于诚信。我国古代在教学过程中,就要求接受启蒙教育的儿童养成诚信意识。对于读书人来说,如果失去了诚信,就必然被社会所抛弃。我国的儒家教育思想特别重视诚信品质,认为它是读书人发展的根本。在读书人参与各个阶段学习的过程中,诚信都是国家和社会考察人才的重要标准。

(2)现代诚信教育。

社会的公共道德素养是人们在社会文明不断发展的过程中形成的价值观。随着社会的进步,人们的道德水平也在不断进步,道德素养的内涵也发生变化。诚信在古代社会和现代社会中,都对社会关系的形成具有重要意义,而诚信的价值内涵也在发展变化。总体来说,诚信是建立于生产力和生产关系发展的基础之上的,是服务于社会,促进社会进步、人类发展的。

在高校的诚信教育中,教师要指导大学生了解思想道德的知识,对道德的意义产生理性认知,从社会实践的角度来形成关于诚信的理解。因此,诚信品质的养成是要从内心思想外化到大学生的社会实践,达成知行意的统一。要实现这一目标,高校的诚信教育要从以下三个方面入手:第一,要按照以人为本的思想,构筑诚信教育的价值观。现代社会道德体系的形成都是以人文主义为基础的。在全球化时代,人们更加强调要尊重人的发展,保障人的基本权益,能够从人文的角度来理解事物。为此,高校也应该贯彻以人为本的精神向大学生传播诚信的价值理念。大学生只有养成尊重他人的习惯,才能在意识和实践中遵守诚信原则。第二,诚信教育要同民主法治思想结合起来。在市场经济社会中,要想维系各个主体之间的契约关系,就需要通过法制体系的建设来对社会组织和公民进行约束。而社会的诚信道德观念也需要法律保障,因为法律对所有人都具有同等约束力,更容易让人们在同一种法律的要求下参与社会活动,并通过法律来阻止那些违背诚信精神的行为。高校在进行诚信教育时,要将法制教育融入其中,使大学生能够遵守法律,并在此

基础上形成诚信品质。第三,诚信教育要融入大学生的日常生活。诚信教育不能只停留在课堂内,而是要在校园生活中得到体现。高校需要在校园内构建良好的生活环境,让大学生能够自觉按照诚信的规则学习和生活。教师也需要成为学生的榜样,自觉诚信地对待学生。

2. 大学生诚信教育的原则

(1)理论与实践相结合的原则。

理论与实践相结合是大学生诚信道德的首要原则。

第一,诚信的理论要能够指导大学生的社会实践。大学生无论在学习和生活中,还是在融入社会生活时,其思想价值观都在不断被树立。大学生可以通过对生活的体验建立自己的价值观体系。然而,由于知识体系不完善、社会适应力不够强、生活经验不足等问题,大学生很容易受到社会不良环境的误导,从而形成错误的价值观,不再坚持诚信的原则。因此,高校应该在教育过程中,帮助大学生建立扎实的理论基础,要通过思想政治教育和课程思政等方式,将诚信问题融入大学生的思想体系当中。大学生的认知能力和理论水平提高后,就能够辩证地认识社会,对生活中出现的问题进行理性分析,并且采取正确的方式解决问题。理论是行动的指南,思想是行为的先导。因此,要加强诚信道德教育,首先要学好科学的理论知识,用科学的理论知识来认识自己、改造自己,认识社会、改造社会,只有这样才能不断提高自己的诚信道德水平。

第二,要通过实践来检验理论。高校所进行的诚信教育要能够让大学生转化为自己的行动,通过学习实践来检验理论,从而提高自己的思想道德素养。在理论与实践结合的过程中,高校应该让学生在学习和日常生活中践行诚信观念,指导学生提高自身的道德素养。大学生的社会实践应在以下三个方面:一是要在实践过程中建立良好的社会关系,能够在与人相处的过程中展现自己的品格,以诚信对待他人。二是要通过社会实践来分辨社会中的种种现象,能够结合所学的理论知识进行辩证分析,对社会中的各种现象做出理性思考,从而丰富自己的生活经验。三是要在实践中坚守思想道德品质,要敢于反对社会中的丑恶现象,不同流合污。在学习与生活的过程中,也要结合所学的理论来检验自己的思想与行为,及时纠正自己的错误观念与错误行为。

(2)主体性与主导性相结合的原则。

高校在培养大学生的诚信品质时,需要以大学生为主体,围绕大学生的发展需要来进行教育。在教育和实践过程中,应该鼓励大学生积极参与,深入理解和认同诚信思想,并培养大学生自我教育和自我管理的能力。

教师在对大学生进行思想道德引导的过程中,也要体现大学生的主体性,培养大学生的主动性,尊重大学生的人格独立和思想独立。大学生在学习中,其自主意识已经基本形成,对自己的发展和身边的各类事物都会形成一定的观念,其自主性得以增强。教师只有尊重大学生的主体性,才能让大学生对教师和教学活动产生信任,并以更高的积极性参与学习。在教学过程中,教师要把握好尺度,将大学生的自主性与教师的主导性有机融合起来。大学生的思想意识还不够稳定,容易受到社会中各种现象的影响,导致价值观出现变化。因此,从思想认知方面来看,大学生群体还没有完全成熟。教师的主导作用,就是要用科学的知识体系让大学生的价值体系成型,形成正确的人生观,培养良好的思想道德品质。教师也需要同大学生进行积极互动,充分了解大学生在人生发展中的需求,听取大学生的观点,从而有针对性地给予帮助和引导。

(3)自律与他律相结合的原则。

诚信是存在于个人的思想意识当中的,是人的心理状态和思想观念的表现形式。维护人与人之间的诚信,除了要依靠法律与公共道德进行约束之外,更主要的是要让人能够从主观意识上尊重诚信,形成诚信的人格品质,这样才能做到自律。自律的形成,主要在于一个人在自我发展中能够对外部事物产生深刻的认知,从与外部的交互过程中来了解自我,从而进行自我管理和约束。人在发展过程中,在满足了基本的物质需求后,必然也会产生精神上的需求,这些需求生成于与其他人的互动和与外界的交互过程中加以体现。在这个过程中,人们会实现自我思想水平的成长,人们可以通过自我反思和总结来实现思想道德素养的提升。诚信是思想道德素养中比较基础的部分,也是人们能够更好地适应社会生活的基础。人在适应社会的过程中,会产生理想和责任,也必然需要靠自己的诚信自律来实现理想、履行责任。

人在道德上的自律,固然来自人的主观意识,但需要在社会环境的帮助下才能长期坚持,才能把树立诚信意识视作一种信念。如果社会环境无法让人长期保持诚信品质,人们会为了适应不良的社会环境,放弃自律的追求,进而随波逐流。因此,具有良好社会风气的环境,正是一种他律环境。在他律环境中,如果能够坚守诚信品质,人们将可以获得更大的成功,能够得到他人和社会的认可,从而在主观上更愿意自我约束,讲究诚信道德。社会中形成的对文明环境的倡导,法律对于不文明行为的惩罚,都是在构建这种道德他律的环境。而高校的道德教育,良好校园环境、课堂环境的形成,也是要帮助大学生形成道德上的他律。只有他律与自律结合起来,每个人才能在发展过程中达到思想道德素养的提升,这不仅有利于个人的发展,也有利于整体社会文明水平的提高。

3. 大学生诚信教育的方法

(1)加强大学生诚信道德教育。

①培养大学生形成诚信意识。要想让大学生形成诚信品质,高校就需要加强理论和思想教育,让他们能够从理性的角度认识诚信的意义。大学生要对诚信的内涵产生更深刻的理解,明确诚信对于自我和社会发展的作用,才能从思想上认同诚信价值观,在行为上主动遵守诚信的原则。

诚信品质要与大学生的思想认识水平同步发展。思想认识包括大学生能够具有一定的知识基础,能够对整个社会的发展和个人的发展具有明确的认知,能够在学习过程中不断提高知识水平、人文素养和科学素养,这些都是帮助学生建立正确价值观的基础。比如,培养学生形成正确的义利观、荣辱观,懂得"利在义中""利在诚中"的诚信真谛,帮助大学生加强道德修养。

责任意识是大学生诚信品质得以养成的基础。个人在融入社会环境并扮演某些社会角色的过程中,利益和责任也相应而生。每种社会角色都伴随着同等的责任。责任的产生是基于主观认知,并受到个人的认知水平与理性思维能力的影响。大学生在成长过程中,由于知识水平和社会经验的不足,容易形成以自我为中心的性格特征,这使得他们难以同周围的人建立良好的关系,缺少社会责任,也就不容易在行为活动中产生诚信品质。为此,高校在进行诚信教育时,应该加强责任教育,要让大学生能够结合自己的社会角色,对周围的人形成责任感。

在大学生诚信品质的培养过程中,自尊的意识能够促进诚信意识的发展。自尊主要指人们在融入社会时要成为独立的个体,保持人格上的独立,通过发挥自己的能力来为他人和社会做出贡献。同时,自尊还包括要爱惜自己,保持自己的品质、爱好和理想诉求等,能够产生自我审视和自我认同。诚信品质也是人格独立的一部分,在自尊意识的推动下,诚信品质也能得到长久的发展。我国的教育家讲究培养"真人教育",就是要让受教育的群体能够自尊、自爱,进一步提升人格品质。

②以诚信为基础塑造大学生的道德情感。道德情感是人们在形成道德素养后,在个人发展和社会生活中所产生的一系列情感体验。它来自人与外界的交互过程,并按照道德标准产生内心感受。一些教育学者认为,道德需要通过人的生活体验表现出来,才能体现道德的意识。高校在培养大学生形成道德素养时,要让大学生在实际生活中有所体验,理解道德的实际意义和应用范围。诚信品质是形成道德素养的基础,这种品质体现在人们实践道德行为的过程中,只有遵循诚信原则并按照一定的目标去行动,人们才能更好地发展道德素养。养成诚信品质需要个体内心具备道德品质来强化自我,从而使个体从主观意志上认同道德价值观,并自觉地做出符合诚信要求的行为。

③诚信要成为大学生日常生活的方式。诚信品质不能仅停留在想法和口头上,而是要在日常生活中得到体现。许多大学生虽然高度认同诚信的品质,但自己的行为常常违背诚信原则,这就难以证明这些大学生是讲诚信的优秀人才。因此,诚信教育要实现知行合一,能够落实在生活的细节当中。教师要引导大学生在生活中的大事和小事上都以诚信来约束自己的行为。

(2)加强大学生诚信教育制度建设。

高校需要为大学生的诚信教育创造良好的环境,建立完善的管理制度。在社会范围内,我国需要加强民主法治建设,并积极建设文明社会,倡导社会主义的主流价值观,以形成良好的公共道德和促进公民诚信行为,并为此提供制度保障。在校园范围内,高校也需要将大学生的道德教育和行为管理制度化,通过校园文化、规章制度等,让诚信行为得到保护。要进一步制约师生中存在的失信行为,同时激励广大师生树立诚信意识,形成崇尚诚信的良好氛围,从而产生积极的推动作用。

①实体性制度建设。诚信实体性制度建设应包括政治诚信制度、学习诚信制度、经济诚信制度、生活诚信制度、就业诚信制度等方面。

②程序性制度建设。所谓程序性制度,主要指实体性诚信制度在实践运行中所涉及的程序性实践环节的诚信制度规范,包括大学生诚信评价制度、诚信信息采集记载制度、失信处罚与教育制度、诚信档案管理制度等。

制定诚信评价制度的主要目的是将诚信内容融入大学生的学习评价当中,以对大学生的诚信状况进行收集和分析。在实施诚信评价制度之初,高校应该优先建立好诚信评价标准,继而建立评价的方式与方法,并按照社会主义核心价值观和适应时代发展的要求制定诚信标准,以便教师依据此标准体系来做出评价。在评价过程中,高校应该制定具体评价活动的管理机制以规范大学生在学习和生活中的行为。

诚信信息采集制度是指学校能够通过诚信管理部门收集学生的诚信行为,并对大学生的诚信品质做出分析。信息采集主要从两个方面进行:一方面是采集和记录大学生的失信行为,同时为学生建立失信名单。另一方面是采集学生的诚信行为,并对大学生的诚信行为给予激励。同时,教师和管理部门应该能够根据学生的信息进行分析,找出大学生群体中普遍存在的诚信行为问题,从而有针对性地调整思想道德教育的方法。

高校在设立评价机制和信息管理机制后,要对大学生的失信行为做出相应的处罚。教师在学校的教育和日常活动中,要加强对学生的教育和管理,既要鼓励学生的诚信行为,也要处罚学生的失信行为。处罚失信行为的主要方式有:对大学生获得奖学金、评选学生干部等行为做出限制;对大学生获得学分、进行社会实践等方面做出限制等。同时,在处罚的过程中也要加强教育,以便帮助大学生改正不正确的价值观和行为,引导大学生实现健康发展。

建立大学生诚信档案制度。高校在培养大学生成为优秀人才的过程中,应该结合社会对人才的需求,按照诚信管理的方式建立大学生的诚信档案。这一档案可以记录大学生在学习和社会实践中产生的诚信或失信行为。这些档案应该同其他的大学生档案结合起来,成为用人单位进行人才选拔的参考资料。

(3)加强大学生诚信道德实践。

大学生的诚信品质应该在实践中不断培养和加强。高校的诚信教育需要与实践教育结合起来,让大学生通过实践来获得诚信体验,培养践行诚信品质的能力。高校应该围绕诚信素质培养,创造大学生参与实践的环境。一方面,可以在校园内创建各类实践活动,让大学生在参与各类活动时了解诚信并培养诚信品质。另一方面,要与社会中的企业和机构合作,让大学生能够适应社会环境,按照社会对人才的道德标准来获得自我成长。

大学生也需要培养参与社会实践的意识,将自己所学的思想道德内容贯彻到实践中。在参与社会实践的过程中,要培养自己的责任意识,充分了解社会的需求,认同主流价值观。大学生的实践活动也要从小事做起,在学习和人际交往过程中,能够主动地践行诚信品质。在面对社会中的不良现象时,大学生也要严格约束自己,磨炼自己的意志品质,主动与不诚信的现象做斗争,增强对诚信品质的信念感。

大学生的实践活动应从以下几个方面展开。

第一,创造校园文化活动,为大学生营造诚信环境。高校的校园文化活动既能丰富大学生的课余生活,也能为大学生创造学习实践的机会。大学生可以通过有意义的校园文化活动来提高技能应用水平,提升思想道德素养。高校应将思想道德建设的内容融入校园文化活动中,抵制那些不文明的活动,并结合社会的诚信要求,为大学生创造有助于培养诚信意识的社会活动。

第二,通过集体活动来培养大学生的诚信品质。集体活动有利于加强大学生与他人的合作关系,培养人际沟通能力和集体主义思想。学校内外的社团活动、班级活动和实习活动,都能够体现集体主义的特点,让大学生在实践中处理好个人与集体的关系,消除以自我为中心的思维定式。此外,集体活动还能够考验大学生的诚信意识,让他人认可自己的诚信品质。

第三,通过社会公益活动培养大学生的道德情操。高校要鼓励大学生在校期间多参加学校组织的和社会中的公益活动,走进社区、基层,为弱势群体服务。大学生可以成为社会公益活动中的志愿者,通过自己的劳动与知识技能来帮助他人解决实际问题。这些公益活动能够加强大学生对社会的了解,培养积极奉献的精神,提升思想道德情操。

(4)形成"四位一体"的诚信育人机制。

一是社会诚信环境建设。首先要建立社会的信用数据体系。社会信用体系能够将企业和个人的信用信息收集起来,形成信用大数据。这些大数据可以用于市场管理、人事管理等经营活动,帮助政府和有关机构建立信用监督管理体系,对社会中的失信行为进行监督和惩罚。数据包括银行信用、个人行为、违法违规记录等。这些数据是评价经济和社会活动的基础,能够有效提高失信行为的成本,持续消减社会上的失信行为。大学生已经成年,具有独立的法律行为能力,也应成为社会信用管理体系的关注对象。高校也需要对大学生的信用情况进行记录。

二是构建信用管理制度。除政府管理外,还需要通过第三方机构来进行信用评价和管理。为此,政府和相关机构应该建立联合管理机制,结合信用数据的建设,切实监督企业和个人的信用行为。加强信用管理有利于市场的健康发展,切实保障企业的合法经营,维护公民的基本权益。我国也需要建立一批参与信用评价的机构,并培养具有信用评价和管理能力的专门人才。

三是要对社会中的失信行为建立惩罚措施。我国可以通过完善法治建设,确保社会中的失信行为受到法律监督。对于不构成违法的失信行为,也需要通过社会舆论来加以引导和纠正。同时,要加强高校对大学生的诚信教育和诚信监督。

四是要构筑社会信用管理协会。信用管理协会是由广大公民和社区共同组建的社会组织,目的在于加强社会文明风气的建设,对社会中的失信行为做出监管。同时,各类协会能够在基层起到宣传教育和信息收集的作用,为管理机构的信用管理提供数据支持。

五是完善与信用有关的法治建设,使信用管理走向法制化轨道。法治建设要结合我国市场经济的建设来进行,让有关部门的管理能够实现有法可依。信用的相关法律应以企业和公民的社会活动为基础,在具体的市场活动中发挥作用,其中包括金融信贷行为、合同信用管理等。相关部门应按照法律规定,针对企业和个人的失信行为实施处罚,对市场活动起到规范功能。

六是政府部门要加强执法,对社会中的各类活动进行监管。在法律的保障下,相关部门应对企业和个人的失信行为进行执法,让信用行为在社会中得到保障,从而纠正社会风气,规范市场活动。如果失信行为产生了不良后果,则需要责任人承担经济责任、社会责任和法律责任。执法手段对于社会信用体系的形成具有重要作用。可以发挥执法机关的作用,对于严重违法行为实施处罚,从而让社会信用体系的维护具有权威性、合法性。

七是加强学校诚信育人机制建设,营造诚信文化育人氛围。校园文化活动是大学生在课余时间参与校园生活的主要方式,能够让大学生充分地参与校园实践活动,培养大学生的知识技能和综合素质。校园文化拥有浓厚的文化、知识和道德氛围,是一种有效的教育手段,也是培养大学生精神品质、创建良好的校园风气的主要途径。校园文化需要以思想道德教育为指导,充分融入诚信道德,让大学生在参与活动中自觉形成讲诚信的品德。校园文化活动的形式内容十分丰富,是以大学生的需求和爱好为基础建立起来的,其中包括文化活动、体育活动、科学活动、创业活动等,能够全面培养大学生的综合素质。高校要将诚信的思想内容融入这些活动当中,使大学生在活动中养成诚信品质。

八是在校园内形成浓郁的诚信文化。高校在教学活动和管理活动中,都要以诚信为标准,加强诚信文化在校园中的渗透。高校在实施管理活动时,需要以诚信来对待大学生,从而起到示范作用。各个专业的教师和辅导员也需要加强诚信教育,围绕大学生的学习实践需求传播诚信文化。在大学生的生活中,高校也需要在宿舍、网络中推广诚信文化,使大学生能够养成诚信品质。高校要通过校园文化和学生管理,在校园中营造诚信环境。诚信环境主要包括人文环境、道德环境和人际关系环境等。学校应通过校园媒体和网络等平台宣传诚信文化。大学生在参与校园生活时,应主动构建良好的人际关系,以诚信对待教师和同学。

九是在网络环境中营造诚信氛围。当前社会的信息技术十分发达,网络已经成为人们进行信息收集和人际交往的重要媒介。大学生对网络的依赖性很强,他们通过网络进行学习、娱乐、信息获取以及交友活动。但网络环境十分复杂,存在很多违反社会主流价值观的思想和行为,大学生容易受到不良影响。因此,高校应该以网络为平台,加强大学生的诚信教育。一是要在网络上建立诚信教育平台,让教师将教学内容融入网络,为大学生提供更丰富的学习资源。教师和管理者也应通过网络与大学生进行交流,积极引导大学生。二是要加强对校园网络的监督管理,通过防火墙阻止公共网络中的有害信息,防止社会中不良的风气进入校园。三是要指导大学生文明上网。一些大学生在虚拟的网络环境中容易暴露自己内心的阴暗面,从而放弃对道德规范的遵守,在网络中不讲文明,不讲诚信。这种习惯会进一步影响大学生的健康成长。因此,高校应在辅导员和学生干部的带领下,加强宣传工作,引导大学生文明上网。

(5)加强师德建设,为大学生树立诚信的榜样。

在高校的教学和生活中,对大学生影响最大的群体当属高校教师。教师具有什么样的道德品质,就会带动大学生养成什么样的道德品质。因此,为了让大学生具有诚信品质,教师必须以身作则。高校应该加强教师队伍道德素质的建设,严格打击教师队伍中的失信行为。首先,在教师队伍建设中,要着重考察教师的师德。不仅要考察其学历和技能,还需要通过确立明确的标准,保障教师拥有良好的职业素养和思想素养。其次,高校要在教师队伍中强化思想政治建设,通过学习和实践活动,让教师自觉形成高尚的道德品质。而且,要严厉打击校园中存在的学术腐败、造假等失信、违法行为。如果这些现象在高校中泛滥,就会影响学校的声誉,也难以让大学生拥有良好的成长环境。

(6)建立诚信的家庭教育环境。

家庭是大学生从小到大最重要的生活环境,大学生的很多特点和品质都是在家庭中形成的,大学生的能力和道德品质也有很大一部分是家长影响的结果。许多家长虽然不会直接参与教育活动,但他们的生活习惯和言行特点能够随时随地影响大学生的成长走向。因此,在家庭教育中,家长应起到示范作用。在全社会强调诚信教育的今天,家庭成为最为关键的环节。如果家长不具备诚信品质,那么无论学校和社会如何进行诚信教育,都会影响诚信教育的成效。因此,必须围绕家庭形成诚信教育环境,并在以下几个方面进行努力。

家长要成为大学生的诚信模范。大学生的家长也是社会当中的重要成员,在社会中扮演着各类角色。他们在社会活动和家庭生活中所体现的诚信或失信行为都会给孩子带来示范效应。因此,为了确保大学生道德品质的成长,家长必须成为孩子学习的榜样。首先,家长养育孩子要言传身教。家长要成为一个守信重诺的人,这样才能给孩子带来积极影响。其次,家长要主动掌握关于思想道德方面的知识,要指导学生正确地认识自己和世界,将社会经验传授给孩子。家长对孩子的教育相比学校而言更容易使孩子牢牢记住。此外,在培养孩子的诚信精神时,家长应该与学校合作,积极配合学校的诚信教学计划。最后,家长也需要按照诚信评价的标准,在家庭中树立起诚信生活的范式。

在家庭中实施诚信教育,家长与孩子之间的沟通是至关重要的。对于大学生而言,需要在校园内独立,逐渐脱离家庭生活的束缚。在大学阶段,孩子与家长的沟通会变少,这会影响大学生与父母之间的关系。因此,家长在这一时期更应该注意加强与孩子的沟通,可以借助现代通信手段与孩子交流,及时了解学生的学习与生活情况。为了加强诚信教育,家长应深入地与孩子交流,了解他们在校园中的心理变化和思想观念的成型情况,引导孩子抵制社会中的不良影响。

家长应同高校加强合作,建立沟通协作机制。高校要想达成培养新一代人才的目标,就需要积极开展诚信道德教育。大学生思想道德素质的发展离不开家庭教育的配合,因此高校应该与家长建立联络机制,按照一致的计划和内容对大学生开展教育。高校应该以院系为基础,确保院系的教师和管理者与家长形成联络机制。其中各院校的辅导员将成为与家长交流的主要人员,辅导员要保留家长的联络方式,与家长建立联络机制,按照定时、定点、定人的原则与家长进行联络。

定时主要指辅导员要结合教学计划,选择合适的时间与家长进行集中交流,一般应该安排在月末和期末,可以针对大学生的整体情况与家长进行交流。定点主要指高校要创造条件让家长能够来校参加交流活动,在条件不允许的情况下,辅导员应该通过社交软件与家长沟通。定人主要是与家长进行联系的人员应该相对固定。除了院系辅导员外,学生干部应该发挥其作用,以班级为单位建立稳定的联络人。另外,院系应该结合思想道德教育的总体目标,形成与家长联络的管理机构,让家长了解学校的教学计划,帮助大学生建立正确的价值观,树立明确的职业发展规划。

(7)大学生的自我教育机制在诚信教育中扮演着重要角色。

一个人思想道德素养的形成,最主要的就是要从内心深处形成自律能力,从而达到自我教育的效果。高校在诚信教育中要帮助大学生充分认识到诚信品质对于个人发展的意义,使其能够自觉地产生自我约束、自我管理的能力。大学生在诚信方面的自我教育应该按照"四自"的基本要求来进行。

自重是大学生成长中不可或缺的诚信教育元素。自重意味着大学生能够尊重自己的人格和价值,并产生自我爱护的意识。大学生在与人交流的过程中,既要尊重他人,也要尊重自己,能够注意自己在社会环境中的形象,注意把握自己的言行。大学生应该认识到自己是社会中的高素质人才,是未来家庭与社会发展的希望,因此应该具备对自我行为负责的意识。为了获得光明的发展前景,大学生应该保持自我尊重,以诚信精神促进个人发展。

自省对于大学生自我教育意义深远。大学生要想实现个人思想意识的升华,就需要具有自我反省的精神。自我反省指自己对所言所行进行反思,从而找出自己错误的地方,进行改正,不断积累个人的社会实践经验。自我反省要与自我批评结合起来,让自己能够纠正失信言行。可以说,自省精神是大学生形成自律能力的关键。

自警的意义是提高大学生的自我保护能力。自警意指大学生在融入社会生活的过程中要具有自我保护意识,能够辨别是非及时发现危险行为和错误思想。在校园生活中,大学生难免会接触校园、社会和网络中的复杂问题,需要接触形形色色的人,其中涉及许多违法、违规和违反道德的思想和行为。大学生应该具有自警能力,让自己不受社会上一些不良思潮的影响。在当前社会,人们受到经济利益的驱使,经常会产生失信行为。面对这些现象时,大学生要产生道德定力,保持初心,坚持诚信的做事原则。

自励指个人对自己思想行为的鼓励,积极实现个人成长。大学生在坚持诚信品质的过程中,要具备自励能力,勇敢地面对困难,并坚持原则。自励精神的养成需要大学生将目光放在自己的长远发展方面,认识到诚信品质对个人未来发展的积极意义。要抛弃急功近利的思想行为,坚持诚信并朝着正确的道德方向前行,让诚信成为自己的荣誉。

二、大学生廉洁教育

(一)大学生廉洁教育的目标

廉洁教育是党在新时代坚持从严治党的基本原则之一。在廉洁原则方面,不仅领导干部和公职人员需要遵循,其他从业者也都应该遵循,这是职业道德的基础内容。在步入职场之前,大学生就应该养成廉洁精神,洁身自好,体现高尚的职业道德素养,坚决抵制腐败思想与腐败行为,坚决与社会的不正之风做斗争。

1. 自觉抵御腐朽思想

许多公职人员和一般从业者之所以走上腐败的歧途,关键在于自己的思想"篱笆"没有扎紧,受到了社会中的不良风气的影响。因此,大学生廉洁意识的形成,要与自觉抵制社会中的不良价值观结合在一起。在市场经济环境中,许多岗位的人员都会面临巨大的经济诱惑,这是产生腐败思想的温床。如果企事业单位的防腐制度出现漏洞,个人的价值观又不正确,就难免产生腐败问题。因此,廉洁意识的形成需要建立在个人思想价值观的基础之上,大学生要树立起为人民服务的信念,才能不断提升自己的品格,主动抵制腐败思想。

2. 提高思想道德素质

人们抵御腐败思想的能力与个人思想道德素养有着很大的关系。思想道德素养能够指导人们的具体行动，使其可以远离腐败行为并经受住利益的考验。要培养大学生的廉洁意识，高校应该从基本的思想道德教育入手，使其拥有高尚的道德情操。良好的思想道德素质能够指导大学生的行动，提高大学生的认知，让其能够正确地处理好个人与他人、与社会的关系，明确把握个人的权利与义务，能够在维护企业、集体利益的同时获取个人的合法权益。同时，良好的思想道德素质能够锻炼人的品格，使得大学生朝着积极的人生方向发展，成为具有高尚品格的社会主义现代化人才。

3. 树立正确的廉洁观

大学生需要通过大学阶段的学习，完成从学生到社会建设者角色的转变。因此，大学教育实际上就是对大学生进行社会化教育的过程，旨在培养大学生适应社会的思想意识，并使其能够熟悉自己在社会环境中的角色定位。在大学生实现社会化的过程中，他们必须在心理、思想和技能上都符合社会的要求，不应出现技能或道德方面的短板。因此，高校要在培养学生知识技能的同时，注重大学生的思想道德教育，要让大学生形成职业精神，具有高尚的品格，能够成为各行各业中的高素质人才。为此，高校需要在大学生学习期间着重培养大学生的廉洁观，使廉洁成为其道德素质和职业素质的一部分。一方面，高校需要严格遵守公平、公正原则，在日常的学生评价、干部评选以及优秀学生评选等涉及利益的活动中，按照公平规则进行，从根源上防止师生的舞弊行为。另一方面，廉洁教育也要深刻融入校园文化生活中，让大学生在各类文化活动中学会处理好个人与集体利益的关系，从而提高他们的廉洁素养。

（二）大学生廉洁教育的原则

对大学生进行廉洁教育，可以培养其健康、积极的道德观和正确、积极的价值取向，从而为他们未来步入社会、参与社会打下良好的基础。需要注意的是，对大学生进行廉洁教育也需要遵循一定的原则：以人为本原则、正面教育原则、心理调适原则和潜移默化原则。

1. 以人为本原则

以人为本原则，就是在进行大学生廉洁教育时，坚持大学生在廉洁教育中的主体地位，并且立足于大学生的生理与心理特点，依据大学生的实际需求，对大学生进行理想信念教育、廉政理论教育、社会主义核心价值观教育、法律修养教育和思想道德教育。在整个教育实践过程中，将提倡富强、民主、文明、和谐、自由、平等、公正、法治、爱国、敬业、诚信、友善的社会主义核心价值观作为整个教学过程的生命主线。在大学生廉洁教育中，这些是主要教学内容。

廉洁教育的内容应当紧跟时代发展，不能因循守旧。要使内容和方法都能够符合大学生的特点，符合大学生未来参与社会生活的实际要求。为此，高校可以结合职业道德教育和就业实习培训同步开展廉洁教育工作。教师在开展教育时，不能对国家干部的教育内容进行生搬硬套，要对具体内容进行筛选和创新。教师所采用的教学方法也应当与时俱进,结合大学生的兴趣和需求来创新教学方法,避免灌输枯燥的知识内容。要杜绝教育中的形式主义问题,避免只进行考试的教学方法。教育不应该局限于考试,而应该贯穿在校园生活的各个方面,让大学生通过实践来掌握廉洁教育的内容。

2. 正面教育原则

正面教育的原则是主要采取正面引导方法,而不是让大学生过度关注社会腐败问题,要通过榜样人物的事迹对大学生做出引导,教授大学生高尚的个人品质和职业道德。要想实现正面引导的教学效果,高校可通过以下几点入手:一是在思想道德教育中融合法制教育。让大学生懂法知法,具有明辨是非的意识并尊重法律法规。同时要向大学生传播党和国家在廉政与反腐工作中采取的一系列措施和成果。二是加强理想信念教育,让大学生坚持为人民服务的宗旨,成为合格的接班人。三是加强正面典型教育,例如焦裕禄、孔繁森等廉洁奉公的模范事迹,让大学生从中汲取宝贵的精神营养。总之,正面教育更能够为大学生树立学习的榜样,引导未来发展的方向,帮助他们建立高尚的道德理想。

3. 心理调适原则

高校所进行的廉洁教育,要能够引起大学生的共鸣,让他们认同并理解其思想内涵。教师也需要关心学生的心理健康状态,鼓励他们坦诚地表达自己的观点。大学生的价值观往往受其心理状态影响,尤其在成长过程中,大学生的心理素质还不够稳定,一旦受到外界不良环境的影响,就容易造成价值观的扭曲。社会上的腐败现象也会影响大学生的心态,甚至会使其认可某些腐败行为,并加以效仿。所以,我们必须结合实际情况,积极应对大学生廉洁教育所面临的挑战,必须认真梳理和深入分析大学生思想问题的背景、根源和可能后果,协助他们认清是非,纠正错误的思想倾向。除此之外,我们还应采取积极有效的方法,减少腐败现象对大学生的负面影响,帮助学生正确地看待问题,引导大学生科学地分析我国反腐运动的总体形势和政策法规,并告知大学生我们已经取得了突破性进步。一方面,必须帮助大学生深刻挖掘腐败发生的深层次原因,使大学生知道反腐斗争的长期性、艰巨性和复杂性,避免大学生对反腐的认识浮于表面;另一方面,不论做任何事,只要看到希望就会有前进的动力,所以必须让大学生看到党和国家打击腐败的坚定信念和决心,帮助学生坚定反腐倡廉的信念,增强对党和国家的信心。

4. 潜移默化原则

潜移默化就是要通过环境、文化和心理上的渲染,让廉洁教育的思想融入大学生的生活当中,从而隐性地达成育人的目标。这种方法虽然不够直接,但可以在大学生的意识深处积淀下来,并正确引导大学生的行为。因此,高校应该在大学生的学习与生活中融入廉洁教育的内容。在进行廉洁教育时,高校教职员工应注意以下几点:第一,应将廉洁教育融入其他学科的课程中,并结合思政创新突出廉洁思想。同时,在大学生的校园文化生活与社会实践中,也要加大对廉洁思想的传播。第二,在开展廉洁教育时,必须结合大学生思想政治教育,其中思想政治教育的内容主要涉及以下几点:①公民道德教育。②荣辱观教育。③传统美德教育。④法律教育。⑤世界观、人生观、价值观教育。⑥大学生爱国主义教育。⑦集体主义教育。第三,合理利用招生、实习、考试等机会,让教育活动具有针对性和计划性,在潜移默化中将廉洁教育深入大学生的思想,并且与大学生生活的方方面面有机结合,使大学生自觉将其内化为自己的行为准则。在高校建设中,要高度重视校风、教风和学风建设,营造良好的校园氛围。在推进校园廉政文化建设时,应以社会主义核心价值观为引领,帮助大学生抵御各种腐败现象和颓废文化的侵蚀和影响,大力加强高校校园廉洁文化建设,抵制社会上各种腐败现象、腐朽文化对高校的侵蚀和影响,力争消除校园腐败现象滋生和蔓延的污染源,打造一个"以廉为荣,以贪为耻"的廉洁校园文化环境。

(三)大学生廉洁教育的载体

1. 课堂教学

高校的廉洁教育要将课堂教育与其他形式的教学方法结合起来,才能达到最佳效果。课堂教学在传播理论与知识方面具有明显优势,可以让教师系统地传授知识,培养大学生的理性思维,完善其知识结构。课堂教学内容能够指导大学生的生活实践,帮助其科学与理性地处理生活中的问题。因此,高校应结合公共思想政治课程和专业课程两种课程,充分融入廉洁教育的内容。

一方面,在培养学生廉洁品质时,必须将该类课堂作为有效的植入点,紧密结合当前高等教育的相关内容,帮助学生树立正确的观念,实现培养合格的社会主义事业建设者和接班人的目标。对于享乐主义、盲目攀比、官僚主义等错误观念,也要引导学生正确看待和辨别,使廉洁意识深深地印刻在学生骨子里。

另一方面,在大学生职业生涯规划教育的实践中,高校应该设法开展廉洁教育,帮助大学生树立正确的职业观,引导大学生正确认真地看待职业价值,培养大学生的廉洁意识,并将廉洁教育渗透于职业知识、职业技能培训之中,以潜移默化地影响大学生。根据大学生所学的专业的不同,对大学生的职业理想、职业道德和职业纪律进行有针对性的教育,引导大学生意识到将来所从事的职业的社会价值和责任。在此基础上,还要针对大学生未来将会从事的职业提出具体要求。例如,新闻工作者不写假新闻,会计工作者不做假账。廉洁教育必须与大学生的生活相结合,融入真实的社会情景。只有这样,大学生才能真切地体会到廉洁教育的重要性,明确学习目的,进而推动廉洁教育的顺利开展。

2. 廉洁教育机制

加强廉洁教育,关键是要建立完善的教育机制,对教学的过程与效果进行评价。廉洁教育是一个长期的育人过程,不可能只靠几堂课或几次活动就能改变大学生的思想。因此,高校应该建立长效的管理评估机制。廉洁教育机制也不能仅仅依靠高校的教学活动来支持,而是要实现教学活动的开放化,与社会和家庭共同建立协同机制。在实际教学工作中,高校应积极与政府、社区和家庭探索廉洁教育的合作方式,利用实践教学强化课堂教学的成果,将廉洁精神融入大学生的社会活动与生活中。

所以,必须针对大学生的专业,充分发挥廉洁教育的作用,家庭教育从旁辅助,家校共进,共同调动一切可利用的积极因素。与此同时,高校也要构建和发展廉洁教育机制体系,并在基础教学课程中设置相关的廉洁教育课程,确立教学的步骤,实现教学的顺序性和结构性。

3. 校园文化建设

校园文化对于大学生的教育具有重要作用，它既具有实践性又具备文化性，能够以隐性的方式对大学生进行思想和行动上的引导。因此，高校要想提高教学育人的实效性，就必须把握好校园文化的建设。在校园文化建设中，应将廉洁思想作为核心主题，让大学生在参与文化活动中自觉维护道德与秩序，树立廉洁意识。为此，开展校园廉洁文化建设，应做好以下三个方面。

第一，结合廉洁教育的内容，开展主题性的校园文化活动。校园文化活动的开展，主要是以学生为主体，让学生以班级、个人和社团的形式充分参与进来，才能体现校园文化生活的意义。同样，以廉洁主题开展的校园文化活动，也是要让大学生根据学校的要求，自主地创造和参与各种形式的教育活动。例如，围绕廉洁教育内容，大学生可以开展文化艺术表演、征文大赛或话剧创作等活动；围绕廉洁知识开展知识竞赛、学术研讨等；围绕廉洁思想宣传，大学生可以进行艺术设计、自媒体传播等。廉洁文化活动要推广到各个年级的大学生中，使其成为长效性的主题文化活动，尤其是要重视新生和毕业生的廉洁思想教育。

第二，廉洁主题的校园文化建设要通过高校管理和学生的自我管理来进行。高校在管理过程中需要形成廉洁的作风，建立廉政制度，保障大学生的成长和发展，指引大学生保持廉洁自律。大学生自身也需要强化自我约束，加强自我管理，以确保自己在校园和社会中严格遵守公共道德和法律法规。

第三，要加强教职员工的思想道德建设，使其形成廉洁奉公的精神，为我国的教育事业服务，并为大学生树立学习的榜样。教师是人类灵魂的工程师，他们不仅要向新一代传播人类的文化知识成果，还要将思想、道德传授给学生。因此，教师的言传身教作用是不容忽视的，他们会在学生中树立权威形象，自己的一言一行会给学生带来潜移默化的影响。高校廉洁文化风气的形成，关键在于教师的思想和行动。教师在进行教学时，应该始终将大学生素质的全面成长放在重要位置。因此，高校中教师和员工的管理、教学和学术活动，都必须符合廉洁要求，禁止学术造假、贪污腐败的行为。

4. 互联网教育平台

在当前信息时代的教学活动中，高校必须借助数字化和网络化工具来开展教学。在大学生的廉洁教育方面，网络平台的有效利用能够加强廉洁教育内容的传播效率，帮助反击网络中的腐朽思想。为此，教师群体需要提高自己对网络技术的应用能力，结合网络信息的特点，创造新的教学内容，并且要结合网络中存在的问题和现象，对大学生的思想进行正确引导。例如，可以结合学生普遍关心的网络话题来进行讲解，帮助他们解决实际的问题；高校还可以在校园网中建立反腐倡廉的网站，加强反腐败活动的宣传；在学生使用网络的过程中，高校需要加强正面引导，让学生接受正确的价值观，自觉形成廉洁奉公的品质。

5. 社会实践

在高校的教学实践中，我们一定要明确廉洁教育与教学实践的关系，充分利用社会实践这一重要媒介的影响力，将廉洁教育与教学实践密切联系起来。在社会实践中践行廉洁理念，积极有效地发挥社会实践的作用，有利于挖掘大学生的自身才华和能力，使其了解社会、了解国情、增强社会使命感。在开展社会实践活动时，要积极组织学生参与，引导大学生结合具体实际，深入地了解社会，为社会贡献自己的力量。

（四）大学生廉洁教育的课程开发

1. 提高理论教学认识

（1）强化教师的思想认识。

高校应将廉洁教育纳入思想政治教育体系，而思想政治教师的廉洁品质对于教学成果十分重要。广大教师也应该树立廉洁意识，在教学活动中坚持廉政原则。目前，高校廉政建设和反腐败工作也成为我国从严治党和反腐败工作的重要阵地，这要求教师队伍进一步提高思想认知水平，自觉抵御教育领域的腐败活动。教师在教学过程中，应加深对党和国家的廉洁思想和反腐政策的理解，这样才能正确引领学生。目前，我国高校在思想政治教育中对于廉洁思想和内容的认知还存在很大偏差，教学经验也不足，这在一定程度上影响了廉洁教育的最终效果。

在大学生廉洁教育的起步阶段，存在一些思想认识上的差距或遇到一些工作进程中的困难是正常的，也是不可避免的。但是如果这些认识上的差距不能得到及时有效的解决，任其存在和泛滥，它们将会成为阻碍廉洁教育进校园、进教材、进课堂、进学生头脑的障碍。因此，必须采取强有力的措施，组织教师加强政治理论学习，帮助教师解决在开展大学生廉洁教育方面思想上存在的问题，全面调动教师承担大学生廉洁教育职责的积极性。

（2）发挥理论课主导作用。

思想是行动的灯塔，照亮前方的路。为了开展大学生廉洁教育，我们需要正确的思想引领。我们必须明确社会主义核心价值体系，弘扬中国特色社会主义文化，遵循学生的生长发展规律，将廉洁教育与大学教育相结合，实现大学生的全面发展、健康成长，为国家的发展培养出一批优秀的接班人。我们还需要将廉洁教育与高校的思想政治教育相结合，以保障廉洁教育的正确发展方向。

我们需要加强大学生的思想意识、社会公德、价值观念、法律法规、服务人民等方面的规范。为了引导高校学生树立正确的思想观念、道德意识，培养良好的心理素质，高校思想政治理论课教师要围绕完成大学生廉洁教育的教学任务，精心组织教学内容、选择教学方法，实现大学生廉洁教育的目标，积极开展廉洁教育的教学活动和实践活动，为全面实现大学生廉洁教育的目标作出贡献。

要想发挥理论课的主导作用，我们就必须利用好高校思想政治理论课。大学生廉洁教育作为高校思想政治教育的重要组成部分，也是教学课程的重要内容。高校思想政治理论课教育是对大学生进行廉洁教育的主要渠道。发挥高校思想政治理论课的积极作用，这既是高校思想政治理论课的责任所在，也是推动廉洁教育与高等教育相结合的重要途径，有助于提升高校教育的整体水平。

正是因为如此，高校必须更加重视廉洁教育，任课教师要进一步完善教学内容。一定要充分发挥理论课程的主渠道作用，与思想政治教育课程相联系，以思想政治教育为平台,将对大学生的廉洁教育逐渐渗透到高校的其他课程中,与高等教育相结合,发挥高等教育的真正作用,实现对大学生的综合教育,这样才能实现大学生廉洁教育目标。

2. 加强教学管理,改进教学方法

(1)加强理论课教学的领导和管理。

目前,以廉洁教育为核心的思想政治教育还处于起步阶段,这就更需要有力的组织与管理来完成高校思想政治理论课程的实施。为了确保高校思想政治理论课程的顺利实施,更应该加强高校思想政治理论课的管理。高校的主要负责人以及领导应该肩负起责任,切实加强对高校廉洁教育的管理,将大学生廉洁教育纳入思想政治教育之中,积极推进高校的廉洁教育。

为了确保廉洁教育的顺利进行,需要将廉洁教育与高校思想政治教育相结合,让廉洁教育真正走进课堂,确保廉洁教育的课时数量,这对以后开展相关的教学活动有良好的铺垫作用。在教育部没有颁布正式的廉洁教育的教材之前,高校可以根据相关的教育纲要,开发适合本校廉洁教育的校本课程,组织相关的教师与学者编写教材。高校应该利用多种实践活动来实现廉洁教育,打造一支高素质、有水平的高校教师队伍,实现高校大学生廉洁教育体系的构建。

(2)改进教学方法。

教学方法是指为了实现教学目的,完成一定的教学任务,教师和学生在教学活动中采用的手段以及教与学共同活动方式的总称。运用恰当的教学方法是教学取得成功的关键因素。在高校思想政治理论课中实施廉洁教育,既要紧跟党中央反腐倡廉教育的工作部署,准确把握大学生廉洁教育的内涵、特点和目标要求,又要适应大学生身心发展特点,立足于促进大学生心灵的健康发展。①

第四节 体育与思想道德教育

一、体育培育大学生爱国主义路径

(一)体育教学融合了爱国主义情怀

在现代体育的发展中,体育早已同民族主义和爱国主义建立了密切关系,爱国主义思想也是现代体育文化的一部分。首先,通过体育教育,可以提高人民的身体和精神素质,这是推动国家发展的必要条件。其次,体育竞技的成绩能够提振民族的自信心,这是提高

---

① 黄东升.新时代大学生廉洁教育论纲[M].北京:光明日报出版社,2020.

国家影响力的重要渠道。因此,高校也要将爱国主义融入体育教育过程中,培养大学生的民族情感和爱国精神。

(1)开展爱国主义教育要结合我国体育史的发展和竞技体育取得的成绩。我国体育事业的发展,充满着爱国主义的思想情怀,尤其是我国的体育项目在国际大赛上获得突破时,这种爱国主义的思想情感是十分浓郁的。教师应该深挖这些资源,让大学生将体育学习与爱国思想融合在一起。例如,中国女排精神的一代代传承;中国体育代表团在洛杉矶奥运会上金牌零的突破;刘翔在110米栏项目上取得的突破;乒乓球成为我国国球的过程等。这些我国体育历史上的重大成绩,都可以作为爱国主义教育的素材,教师应该将体育知识同爱国思想结合起来开展教学。

(2)高校要通过大学生的体育竞赛活动,培养他们的竞争意识和爱国情感。大学生能够通过参与体育活动来体现体育精神,培养爱国热情。为此,高校可以开展体育竞赛,主要形式包括学校运动会、学生社团比赛以及各类项目的赛事等。大学生围绕竞赛要求来进行体育学习和训练,积极性会更强。比赛过程中,大学生也能够培养竞争意识,提高团队合作精神。

(3)高校应该鼓励大学生热爱体育赛事,关注我国体育事业的发展,从而培养爱国精神。目前,全世界的体育赛事十分成熟,形成了奥运会、足球世界杯、篮球、排球、网球等重大赛事。同时,我国的传统优势项目也在国内和国际的体育舞台上取得了优异成绩。为此,高校应该鼓励大学生实时关注国际体育赛事,养成观赏体育比赛的习惯。这些体育赛事体现了体育的最高竞技水平,兼具娱乐性和观赏性,可以成为大学生一项重要的课余活动。而大学生在关注我国体育赛事发展的过程中,也能激发自己的爱国热情。

(二)围绕大学校园的体育文化,突出爱国主义情怀

体育应该融入大学生的日常生活之中,使其在课堂之外,也能积极参与体育锻炼和体育文化活动。高校应该结合校园文化建设,以体育为主要内容丰富学生的课余生活,这一举措可以加强爱国主义教育。同时,在学校的媒体宣传和其他文化活动中,高校也可以将体育和爱国主义当成主要的传播内容。要在校园内形成学生热爱体育、关心国家的体育事业发展、主动参与体育锻炼的文化氛围。

(三)体育教师要具备爱国素养,成为大学生的榜样

体育教师的思想道德素养能够对大学生产生潜移默化的影响。体育教师不能只关注自己体育技能的发展,还要形成高尚的体育道德品质,具备爱国主义精神。体育教师要热爱国家、热爱祖国的体育事业,进而将这些品质带给自己的学生。在教学过程中,教师也在关心学生的成长,成为大学生学习体育、发展思想道德品质的引路人。同时,体育教师也要具备良好的职业精神,获取学生的尊重与信任,这样才能将爱国主义的情感传播给学生。

二、体育培养大学生诚信品质的路径

(一)以身作则,体育教师要率先垂范践行诚信品格

体育教师在学生的体育学习中起着重要的指导作用,能够帮助学生理解体育原理,掌握体育技能。要想实现技能培养和思想道德培养的多种体育教育目标,就需要体育教师的努力。因此,体育教师不能只重视体育知识和技能方面的提升,还要具有良好的思想道德品质。无论在教学中还是与学生的交流过程中,体育教师都要体现自己的体育精神和道德品质,在学生中起到引领示范作用。

(二)以良好的体育诚信教学环境濡化学生

高校和教师要建立良好的文化环境,文化环境包括心理环境、体育文化环境和人际关系环境等,让大学生可以从体育活动中得到人文精神的培养。其中,在教学过程中,务必坚持诚信原则,传播诚信文化。教师要主动地以诚信来对待学生,让学生获得公平学习体育的机会,不应该只关注体育特长生的发展,而要重点鼓励体质较差的学生通过体育锻炼提高身体素质。教师要具有诚信精神,做好诚信道德的表率。同时,大学生在组建体育团队和参与体育活动时,也要以诚信精神来建立和谐的人际关系,通过彼此的信任和坦诚的合作,逐渐培养个人的诚信品质。

(三)以体育技术技能学习为手段强化大学生的诚信品质

体育以身体练习为手段,以学习体育运动的技术、技能为基本内容。身体健康与体质的增强需要日常的锻炼与活动,运动技术与技能只有通过不断的练习才能掌握好,才能有提高。不论在课堂上还是在课外,大学生都要脚踏实地参加体育锻炼。如果不能认真对待诚信品质,技术、技能的进步与提高就不可能实现,体质与健康程度也同样不会有很大的改善,这是体育运动规律所决定的。在高校体育课内外一体化的时代背景下,每名大学生要以诚信的运动参与去践行"每天锻炼一小时,健康工作五十年,幸福生活一辈子"的锻炼理念。这不仅需要老师的积极引导,还需要大学生的自律和践行,这是大学生诚信品质在日常体育锻炼中的充分体现和不断强化。

(四)以体育规则和教学要求规范大学生诚信行为

当前的大学生不愿意参与体育锻炼,且高校的体育课堂经常有学生旷课,这也是一种不诚信的现象。因此,高校的体育教学要明确课堂纪律,按照体育规则来约束大学生的行为。第一,教师要为体育课堂和体育活动建立纪律规范,并严格执行。其中应包括:要让大学生按时参与体育课堂,在课堂上积极配合教学活动;在参与体育活动时,要求大学生按照体育活动规范,认真做好准备活动,按照体育项目要求穿着鞋服等,确保大学生的健康安全;在体育活动中,要让大学生养成爱护场馆和器材的习惯等。第二,在参与体育课

程时要遵守诚信准则。例如,在请假时不应说谎;在练习时要听从教师的安排,完成教师给予的任务等。第三,要求大学生诚信测试和比赛。开展体育测试和比赛是体育教学的一个显著特点,很多大学生遵循"公平、公开、公正"原则,认真参加各项测试与不同类别的竞赛。但也有个别同学为获得理想的结果和成绩,不惜铤而走险,投机取巧、相互包庇,甚至采取找人代替测试等手段。第四,诚信锻炼。随着互联网技术的快速发展与运用,利用手机应用软件(App)开展体育锻炼已成为一种时尚,很多高校课外体育锻炼都采用这种方式,但也有少数同学会投机取巧,找人代跑或代锻炼。对于体育课程中少数大学生的不诚信行为,高校和体育老师要及时阻止,对这些学生开展批评教育,同时大力倡导和表扬诚信的行为。

(五)以科学合理的体育成绩评价体系引导大学生的诚信行为

大学生在参与体育活动时,必然面临着体质考核、成绩考核等,这就需要高校在进行评定时能够坚持公平公正的基本原则。体育教学的考核要按照统一的标准来进行,并且能够结合学生的实际情况加以综合考核,从而让学生在学习体育时也能够得到公平的对待。由于身体条件和体育训练经验的不同,大学生在体育技能的学习上会表现出较大的差异。为此,高校需要通过多方面的考核来保障大学生的机会均等。例如,可以对大学生的成长过程、参与积极性和思想道德的成长等方面来做出评价。同时,高校还需要建立公平的奖惩机制,对于优秀学生要做出奖励,提高其参与体育活动的积极性,对于一些违反纪律或是违反诚信品质的思想行为要做出警告、加以批评。

三、高校体育培养大学生意志品质的路径

(一)坚持以课堂教学为主渠道,培养大学生的意志品质

(1)加强体育课程的目的和动机教育,提高大学生对培养意志品质重要性的认识。正确理性的认识是大学生培养意志品质的前提。教育大学生树立"健康第一"的课程理念,正确理解健康的内涵(生理、心理、社会和精神健康),加强大学生对体育课程目的性教育,引导他们树立正确的体育动机。大学生只有在思想上有正确的认识,才能拥有在体育学习和锻炼中克服困难的决心、信心、恒心、勇气及动力,为培养意志品质提供正确的认知保障。

(2)认真研究运动项目的特点,发挥项目优势,在运动实践中培养大学生的意志品质。以"项目化"组织高校体育课是以满足大学生对运动项目的兴趣为根本的。一方面,教师要更好地激发他们对运动的兴趣和对项目的热情,并认真研究运动项目促进大学生意志品质的特点和优势在哪里,在实践教学中加以充分利用;另一方面,教师要加强同学生的交流与沟通,关心、关注学生,保持与学生在情感上的互动,营造良好的师生关系,真正让学生在学习运动技术、技能及各类游戏、比赛、练习中潜移默化地提升意志品质。

(二)完善课外锻炼制度,培养大学生的意志品质

大学生要想在体育活动中培养意志品质,就需要自主地参与体育锻炼,形成自我管理的能力。体育锻炼需要大学生长期坚持,更需要他们克服外界环境中的困难与身体上的负荷。只有长期坚持,大学生的体质才会得到改善,意志才会得到锻炼。虽然大学生应该自主参与锻炼,但也需要高校通过宣传教育来组织和引导。因此,各高校要把握我国全民健身计划的实施和阳光体育进校园活动,组织大学生积极参与体育锻炼,为他们的自主锻炼创造物质条件、文化环境、制度环境。高校要向学生开放体育场馆,并建立体育锻炼的管理制度,为大学生在各个项目上的锻炼提供必要的指导。高校还可以通过比赛活动、体育文化活动和奖励政策等,鼓励大学生走出室内,参与阳光体育锻炼,帮助他们形成终身锻炼的习惯。只有将体育锻炼转化为自己的生活习惯,大学生的意志品质才能得到根本的锻炼。

(三)丰富各类体育赛事,磨炼大学生的意志品质

争强好胜是大学生的心理特征,他们朝气蓬勃、充满活力、喜欢运动。开展一些大学生喜欢的体育赛事,如趣味运动会、传统的田径运动会、单项体育联赛等。这些体育赛事不仅能满足他们对胜利的渴望和竞技的需要,丰富他们的校园生活,还能以赛促练,增进身心健康。举办体育比赛好处多多,一方面能提高大学生参与体育的积极性,提升自己的体育技术、技能;另一方面,可以考验他们在紧张激烈的比赛中,如何有效地应对各种挑战、克服各种困难,尽自己所能展现最佳状态,不断提高意志力。体育比赛对培养大学生意志品质的自觉性、自制性、坚持性和果断性的影响是全面的、深刻的。

(四)利用好信息化工具,积极宣传体育精神与体育文化

目前,大学生在学习与生活中更倾向于利用网络工具来进行。随着移动通信技术和智能手机的普及,大学生通常利用手机来接触各类信息。因此,高校在体育教学中渗透道德教育也需要利用好信息化的通信网络,加强对体育精神的宣传。高校应该结合体育文化和体育价值观,建立自己的自媒体平台和社交网络,使学生能够方便地接触国内外的体育信息,并且从中了解我国竞技体育的发展历史和当前的竞赛情况。要通过各类主题宣传内容,向大学生介绍我国的体育精神、优秀的运动员和民族体育文化等。使大学生从体育经典和榜样中汲取良好的意志品质和力量,深切感受体育文化的精神动力。[①]

---

① 李家祥,王雯.职业道德教育[M].昆明:云南大学出版社,2006.

第三章 大学生心理健康教育

第一节 心理健康教育内涵

一、心理健康概述

早在半个多世纪前,心理学家荣格就提醒人们,要防止远比自然灾害更危险的人类心理疾病的蔓延。

世界卫生组织曾宣称:21世纪,全球每5人中将有1人患有程度不同的心理障碍。联合国有关专家也曾预言,到21世纪中叶,没有任何一种灾难能像心理危机那样,带给人们持续而深刻的痛苦。

(一)心理健康的含义

心理健康与大学生成才息息相关。大学生处于生理和心理快速成长的时期,他们在心理上常常会显露出种种的不适应和矛盾,他们的内心会产生不同程度的疑惑和冲突。因此,应积极引导他们树立心理健康的意识,提高心理健康水平,使其积极、乐观地生活,健康成长。

心理健康主要是指一个人在心态上、情绪上和思想价值观上都能够保持良好的状态。世界卫生组织对于心理健康的指标有着一定的要求,其中包括:一是身体状态能够与心理状态实现协调;二是能够为自己建立和谐的人际关系,适应社会中的各种复杂环境;三是能够在生活和工作中获得成功与喜悦心情;四是在人生发展过程中,能够让自己的知识技能充分展现出来,获得人生上的成就。从这些标准来看,心理健康不仅指身体没有疾病,而且还包括形成积极向上的生活态度,能够在人生经历中获得幸福感,为自己创造高质量的生活等。

(二)心理健康的标准

一个人心理健康的评价标准从心理学角度可以通过以下几个方面进行判断:一是要

求一个人在临床心理学上没有心理疾病;二是在生活中和社会适应性上具有较高的素质。美国的心理学家对现代社会人们在心理上的健康提出了更加详细的标准,在全球心理学的范畴内得到了很大的认可。①

(1)能够产生安全感。主要是指人们在生活与工作过程中,能够以阳光乐观的态度来面对各类问题,能够承受生活压力,从而让自己更有安全感,不断提高自己的生活质量。

(2)能够加强自我认知,了解自己的优点和缺点。心理健康的人能够对自我的人格素质产生理性、科学的理解,既不会过度自卑,也不会产生骄傲心理,能够结合自己的特征来参与社会活动。

(3)心理健康的人群能够做出合理的人生规划。心理健康的人能够结合自己的能力和性格特征提出合理的人生理想,不会产生那些不切实际的幻想。同时,他们能够妥善地安排自己的生活,并适应社会环境,且不会在社会中产生负面的影响。

(4)心理健康的人能够积极地融入外部环境。人在生活中需要不断适应自然环境与社会环境。心理健康的人对于新环境的适应力较强。无论处于何种环境中,他们都能实现自己的人生规划。

(5)能保持人格的完整与和谐。人格是不同的人的个性,是个人比较稳定的心理特征的总和。心理健康的人,其人格是相对稳定的,其兴趣、性格与气质及各个心理特征和谐统一,个人的价值观能适应社会标准,对自己的能力有客观的评价,能与周围人相处和谐,并被周围的人理解和接纳。

(6)善于从经验中学习。这是人适应自然环境和社会环境最重要的能力。人能从经验中通过学习获得进步和提高,能适应环境的需要及时改变自己,并不断地学习新的东西,自我完善,自我成长。能及时总结失败的教训和成功的经验,用于克服成长中遇到的困难,战胜挫折。

(7)有能力为自己建立良好的人际关系。心理健康的人,能够正确地认识自我与他人,并且能够与他人保持语言和情感上的交流,从而为自己建立良好的人际关系。在人际关系中,个人需要坚持自己的思想和观念,并且容纳其他人的不同之处,尊重别人。同时,通过建立良好的人际关系,个人也能与他人一起共同发展。

(8)通过健康的心理素质形成对自我的控制。人在与外界的交互过程中,必然会产生心理上的感受,并且能够抒发自己的感情。抒发情绪能够帮助人们建立心理上的平衡,有利于保持健康的心理。但人们也需要形成自控能力,有限度地抒发自己的情绪。情绪是心理情况的外在表现,因此情绪的表达也能反映出人们的心理健康状况。

(9)协调好个人与集体之间的关系。人们在融入社会的过程中,必然要融入一些社会组织,成为集体中的一分子。在集体生活中,人们需要保持正确的心理状态,既要保持一定的独立性,不能因为集体而丧失自我的人格,又要充分尊重集体的利益,在集体中发挥自己的价值。

(10)在做好本职工作的基础上,促进个人的发展。心理素质健康的人们能够通过为

---

① 商嫣然,Catherine Infante.ISO 标准支持全民健康[J].中国质量与标准导报,2019(5):14.

社会服务来发展自己,让个人的价值得到充分发展。为此,人在参与社会活动的同时要拥有正确的心态,消除自己的私欲和贪欲,从工作中获得满足。个人也应该建立远大的理想,以正确的方式为自己的发展创造条件。

刘华山教授曾对国内研究者对心理健康的几种不同认识进行过以下梳理。[①]

第一,要通过人的心理状态来判断是否具备健康的心理素质。心理状态是人们在认识世界的过程中,通过自己的体验而形成的心理素质之一。人们只有正确地看待自己与世界,才能产生健康的心理。

第二,人们的性格特点也是心理健康状态的体现。社会中任何一个个体都有着独一无二的性格,这种性格是外部环境与主观意识相互作用的结果。心理健康代表着人格的健全,也代表着人们能够正确地形成自我认知。

第三,人们在思想观念上的特点也是心理健康的评价标准之一。当人们处于心理健康的状态时,他们也会产生正确的人生观与价值观,能够以辩证的方法来看待世界。在与他人交往并参与社会活动时,能够保持积极的态度。同时,在成长过程中,无论是面对成功或失败,他们都能正确看待,并且能够及时地总结经验。具有强大心理素质的人也会具有挑战精神,能够勇敢地克服生活中的困难,因而取得更大的成就。

第四,心理的健康也能让人们正确地认识自我,形成自我管理能力。在生活中,只有具有健全的心理素质,才能保持心态上的平衡,让人格得到稳定发展。

总之,心理健康的判断标准有很多种,人们可以从狭义和广义的定义来做出判断。在狭义方面,心理健康来源于人的内心,是多种心理状态的集中体现;在广义方面,心理健康也代表人能够与外界建立和谐的关系。

二、大学生心理健康

(一)大学生心理发展的特点

1. 心理发展的过渡性

大学生的身体已经发展成熟,但心理水平的发展要落后于生理发育。他们需要通过知识的提升和经验的积累来实现心理素质的发展。大学生活的培养和教师的引领对此非常关键。确保心理走上成熟的关键因素是大学生认知能力和实践经验的积累,在认知上主要在于能够接受系统的知识教育,逐渐完善知识结构,提高认知水平。随着心理逐渐成熟,大学生也会产生更为理性的情感,对自我的控制能力得到增强。心理的发展也意味着大学生价值观与人格不断成熟,能够为自己的未来发展确立方向。

2. 心理发展的可塑性

在学习过程中,随着知识和经验的丰富,大学生的心理状态也会不断变化,表现出较

---

① 郭趣,毕怀梅,赵洁,等.不同抚养者对吸毒人员子女心理健康状况的影响[J].心理月刊,2018(6):18-19.

强的可塑性。由于大学生的心理素质没有定型,他们在接受外界事物过程中,无论是价值观,还是情感体验都会产生很大的变化。因此,高校需要通过教学引导来帮助大学生形成正确健康的心理素质。

3. 心理发展的矛盾性

大学生在心理上会表现出多方面的矛盾性,包括独立自主的需求与对家庭、学习依赖的矛盾,思想独立与心理变化的矛盾以及阳光向上与消极自卑的矛盾等。主要原因是由于他们在生活上还没有完全自立,并且缺少能力和经验,容易受到外界环境的影响,让心态上产生多变性。为此,高校应该正视大学生心理上的矛盾,结合实际出现的问题进行正面引导。此阶段大学生常见的矛盾冲突有:

(1)独立性和依赖性的矛盾;

(2)理想性和现实性的矛盾;

(3)强烈的成才意识与知识经验不足的矛盾;

(4)心理闭锁与寻求理解的矛盾;

(5)性生理成熟和性心理成熟相对迟缓的矛盾。

4. 大学生心理发展的差异性

不同年级的大学生心理发展的特点不同。

(1)适应期。大学新生怀着"胜利者"的喜悦进入大学后,面临的主要问题是如何适应大学生活,建立新的人际关系。许多大学生会经历自豪感和自卑感交织、新鲜感和恋旧感交织、轻松感和紧张感交织、奋发感和被动感交织的过程,这种心理状态一般发生在大学一年级。

(2)发展期。当新生适应了大学生活并建立起新的心理平衡后,大学生活进入相对稳定的时期,这是大学生成才定型的关键时期。大学生在这个时期大多产生了自信心,竞争意识增强。他们突出的心理问题是:成才道路的选择与理想的树立,学习目标的实现与学习态度、学习方法的掌握以及优良的学习心理结构的形成。这个阶段是大学生人生观的形成时期,也是实现教育目标的关键时期。这个时期一般是在大学二年级至四年级。

(3)成熟期。大部分大学生的学习阶段通常是四年。在这四年里,大学生会完成从高中生到社会成员的转变。在毕业阶段,大学生受到高校各个方面的教育和个人实践的影响,心理状态也会趋向成熟。只有具备相对成熟的心理状态,大学生在毕业后才能适应身份的变化,成为社会体系中的重要成员。成熟心理的标准是:大学生能够具备一定的工作能力,对自己的职业身份产生认知,确立未来的发展方向等。同时,大学生也会在心理上实现完全的自主,能够对个人和社会产生责任感。

(二)大学生心理健康的标准

高校在培养大学生时,要专门针对心理健康来开展心理教学,并且能够针对大学生的特点,设置相应的心理标准。然而,目前许多高校在大学生心理健康上没有达成共识,这使得高校在心理教育上产生很大的差异。总体来说,心理标准的制定应该从以下方面进行。

第一,要以积极的心理状态参与学习过程。心理健康的大学生应该对知识具有强烈的渴望,能够在主观上愿意学习新知识,将自己的精力投入大学的学习活动当中。健康的心理状态能够给大学生带来巨大的精神动力,帮助他们应对学习中的难题,克服枯燥乏味的心理,从而保持学习的积极性。而持"六十分万岁,多一分浪费"观点的大学生终日懒洋洋,糊里糊涂混日子,体验不到成功的喜悦。

第二,用稳定的心态来应对生活。只有拥有健康的心理状态,大学生才能从生活中找到自信与快乐,能够对生活充满希望。在面临生活中的挫折时,健康的心理能够帮助大学生调节自己的情绪,使其能够以稳定的状态继续生活。

第三,健康心理状态带来坚强的意志品质。目前,在快节奏的生产生活状态下,个体面临着很大的压力。许多人产生了心理亚健康问题,这导致了焦虑、抑郁、悲观等心理状态,阻碍了适应社会环境。因此,人们都需要保持自己的心理健康,以便在主观意志上保持坚强的品质。其中主要的标准包括:一是能够为个人的学习和发展确立目标;二是具有对外部环境的观察和分析能力,能够客观地看待生活中的问题;三是具有为了目标而努力奋斗的精神,能够排除各个方面的干扰。大学生在学习和工作过程中,需要锻炼自己的意志品质,并对工作和生活充满热爱。

第四,大学生要具有完善的人格特征。人格完善是构成心理健康素质的基本要素,主要包括积极向上的人生观价值观和积极进取的精神;应当适应多变的社会发展环境,使自己成为社会中的一员,正确处理个人发展与为社会服务的关系;应该具备自我理解和认知能力,对于自我的性格能够做出准确的判断,能够结合自身能力确立合理的人生发展目标。

第五,能够建立良好的社会关系网络。任何人在适应社会环境的过程中,都需要与其他人建立联系,这种联系能够让人与人之间形成交流、合作,促进自我和他人的共同发展。良好的人际关系主要是指人与人在交往过程中,需要产生更多的积极因素,包括人与人的互相尊重、信任和利益上的共同促进等,同时还要主动地去削弱那些消极的因素,让人与人之间的矛盾、冲突、怀疑等逐渐消除。要想维护良好的人际关系,个体就需要具有健康的心理素质,正确地认知自我和他人,尊重与自己不同的人。当人与人之间存在矛盾时,人们也要用积极的态度去加以调节。

第六,大学生要实现思想与行为的统一。要想拥有健康的心理素质还需要保持思想与行为的统一。有些大学生只具有思想方面的能力,但实践能力较弱。有些大学生只顾自己的行动,却没有为行动做出明确的规划,这些都是心理素质有待提高的表现。同时,大学生所产生的思想与行为,也必须适应自己的年龄阶段。大学生需要在心理上逐渐摆脱过去青少年的思维,让自己走向成熟,但不应该过度老成,以免缺失青春活力。

(三)影响大学生心理健康的主要因素

在当前社会经济、文化模式走向多元,信息加快传播的情况下,大学生心理素质的形成会受到诸多因素的影响,呈现出心理素质复杂化的特征。同时,当代大学生面临的生活压力、学习压力和就业压力也比较大,会引发一系列问题。大学生在社会中属于文化水平较高的人群,他们在工作和生活上的需求也比其他人要高,因此当他们的需求无法得到满足时，就会产生心理上的问题。当前的大学生受到社会、家庭等方面的影响，在心理发展上容易出现偏差，其中包括人格上不够完善、性格上过于自私自利、缺少责任感和交际能力变差等问题，这些都会导致他们在接触社会时出现矛盾问题。为此，高校应该从以下几个方面分析影响大学生心理发展的主要因素。

1. 社会因素

在现代的社会发展中，由于生活压力的加大及人们对于个人需求的不断提升，人们更容易出现心理疾病和心理亚健康问题。因此，心理健康问题日益普遍，甚至超过了生理疾病，给人们的生活和社会进步造成负面影响。虽然大学生主要在校园和家庭中生活，但在信息技术的推动下，他们与社会的接触会更加紧密，也必然会受到社会环境的影响，从而产生诸多心理问题。

(1) 社会转型，价值多元。

在现代化的市场经济社会中，文化价值的多元化已成为必然趋势。随着我国改革开放进程的深入推进，整个社会的经济体制和社会结构也在不断转型。在这个过程中，经济发展模式和社会治理结构也在不断改革，使过去的某些价值观发生改变，新的文化价值观也在不断产生。因此，当前社会需要建立主流价值观，并且将新的文化融入社会当中。当前大学生接受的思想和文化也是多元的，这可能会加大他们适应社会的难度，也容易让他们吸收市场经济中存在的一些不良价值观。

(2) 高校扩招，收费提高。

在我国高等教育的发展过程中，高校规模不断扩大，大学生的数量也不断增加。高校的扩招虽然能够有效增加公民的受教育机会，但也会让大学生面临更大的就业竞争压力，这是导致大学生心理问题的重要因素。另外，在我国的发展过程中，会出现地区之间、城乡之间的发展不平衡，导致来自各个地区的学生在生活水平上存在很大差异。在市场经济环境下，高等教育的成本也在相应提高。虽然学费水平会受到国家控制，但大学生的生活成本必然不断增长。许多来自乡村和不发达地区的学生也面临着经济上的巨大压力，在同学面前产生心理上的失衡，这也是学生心理问题出现的一个重要原因。

(3) 社会竞争，就业困难。

市场经济的主要特点是竞争，既包括经营主体的竞争，也包括国家和地区间的竞争，还包括人才之间的竞争。在市场经济环境下，高等教育的发展需要大学生通过竞争来选择未来的就业方向。然而，市场化改革和高校扩招给大学生带来了很大的就业压力，让大学生在毕业后就需要参与激烈的市场竞争。同时，许多高校在专业设置和教学方式上也不符合市场的需求，导致许多大学生所学的技能与就业市场不匹配，这也加剧了大学生的就业困难。大学生就业难已经成为全社会需要重视的问题。高校需要通过教育改革，让大学生具有就业优势。同时，大学生也需要围绕未来的发展，参加学科学习以外的技能学习，并且要提高自己的实践经验和社会适应力。但这些活动都会给学生带来更高的学习压力，对大学生的心理素质产生很大的考验。

(4) 信息矛盾引起的认知问题。

信息技术的快速发展让当今社会快速进入了信息时代，使信息成为社会发展中最为重要的资源。个人要想在社会发展中占据优势地位,就需要比其他人更具有信息优势,把握社会发展的主要方向。大学生群体获取知识信息的主要方式是通过高校中的学习,也包括利用网络手段等获取其他的信息。但由于自身能力水平和思想高度的局限,大学生获取信息的能力并不强,也难以挖掘出对自己有用的信息。同时,受到社会复杂环境的影响,大学生也容易获取到更多的有害信息,从而影响自己思想和心理上的健康发展。

2. 家庭因素

大学生从儿童阶段到青少年阶段,最后到青年阶段的成长过程中,家庭对他们成长的方向产生了重大的影响。这种影响主要体现在大学生性格特征和心理健康方面。具体来说,家庭的影响因素主要有以下内容:

(1)家庭气氛。

家庭气氛主要指家庭中形成的心理环境,包括家庭所有成员之间的关系和睦度、父母给学生带来的心理压力等。许多大学生都存在着心理上的缺陷,这是不良家庭氛围造成的。在当今社会,家庭的不良气氛主要有以下几种情况:一是父母关系不佳或是离婚对学生造成了不良影响。我国许多家庭的夫妻关系都存在很大的问题,全国的离婚率居高不下。许多大学生成长在单亲环境当中,容易缺乏安全感和自信。二是家长与孩子间的情感矛盾产生了不良的家庭气氛。许多大学生在青春期与父母的矛盾尖锐,父母也没有较好地处理这一问题,导致大学生产生了叛逆、自私、缺乏同理心等问题,并且对父母缺乏信任。这种心理状态也会影响大学生与其他人的关系。

(2)教养方式。

家庭教育是促进学生成长的重要因素,对大学生心理素质的发展具有重要作用。但许多家长缺乏正确的教学方法,将所有的教育责任都推给学校和社会,在孩子成长的过程中产生了负面影响。为此,家长应该高度重视孩子的心理成长,在孩子性格的养成、社会适应能力的形成等方面产生更积极的作用,要通过言传身教来指导孩子,利用自身的经验给孩子做示范。

(3)父母期望的压力。

在当今社会,每个社会成员都面临着较大的竞争压力,这导致许多家长对自己孩子抱有很高的期望。在培养孩子成长的过程中,许多家长会在学校教育之外,让孩子学习更多的知识和技能,如安排他们参加艺术培训、体育培训等。同时,在孩子的升学问题上,家长也会对孩子提出更高的要求,既要让孩子上名校,也要鼓励孩子出国发展。有些家长对孩子的期待是不符合实际情况的,这会使得孩子为了不切实际的目标而努力。一旦发展受挫,孩子就会产生巨大的心理落差。

(4)经济困难的压力。

中国目前已全面建成小康社会,经济和社会正处于关键的转型阶段。虽然我国在经济总量上已经成为世界第二大经济体,但仍存在地区差异和城乡二元化结构,东西部之间的发展水平依然存在差异。因此,大学生的家庭收入水平上也有着巨大的差距。任何一所高校招收的学生,其家庭经济状况都不尽相同。来自不同家庭的学生需要在同一环境下共同学习和生活,这会给贫困学生带来一定的心理压力。不少贫困学生由于受教育的条件欠佳,其掌握的知识技能距离其他同学会较远;在生活上,贫困学生也难以有更多的支出来参与大学生活,并可能与同学产生隔阂。如果这些学生的心理素质不够强,就会面临更大的心理压力。

3. 大学生群体心理因素

大学生在共同的校园环境下生活,会在互相影响下产生群体心理。在大学生的互相交流过程中,会形成独特的心理环境。有些学生会适应这种环境,而有些学生则会在这种环境中产生矛盾心理。

(1)心理延缓偿付期。

这一心理特点主要是指大学生虽然在社会身份上属于成年人,能够独立享受社会权利和承担社会义务,但他们依然是学生,不需要参与社会生产,其角色与中小学生没有本质区别。因此,从心理上来看,大学生不需要向社会承担成年人的责任,而是要履行学生的学习责任。这种身份上的差异会让大学生在心理成熟方面处于延缓状态,直到毕业后才会建立起成为社会成员的心理状态。

(2)对自我同一性的追寻。

大学生在心理素质的发展过程中,需要由过去中小学阶段的简单心理定位过渡到更为复杂的自我思考,通过大学阶段的学习来明确自我的价值观、人生目标、社会价值等更加深刻的内容。这种自我同一性的过渡,会让大学生产生很多的心理变化。他们可以通过知识的学习和对世界的接触,不断明确自我的价值定位。当大学生还没有明确自我的身份时,经常会处于矛盾、迷茫、焦虑的状态,经历各种挣扎。如果高校缺少必要的引导,或是大学生受到了外界巨大的影响,其就很容易产生心理问题。

4. 个体心理因素

大学生在个体成长时形成的个性特征,会让他们形成不同的心理状态,其中一些负面因素则是心理问题发生的本质原因。心理学的研究表明,许多有精神疾病的人群都在性格上存在很大的问题。由于人格不够稳定,他们在面对各种环境变化时难以适应,从而导致心理状态出现损伤。这些影响心理健康的主要因素包括:性格内向、价值观偏激、自信心不足、不擅长人际交流等。

影响大学生心理健康的人格倾向主要有应对方式、自我概念、归因方式、社会比较方式、社会支持以及人际关系等。

(1)应对方式。

大学生在人格上已经趋于自立,需要通过个人的力量来应对生活中的各类问题。大学生的认知水平和行动能力决定了他们的应对方式,应对方式也会影响大学生性格的形成,使大学生产生不同的心理状态。

在面临生活环境的变化时,大学生的应对方式主要有以下三种:第一,心理上的自我防御。主要是指大学生在面临巨大的压力时,为了摆脱痛苦,会产生逃避、幻想等心理状态,让心理产生某种平衡。第二,精神层面上的调节。人们在面临各种问题时,为了保持心态上的平衡,在精神上也会自我调节。人们会根据认知水平和生活经验产生新的认知。第三,情绪上的疏导。人的情绪具有疏导精神压力的功能,主要依靠情绪表达和与人的交流来宣泄精神压力。对于成熟的人来说,他们会通过各种方法来应对,以保持心理健康,但如果应对的方式有问题,也会导致更多的心理疾病。由于心理上不够成熟,大学生容易采取更消极的应对方式,例如过度的情绪宣泄、消极的心理防御等。

(2)自我概念。

自我概念是指大学生对自己人格的认知。大学生的自我概念可能是正确的、积极的,也可能是偏激的、消极的。自我概念不仅影响大学生现实的行为方式和对过去经验的解释,而且影响大学生对未来的期望。大学生正处于自我探索的关键期,由于自身发展的不成熟,他们的自我概念往往和实际情况有较大差异。实证研究表明:大学生焦虑、自卑、抑郁、人际关系敏感等心理问题的根源往往与他们偏激的、消极的自我概念呈显著关系。

(3)归因方式。

归因主要是人们在面对外部事物的变化和个人的行为时,会从本质上寻找原因,形成因果关系的理解。在面对自己行动上的失败时,人们会从内外两个角度来寻找本质原因,而在判断出不同的原因后,就会产生不同的心理状态。这种归因行为也是产生各种心理状态的主要原因。例如,当人们从自己身上寻找原因时,就会产生挫败感,进而加剧自己的不自信状态。当人们从外界寻找原因时,会产生迁怒等心理。由于自己的经验和能力不足,大学生容易产生错误的归因,这会导致他们心理失衡,许多不健康的心理状态也会随之产生。

(4)社会比较方式。

社会比较主要指人们通过自己与其他人的思想和行动进行比较,找出其中的差异,并形成自我意识发展的过程。这种比较能够帮助人们找出自己人格上的差异,从而完善自我的人格。大学生在成长过程中,也可以通过社会对比,找出自己与社会上一些成功人士之间的差异,让自己产生对未来发展的渴望。但需要注意的是,社会对比也容易造成大学生在心理上的失衡。从整体上来看,由于大学生的知识技能和心理素质都不够稳定,在经过对比后,容易产生消极的心理状态。为此,高校和教师应该引导学生做出积极的社会比较,引导其结合客观情况来做出理性的对比,并用理性的方法来具体分析生活中遇到的种种情况,从而产生积极的心理暗示。

(5)社会支持。

社会支持主要指人们在社会关系的支持下,在个人的行动方面产生的积极效果。人际关系网络是帮助人们形成心理健康发展的重要支持因素,能够对人的思想、精神和情感带来多角度的支持。其中主要包括:一是客观上的支持,主要是通过社会群体的活动,为人们的成长创造良好的环境。二是主观上的支持,主要是让人们能够得到直接的理解和尊重,促进其心理素质的发展。大学生在学习过程中,校园集体关系的建立就是为其提供社会支持的主要形式,教师和同学在大学生的人际关系中占据主要地位,能够促进大学生在心理素质上走向成熟。

(6)人际关系。

大学生在校园生活中,需要比中学时期更加注重人际关系的建立。同时,大学校园中的人际关系也是社会关系的缩影,具有更加复杂的特点。影响大学生人际关系的主要因素有：大学生所处的家庭情况、地域文化情况和个性发展等情况，以及大学校园的利益等问题。因此，大学生的人际关系也具有很多消极因素，会让大学生之间存在利益的冲突。有些大学生由于社会交际能力较差，难以处理这种人际关系，从而对自己主观意志的成长带来不利影响。高校也需要注重引导学生建立友善的人际关系，促进大学生之间平等相处，合理应对各种矛盾，为大学生创造健康的校园文化环境。

5. 学校环境因素

（1）生活环境的压力。

高校中的学习条件和生活环境与中小学存在很大的差别，这意味着所有大学生都需要适应新的环境。但许多大学生在心理上还没有走向成熟，他们从高中过渡到大学还需要经历一段适应期，这会让大学生产生心理上的压力。在我国的高校中，许多大学生都因受到父母的过度保护，自立能力不足，对新环境的适应能力较差。如果大学生无法完成心理上的过渡，就容易出现恐慌、焦虑等不健康的心理状态。

（2）学习环境的压力。

高校中需要学习的内容要比高中时期更加广泛，尤其是专业知识的难度也在变大。这会导致许多成功考入大学的新生难以适应新的学习环境。同一高校的大学生在智力能力上都没有过大的差距，这会让许多在高中时期表现优秀的学生无法在大学中同样优秀，进而造成一些学生的心理落差。在大学中，学生的成长方式也发生了改变，许多大学生在竞争过程中考验的不只是学习成绩，还有个人技能、组织管理才能等，从而让许多学生在与同学的比较中处于弱势地位。另外，高校教师所采用的教学方法与高中有着很大的不同。高校教师更鼓励学生进行自主探索，不会对学生的学习做强制要求。许多学生缺少独立学习的能力，因而不适应高校教学方式。在当前的高校教学改革中，学生自主能力和创造力成为衡量优秀学生的标准，这要求当代大学生快速适应新的教学环境，快速摆脱死记硬背的学习方法，成长为具有探索能力、创新能力的人才。

（3）个人情感的压力。

我国学生在成长过程中，初高中阶段对于两性的情感有着严格的限制，但进入大学后，学校一般不会约束情感行为。然而，大学生的情感经历依然十分有限，并且对于两性知识了解不足。大学生如果遇到两性问题，就很容易出现心理上的失衡，无法正确地对待个人的情感问题。一是大学生作为性发育完全成熟的群体，必然会产生情感上的需求，但他们在爱情关系上的经验不足，难以正确地寻找恋爱对象，这会导致大学生的心理落差。二是大学生的爱情观不稳定，在恋爱冲动下容易出现违反道德准则的行为，例如插足他人恋情、对异性不忠贞等问题。大学生在面对这些情感问题时，往往难以排解，成为导致心理疾病的重要诱因。

6. 心理冲突

人们在面对多变的生活环境时，心理状态需要对外界事物做出反应，从而控制好自己的心态。但在这个心理变化的过程中，人们也经常会面临心理冲突。这些冲突都会破坏原有心理素质的稳定性，形成更多的压力。心理健康的人需要及时调节自己的心理状态，使其能够回归平衡状态，否则就会造成心理问题，进一步影响人们对于社会环境的适应力。

大学生虽然不需要深入社会环境,但在学习和生活中也会产生多种心理冲突。具体如下:

(1)趋避冲突。

大学生在学习和生活过程中通常会设立奋斗目标,这些目标有助于激发积极心态。然而,目标与现实之间的差距,又会在人们心中产生冲突性。大学生会根据自己的目标来完成心理上的建设,但在实现目标的过程中,会面临许多的困难和挫折,甚至可能失败。例如,在寻找自己的恋爱目标时,大学生由于缺少经验,很可能经过许多次努力后依然遭到了异性的拒绝,这就会让大学生产生许多消极情绪。如果大学生无法将这些消极的体验重新调整为正常心理状态,就会产生心态上的失衡。

(2)双趋冲突。

人们在学习、生活和工作时,不可能只有一个目标,而是需要同时追求多个目标,这样才能保证自己全方位的发展。在实现目标的过程中,多个目标也难以全部得到实现,而且多个目标之间往往会产生冲突,这就需要人们对这些目标进行取舍,并制定相应的行动计划。大学生对于这些目标的协调能力比较有限,有可能在多个目标中无法协调自己的行动。例如,许多大学生拥有情感上的目标,也有学习成绩的目标,但二者往往会消耗他们大量的精力,进而导致多重失利。

(3)双重趋避冲突。

人们面临两种选择时,每一种选择既可能有利于人们,但同时又会给人们带来不利,这便是双重趋避冲突。例如,有些大学生在选择职业时,既想在国有企业工作,各方面有一定保障,但收入偏低;又想去三资企业,收入比较高,但管理较严,且不太稳定。

大学生在日常生活中,常常会发生心理冲突。比如所学专业与自己兴趣的冲突,学习任务与社会工作的冲突,恋爱关系与专业学习的冲突,以及想积极开展人际交往获得别人的尊重与封闭自己以图自我保护的冲突。

心理冲突是挫折的一个重要来源,与人的心理健康水平有着密切关系。强烈的心理冲突会使人陷入无尽的困惑和苦闷之中。各种内在价值观之间的冲突甚至可以引起人们的厌世、颓废和绝望等情绪,极大地消耗人的心理能量,使人的心理功能得不到发挥,进而影响人的心理健康。

(四)大学生心理健康教育的任务

高校需要从心理学的角度对大学生进行研究,从而明确心理教育的主要任务。

第一项任务是深入研究当代大学生的心理状态,形成高校中的心理健康管控机制。高校应该为大学生创造良好的心理环境,让大学生能够更好地融入校园生活。许多大学生出现心理问题的主要原因是不适应大学环境。为此,高校进行心理教学的主要任务就是提高学生的适应能力,让他们能够在新的环境中建立心理平衡,并且能够随着知识和能力的提升,同步促进心理素质的发展。

第二项任务是指导大学生完善自我意识。高校要通过知识技能教学和心理教育,让大学生产生自我分析、自我管理的能力,锻炼出稳定的心理素质,完善自己的人格。

第三项任务是对当代大学生面临的心理疾病问题进行研究,为其提供必要的心理疏导。高校需要针对大学生的心理问题进行研究,让教师具备进行心理辅导的能力。同时,高校还需要组建专业的心理人才队伍,建立心理干预的正规机构。如果大学生出现心理上的问题,高校应该具备治疗和疏导的能力。

(五)大学生心理健康教育的内容

高校所开展的心理健康教育旨在帮助学生掌握必要的心理知识、培养自我管理能力,其目的是预防心理疾病,塑造学生健康的心理素质。

1. 健康人格教育

大学生形成稳定心理素质的基础是形成完善的人格。由于大学生刚刚从青少年过渡到成年人,在人格上依然没有完善,使其对自我的发展缺少明确的认知。因此,高校心理健康教育的主要内容就是要让大学生实现人格上的成熟。

2. 环境适应教育

环境适应能力是心理健康的重要标志。高校要帮助大学生提高适应环境的能力,使其能够根据环境的变化调整心理状态,无论面对何种问题时都能从容应对。大学生所要适应的环境,不仅包括大学中的学习环境,还包括社会环境。

3. 人际关系和谐教育

通过心理健康教育,高校能够培养学生的人际交往能力。大学生需要以健康的心理状态与其他人接触,顺利适应集体生活,逐渐为自己建立社会关系。

4. 智力发展教育

高校的智力教育需要与心理健康教育结合起来。无论是智力活动还是心理活动,都是人们的头脑工作的结果。因此,心理能够制约人的智力发展,智力水平也能影响人的心理素质。大学生只有具备健康的心理素质,才能以更加积极的心态来学习知识,不断提高自己的学习能力。

5. 非智力因素的培养

除了基本的知识、技能学习,非智力因素在心理素质的发展过程中也起着重要作用。其中包括大学生个人的兴趣、爱好、思想、态度等内容。高校在教学过程中,应该主要通过校园文化活动来培养非智力因素。

6. 健康恋爱观教育

越来越多的当代大学生在大学期间会涉及恋爱问题,不成熟的恋爱观会给大学生的心理成长带来很大的负担。高校应该在心理教育中围绕恋爱这一主题开展专门的教学,帮助大学生形成正确的恋爱观。

7. 生涯发展教育

新时代大学生对职业发展的期待不再局限于找一份工作维持生计,而是希望找到一份令人满意的职业,实现自己的价值,同时也希望能为自己的一生做出好的规划和安排。因此,如何进行生涯与职业辅导变得更为重要。其应该以生涯发展为主线,同时根据大学生的现实特点与需求,兼顾具体的职业辅导,为帮助大学生规划人生、发展自我、实现人生价值提供一个契机。

8. 心理障碍与疾病的预防

大学生要了解心理障碍与疾病的发生、发展过程，及时克服不良心理，学会寻求心理咨询帮助。[①]

(六)大学生健康人格塑造

1. 人格概述

人格如同人的面孔一样，也是千差万别的。人格是一个丰富而复杂的心理成分，它凝聚着文化、社会、家庭、教育与先天遗传的个体风貌，有着鲜明的个性特征，其差异铸就了个体千差万别、千姿百态的心理面貌。

人格是每个人形成的独特的标准，包含了个人在心理、思想、知识水平等方面的整体状态。人格的形成会随着人的成长过程和知识与经验的完善而不断发展，因此大学生的学习和社会实践，都是人格得以完善的保障。在大学生不断适应社会的过程中，人格的完善主要体现在两个方面：一是随着人格的不断完善，大学生在参与社会活动和建立人际关系时，都会显现自己的人格特征，人格则决定着大学生外在的气质和行为等。二是社会实践会让大学生的人格产生变化，并且逐渐构成较为稳定的状态。[②]

2. 健全人格的基本特征

在现代社会，充满竞争，注重实效，大学生性格发展的一个突出特点是他们对性格的自我认识、自我控制水平提高了。大学生常常主动观察自己，自觉地分析、总结和评价自己的态度及行为并积极做出调整以达到适应环境和完善自我的目的。一般来说，当代大学生健全人格应具备以下三个方面的特征：

(1)人格自身内部及外部具有多方面的和谐。首先是心理系统的和谐，即一个大学生的知识水平与事业目标取向、动机需要、意志品质和情感体验是相协调的；其次是生理机能与心理品质的和谐，即大学生的气质禀性与其性格、才能、动机和利益需求是相协调的；最后是人与社会的和谐，即作为一个大学生，在人际关系中要具有礼貌、关怀、宽容和助人为乐的精神，在生活中能处理好与家庭、同学和集体的关系，能够自觉遵守学生准则与社会公德等。

(2)人格具有自身的统一性与完整性。人格自身的统一性与完整性，表现在一个人的人格诸要素之间的发展状态是一致的、协调的，表现在人格的外在表现与内在实质是一致的、协调的。言行不一，独处时与在集体中时表现不一，情感与理智相分裂，这些都是人格不健康的表现。完整的、统一的人格特征，要求大学生在道德水准、意志力、情趣等方面，都应与其所受高等教育、所具有的学识水平相匹配。

(3)人格智能与活动能力发展的全面性。人格智能是个人对自己的存在价值、成就价值以及对社会关系、人际关系的认识能力，在多种智能结构中居于核心地位，对其他智能

[①] 冯宪萍.大学生心理健康教育[M].济南:山东人民出版社,2019.
[②] 张姮.健全学生人格从这里做起——关于单亲家庭孩子教育因素的浅议[J].知识窗,2019(12):1.

起选择、定向、发掘、动力等作用。另外,虽然一个人不可能掌握人类活动基本类型的无限多的具体形式,但是应当具有加入任何一种活动类型的能力,这样才能在人格的质的完满上发展人类的一切才能,而不是局限于从事某个单一领域的活动。因此,作为一名大学生,其人格的智能应较其他一些社会成员更高,其活动能力应更全面。

3. 大学生健全人格塑造的方法

大学生健全人格的塑造本质上是其人格的社会化过程,其基本矛盾仍是社会发展的需要同大学生人格素质的现状之间的矛盾。因此,要塑造大学生健全的人格,必须在遵循一定的规律和原则的基础上采取行之有效的方法。

学校社会层面健全大学生人格的方法主要有:

(1)加强心理健康教育,完善人格。

高校应高度重视和切实加强学生的心理健康教育。根据大学生的心理特点,有针对性地讲授心理健康知识、开展团体辅导或咨询活动,帮助大学生树立心理健康意识,优化心理素质,增强心理调适和适应能力,预防和缓解心理问题,解决实际困惑,提高心理健康水平,促进大学生全面发展。

(2)优化教育环境,塑造人格。

高校的校园环境对于大学生人格的发展能够产生深刻影响。校园环境主要包括学习环境、文化环境和生活氛围,高校需要让学校的各个学科都拥有良好的教学条件,为大学生的文化生活创造优异的环境。同时,国家也需要为大学生的成长创造良好的社会环境,让社会能够支持高等教育的发展,充分保障大学生的权益,为大学生的全面素质发展提供必要的支持。

(3)树立良好校风,熏陶人格。

校风对学校文化、价值观的高度凝练,对于全校教职员工和学生都具有指导意义。高校的校风会对大学生的思想和心理素质提供导向作用,能够让大学生逐渐融入校园的整体文化,成为维护校风的一分子。为此,高校应该按照大学生人格成长的需求,结合高校的理念、特色和风格,营造优秀的校风。高校需要在教学活动、校园文化建设中体现环境育人的作用。在校风的带动下,教师应该加强对大学生的价值观教育,能够形成大学生思想道德成长中的榜样。教师要关心学生心理素质的成长,要及时发现学生出现的心理压力和不良的价值观,找出大学生在成长中出现的人格缺陷,帮助学生提升道德素养。

大学生健全人格的方法主要有:

(1)认识完善自我,培育人格。

大学生在人格素质的形成过程中,需要不断提高自我意识,并且有能力对自己的人格特征做出分析。大学生在人格成长过程中要体现主动性,能够充分融入校园和社会文化环境,主动提高自己的知识水平和适应能力,要利用好周围的资源,实现对人格的自我培养。人格的形成也需要通过实践经验的积累,为此,大学生应该在学习的同时,积极参加校园活动与社会实践,能够为自我的发展寻找有挑战性的目标,让自己能够在一定压力下激发潜力。当大学生能够解决实际问题时,人格素养也会获得充分的升华。

(2)积极调控情绪,保持愉悦心境。

心境是心理状态变化时产生的一种精神状态,这种状态能够影响人的情绪和行为,影响大脑的思维活力,需要大学生能够主动进行调节。大学生在面临心理压力时,如果出现了心态上的失衡,就应该主动地发泄不良情绪,调节自己的心态。主要的办法包括:借助网络社交平台来进行交流、参与体育锻炼、寻求教师和朋友的帮助等。心理状态的调节,能够让大学生保持健康的心态,从而减少对人格发展的损害。

(3)努力学习知识,丰富智力内涵。

人们在人格上的发展,也需要具有丰富的知识储备,知识能够开拓人的视野,让人的思想水平得到进步。如果出现知识水平不足,也容易使人的世界观、人生观等形成误区,从而让人格的发展出现缺陷。对于大学生来说,他们学习的专业知识,就是帮助其形成高尚人格的基础。

(4)提高交往技能,协调人际关系。

人际关系对于每个人的人格发展都会产生重要影响,在人与人之间进行信息沟通、情感交流的过程中,人们的思想、观念、爱好等都会互相影响,从而帮助社会关系网络中的每个人完善人格素质。大学生在学习过程中,也需要借助大学中的社会交际,从别人身上学习优点,不断完善自己的人格。大学生的社会交际也需要注意真诚待人、尊重别人,并且充分展现自己的人格魅力。

总之,大学生的人格发展,需要借助多方面的因素,实现各方面素质的全面发展。人格的发展需要大学生自己的教育,也需要在社会关系体系中得到他人的帮助。高校在健康教育中,应该帮助大学生提高学习能力、自我管理能力,使其在正确的轨道下不断完全自己的人格。[①]

第二节 心理问题与咨询

一、大学生的心理问题

(一)一般心理问题

1. 环境适应问题

环境适应问题在新生中较为常见,因为大学生的身份角色及生活环境与高中时期有很大的不同。一方面,大学生需要脱离家长的保护并独立生活,同时为未来的人生发展确立目标,并围绕目标而进行学习实践。许多大学生受到家长的保护过多,会在大学独立生

---

① 冯宪萍.大学生心理健康教育[M].济南:山东人民出版社,2019.

活中产生不适应。另一方面,高校在新一代人才的培养中,不仅要培养学生掌握学科知识,还要提高学生进行实践的能力。许多大学生只会进行知识学习,但实践创新能力不足,这会让他们难以适应高校在教学方式上的转变。这种情况会对他们的自信心造成打击,使其产生失落感和自卑感。

2. 学习相关问题

由于就业压力增加,一部分学生希望凭借好的学习成绩就业,因此在学习方面会有较大的压力。此外,还存在另外一类现象,就是大学生对学习无兴趣、无动力、无目标,对所学专业冷淡。这种情况虽然不多,但对个人成长影响较大,需要及时调整。

3. 人际关系问题

大学生在走向独立的过程中,需要在学校和社会中逐渐形成人际关系网络,并要具备与不同人进行交往的能力。大学生面临的人际关系比中学时期要复杂得多,因此需要掌握一定技巧和原则。同时,大学生的心理素质直接影响其与他人的相处。如果大学生缺少良好的心理状态和正确的人际交往方法,就难以形成稳固的人际关系,同时还会造成更为严重的心理问题。

4. 恋爱和性问题

在大学生活中,很多大学生会遇到情感和性方面问题。由于大学生的恋爱心理还不够成熟,当他们出现情感纠葛、失恋等问题时,就容易出现心态上的失衡。这些问题甚至会影响大学生正常的生活与学业。

5. 求职择业问题

这是高年级大学生中常见的心理问题。在即将迈入社会时,他们往往会感到很多的困惑和担忧:是继续升学还是就业,如何选择自己的职业,如何规划自己的职业生涯,求职需要哪些技巧,是否能够顺利通过面试等,这些都会或多或少给大学生们带来困扰和焦虑。

对于大部分同学来说,上述常见的心理困扰主要是由一些现实的社会心理因素所导致的,也往往是暂时性的。经过自己的主动调节或寻求亲人朋友、心理辅导老师的帮助,他们就能恢复心理的平衡。

(二)心理障碍与心理疾病

大学生在面对生活压力、就业压力、社会适应能力不足或情感问题时,容易出现心理失衡,进而引发心理障碍。许多大学生在面对心理问题时常常难以调整心态,也无法正确处理这些问题,因而不断积累了心理上的压力。大学生在面临心理问题时,有些人不会用正确的方法来释放情绪,或在产生心理疾病时也不愿意寻求心理医生的帮助,使得心理问题日益严重。同时,大学生群体还有另一种情况值得引起高校和教师的注意,即一些大学生在面对心理问题时,容易通过网络或书本上的心理知识给自己贴上一些标签,从而导致他们对自己的心理情况产生了错误的判断。在恐惧和忧虑中,他们的心理问题进一步恶化。为此,高校应该结合大学生的心理问题,建立规范的心理干预团队,聘请专门的心理咨询师来为大学生提供心理辅导。

1. 焦虑性障碍

焦虑性障碍以发作性或持续性焦虑、紧张为主要特征。虽然焦虑是人们日常生活中普遍存在的情绪,但只要焦虑程度适当,在引起焦虑的事件过后,焦虑情绪就会自动消除。然而,有焦虑性障碍的人,其焦虑情绪往往不是由现实问题引起的,并通常伴有躯体症状。焦虑性障碍有急性和慢性之分。急性焦虑障碍主要表现为突然感到心悸、咽喉梗塞不利、呼吸困难、头昏、无力,通常伴有紧张、恐惧或濒死感,以及心跳加快、呼吸急促、震颤、多汗等躯体症状;慢性焦虑障碍则表现为长期处于焦虑状态,常为一些小事而苦恼,对困难过分夸大,遇事常往坏处想,对躯体不适特别关注,注意力特别涣散,记忆不佳,兴趣缺乏,常失眠多梦。[①]

2. 抑郁性障碍

抑郁障碍主要指会产生抑郁症的种种心理表现,会让人长期处于情绪低落的状态。心理健康的人群在面临生活中的问题时,尽管在一段时间内会产生心理失衡的状态,但通过自我调节会恢复到正常。如果心理不健康,人们在产生抑郁的心理情绪时,就难以从中摆脱出来,进而让负面情绪不断积累,最终成为一种顽疾。大学生群体由于脱离了家庭的支持,如果不能适应大学生活,就会产生长期抑郁的状态,从而在生活、学习、社会交往方面非常不自信,甚至可能出现厌世心理。

3. 强迫性障碍

强迫性障碍主要体现在一个人对于某种思想和行为会产生强迫状态,导致个人重复某种思想和行为。强迫性心理障碍主要表现在:一是会强迫自己去思考某些事情,形成一种固定的思维模式;二是强迫性的意向心理,常常使人陷入不健康的状态和情绪;三是强迫性的行为,一些人经常会做一些重复的动作行为,一旦停止这些行为就会产生不安感,例如一些有洁癖的人会不断地打扫卫生或洗手等。强迫性的心理状态在生活中是比较常见的,是一种正常的心态,但如果发生无法自控的现象,就容易引起心理上的疾病。

4. 恐怖性障碍

恐怖性障碍主要表现为对某些事物或情景所产生的十分强烈的恐惧症状,而这种情绪与引起恐惧的情境和事物通常很不相称,有的甚至很难让别人理解。当事人明知自己的这种恐惧反应极不合理,但在相同场合下这种反应反复出现、难以控制,以致影响到其正常活动。恐怖性障碍包括社交恐怖、动物恐怖和场景恐怖等。

5. 疑病性障碍

疑病性障碍主要表现为对自己健康状态过分关注,深信自己患了某种疾病,经常诉说不适,顽固地怀疑、担心自己有病。即使经过医学检查和医生的多次解释后,仍难以消除疑虑,四处就医,迫切要求治疗。当事人对健康过分关注往往源于对现实生活的逃避,属于一种心理防御机制作用的结果。

6. 神经衰弱

当代大学生面临着学习和就业上的很大心理压力,这容易导致他们过度用脑和思索,

---

① 于小雯.中医情志疗法对大学生广泛性焦虑障碍的干预研究[J].医学教育管理,2022,8(3):5.

进而造成头脑的过度消耗。因此,神经衰弱成为大学生群体中非常普遍的现象。神经衰弱主要体现在:一是很容易造成失眠问题,当大学睡眠质量下降时,其身体素质和心理素质也会下降;二是产生情绪上的失控,很容易产生精神不振、情绪暴躁等问题;三是会在生理上产生影响,例如消化不良、心律异常和免疫力下降等问题。

二、大学生心理问题的预防

在大学生的生活与学习中,他们会遇到学习成绩、生活条件、个人情感和社会适应力等一系列问题,造成心理健康出现问题。为此,高校心理健康教育应该以预防为主,帮助大学生及时调节心理状态,让不良情绪和压力都能得到发泄,避免出现心理上的疾病。

(一)确定适当的人生目标

要想实现心理上的健康发展,大学生需要让自己的心态处于平衡状态,为自己树立科学理性的人生发展目标。大学生在成长过程中,必然会有自己的优势和不足,自己的能力也是有限的,因而需要结合自己的实际情况来树立事业上和人生上的发展目标。当人生目标符合自己的特点时,大学生就更容易克服困难,取得成功。人生目标的实现,可以让大学生产生幸福感和成功感,对心理状态也能带来正面的反馈,有利于心理素质的健康发展。当人生目标过高时,大学生经过努力也难以达到这些目标,就会产生更大的挫折感,使心态和情绪都难以平衡,这是大学生产生心理问题的主要原因。

(二)建立良好的人际关系

良好的人际关系是确保个人心理健康的重要保障。人际关系可以帮助人们解决实际问题,调节情绪,提供抒发情感的机会。在成长过程中,应该培养自己的社会交往能力,为自己建立良好的人际关系网络。其中包括同学、师生、恋人、同事等各类关系。大学生如果处理好这些关系,就有利于自己心理健康的发展;相反,如果大学生难以处理这些关系,就会让心理状态越来越差,产生更大的心理压力。为此,高校应该为大学生社会适应力和人际交往能力提供专门的训练,进一步培养大学生的交际能力。

(三)正确对待挫折

任何一个人在实现学业目标和事业目标的过程中,都不会一帆风顺,而是要面临多种多样的困难和打击。面对这些挫折时,人们的心态非常重要。心理健康的人会将这些压力转化为奋斗的动力,从而克服困难取得成功。而心理素质较差的人则容易在困难面前被压倒,从此一蹶不振。大学生在成长过程中,应该正确地面对各种压力,能够认识到这些压力、困难正是一个人获得成长的重大机遇。只有不断迎接挑战,才能获得人生上的飞跃。许多大学生正是无法直面生活中的挫折,才导致自己出现心理问题。

(四)及时调节不良情绪

心理健康的重要标志在于人们因面临种种挫折而情绪低落时,能否正确地调整自己的不良情绪。不良情绪如果不断积累,就会让一个人在各方面出现问题,导致其更加无法从容地面对生活中的苦难,也更不愿意与别人接触。为此,大学生应该学会调节心理状态的方法,其中主要包括:一是可以通过转移注意力来调整心态,为此,大学生可以通过与别人的交流,参与一些娱乐活动,参加体育锻炼等转移在学业和就业上的压力,在调整心态后再来解决这些问题。二是要不断提高自己的知识和技能,获取社会实践的经验以便解决问题。大学生要将精力集中在学习上,通过提升自我来获得解决问题的能力。

(五)寻求专业心理咨询人员帮助

除了要注意自我调节、寻求亲人与朋友的支持外,大学生还应该有求助专业心理咨询机构的意识。特别是在心理压力较大、内心冲突激烈、自我调节难以奏效时,更应及时主动寻求专业心理咨询人员的帮助。心理咨询可以使人从不同角度去看待自己和社会,用新的方式去体验和表达情绪情感,并形成新的思维方式。目前,多数高校都设有心理健康教育与咨询中心,配有专兼职心理咨询与辅导老师,面向学生提供心理咨询服务。因此,如感觉自己有需要,应充分利用这一资源,以帮助自己更好地排解心理困惑,以良好的心理状态投入生活与学习。

三、心理咨询

(一)心理咨询含义

心理咨询是帮助人们调节心理状态的重要手段,大学生可以通过专业人员的帮助,让自己得到心理上的指导。大学生要想克服自己的心态问题,就应该积极地寻求心理咨询师的帮助。心理咨询具有以下特征:

(1)心理咨询是由专业心理咨询师帮助人们解决难以应对的心理问题的过程。许多人由于认识问题,会对心理咨询产生抗拒心理。大学生需要克服这些心理,在自己出现难以排解的心理问题时,积极寻求专业人员的帮助。高校也需要为大学生建立专业化的心理咨询体系。

(2)心理咨询是在人的思想、心态和情绪上产生作用,达到心理调节的目的。咨询师在面对求助者时,需要分析他们的心理状态,找出心理问题产生的根源,从而有针对地加以辅导。而心理出现问题的人,也需要积极地寻求帮助。其在咨询师的帮助下,能在自己的生活中找到调节心态的办法。

(3)心理咨询行业在社会中属于一类服务行业,其不同于心理治疗,但也需要咨询人员具有职业资格证书,掌握专业的心理知识。大学生在进行心理咨询时,务必要寻求专业机构和人员的帮助,要远离社会上那些不正规的心理咨询方式。

（4）心理咨询的服务对象不是有精神病、明显人格障碍、智力低下或脑器质性病变的患者，而是在心理适应和心理发展上需要帮助的人。

综上所述，心理咨询是指咨询者运用心理学的有关知识、理论与技术，与来访者建立良好的人际关系，借助各种符号系统帮助来访者认识自我、发展自我、重建人格以达到自强自立的过程。

(二)心理咨询的内容

人们丰富多彩、纷繁复杂的心理活动决定了心理咨询的丰富性和复杂性。因此，心理咨询的范围非常广泛，凡是人生道路上能遇到的各种心理问题都属于心理咨询的范围。心理咨询的基本内容也因咨询场所和咨询形式的不同而不同，涉及人们生活、学习、工作的方方面面。大学生心理咨询的主要内容包括学习、情绪、人际关系、恋爱、适应力和求职择业等方面的问题，如学习焦虑、注意力不集中、考试紧张、人际关系失调和社交障碍等。

(三)心理咨询的原则

心理咨询的原则主要是指在心理咨询过程中要遵守职业道德，尊重心理学的基本原理，确保咨询人员能够按照一定的规则来提供服务。这些原则是心理咨询能够达到效果的必备条件。心理咨询的基本原则可以概括为以下几个方面：

1. 自愿原则

心理咨询必须奉行自愿原则，这意味着咨询者务必主动地、自愿地接受专业人员提供的帮助。自愿原则能够让咨询者放下心理防线，无所顾忌地向咨询人员反映自己的问题。自愿原则也会让咨询者与咨询人员建立平等友善的关系，并提高心理咨询的效果。

第一，心理咨询的目的是帮助咨询者解决心理问题。因此，咨询者需要意识到自己心理出现的问题，以便主动地寻求帮助。只有遵循自愿原则，咨询人员才能为来访者找到问题来源，提供解决方案。

第二，自愿原则可以让咨询人员和来访者建立良好的关系。如果双方的关系不良好，来访者就会产生对抗心理，让咨询人员很难走进对方的内心。因此，咨询人员应该通过语言上的引导，让来访者自主地表达自己心理上的问题。

大学生在心理上更加脆弱，其情绪更加敏感，心理更为脆弱。高校在面向大学生开展心理咨询时，更应该坚持自愿性的原则。高校和教师都不能强制大学生接受心理咨询，而是要通过正面引导，让大学生自愿接受心理咨询。高校中的咨询人员也不能以管理者或教师的姿态对待学生，而是要同大学生建立平等的朋友关系，让大学生对咨询人员产生信任感，这样才能产生更好的效果。

2. 发展性原则

这一原则适用于心理咨询过程中，咨询人员要以发展变化的观点来看待来访者的问题，不仅要在问题分析和本质把握时善于用发展的眼光做动态考察，而且在对问题的解决和咨询结果的预测上不宜轻易将来访者的问题归为某种心理障碍或某种疾病。在心理咨询中，大学生的问题大多只是适应、交往和学习等方面的暂时性困难。因此，咨询者不仅要了解来访者已有的经验和目前的状况,还要帮助来访者开发潜能,提示来访者今后良好发展的可能性和发展方向。

3. 保密性原则

保密性原则是心理咨询中最重要的原则,它既是职业道德的要求,又是咨询双方建立和维系信任关系的基础,同时也有助于维护心理咨询工作的信誉,为心理咨询工作的有效开展提供保障。在心理咨询中,来访者要袒露大量的个人信息,并通过诊断和测量产生许多有关来访者的新信息,因此来访者会非常关心咨询者如何对待和使用这些信息。对此,咨询者有责任对来访者的有关资料予以保密,这不仅是咨询者的道德原则,还牵涉到来访者对咨询者的信任,进而影响咨询的成效。因此,来访者的名誉和隐私权应受到道义上的维护和法律上的保护,在没有征得来访者同意的情况下,咨询者不得随意将来访者的隐私泄露出去。

4. 时间限定原则

心理咨询需要在时间上进行限制,时间不能过长或过短。时间过长会让来访者感到疲劳,时间过短则达不到理想的效果。通常,一次心理咨询的时间应控制在40到60分钟,通过多次咨询来达到理想效果。咨询人员在开始心理咨询之前,应该与被咨询者沟通,明确每次咨询的时长,可以让被咨询者在限定时间内表达自己的问题。通常来说,一次咨询无法达到理想的效果,咨询人员应该向被咨询者提供多个咨询的时间间隔。双方可以约定好时间来进行心理咨询,以便双方都能做好准备。

5. 感情限定原则

良好人际关系的确立虽然是顺利开展心理咨询的关键,有利于咨询者与来访者心理上的沟通与接近,但也需要保持一定的界限。咨询者与来访者在咨询室以外不得有亲密接触和交往,不能对来访者产生爱憎和依恋,更不能在咨询过程中寻求欲望的满足。在心理咨询室外,个人间过于亲密的接触,不仅容易使来访者过于了解咨询者的内心世界和私生活,阻碍来访者的自我表现,还会使咨询者该说的不能说,失去客观公正地判断事物的能力。

6. 多样性原则

心理咨询的形式多种多样。除了个别心理咨询,还有团体心理咨询;除了直接咨询,还有间接咨询;除了面谈,还有电话、书信等咨询形式。在校开展的心理咨询可以采用多种形式,满足大学生不同的心理需求。

7. 防重于治原则

这一原则是指咨询者应注意加强对人们常见心理问题的分析和研究工作,努力掌握各种常见心理问题发生、发展的一般规律,从而促进这些心理问题的早期发现和诊治。在心理咨询过程中也要重视心理卫生知识的宣传教育,对心理疾病的预防重于治疗,以更好地发挥心理咨询在促进人们心理健康方面的作用。在高校心理咨询工作中,实践这一原则有利于保障绝大多数学生的心理健康。[1]

---

[1] 冯宪萍.大学生心理健康教育[M].济南:山东人民出版社,2019.

第三节 情绪与压力管理

一、情绪管理及控制

(一)情绪概述

1. 情绪的概念

情绪是指人们受到外界刺激后产生的心理变化,与心理状态有着直接的关系,是心理状态在表情和动作上的具体体现。任何一个人都会产生情绪上的表达,其中包括正面情绪和负面情绪。情绪有助于发泄个人的情感,使人们可以调节不良的心理状态。情绪具有主观性,当人们产生各种不同情绪时,虽然可以被其他人感知到,但只有产生情绪的本人才能够真实地体验到。任何一个人要想拥有健康的心理状态,就需要具有情绪控制的能力。

(1)情绪的分类。

从生物进化角度来看,人的情绪可分为基本情绪和复合情绪。基本情绪是人与动物所共有的,其发生有着共同的原型或模式。每一种基本情绪都具有独立的神经生理机制、内部体验和外部表现,并有不同的适应功能。复合情绪则是由基本情绪的不同组合派生出来的。

(2)情绪与情感。

情绪与情感在内涵上有着较大的差别,但二者都是心理状态表现出来的结果。其中,二者的区别主要体现在以下几点:一是人的情绪是一种自然和本能的心理表达,而人类本能的生理需要也会产生不同的情绪。情感则是人所具有的一种高层次的心理体验,主要体现为社会需求方面的心理状态。二是人的情绪具有不稳定性,是人们根据外部情况变化所产生的。可以说,外部环境能够影响人的情绪。而情感具有更强的稳定性,在一般情况下,不会受到外部环境的影响产生变化。三是人的情绪表达是直接的,难以控制的。情感的产生则是以内在的思想、感受体现出来,情感的表达更为内敛。

情感与情绪会互相影响,主要体现在:一是情绪会影响人的情感,但情绪处于多变状态时,人的情感最终也会发生改变。二是情绪的产生也依赖于情感。情感能够让人的情绪得到控制或失去控制,并且情感状态也会影响情绪表达的程度。在大学生的生活中,他们的情感基础不够牢固,情绪表达也难以控制,因此情感和情绪也会融合在一起,共同影响大学生的心理健康状态。

2. 情绪的表现状态

从现代心理学角度讲,依据情绪发生的强度、持续性和紧张度,可以把情绪状态分为心境、激情和应激三种。

(1)心境。

心境具有弥散性和长期性。心境的弥散性是指当人具有了某种心境时,这种心境表现出的态度体验会朝向周围的一切事物。心境的形成原因有很多,如生活中的顺境和逆境,工作、学习上的成功和失败,人际关系的亲疏,个人健康的好坏,自然气候的变化等,这些都可能引起某种心境。但心境并不完全取决于外部因素,还与个人的世界观和人生观有联系。

心境对人们的生活、工作和健康都有很大的影响。心境可以说是一种生活的常态,人们每天总是在一定的心境中学习、工作和交往。积极良好的心境可以提高学习和工作的效率,帮助人们克服困难,保持身心健康;消极不良的心境则会使人意志消沉,悲观绝望,无法正常地工作和交往,甚至导致一些身心疾病。所以,保持一种积极健康、乐观向上的心境对每个人都有重要意义。

(2)激情。

激情是指强度很高但持续时间很短的情感,它是一种猛烈、迅速爆发、短暂的情感,包括狂喜、愤怒、恐惧、绝望等。

激情的发展大致经历三个阶段:

一是在人的自主控制能力削弱时,人的行为和情绪也会失控,进而出现一些激情行为。这时,人们会按照自己的情绪和感性来做出行动。

二是人们在产生激情行为时,其后果也是难以预料的,通常会产生令当事人后悔的结果。

三是激情情绪和行动的产生会严重消耗人们的体能和精力。在激情行为过后,往往会产生很大的疲劳感,同时人的心理状态也会受到影响,导致情绪低落。

然而,激情心理状态的出现不一定会产生消极影响,也可以产生积极的影响。它能够极大地激发人的潜能,帮助人们克服困难。因此,心理健康的人群可以利用好自己的激情,以消除激情产生的负面结果。

(3)应激。

所谓应激,是指机体在面对各种内外环境因素及社会、心理因素刺激时所出现的全身性非特异性适应反应,又称为应激反应。这些刺激因素被称为应激源。应激是在出乎意料的紧迫与危险情况下引起的高速而高度紧张的情绪状态。应激的第一种表现即精神紧张,与此相伴的是整个生理状况的变化。应激状态下可能出现的第二种情况是目瞪口呆,惊慌失措。在应激状态下,个体的认识变得异常狭窄,无法采取符合目的的行动,陷入一片混乱无序之中。

大学生在学习和生活中,如果出现了意料之外的状况,就容易产生应激反应。而如果长期处于应激状态,会对人的身体和心理健康带来不利影响,同时还会降低人的抵抗力,使人更容易患病。

3. 情绪的功能

情绪表达是人的一种自然能力。情绪是人们内心世界的外在反映,而且是通过人们与外界的交互而产生的一种自然反应。情绪能帮助人们抒发内心的情感,并且具有信息交流的作用。

(1)自我防御功能。

情绪表达对于人的心理健康有保护作用,并且也是伴随着人们对于外界环境的神经反射过程的不同产生的,也是人们进行应激反应的一部分。例如,人们在受到冒犯时,会产生愤怒等情绪来做出应对;在情绪低落时,会表现出难过等情绪。这些情绪的表达,能够让其他人看到表达者的状态,从而改变应对的方式,这样会形成一种保护机制。

(2)社会适应功能。

情绪的表达可以帮助人们适应外部环境的变化,进而更好地融入外部环境。人们产生的情绪是十分复杂的,按照外部环境的变化,可以形成与环境相对应的情绪。同时,随着知识水平的提高和社会经验的积累,人们可以更好地控制自己的情绪,并做出有效的情绪应对。这种情绪表达可以帮助人们传达有效的信息,实际上具备了人际交往的作用。例如,在人际交往过程中,人们可以根据对话的情况,产生认同、兴奋等情绪,有助于加强人际关系。因此,情绪表达是帮助人们产生社会适应性的一项重要能力。

(3)动力功能。

情绪的适度兴奋,可以使人的身心处于活动的最佳状态,促进主体积极的行动,从而提高行为效率;一定程度上的紧张情绪可以促使人们积极思考和解决问题。我们经常会有这样的感觉,当情绪高涨时,工作起来就会非常投入,工作效率就会有很大的提高;当情绪低落时,就会感到缺乏干劲,变得懈怠和木讷。

(4)强化功能。

当面临紧急情况时,消极的情绪能够唤起大脑的警觉水平;而积极的情绪能够增强一个人的感官感知、提高记忆力、促进思维的灵活性,有助于充分发挥一个人的内在潜能。

(二)大学生情绪特点

1. 情绪特点的表现

大学生的情绪特点与青少年不同,与社会中的成年人也存在一定差异。虽然大学生在生理上已经成年,但其心理素质还不够成熟,在情绪表达上会更加多变而激烈。同时,大学生的思维灵敏,好奇心强,但心理自控能力较弱。当他们遇到一些有刺激性的事物时,会表达出更加强烈的情绪。

(1)具有复杂的情感。

大学生思维灵敏、情感丰富,在各种环境下更倾向于自我表达,这些都会促进大学生产生更丰富的情绪。由此,大学生在心理上更愿意向别人表达自己的感受,以引起他人的注意。

(2)大学生的情绪具有更强的浮动性。

当大学生经历一系列情绪时,这些情绪会有较大的浮动性。一是大学生的情绪比青少年更加稳定,但又比社会中的成年人更加激烈。二是大学生的情绪会体现多边性,容易出现极端情绪。

(3)情绪表达上的冲动性。

社会中的成年人会根据社交场合而控制自己的情绪,并在一定程度上抑制它们。但大学生在情绪上的自控能力较弱,他们通常会根据自己对外界的感受而直接表达情绪。因此,大学生在日常生活中,通常会受情绪所驱使而采取极端行为。

(4)心态和情绪上存在诸多矛盾。

大学生的人生目标和价值观还没有完全成型,他们会经常受到外部影响而改变自己的想法,因此在情绪上存在矛盾。例如,大学生经常会在努力读书和放任发展之间徘徊,使自己的心态充满了矛盾性。

(5)情绪的隐藏和外方之间的矛盾。

大学生对待自己感兴趣的事物会比较积极,也愿意共享和传达自己的观点和想法,并希望获得同伴的认可和支持,因此他们会通过情绪表达来获得他人的认同。同时,大学生也有许多私密的情感,需要掩饰自己的真实情绪,有时他们的外在情绪与内心的想法是相反的。

2. 大学生情绪的差异

大学生在不同的年级,其知识结构和人生经历会产生很大的不同,其内心世界成熟程度也不同。因此,大学生群体在情绪上会产生很大的差异。

(1)大学生性别上的差异。

大学生在生理发育上已经完全成熟,并且也正处于人生中最好的时期。因此,无论是男生还是女生都会极力展示自己的性别特征。男女大学生在情绪上也会表现出很大的差异。一般来说,女生情绪外露,想象力较强,但容易出现不稳定因素。男生更能够容易控制自己的情绪,性格上比较刚毅。但是,如果遇到情绪刺激,男生会体现出更强的攻击性。

(2)大学生在年级上的差异。

大学生在每一个年级的心理状态都是不同的,在心理素质和情绪上都会产生很大的差异。其中刚入学的新生在心理状态上还有着很大的青少年痕迹,在心理上对于大学的生活充满好奇心,但适应能力较差,在情绪上会小心谨慎。大二的学生乐于参与学校的各类活动,但由于生活比较丰富,也会出现心理和情绪上的很大波动。大三的学生会专注于自己的学习,思考未来的发展,其情绪的控制力会得到很大的增强。大四的学生会将大部分精力都放在毕业、升学、就业等方面,但由于对于未来的发展难以掌控,对于适应社会缺少经验,其在情绪上会产生更大的波动。

(3)大学生生活背景的差异。

我国大学生的生源范围广,大学生成长的家庭情况和社会情况有着很大的地区差异性,这导致他们在心态上和情绪上也会有很大差异。例如,来自农村的学生往往对城市的生活比较陌生,在大学生活中也需要更长的适应时间。来自外地的学生在自己的生活习惯和文化底蕴上与大学所在地有很大的不同,这也使得大学生在融入本地文化时,容易产生情绪上的波动。

(三)大学生常见情绪问题

大学生的生活总的来说是紧张的,如社会期望高、心理压力大、学习负担重、竞争激烈等,这些因素使他们的情绪常处于紧张状态。大学生这一特殊群体又有其特殊的心理行为特征和比较独特的情绪特征。因此,大学生不可避免的会有一些情绪困扰,从而影响他们的健康和发展,对此必须引起足够的重视。

1. 焦虑

人的焦虑情绪往往是因为对于陌生环境的不适应,对于未来的生活境况无法掌控而造成的。焦虑是一种融合恐惧、未知、不安等心理状态的复杂体现。当人们置于一种新的环境或是面对一个自己无法掌控的问题时,容易产生心理上的不稳定性,在情绪上则体现为焦虑。

焦虑状态的经常发生,是心理不健康的体现。长期焦虑还会影响生理功能的正常运行,导致出现神经紧张、失眠、多梦、心慌、消化不良等问题。为了遏制焦虑情绪,人们就需要在生活中注意规律性,保持身体上的健康,并且通过积累知识和能力来消除对外部环境的焦虑。

焦虑问题在社会各群体中都普遍存在,其中主要原因是生活节奏过快、工作和学习压力过大。大学生在参与大学的学习和生活过程中,当他们的学业受阻或是生活中遇到难题时,就更容易出现焦虑问题。适度的焦虑会激发大学生的潜能,帮助他们解决现实中的问题,并提高学习主动性。但频繁和过度的焦虑则是心理不健康的体现,这会严重影响学生的生理功能,导致其思维能力和学习能力下降,甚至诱发更严重的心理疾病。

2. 抑郁

抑郁症是一种十分普遍的、难以医治的心理疾病,在现代社会的人群中普遍存在。目前,在大学生和青少年群体中,抑郁症也不算罕见。从生理上看,抑郁症是由大脑的神经系统缺少各类因子的刺激所致,这使神经系统长期处于受抑制的状态,从而导致人的情绪低落,思维受阻,产生消极厌世的心理状态。抑郁可以在人们的情绪上体现出来,表现为人们对任何事物都缺乏兴趣、产生自卑心理,同时也会出现焦虑、苦闷等心理状态。抑郁会严重影响人们的身体状态,导致失眠或嗜睡、四肢无力、饮食规律混乱,身体各系统的功能都处于紊乱当中。抑郁症会严重影响大学生正常的学习和生活,许多大学生因此难以再继续正常的大学生活。因此,高校需要高度重视大学生抑郁症的情况,及时对大学生进行健康的心理辅导,避免让大学生的抑郁情绪变成严重的心理疾病。[①]

抑郁情绪的发生通常会受到两个方面因素的影响。首先,个人的性格因素对其影响明显。如果大学生性格更加内向,或是心理素质更加脆弱,在面对生活中的困难时,也更容易出现抑郁问题。其次,生活环境也会导致抑郁。当代的许多大学生在家庭、就业、学业等方面容易受到超出承受能力的压力,这是造成抑郁问题的主要原因。

---

① 冯宪萍.大学生心理健康教育[M].济南:山东人民出版社,2019.

3. 愤怒

愤怒是当人们面对与自己的意愿或利益相冲突的情况时,产生的一种激烈的情绪表达。愤怒是人们的一种攻击性情绪传达机制,同时也具有自我防御的功能,能够鲜明地向其他人和外部环境表达自己的强烈意愿。愤怒情绪发生时,人的生理机能也同样会产生激烈变化,这表现为神经系统的应激反应特别强烈,其中人体的肾上腺素等因子会飙升,使身体机能处于高度兴奋状态。

愤怒情绪的发生也会给人带来很多负面情绪,有时可以看作心理控制能力不足的体现。易怒的人群不仅会给自己的人际关系造成不良影响,而且会让身体的机能失衡,造成身体器官的负担过大,使肝、脾、胃等脏腑功能受损。大学生群体的精力较为充沛,但其自控能力较弱,在面对许多问题时容易产生过激反应,就会导致愤怒情绪频发。大学生要想获得身体和心理上的健康,就需要学会控制自己的愤怒情绪,不要因为一些观念冲突和小事而愤怒。要学会与其他人友善相处,能够包容他人的思想观念和性格,不要贪图小利。对于大学生来说,冷静处理生活中的各类事情,会比愤怒有着更理想的效果。

4. 嫉妒

嫉妒是一种不良的心理因素,常常源于个人心态的扭曲。嫉妒心理的产生原因是个人拥有过度的自尊心,是在发现他人在某些方面强于自己时,产生的一种不正常的心理态度。这种嫉妒心态会导致个人失去对自我和外部环境的理性判断,从而产生不满、刻薄、恼怒等一系列不良情绪和行为。它容易影响自己在他人心中的形象,破坏原有的人际关系。嫉妒在不受控制的情况下,也容易产生极端行为,会以违法或违反道德规则的手段来行事,对他人造成伤害。

大学生群体具有很强的好胜心理,对于彰显自己的风采和能力具有较强的欲望,这种好胜心理能够帮助大学生积极学习,提升自我,使大学生群体获得良性发展。但如果大学生的心理失衡,就容易出现嫉妒心理,这就成为一种不健康的情绪状态。例如,一些大学生对于自己的学习成绩有着较高要求,但他们在遇到学习更好的同学时,一旦产生嫉妒心理,便会憎恶对方,这会破坏他们的名誉和人际关系。虚荣心也是大学生产生嫉妒心理的重要诱因。例如,一些大学生对于其他人拥有优越的生活而感到嫉妒,会产生攀比心理,从而满足自己的虚荣心。不少大学生因为嫉妒而进行校园贷款,以满足自己的物欲生活,让自己和家庭背上了很大的债务负担。嫉妒心同时也会反应在游戏、食宿、穿着、就业、晋升、评选等方方面面,对当代大学生产生很严重的不良影响。

嫉妒是一种人格上的缺陷,对大学生造成的危害是十分严重的。这种情绪会让大学生的心理素质越来越差,从而进一步诱发抑郁、焦虑、自卑、多疑等不健康的心理状态。同时,这些心理状态会让大学生的精力放在一些不重要的事情上,严重影响了学生正常的学习和发展。另外,嫉妒心理对于大学生人际关系的发展具有很强的破坏性,会让大学生更加自私,难以结交朋友,严重破坏同学关系和未来的同事关系。总之,嫉妒心理对于大学生健康发展的影响巨大,会造成许多不可预知的后果。

(四)大学生情绪优化

对于大学生来说,要学会管理情绪、调节情绪、驾驭情绪。保持情绪的健康,做情绪的主人是一件十分重要的事情。这不仅是大学生心理健康的基本保证,更是大学生健全人格、完善自我的必要条件。

1. 情绪健康的标准

(1)开朗、豁达、遇事不斤斤计较,不为一些鸡毛蒜皮的小事动肝火或郁结于心。
(2)情绪正常、稳定,很少大起大落或喜怒无常,能承受欢乐与忧愁的考验。
(3)能给人以爱和接受别人的爱,待人热情,乐于助人,有同情心。
(4)谈吐风趣、幽默、文雅。
(5)自信、乐观、有主见,能独立地解决问题,有创造性地工作。
(6)明智、少偏见,能正确认识自己和他人的长短处。
(7)对前途充满信心,富有朝气,勇于上进,坚韧不拔。
(8)能面对现实,承认现实和接受现实,并能按社会的要求行动。
(9)对平凡的事物保持兴趣,能不断从生活环境中得到美的享受、快乐的享受,会工作也会消遣。
(10)尊重他人,能与人为善,和睦相处,建立良好的人际关系。

2. 消极情绪调控的方法

(1)干扰抑制法。

用积极的情绪干扰和抑制消极情绪,防止消极情绪泛化和蔓延,我们称之为干扰抑制法。干扰抑制法的具体方法主要有以下三种:

①乐起来。当忧愁、悲伤、孤独等消极情绪袭来时,可以通过做自己感兴趣的或能给自己带来快乐的事情来缓解,如下棋、听音乐、看喜剧片或换一个轻松点的环境等。这样做可以使自己远离不良刺激源,体验快乐,忘却痛苦,即所谓积极情绪起,消极情绪消。

②动起来。运动能协调大脑的兴奋与抑制,改善神经系统的功能,振奋精神。此外,它还有助于释放消极情绪带来的能量,这在改善消极情绪方面有着不可替代的作用。当大学生被消极情绪困扰时,可以尝试爬山、游泳、踢球、跳舞等运动。

③忙起来。繁忙的工作和快节奏的生活是干扰、抑制消极情绪的重要途径。当被忧愁、悲伤、抑郁等消极情绪困扰时,一个有效的办法就是让自己忙起来,让学习、工作等有意义的活动占据脑海,驱除消极情绪的困扰。

(2)合理宣泄法。

一旦产生激烈的消极情绪,如果不加以调控管理,过分压抑情绪,它不但不会自行消失,而且会在体内进一步"发酵",并累积到一定的"情绪势能"后爆发出来,对自身、他人和社会造成危害。因此,要及时将消极情绪宣泄出去,使心情恢复平静。合理宣泄的具体方法通常有以下三种:

一是通过语言交流进行宣泄。人们可以通过与其他人的语言沟通倾诉自己的压力和情绪,得到其他人在语言上的宽慰。这种方法是最为直接有效的情绪宣泄方法。其他人的情感共鸣可以让自己的不良情绪得到很好的缓解,而且可以通过听取他人的建议,帮助自己解决实际的困难。为此,大学生需要在生活中建立良好的人际关系,有可以互相倾诉的伙伴。

二是通过书写来抒发情绪。大学生在面临难以向别人倾诉的隐私问题时,可以通过书写来抒发自己的情感。为此,大学生可以养成写日记的习惯,将不良情绪用文字表达出来。同时,大学生在有条件的情况下,也可以尝试进行文学创作,如写诗或散文等,艺术化的文体更有利于抒发自己的情感。

三是用哭喊等方式来宣泄情绪。当人们遭遇痛苦的体验时,通过哭等活动,可以让负面情绪得到有效宣泄,适度的哭泣是有利于身体健康发展的。另外,喊叫也是表达内心情绪的一种方法,可以让人在短时间内得到情绪的抒发。

总之,大学生要掌握情绪宣泄的方法,并通过适度的宣泄,让自己的负面情绪获得抒发的渠道。但需要注意,自己的情感宣泄不能伤害自己或他人。

(3) 放松法。

当大学生面对较多的负面心理压力时,可以通过生活方式的调节,让自己得到放松。其主要方法包括两种。一是通过调节呼吸来释放情绪。大学生可以通过打坐的方式进行深呼吸,让自己获得充足的氧气供应,使身体和精神得到放松;二是通过体育运动和娱乐活动来进行放松。大学生可以让自己转换身体的活动状态,让注意力集中在其他方面。

3. 培养积极情绪的方法

既然积极情绪可以干扰抑制消极情绪,对消极情绪调控的目的也是希望它转变为积极情绪,那么在消极情绪产生之前有意培养积极情绪是情绪调控的更好办法。培养积极情绪的方法大致有以下几种:

(1) 优化个性。

优化个性是培养积极情绪的基础。在日常生活、学习中要培养良好的行为方式、行为习惯,注重修身养性,使自己变得更加自信而坚强、宽容而豁达。

(2) 尝试成功。

成功能给人以欣喜、快乐。在日常生活、学习中,大学生要努力尝试成功。大学生要正确分析自己及客观事物,做到扬长避短,并确立符合自己与客观实际的目标,为目标的实现努力行动。当目标无法实现时,要及时调整或更换目标,然后继续努力。

(3) 助人为乐。

助人也可以带来快乐。在日常生活、学习中我们要多给予别人帮助。当我们帮助他人的时候,自己也有满足感,并且还能得到他人的感激和赞赏。因此,帮助他人不但让他人快乐,也给自己快乐,正所谓赠人玫瑰,手有余香。

(4) 善待自己。

在日常生活中,善待自己同样可以给自己带来快乐。例如,紧张学习之余,让自己好好放松一下,可以痛痛快快地玩一阵,有条件的还可以享受一顿美餐,或购置一身漂亮的衣服,或去风景区旅游一番。

二、压力应对

(一)压力是什么

压力是指人们在适应外部环境的过程中,外部事物的变化让人们在身体和精神上产生的应激压力。这种压力可以作用于人们的生理机能上,也会作用在心理状态上。压力对人的生活既有积极意义,也会产生许多负面作用。

1. 心理体验上的压力

人们在心理上的压力主要是人的主观意志在适应外部环境时产生的,主要作用于人的主观感受方面,因此,它不同于物理意义上对人体产生的可衡量的压力。因此,心理上的压力会因为个体心理承受能力的不同而产生不同的效果。有些人具有坚强的意志品质,心理压力则不会对其产生负面作用,而是会让其产生更大的主观能动性。有些人的心理素质脆弱,在承受压力时会让心理感受更加失衡,造成了心理上的不健康。因此,心理的压力与人的承受能力相关,当压力大于承受力时,压力就需要得到有效释放。

2. 大学生心理压力的根源

大学生在学习和生活中,心理压力主要来源于自己的学习成绩、经济状况和未来的毕业及就业压力。在当前的高校中,大学生在经济上的压力随着生活水平的提高而逐渐减少,但他们也需要面对更大的就业压力。市场经济社会对于人才的素质要求提高和激烈的市场竞争是大学生心理压力的主要来源。

3. 大学生对于心理压力的反馈与应对

虽然心理压力的根源来自外界环境,但是人们产生的感受会有所不同,个人对于压力的反馈和体验是压力产生不同影响的根源。压力对个人产生的作用一方面体现在主观感受上,另一方面体现在人的应对方式上。

(1)压力在主观意识上的反应。人们在面临压力时,自己的主观意识也会将精力集中在与压力有关的问题上,可以让思维和感受更加活跃,以便应对这些压力。如果人们在心理上能够承受这些压力,能调动自己的主观能动性,使压力成为情绪、智力等方面的刺激,从而更好地应对外部挑战。但如果这种压力给心理上带来负面刺激,就会让人在主观上失去信心,应对压力的能力下降。如果压力产生的作用是负面的,就会在心理上和情绪上不断积累负面的效果。例如,情绪不受控制、过于激动、过于焦虑等。

(2)压力在个人行为上的作用。人们在面对压力时会产生不同的心理感受,这种感受会影响人们的应对行为。这包括他们在情绪上的反应和活动方式的作用等。例如在压力作用下,人们的心理状态容易发生波动,产生一些更加激烈的情绪表达,通过说话声音、动作表情反映出来,当压力的负面作用过大时,人体的活动机能也会受到抑制,产生许多无法控制的动作。

(3)个人对于压力的主观评价。压力在不同人身上产生的作用,取决于个体对于压力的主观评价。这些评价会影响压力产生的最终结果。一是个人会评价压力源的作用。按照压力来源的差异,人们会根据自己的观念、知识和思维方式等,产生正面或负面的评价。二是社会适应力让人们形成对压力的不同评价。对于同类型的压力来源,人们会根据社会适应力的差异,产生截然不同的评价。例如,大学生在应对就业压力时,有些人会感到就业前景黯淡,有些人则愿意接受更多的挑战,从中彰显自己的能力。三是个体所拥有的条件能够决定评价的结果。个体所拥有的经济、文化和其他社会资源情况能够影响其对压力的评价。个人的身体健康情况,个性和兴趣等因素也会影响到最终的评价。

(二)寻找大学生压力源

压力来源,即促使个体产生压力的刺激因素。在当前的社会环境中,大学生压力的来源会因为社会经济、文化环境的复杂性而变得更加多元。大学生心理压力的来源可概括为"外部环境"和"自身内部"两种因素。

1. 大学生心理压力的外部来源

大学生的主要生活环境是学校,同时与家庭的关系依然紧密。随着时间的推移,大学生会逐步融入社会环境。因此,压力的来源也主要来自学校、家庭和社会三个方面。

(1)学校环境对压力的影响。学校中的主要环境是教学环境,教师采取的教学内容和方法会对学生产生一定的心理压力。次要的环境是校园文化环境,主要包括师生关系、同学关系和校园文化生活等。

(2)家庭环境对压力的影响。家长对大学生的态度会给他们带来不同的压力。一是家长与学生的关系不和谐会给学生造成很大的压力。二是家长的期望会让学生产生压力,期待值越高,学生的压力越大。三是家庭的生活水平会给学生们带来不同的压力,家庭经济条件越好,学生的压力也越小。

(3)社会环境对大学生产生的压力。社会压力主要体现在三个方面。一是社会对于人才的要求。当前在知识经济条件下,社会要求大学生成长为综合素质高、工作技能强的人才,这会让学生产生较大的压力。二是社会思想文化的影响。在市场经济环境下,社会的思想文化实现了多元发展,也会让大学生接触到不同的价值观,无形中给学生带来思想负担。

2. 大学生自身的心理压力来源

大学生的个性因素和能力因素是产生心理压力的重要来源。

(1)大学生个性因素的影响。大学生的个性在成型的过程中,如果出现了消极的因素,他们的心理就会处于不平稳的状态。这时如果大学生遇到学习和生活中的难题,就会产生更大的心理压力。个性上的缺陷也容易造成心理疾病,让大学生变得过度自卑和消极,难以保持积极态度。

(2)大学生的知识文化水平造成的影响。大学生在学习的过程中所掌握的知识结构并不完整,其思想见解也会受到局限。这会导致大学生无法正确地分析生活中面临的问题,并且对自己缺乏理性的认知。这些因素都是心理压力形成的原因。随着大学生知识能力的提升,他们的抗压能力也会提升。

(3)大学生实践和行动能力不足造成的压力。许多大学生在成长过程中,接受知识的教育较多,但实践能力的成长不足。因此,当他们面对需要自己解决的问题时,虽然能够分析出问题的本质,却缺少解决问题的能力。这种能力的局限会让大学生缺少应对各类事件的能力,使其经常处于心理压力较大的状态。为此,高校需要加强对学生实践能力的培养,大学生也需要主动地参与各类事件活动,提高自己的社会适应力。

3. 大学生常见压力来源

(1)校园环境与学生个人兴趣的压力。

大学生进入高校环境时,需要逐渐适应新的环境。在适应过程中,不少大学生也会出现心理压力。如果大学生一直难以适应学校环境,就会失去对大学生活的兴趣,也会丧失学习的信心。对于大学新生来说,校园学习环境带来的压力主要有以下三点:一是大学生在专业的选择上不符合自己的意愿。有些学生是由于分数问题影响了专业选择,使其被迫学习不喜欢的专业。有些学生对于自己选择的学科不够了解,在学习过程中与自己预想的差距较大。二是高校的教学不满足学生的要求。有些学校的教学方法或教师水平可能不适合学生的需求,导致学生难以应对学习压力。三是学校的生活环境给学生带来的压力。大学生在进入高校的校园后,会体验与中学阶段和家庭生活完全不同的生活,一些大学生会长时间难以适应这样的环境。主要体现在:无法处理好与同学的关系,在宿舍集体生活和高校课堂中都难以适应;无法适应高校的学习方式,导致学习能力下降。上述环境因素都是大学生心理压力产生的重要原因。

(2)大学学习中产生的心理压力。

在高校中,教学方式与中小学有着很大的差异,课堂的组织形式也完全不同。在学习过程中,大学生也需要自主掌握学习方法,并且全面提高自己的知识水平。高校的课堂管理虽然宽松,但学生的学习任务很重,需要他们具备自我管理能力,并掌握学习技巧,只有这样才能达到学习目标。在较大的学习任务下,大学生很容易产生较大的心理压力。一是当前大学生的学习目标更高,除了基本的学科内容外,还需要学习更多的知识和技能。同时,许多大学生不满足于本科的学习,还需要树立研究生学习的目标。随着目标的提高,学生的压力也会更大。二是大学生面临严峻的就业形势,这使大学生在学习过程中就面临很大的压力。大学生既要考虑当前的学习问题,又需要考虑自己如何融入社会的问题,就业上的压力容易让大学生产生怀疑心理。

(3)大学生在经济方面产生的压力。

目前,我国高校的学习成本随着经济的发展而不断提高,这主要体现在大学生的生活成本上。许多大学生的家庭并不富裕,因此也面临着很大的经济压力。在大学生的集体生活中,同宿舍或同伴之间的家庭在经济水平上有着很大的差距,贫困大学生容易产生自卑心理。还有一些大学生具有较强的虚荣心,对于个人的物质生活需求较高,也会产生攀比心理。当自己的物质需求没有得到满足时,就容易产生心理上的压力。另外,大学生在校园生活中,许多问题都需要自己来解决,但不少大学生对家庭过度依赖,当父母无法为其解决校园中的问题时,也会产生较大的心理负担。

(4)大学生面临的就业压力。

在市场经济环境下,用人单位对大学生的能力要求不断提高。与此同时,大学生因受到高校扩招和经济市场不景气的影响,就业压力也在不断增大。目前,就业压力已经成为大学生主要的心理压力,大学生不得不进行更多技能学习,并在学习过程中提高实际的实践经验。大学生在就业方面的压力主要来自以下几个方面:一是大学生所学的专业与社会的需求产生了偏差,有些专业的学习内容陈旧,使大学生学习的知识无法在工作中得到应用;二是一些高校在社会上的影响力不强,使大学生无法得到用人单位的认可;三是高校在教学时过于关注学科知识的传输,忽视了大学生实践能力的培养,导致大学生社会经验不足,在就业时遇到困难。

目前,我国的双一流大学毕业生在就业上比一般高校的学生更有竞争优势,但这些名牌大学的毕业生在就职方面也会有更高的需求,因此这些学校的学生也存在较大的心理压力。同时,大学生为避免毕业后的激烈竞争,也会选择创业、考公务员、考研究生等,这些奋斗方向需要大学生付出更多的努力,同样给大学生带来了很大的学习负担。

(5)社会中的多元文化给大学生带来的压力。

在当前全球化背景下,我国正面临着文化思潮方面的碰撞与融合。许多在市场经济条件下形成的思想和价值观正在社会上盛行,给我国的传统主流价值观带来了较大的冲击。大学生通过网络等平台更多地接触了社会,也受到了很多价值观的影响。而社会上存在的拜金主义、极端利己思潮对大学生产生了不良的影响,导致许多大学生产生了对学习和生活的错误认知。

(6)大学生社会交往时形成的心理压力。

大学生在进入学校的集体生活后,就需要与身边的同学和教师建立稳固的人际关系,这样才能提高自己的独立性与社会适应性。大学生在处理人际关系时,面对更加复杂的环境,既要保持自己的自尊心,维护个人的权益,也需要尊重他人,与各类不同的人进行交流,处理好个人与集体之间的关系。如果大学生的人际交往能力不足或者人际关系不和谐,就会面临很大的心理压力。

大学生是刚刚脱离了家庭和中学保护的群体,需要自行处理好周围的人际关系。如果大学生的交往能力不足,或是过于注重自我感受,就会造成人际关系的不和谐。许多大学生在家庭中被过度保护,这使得他们自我意识过强,在处理与他人的关系时容易表现得自私自利。同时,许多大学生缺乏适应集体生活的技能,也难以对不同个性和价值观的人群产生尊重与包容,这是导致许多大学生人际交往能力不强的重要原因。为此,大学生要想减少在社会交际时的心理压力,就需要学会与不同的人和谐相处。在大学环境中,大学生们来自不同的家庭背景,拥有不同的性格和爱好,因此大学生应该互相尊重,在学习和生活中开展积极合作,这样才能建立良好的人际关系。

(7)大学生在情感方面产生的压力。

大学生虽然有着对恋爱的强烈诉求,却容易在恋爱关系中陷入误区。这些问题会让大学生产生情感方面的压力。在高校中,许多大学生在恋爱时是不成熟的,很容易出现分手等问题,而如果出现失恋的情况,许多大学生也难以排解,影响了他们的心理健康。目前,不少大学生都在情感问题上与同学发生了激烈的冲突,甚至会出现过激行为。

(三)压力对大学生心理的影响

当压力系统的合力超出了个体生理及心理上所能提供的应对资源(能量)时,或者持续作用于个体时,就会出现心理问题和心理障碍,甚至导致严重的心理疾病。

根据唤醒动机与绩效之间的关系(耶基斯-多德森定律),人们要获得最高效率,要有一些应激(压力),而且必须把应激唤醒水平控制在最佳状态。如果应激太多或太少,其结果都将同样糟糕。

1. 大学生面对压力的反应

心理压力会在人的身体机能上产生作用,从而引起某种反应。这种反应是身体机能的自然现象,可以帮助人们能够快速适应引发压力的外部环境,有助于人们激发身体潜力,帮助人们采取正确的应对方法。心理压力反应带来的负面作用是让人们难以控制自己,导致情绪、思维和器官功能的紧张,破坏了人的正常活动。如果人们长期处于不良的紧张状态下,就会诱发身体和生理上的疾病。

(1)心理反应——心理上的紧张。

人们面对压力所产生的心理反应主要体现在思维、心态和情绪等方面,这会让人们在精神上处于高度紧张状态。这种状态的积极意义是让人们的注意力高度集中,令思维更加敏锐,并能够产生自我保护的机制。在学习过程中适度的紧张有助于激发大学生的学习潜力,使其能更有效地处理各类问题。心理紧张的消极作用是让人们的心态出现失衡,情绪难以自控,并产生焦虑、抑郁等负面情绪,也会逐渐失去自信心。

(2)生理反应——生理上的紧张。

心理上的紧张会让身体机能同样处于紧张状态,二者是互相影响的。生理上的紧张更容易直观地表现出来,使人们的身体机能处于不正常状态。例如,生理紧张会导致神经系统处于抑制或过度兴奋状态,会诱发失眠、头痛等问题;生理紧张会破坏内分泌系统的平衡,进一步影响消化、免疫、呼吸等功能。身体的长期紧张会危害身体健康,导致多种器官的疾病。

(3)行为反应——行为上的紊乱。

在外界环境的压力下,人们必然会产生各种行为上的反应,这种反应的作用是让人们可以通过行动来应对外部事物。对于大学生来说,行为上的反应主要有两种。第一种是为了处理引发压力的问题而做出的应对,这可以帮助大学生解决问题。第二种是为了消除心理上的压力,大学生在行动上做出反馈,通过放松等行动让心理压力得到释放。这两种类型的反应都会产生积极或消极的结果,积极的结果是让大学生成功处理了压力问题,或者在身心上保持健康;消极的结果是让大学生在行为上失去控制,对自己和他人造成更大的危害。

2. 压力反应的阶段

当压力作用于个体之后,会引发一系列变化,如心跳加快加强,血液循环加快,血压升高;内脏血管收缩,骨骼肌血管舒张,血流量重新分布;呼吸加深加快,肺通气量增多。在适应压力的过程中,个体的生理、心理及行为特点被分为以下三个不同的阶段。

(1)警觉阶段。

警觉阶段又叫唤醒期或准备期。在这一阶段,人们会发现事件并引起警觉,同时准备应付。交感神经支配肾上腺分泌肾上腺素和副肾上腺素,这些激素可以促进人体的新陈代谢,释放储存的能量,因此主要器官的活动处于兴奋状态,包括呼吸、心跳加快,汗腺分泌加速,血压、体温上升,骨骼肌紧张,等等。

(2)搏击阶段。

搏击阶段又叫战斗期或反抗期。继警觉之后,人体全身心投入战斗,或消除压力,或适应压力,或退却。这一阶段人体会出现以下生理、心理和行为特征。

①警觉阶段的生理生化指标恢复正常,外在行为平复。个体实则处于意识控制之下的抑制状态。

②个体内部的生理和心理资源以及能量被大量耗费。

③此时,个体变得极为敏感和脆弱,即便是微小的刺激,也能引发个体强烈的情绪反应。比如,爱人的唠叨、孩子的纠缠都会让一个下班后精疲力竭的丈夫或者妻子勃然大怒,找对方"出气"。

(3)衰竭阶段。

衰竭阶段又叫枯竭期或倦怠期。由于抗击压力的能量已经消耗殆尽,此时个体在短时间内难以继续承受压力。如果一个压力反应周期之后,外在的压力消失了,个体经过一定时间的调理和休息,很快就能恢复正常的体征。如果压力源持续存在,个体仍不能适应,那么一个能量已经消耗殆尽的人,就必然会发生危险。此时,疾病、死亡都是极有可能出现的。长期处于叠加性压力和破坏性压力状态下容易出现身心疾病,就是这个道理。

3. 压力对大学生的影响

对于大学生的成长来说,压力是不可能完全消除的。无论是在生活环境中,还是在学习环境中,大学生都会面临压力。但大学生可以通过不同的应对方法,让这种压力产生积极或消极的结果。

压力的积极影响主要包括三个方面:一是压力能够刺激人的机体和头脑对外界环境的警觉性。当人们处于某些较为紧张和危险的状况时,这种压力可以让人们激发自己的潜能,提高大脑的思考能力,帮助人们应对各类紧急情况。二是压力对于身体机能具有调节功能。在人的身体或精神处于适量压力的情况下,无论是身体的生理机能还是大脑的活动能力都会得到锻炼。对于大学生来说,一定的压力是提高学习积极性,促进智力发展和增强身体素质的必要条件。因此,压力可以产生身体和精神上的负荷,为学生提供自我提高的动力。三是压力能够促进人际关系的改善。当人们面临压力时,寻求与别人的交流可以促进信息交流,进而推进群体合作。大学生在面临压力时,可以与自己的同学和教师合作,以便有效地改善大学生的社会关系,有利于他们在团结协作下解决生活和学习中的问题。

压力的负面作用主要体现在三个方面。一是如果压力超过了大学生心理的承受范围,就会产生心理上的疾病,并且进一步引发身体上的疾病。在压力状态下,大学生容易产生消极心理,并且丧失自信心。如果大学生无法解决压力问题,就会产生畏惧,进而在压力面前出现心理异常。二是压力让大学生在情绪和行为上出现失控。当大学生面临过大的压力时，会出现一些应激反应，从而对其他人和环境产生怀疑或敌视的心理。一些大学生在行为上容易走极端，这不仅会伤害自己，也会给他人带来威胁。三是压力会带来生理功能失调。在长期的心理压力下，人的免疫功能将大大下降，患病的可能性大大增加，有可能罹患心脏病、消化性溃疡、紧张性头痛、偏头痛、神经衰弱、肌肉痉挛、类风湿、尿频、皮炎等疾病，严重危害大学生的身体健康。另外，长期处于压力状态下还容易养成消极的生活习惯，如通过吸烟来降低紧张水平，通过酗酒、贪吃、过度工作来回避紧张状况。

（四）大学生压力管理

在大学生的生活和学习中，压力可以在各个方面产生，因此压力也会经常出现。大学生需要做到的是能够承受压力，加强自我管理，而不是逃避压力的来源。压力的承受力主要指大学生能够对压力产生积极的心态，更快地从压力造成的伤害中恢复过来，并且运用自己的知识和能力来应对压力。高校也需要通过教师的关心、指导和压力环境的改善，来帮助大学生进行压力管理，提高抗压能力。压力管理的主要内容包括自我心理调整、外界干预、心理素质锻炼和应对能力提升等。高校教师应该按照心理学的理论和方法来帮助大学生提高自我管理能力。

1. 构建自己的社会支持系统

大学生有时面临个性化的压力源，需要他们自己来应对。为此，大学生在提高自己处理问题的能力外，更需要为自己建立关系网络，通过社会支持帮助自己解决压力难题。大学生的社会关系主要涉及家庭、教师和同学，还包括大学生在社会活动中认识的人际关系。大学生身边的人能够起到倾听烦恼、进行心理疏导、提供物质支持等方面的作用，可以为大学生提供更多的帮助。因此，大学生要想逐渐壮大自己的社会支持系统，除了与家人、朋友和谐相处外，还需要从以下方面来应对：

（1）学会尊重他人。大学生应该学会全面了解自己，客观评价他人，不自大也不自卑。不要因别人优秀而嫉妒，也不要因别人差就冷嘲热讽，尊重他人就是尊重自己。逐渐形成对自己、对他人、对社会、对理想的正确认知，可以有效地预防压力感的入侵，即使面对压力也能应对。其中当然包括大学生的同学和老师，因为只有尊重他人的人才能获得他人的友谊，也才可能获得帮助。

（2）大学生要通过校园生活与社会活动来扩展人际关系网络。大学生主要的关系网是本专业的教师和同学。在他们参与校园内的其他活动时，例如体育活动、社团活动、公益活动等，可以认识更多其他专业的同学。通过这些活动认识的新朋友来自各个领域，能够有效地拓展大学生的人脉关系。

（3）学会向家人、朋友宣泄内心的压力。面对压力，大学生应学会控制自己的不良情绪，采取适时、适地、适当的方式宣泄，这样对于维持心理的健康和平衡以及保持良好的人际关系非常重要。比如，对着空旷的田野或树林大声呐喊，将心中的愤怒肆意发泄出去，或者向好朋友或心理医生倾诉，同时还可以采取写日记等方法发泄烦恼。大学生在压力过大时，应该寻求别人的帮助来渡过难关，例如在应对自己处理不了的事件时，要寻找教师和长辈的帮助。在面临学习、就业压力时,应该向自己的学长学姐寻求帮助。这些有经验的人的意见能够让大学生少走弯路,从而有效地解决压力问题。

2. 能够感知自己的身心指标变化

大学生要对自己的身体和心理状态具有感知能力,可以通过一定的外在表象来判断自己的压力状态,从而加强自我管理。人在面临压力时,身体会自然地产生应激反应,这是帮助人们判断自己健康状态的重要途径。为此,大学生可以从以下指标来做出判断:

(1)大学生在日常生活中,要重视自身情绪和紧张状态的变化。大学生在遇到压力问题时,可能在不受控制的情况下出现情绪失控或是心理上的紧张。大学生如果出现了情绪失控,在过后应该注意到自己的问题,思考心理上出现了哪些问题。另外,在出现失眠、焦虑等不适状态时,要及时调整。

(2)大学生要能够注意到自己身体上出现的异常状态。大学生在面临一些紧急问题或过大的压力时,生理上也会产生相应的反应例如呼吸急促、心率加快、出汗、血压升高等问题。这些都是身体上的应激反应,大学生可以通过科学手段来判断自己的身体是否出现了不健康的问题,继而进行有针对性的身体锻炼。

3. 减轻和消除自己的心理负累

即便是本能反应,应激也足以使我们身心疲惫。现在,必须卸掉我们身上由压力带来的紧张和焦虑,否则持续性的压力累积效应迟早会让我们垮掉。

(1)消除心理负累的方法。

①理性辨析和积极归因。找来纸笔,将你面临的核心问题写下来,然后围绕这个问题逐步回答:这个问题是如何产生的?这个问题真的与我有关吗?这个问题真的就是一种威胁吗?这个问题真的就不能解决吗?通过如此反复逐层深入地自我辨析,理清问题症结所在,从而减轻由于模糊认识或夸大威胁而产生的焦虑。

②学会经常进行放松训练。放松训练是通过一定的练习程序,有意识地控制和调节自己的身心活动,以降低机体唤醒水平,调整因紧张而紊乱的身心功能,从而使机体内环境保持平衡与稳定的过程。我国的经络催眠、印度的瑜伽、日本的坐禅、德国的自生训练、美国的渐进松弛训练和超然沉思等,都是积极放松压力的方法。

(2)通过调整自己的生活方式来缓解心理压力。

大学生在遇到生活中的压力时,要懂得以自己的活动来释放压力,这样可以有效削弱压力带来的负面作用。

①提高自己解决问题的能力。大学生要能够将所学的知识和技能转化为实践能力,当遇到生活中的困难时,能够解决这些问题。一是要能够对问题的根源进行理性分析;二是用好知识,并利用自己所掌握的资源,找出解决问题的办法;三是要形成执行能力,通过实践来帮助自己摆脱困境。

②加强对自我心理状态的管理能力。当大学生心理压力过大时,其心态容易失衡,并会出现情绪和行为失控。如果大学生的自我管理能力不强,会产生许多过激行为,给自己和他人带来伤害。因此,大学生需要锻炼自己的意志力,加强自我管理,避免自己出现消极、有害的行为。

③坚持适当和必要的体育锻炼。健身运动是一种积极主动的活动过程,能明显减轻焦虑、抑郁程度。大学生可以选择自己喜爱的项目,如跑步、爬山、游泳、跳舞、打球等。经常参加健身运动,不仅可以缓解身心压力,而且可以强身健体,提高心血管机能和耐受能力,强化免疫系统功能。

④通过艺术审美活动来放松身心。大学在面临心理上的苦闷时,可以通过欣赏艺术来获得情感和心灵上的安慰。艺术的审美价值可以让大学生的精神世界得到完善,从而更加深刻地认知自我和世界,并重新建立起生活的积极性。

⑤通过旅游来释放心理压力。大学生可以利用节假日积极参与旅游活动。旅游可以让大学生走出熟悉的环境,到新的环境中获得心灵体验。优美的自然环境和人文环境会让大学生在心理上得到新鲜的感受,对于释放压力有着非常理想的功效。

⑥积极参与拓展训练活动。当前,拓展训练活动能够给人们创造良好的体验机会。拓展训练能够让大学生适当挑战自我,有效地锻炼自己的意志力。同时,拓展训练也是一项重要的社交活动,可以帮助大学生与其他人建立良好的合作互动关系。

⑦积极投身于阅读活动。阅读能够让大学生在书籍中获取新的知识,获得精神上的良好体验。如果想要释放压力,可以多阅读一些名人传记,了解历史上的伟大人物在面临人生的挑战时如何通过自己的奋斗而取得成功,这对大学生有着很强的激励作用。

⑧积极进行心理咨询。当大学生感觉到自己的心理出现不健康状态时,应该积极寻求心理咨询和治疗。这能够帮助他们更好地处理自己的情绪和心理,提高心理健康水平。

4. 大学生应掌握学习时间管理的方法

当大学生面临学习和生活中的各类问题时,会因为时间太少而难以处理这些问题。如果大学生能够掌握时间管理的方法,就能够提高自己的活动效率,帮助自己有计划地安排每天的事务。时间管理需要按照科学的管理方法,结合自己的主要学习和生活目标,按照一定的计划与方案处理各项事务。大学生的时间管理需要围绕学习的主要目标,明确生活与社会实践的各个目标,将他们所面临的所有事务按照一定顺序进行划分,从而使自己能更好地掌控时间。

第四节 体育锻炼对心理疾病的调节

一、身体活动与情绪的改善

体育训练会在人们的身体和心理上同时产生作用。借助身体刺激来影响人的精神,从而促进心理素质的健康发展。心理状态与人的情绪有着直接关系,心态平稳时,人们可以有效地控制自己的情绪;当心态失衡时,人们就容易出现情绪失控的现象。由于情绪具有动机作用,所以身体活动的情绪效益问题可能是国际上迄今为止研究最多的问题。长期身体锻炼与短期身体活动都可产生良好的情绪效益。

长期身体锻炼是指每天进行或者定期进行的锻炼活动,这种锻炼活动持续时间很长。用于研究的长期身体锻炼安排一般持续 10 至 12 个月。短期身体活动是单次大约 30 分钟的身体活动。

(一)身体活动后的即刻效益

短期身体活动的心理效益通常在运动后立即进行测量。测量的主要内容包括活动后的良好心理感受以及身体紧张、焦虑和抑郁状况等。测量方式通常包括采用生理仪器、问卷及量表。

(1)与心境状态的改善有关。心境是指具有感染力的微弱而较持久的情绪状态。保持良好的心境是心理健康的重要标志之一。例如,跑步 30 分钟可以显著改善紧张、困惑、疲劳、焦虑、抑郁和愤怒等不良情绪状态;一次功率自行车练习可降低大学生的焦虑程度;步行 5 分钟也有助于提高心境状态。

(2)减少焦虑实现心理平衡。焦虑是人们在面对外部的压力时,精神上产生的一种应激反应,可以让人们产生恐惧、紧张的情绪。大学生可以通过身体的运动降低焦虑水平。实际研究表明,当大学生通过体育锻炼来降低焦虑时,其效果会比自然休息的效果好。

(3)与应激和紧张的减少有关。应激有三个方面的含义:第一,可能提高焦虑和唤醒水平的任何情景;第二,因觉察到情境的威胁而出现的与自主神经系统唤醒有关的不愉快的情绪反应,通常在个体感知的环境要求和个体自身反应能力不平衡时发生;第三,身体的某一器官对环境刺激的任何行为反应。紧张则是应激的一种表现形式。

(二)长期身体锻炼的情绪效益

大学要想建立稳定的心理状态,减少不良的心理情绪,就需要长期锻炼。研究表明,只进行短期的体育锻炼虽然能够暂时减少负面状态,但很容易出现反弹,无法使大学生维持心理健康水平。

(1)长期锻炼能够使大学生产生幸福感。人们幸福感的形成与身体健康有着直接关系。当身体患上疾病时,人们即使拥有良好的物质条件,也难以产生幸福感。因此,大学生也需要通过长期锻炼来维护身体健康,减少生理和心理上的疾病发生,这样可以有效提高幸福感。

研究表明,大学生群体参与长期锻炼的人群,要比不参加锻炼的人群更容易获得幸福感的体验。主要原因有三个方面。一是参与长期锻炼,可以让身体的各项机能更有活力,促进大脑分泌更多的快乐因子,从而提升幸福感。二是体育锻炼可以促进情绪的释放,有助于积极地调节心理平衡。人们在心理压力下产生的焦虑、郁闷、乏味等消极心理,都可以借助身体的运动而消除,这样就会形成更积极的情绪状态,包括对生活充满兴趣、性格更加开朗等。三是体育锻炼能够达到社会交际、价值观实现、成功感实现等多方面的效果,让人们意识到自己的价值,提高社会适应性和意志品质,从而提高人的幸福感。

(2)对焦虑、抑郁的治疗作用。一项研究比较了步行/慢跑和应激免疫训练两种方法,降低应激的作用。实验前,全部 61 名被试都感到自己有较高的应激水平,并希望降低应激水平。实验处理包括两组被试每周参加 1 次有监控的身体锻炼课程,时间为 90 分钟,除此之外,锻炼组进行步行或慢跑,应激免疫训练组进行心理训练,每组每周 2 次,持续 10 周。结果发现,这两个组的应激、状态焦虑和特质焦虑分数均显著下降,且效果可保持 3 个月。

(三)身体活动产生的良好的情绪体验

体育锻炼产生的身体刺激能够刺激人们的心理,使神经系统更加兴奋,在心理上得到良好的体验。激烈的体育运动对抗或体育运动时获得的成功,都会让人们产生强烈的情绪体验,这是其他活动无法替代的。体育锻炼所产生的情绪刺激对于满足人们的娱乐需求具有非常重要的意义。

(1)最佳表现。当人们参与体育锻炼时,如果运动的效果超出了自己的平常水平,并取得良好的成绩,会给人们的心理带来很强的刺激。这种超越自我的体验是令人难忘的,会让人们产生幸福感、成功感。

最佳表现具有如下特征:①清晰的注意指向;②高水平的行为表现;③对活动任务本身的迷恋;④自发产生,不期而至;⑤强烈的自我意识;⑥对个人实力的意识;⑦极大的满足感;⑧发生的短暂性;⑨对这种卓越状态的不可描述性。

(2)流畅体验。流畅体验是一种理想的内部体验状态。在这种状态中,人们忘我地全身心投入所从事的活动之中,从活动本身获得乐趣和享受,并产生对动作过程的控制感。人们似乎会毫不犹豫地去从事该项活动,所从事的活动过程本身就是目的。流畅体验的核心元素是享受,它是人们发掘出的一种内在的乐趣和享受。

(3)跑步者高潮或锻炼高潮。跑步者高潮可能是运动或锻炼中尖峰时刻特别是高峰体验的一个特例。许多跑步者都有过一种共同的体验,即在跑步中短暂地体验到一种快感,也称"身体锻炼快感",因为在跑步以外的身体锻炼活动中也会出现这种感受。这种状态是在跑步中瞬间体验到的一种愉悦,通常是不可预料的。高潮出现时,跑步者的健康幸福感高涨,对大自然的欣赏大增,而且有强烈的时空障碍超越感。

(4)高峰体验。高峰体验是人在某项活动中所产生的强烈的情感状态,如喜悦、兴高采烈、极大的乐趣以及精神启迪。这一经历可产生一种强烈的自我意识和冲破外部阻力的自由感,而且可以理解为"极度欢乐的时刻"。马斯洛认为高峰体验是个体在生活中最兴奋、最满意和最有意义的时刻,并认为高峰体验对生活质量有极大的影响。

显然,身体活动中所产生的高峰体验应该对提高生活质量有益。但目前我们对身体锻炼和竞技运动中的高峰体验所知甚少,而且高峰体验常常不期而至,在总体上以及在身体锻炼中有多少人产生过高峰体验目前还不得而知。

①最佳表现代表着个体卓越的机能和出色的行为,它可以促进人们产生对特定任务的胜任感、个人能力的卓越感、对技能的控制感以及自我效能感。这些感受几乎渗透在个人生活的每个方面,它们可能会促使人们产生强烈的生活满意感和健康幸福感,对于心理

健康十分重要。

②而流畅体验是在个人能力与任务难度相匹配时产生的内在享受,并会让人产生控制感。流畅体验可以增加人们的快乐感,并提高人的健康幸福感。而这也是心理健康的重要标志。

③高峰体验包含着强大的乐趣和从事活动时兴高采烈的情绪。这种乐趣和兴高采烈的主观感觉可能会影响人总体的生活满意感,是心理健康的重要标志。

二、身体活动产生心理效益的可能原因

(一)认知行为假说

这种假说主要是指当人们参与体育活动时,会对神经系统产生刺激,从而使人以更加敏捷的思维和积极的态度来应对体育中的负荷,有助于消除一些有害情绪。

一些心理学家在分析人们的认知行为时发现,当人们在活动过程中遇到具有挑战性的问题时,若能解决就会在情感和心理状态上获得极大的提升,成功体验得到极大加强,从而消除其他的不良情绪。体育锻炼对于人体来说就是一种带有负荷的挑战,当人们通过长期锻炼而获得运动能力的提升后,也会受到积极的心理刺激。随着人们体质的增强,积极的心理因素也会不断积累。

(二)社会交往假说

这种假说对体育活动的社会性进行了深入的分析,指明了体育锻炼对于人们交际能力的提升具有推动作用。人们在参与体育活动时,往往会与其他参与者建立更紧密的联系。人们可以通过与他人的情感交流与合作,来增强社会适应力。

很多体育项目锻炼都具有集体性的特征。一些体育项目需要与他人合作才能实现,而一些体育项目则具有一定的对抗性。无论是合作还是对抗,都可以增加人们建立社会交往的机会。社会交际活动对于心理健康具有重要意义,能够让人们结合共同的兴趣和目标与他人进行交往,建立个人的认同感。

(三)转移注意力假说

转移注意力对于人们释放心理压力具有很理想的效果。当人们面临难以解决的问题时,他们可以将注意力暂时放在其他事情上,这样可以让他们得到心理上的放松,从而调整状态来解决问题。

体育锻炼可以让大学生将注意力从学习压力、就业压力等方面暂时解脱出来,让身体和精神更集中在体育活动方面。在运动锻炼期间,大学生可以暂时放下其他事情带来的压力,有效地缓解不良情绪,提高心理抗压能力。

(四)心血管健康假说

人们无论参与何种形式的体育锻炼,都需要循环系统为身体肌肉组织提供能量。因此,在进行体育锻炼时,随着身体负荷的增加,心血管的功能也会同步得到加强。有学者认为,心血管功能的改善,可以为大脑和中枢神经输送更多的营养物质,从而改善神经反射能力、大脑思维能力等,这样从生理机制上就可以实现心理素质的提升。

(五)胺假说

胺假说的基本前提是,神经递质类化学物质分泌量的增加与心理健康状况的改善有关。神经递质在神经之间以及神经与肌肉之间起传递信号的作用。研究表明,抑郁的人经常出现胺分泌量(如去甲肾上腺素、血清基和多巴胺等)减少的情况,而进行身体锻炼的老鼠则出现去甲肾上腺素水平升高的现象。从理论上分析,身体锻炼刺激了神经递质的分泌,进而对心理健康起促进作用。

(六)内啡肽假说

内啡肽假说认为,身体锻炼促进大脑分泌一种具有类吗啡作用(消痛并出现欣快感)的化学物质。内啡肽引起的这种欣快感可降低抑郁、焦虑、困惑以及其他消极情绪的程度。

尽管这是一个很有吸引力的假说,但研究证据还不够。人体实验尚未支持这一假说。综上所述,前三种假说主要从心理角度、后三种假说主要是从生物化学角度来说明身体活动和锻炼与心理健康之间的关系,后三种假说主要从生物化学角度来解释。但还没有一种假说可以为这种关系提供令人满意的全面解释。或许对这样一个复杂问题,从多方面进行解释比从单方面进行解释更为妥当。[①]

[①] 陶莹莹.高强度间歇锻炼对身体自我效能和身体自尊的影响[D].天津:天津体育学院,2022.

第四章 大学生生理健康教育

第一节 人体各系统基本结构

一、运动系统

人体的运动系统主要由骨骼、肌肉组织所构成,骨骼还包括骨关节组织。运动系统的作用是为身体提供支撑和保护,更重要的是能够支持身体的各项活动。运动系统受神经系统支配,并与其他系统有着紧密的联系。

(一)运动系统的组成和功能

1. 骨的形态和结构

成人有 206 块骨,约占体重的 20%。骨按形态可分为:长骨、短骨、扁骨和不规则骨。骨是由骨膜、骨质和骨髓构成。骨膜由两部分构成:外层由胶原纤维紧密结合而成,富有血管、神经,有营养和感觉作用;内层也称形成层,胶原纤维较粗,并含有细胞。生长中的骨膜,在其内面有成骨细胞整齐排列,具有造骨细胞的功能,参与骨的增粗生长,对骨的生长和增生有重要作用。骨的成分主要包括无机质和有机质:无机质主要是钙、磷化合物,使骨坚硬;有机质主要有骨胶原等蛋白质,使骨有韧性和弹性。

2. 骨连结

(1)骨连结形式。

骨和骨之间的连结装置叫骨连结。骨连结有三种形式:不活动的连结;半活动的连结;活动的连结,即一般所说的关节,如上肢的肩关节、肘关节,下肢的髋关节、膝关节等。关节是骨连结的主要形式。

(2)足弓的作用。

足骨分为跗骨、跖骨、趾骨。足弓是由跗骨、跖骨以及足底的肌腱共同构成的弓。平常立足站立时,足部以后方的跟骨及前方的第 1、5 跖骨头着地,呈三角形,从而保障直立时足底着地支撑的稳固性。如果足弓变低或消失,会形成扁平足。扁平足弹性差,当长时间站立或行走时,会压迫足底神经和血管,易造成疲劳或足底疼痛。足弓的作用:一是缓冲震荡;二是使足底的血管和神经免受压迫。

3. 肌肉

人体的肌肉按结构和功能的不同可分为平滑肌、心肌和骨骼肌三种。平滑肌主要构成内脏和血管,具有收缩缓慢、持久、不易疲劳等特点,心肌构成心壁,两者都不随人的意志收缩,故称不随意肌。骨骼肌600余块,约占体重的40%,分布于头、颈、躯干和四肢,通常附着于骨。骨骼肌收缩迅速、有力,但容易疲劳,可随人的意志舒缩,故称随意肌。肌的大体构造包括肌腹和肌腱,肌肉的主要成分包括水和蛋白质等物质。

(二)运动系统特点和卫生

大学生随着年龄的增长,骨骼不断增长和增粗,骺软骨的生长速度特别快,尤其是四肢骨更为明显。四肢骨的骨化一般在18~20岁完成;颅骨一般在12岁已全部骨化;腕骨一般在10~13岁骨化完全;椎骨完成骨化的时间一般在20~21岁。

1. 脊柱

脊柱是人体的重要支柱。从背面看脊柱,它又正又直,但从侧面看,它从上到下有四个生理弯曲,分别是颈曲、胸曲、腰曲和骶曲。

脊柱有了这四个生理弯曲,在人体进行走、跑、跳等运动时,就具有弹性,可以缓冲从脚下传来的震荡,以保护内脏和脑。新生儿时期,脊柱几乎是直的,随着抬头、坐立、行走这些动作的发展,脊柱的生理弯曲初步形成,并逐渐被固定,20~21岁或更晚,脊柱才最后定型。因此,大学生不宜睡软床,不宜久坐不动,不宜长时间单侧负重,更要注意坐立行的姿势,预防脊柱变形,如脊柱侧弯、驼背等。

正确站姿是:头端正,两肩平,挺胸收腹,肌肉放松,双手自然下垂,两腿站直,两足并行,前面略分开。

正确坐姿是:头略向前,身体坐直,背靠椅背;大腿和臀部大部分坐在座位上;小腿与大腿成直角,两手自然放在腿上;脚自然放在地上。有桌子时,身体与桌子距离适当;两臂能自然放在桌子上,不耸肩或塌肩,坐时两肩一样高。

2. 骨盆和足弓

骨盆是由髋骨、骶骨和尾骨围成的骨性腔,起承重、保护盆部内脏的作用。髋骨是由髂骨、坐骨和耻骨3块骨结合而成,这三块骨愈合较晚,一般在20~25岁才骨化成为一块完整的骨。婴幼儿时期,髋骨由髂骨、坐骨和耻骨借软骨连接起来,还没有形成一个整体,骨盆也尚未定型,所以青少年要避免从高处向硬质的地面上跳,特别是女孩子。

建议未发育完全的女生不要为了美穿鞋跟太高、太尖、太细的高跟鞋,以免影响未来骨盆的发育和成年后的生育功能;也不要穿太厚的厚底鞋,厚底鞋缺少弹性,导致足弓不能发挥其作用,走路时没有弹性,容易发生扭伤或摔伤;鞋过小会挤压趾骨的伸展,压迫趾骨、足底神经和血管,易出现血泡,造成疲劳或足跟、足底疼痛。

3. 骨连结和肌肉

青春期开始后,肌肉水分逐渐减少,蛋白质和无机盐含量增加,肌肉变得坚实有力。从体形上看,青春期男子上体围、宽度增长得较快,女子则是下肢的围、宽度增长得较快,形成了男子上体宽粗、下肢细长,女子上体窄细、下肢较粗的体形。体育锻炼和户外活动,可使肌肉更健壮有力,可刺激骨的生长,使身体长高。构成骨骼的无机类成分主要是钙和磷,阳光中的紫外线照在皮肤上,会促使皮肤合成维生素D,能促进钙和磷的吸收,预防骨软化症,并促进骨中的无机盐积淀,使骨骼更加坚硬。锻炼时血液循环加快,可为骨骼、肌肉提供更多的营养。

刚刚入学的大学生,由于准备高考、长时间运动不足等原因,身体状况相对较差,往往容易造成运动损伤。在体育课或各种体育训练中,若平时缺乏运动,容易出现受伤甚至致残的情况;在田径运动中,下肢损伤较为多见;在体操运动中,上肢损伤、躯干部损伤较易发生,特别是肩、腕、腰损伤;在进行球类活动时,常见手指、腕关节、腰部、膝关节挫伤等。所以,大学生每天至少要锻炼一小时,强筋健骨。

二、呼吸系统

机体与外界环境之间进行气体交换的过程,称呼吸。呼吸是由呼吸系统来完成的。胸腔有节律的扩大和缩小称为呼吸运动。呼吸系统由呼吸道和肺构成。呼吸道是传递气体的管道,它包括鼻、咽、喉、气管及各级支气管。通常将鼻、咽和喉称为上呼吸道;气管、主支气管及其分支称为下呼吸道。肺是进行气体交换的器官,它包括支气管在肺内的各级分支和大量的肺泡。

(一)呼吸系统的组成和功能

1. 呼吸系统的组成

(1)呼吸道。

呼吸道是由鼻、咽、喉、气管、各级支气管组成的。

(2)肺。

肺呈海绵状,富弹性。肺上端钝圆叫肺尖,向上经胸廓上口突入颈根部,底位于膈上面,对向肋和肋间隙的面叫肋面,朝向纵隔的面叫内侧面,该面中央的支气管、血管、淋巴管和神经出入处称肺门,这些出入肺门的结构,被结缔组织和胸膜包裹在一起构成肺根。

左肺由斜裂将其分为上、下两个肺叶,右肺除斜裂外,还有一水平裂将其分为上、中、下三个肺叶。

肺是以支气管反复分支形成的支气管树为基础构成的。左、右支气管在肺门分成第二级支气管,第二级支气管及其分支所辖的范围构成一个肺叶,每支第二级支气管又分出第三级支气管,每支第三级支气管及其分支所辖的范围构成一个肺段,支气管在肺内反复分支可达23~25级,呈多面形薄壁囊泡,成人数量达3亿~4亿个,总面积约达100 m^2。

支气管各级分支之间以及肺泡之间都由结缔组织性的间质所填充,血管、淋巴管、神经等随支气管的分支分布在结缔组织内。肺泡之间的间质内含有丰富的毛细血管网,毛细血管膜与肺泡共同组成呼吸膜,血液和肺泡内气体进行气体交换必须通过呼吸膜才能进行。

2. 呼吸系统功能

呼吸系统的主要功能是进行气体交换,即吸入氧气,呼出二氧化碳。呼吸系统通过呼吸运动,使机体不断从空气中获得氧气,供组织、细胞进行物质代谢,并将因代谢所产生的二氧化碳排出体外。[①]

(二)呼吸系统的特点和卫生

随着年龄的增长,大学生的呼吸系统的结构和机能已日趋成熟。呼吸频率是指每分钟呼吸的次数,一般为16~20次,女生较男生稍快2~3次。肺活量是指一个人全力吸气后所呼出的最大气体量,是评价人体生长发育和体质状况的一项常用机能指标。肺活量大小代表一个人的最大呼吸幅度,与人的性别、年龄、身高、体重、胸围等因素有关,大学生的肺活量平均值,男性为3500~4000 mL,女性为2500~3500 mL。随着年龄增长,呼吸频率逐渐减慢,呼吸深度相应增加。从生理角度看,大学生这些器官达到健全程度,可以进行旺盛的新陈代谢,以保证繁重的脑力劳动和剧烈的体育运动中能量的提供。大学生呼吸系统应注意以下几个方面。

1. 鼻、咽、喉

鼻腔是呼吸道的起始部分,是保护肺的第一道防线。鼻腔对吸进的空气起着清洁、湿润和加温的作用。感冒或感染时可引起鼻黏膜充血、肿胀,分泌物增多,造成鼻腔堵塞。鼻咽部通过咽鼓管和中耳相连,鼻泪管和眼睛相通,鼻腔感染可引发中耳炎、鼻泪管炎等疾病。

大学生要养成用鼻呼吸的习惯,充分发挥鼻腔的保护作用。也要掌握正确的擤鼻涕方法,即轻轻按压一侧鼻孔,擤完一侧,再擤另一侧。擤时不能太用力,不要把鼻孔全捂上使劲擤,更不要用手挖鼻孔,以防止鼻腔感染或引起鼻出血。咳嗽、打喷嚏时,不要面对他人,要用手帕捂住口鼻。在寝室不要蒙头睡觉,以保证吸入新鲜空气。

大学生咽喉部虽发育成熟,但黏膜比较柔嫩,有丰富的血管和淋巴组织,如若感冒或其他原因感染,可因黏膜充血、肿胀导致咽喉炎。在文艺活动中也不要扯着嗓子唱歌,易发生肿胀充血,造成声音嘶哑。

2. 气管和肺

大学生在生活中要注意保护自己的呼吸道。由于大学生身体的需氧量较大,在参与运动或参与其他活动时,都需要提高呼吸频率以加强气体交换。呼吸过程需要气管通畅,并且需要肺部具有较大的通气量和肺活量。为此,大学生应尽量远离烟草等有害物质,切实保护呼吸系统的健康。香烟会给呼吸道和肺部带来很大伤害,让大学生出现呼吸系统

---

① 俞婷.第10章人体的能量供应第2节人体细胞获得氧气的过程(第1课时)[J].新课程教学(电子版),2020(8):15-17.

疾病,严重影响身体健康。同时,大学生也需要通过运动健身来强化呼吸功能。

节律性呼吸受呼吸中枢的自律性和反射性调节,意识性呼吸则受大脑皮层控制。人在麻醉、昏迷等大脑皮质功能受到抑制或出现障碍的状态下,其呼吸节律依然接近正常,说明节律性呼吸不受大脑皮质的控制,但大脑皮质对呼吸运动的调节具有重要作用,这种调节功能是后天获得的,通过条件反射方式而实现,从而可以随意控制呼吸,改变呼吸的频率和深度,以适应人体的需要和外界环境的变化。

三、血液和血液循环系统

血液循环是维持身体内部环境平稳的关键,血液与体液会进行物质交换,为身体各个部分的细胞提供所需的能量和物质。因此,血液循环功能的健康是确保人体健康的重要保障。人们在参与运动锻炼时,血液循环也是为肌肉提供能量物质的关键,大学生也需要通过锻炼来加强血液循环功能。

(一)血液的组成及生理

血液存在于心脏和血管中,由血浆和血细胞组成。血浆为淡黄色、透明的液体,它是血细胞生存的环境,并起着运送血细胞、养料、代谢废物等作用。血细胞由红细胞、白细胞、血小板等组成。红细胞的主要功能是运输氧气和二氧化碳,这种功能是通过血红蛋白来完成的。白细胞能吞噬病菌,当白细胞数量少于正常值时,机体抵抗力下降,容易感染疾病,白细胞数量明显增多,则反映机体已有病菌感染。血小板的主要功能是促进止血和加速血液凝固。

正常成人血液量占体重的7%～8%。足够的血液量是维持动脉血压稳定、保证组织器官血液供应的必要条件。若急性失血达一定数量,可能危及生命,应立即输血抢救。

(二)血液循环系统

血液循环系统包括心和血管。

1. 心

心位于胸腔内,每个人的心如自己手握紧的拳头大小,位于横膈之上,两肺间而偏左,左侧占三分之二,右侧占三分之一,其外形似倒置的圆锥体。心是血液循环的动力器官,由于它的收缩、舒张,才把血液送至全身。心分左心房、右心房、左心室和右心室四个腔。左、右心房的间隔叫房间隔,左、右心室的间隔叫室间隔。房室之间有瓣膜,为单向的阀门,保证血液从心房流向心室,而不会反流。心脏是维持血液循环功能正常运行的最主要器官,心脏肌肉通过搏动来将心室的血液泵出,使其流向各个循环系统。血液是为人体细胞输送氧气和其他物质的主要液体,是参与新陈代谢的重要系统。血液不仅可以为细胞提供营养物质,也能运送代谢废物,让身体环境保持健康。

心率是心每分钟跳动的次数。心率快时,心动周期缩短;心率慢时,心动周期延长。正常人的安静脉搏为60～100次/min。脉搏是了解人体心血管系统功能的简易可行的指标,对早期发现人体心血管疾病具有一定的现实意义。正常人在运动后、饭后、酒后、精神紧张及兴奋时均可使脉搏加快,但很快可恢复正常水平。

2. 血管

血管是血液循环的通道,分为动脉、静脉和毛细血管。动脉是运送血液离开心脏流向全身的血管;静脉是把血液从身体各处送回心脏的血管;毛细血管是连通细小的动脉和静脉的血管。

3. 血液循环

血液沿着心脏、动脉、毛细血管、静脉往返不止、周而复始地流动,称为血液循环。根据血液循环途径的不同,可分为体循环和肺循环。

4. 血压

血压是指流动着的血液对单位面积血管壁产生的侧压力,是心室射血和外周阻力共同作用的结果。心率、每搏输出量(搏出量)、血管的外周阻力和动脉弹性等因素都与血压的变化有密切关系。一般所说的血压是指动脉血压,心室收缩时,主动脉压急剧升高,在收缩期的中期达到最高,这时的动脉血压值称为收缩压,收缩压主要反映心脏每次搏动输出血量的多少。心室舒张时,主动脉压下降,在心舒末期主动脉压下降至最低值,称为舒张压,舒张压主要反映外周阻力的大小。血压是检查和评价心血管系统功能的重要指标。血压过低或过高都会给机体带来严重影响。血压维持在正常范围内,对于保证全身各器官系统功能具有十分重要的意义。因此血压是评价成年人体质状况和衡量健康水平的一个重要指标。

(三)血液循环系统的特点及卫生

大学生的心脏发育和心血管系统的功能都趋于成熟。心脏在人的成长过程中还会继续发育,到 35 岁左右则会完全发育成熟。青春后期,在血压方面,男性的收缩压升高,脉压增宽;女性则心率较快。在兴奋时,男性容易出现收缩压偏高现象,而女性多出现心动过速现象。

1. 血液

大学生参与献血会在一定程度上促进血液的健康,献血后,由于血液减少,会刺激人体的造血功能使其加强,让血液中增加新的健康血液细胞。献血后,人的血液也会降低黏稠度,对心血管的健康有利。

据统计,无偿献血人群年龄结构中 18～28 岁所占的比例最大,呈现明确的年轻化特征。高校学生是无偿献血队伍中的中坚力量,对献血事业有着重要意义,这是由于青年学生是社会中最活跃的群体,认为自己的奉献可以延续他人的生命,是十分值得的。所以,大学生要学习献血知识,消除紧张心理,懂得自我爱护。

献血的注意事项如下:

(1)献血前三天不要服药,献血前不饮酒,保持睡眠充足,不宜做剧烈运动。献血当天应按往常的习惯进餐,但不宜吃肥肉、油条、鱼等高脂肪或高蛋白食物。

(2)身体各项指标要达到标准,高压要符合 90～140 mmHg,低压符合 60～90

mmHg,脉压差≥30 mmHg,脉搏 60~100 次/min,体温正常。

(3)献血后要注意,针眼处要压迫 5~10 分钟,避免血液渗出;针眼 24 小时内不要沾水,保持清洁;针眼不要揉搓,献完血后,观察 10 分钟再离开。

(4)献血后当天不要进行体育比赛、通宵娱乐等活动,要注意休息,膳食要均衡,营养要适中,不要进食过量。

(5)男女生体重过轻、重度近视、患有传染疾病的不宜献血。

(6)要到国家正规的血站献血,每年不要超过两次。

无偿献血者用自己的鲜血延续、挽救了他人的生命,使心灵得到慰藉,使人生更加充实,是一件非常有意义的事。

2. 预防心血管病

大学阶段是饮食习惯、生活方式进一步形成的时期。应控制胆固醇和饱和脂肪酸的摄入量,同时,宜少盐,为身体提供合理的膳食。从年轻时就预防动脉硬化,可以使大学生受益终生。有的大学生严重挑食、偏食,致使合成血红蛋白所需的铁和蛋白质等原料不足,容易发生缺铁性贫血。如果维生素 B_{12} 和叶酸等不足,可导致营养性巨幼红细胞贫血,虽然它们不是直接的造血原料,但它们与红细胞的发育成熟有关,若不足,会影响红细胞的成熟。所以,应纠正学生挑食、偏食的毛病,适当增加含铁和蛋白质较为丰富的食物,如猪肝、瘦肉、大豆等。

经常锻炼身体,可以使心肌收缩力加强,促进血液循环,增强造血功能。运动前做好准备活动,运动后做好整理活动。剧烈运动时不可立即停止,以免造成暂时性贫血;剧烈运动后,不宜立刻喝大量的水,以免过多的水分被吸入血液而增加心脏的负担。如果运动时出汗过多,可喝少量的淡盐温水,以维持体内无机盐的平衡。

四、消化系统

消化系统的基本生理功能是摄取、转运、消化食物,吸收营养物质,排泄废物。食物中的营养物质除维生素、水和无机盐可以被直接吸收利用外,蛋白质、脂肪和糖类等物质均不能被机体直接吸收利用,需先在消化管内被分解为结构简单的小分子物质。食物在消化管内被分解成结构简单、可被吸收的小分子物质的过程就称为消化。这种小分子物质透过消化管黏膜上皮细胞进入血液和淋巴液的过程就是吸收。对于未被吸收的残渣部分,消化道则通过大肠以粪便形式排出体外。

(一)消化系统的组成与功能

消化系统由消化管和消化腺组成。消化管包括口腔、咽、食管、胃、小肠、大肠和肛门。消化腺主要有唾液腺、胃腺、肠腺、肝和胰等。消化腺能分泌消化液,消化液含有水、无机盐和多种消化酶,能分别消化分解不同的营养物质。

1. 口腔

口腔是消化道的起始部分,包括牙齿、舌,还有三对唾液腺的开口。口腔前壁为上、下唇,借口裂通外界,侧壁为颊,上壁为腭,下壁为口腔底,后界经咽峡与咽相通,咽峡由腭垂、两侧的腭舌弓及舌根共同围成,是口腔和咽的分界。

(1)舌。

舌体占舌前 2/3,舌根占舌后 1/3,舌尖是舌的前端。舌的下面是舌系带。舌面上有味蕾,能辨别味道,舌能帮助搅拌和吞咽食物,舌还是发音的重要器官。

(2)牙齿。

牙齿是人体最坚硬的器官,人一生有两副牙齿,即乳牙和恒牙。牙齿的外形包括三部分:牙根、牙冠、牙颈。在牙冠部分,牙本质外层为乳白色的牙釉质,极坚硬,损坏后不能再生。在牙根部位,牙本质外层是牙骨质。牙中空腔为牙髓腔,充满着牙髓,有丰富的血管和神经,牙受龋蚀波及时伴有剧烈的疼痛。

(3)唾液腺。

唾液腺包括腮腺、下颌腺和舌下腺,能分泌唾液进入口腔。唾液含水分、淀粉酶、溶菌酶等,具有消化食物、杀菌、抗菌、保护胃黏膜等作用。

(4)咽。

前后略扁的漏斗状肌性管道,上端至颅底,下端在第六颈椎下缘续食管,向前分别与鼻腔、口腔和喉腔相通。咽分三部分:鼻咽部、口咽部、喉咽部。

2. 食管

食管是消化管中最狭窄的部分,上端与咽相接,经胸廓上口入胸腔,穿膈的食管裂孔入腹腔,续于胃的贲门。

食管有三个狭窄的部位,第一个狭窄部距上颌中切牙 15 cm,第二个狭窄部距上颌中切牙 25 cm,第三个狭窄部距上颌中切牙 40 cm,这三个部位是食道疾病的好发部位。

3. 胃

胃是消化道中最膨大的部分,位于腹腔左上方。胃的上端与食道相通处称贲门,下端与十二指肠相通处称幽门。胃壁内表面为黏膜层,可分泌胃液。胃液是胃腺分泌的一种无色、酸性液体,胃液中含有盐酸、胃蛋白酶原、黏液、内因子和无机盐等。胃酸的作用是激活胃蛋白酶原,杀灭随食物进入胃的细菌,使食物中蛋白质变性,易于分解,可促进胰液、胆汁和小肠液的分泌,形成酸性环境,有利于铁、钙在小肠的吸收。

胃能暂时贮存并初步消化食物,成人的胃容量一般为 1000～2000 mL,胃壁的运动使食物进一步被磨碎,并与胃液充分混合成食糜以利于化学性消化。

4. 肠

小肠上接幽门,下连盲肠,全长 5～7 m,分为十二指肠、空肠和回肠。小肠与胃相接的部分叫十二指肠,这里是胰腺导管和胆总管的开口。空肠主要位于左上腹,管径较粗,管壁较厚,回肠主要位于右下腹,管径较细,管壁较薄。小肠内壁有肠腺,可分泌肠液。小肠内的消化液主要包括小肠液、胰液和胆汁等各种消化液。

小肠是吸收的主要部位,原因如下。

(1)小肠长 5～7 m,食物在小肠内停留时间长,保证了吸收时间。

(2)小肠黏膜表面积大。腔面有环形皱襞、绒毛、微绒毛三级结构,使小肠黏膜吸收面积可达 200 m² 左右。

（3）小肠绒毛内有丰富的毛细血管和毛细淋巴管。绒毛活动,可促进血液和淋巴液流动,有助于吸收。

（4）食物在小肠内已被消化为适于吸收的小分子物质。因此,小肠是人体内消化和吸收的重要场所,小肠内的消化是整个消化过程中最重要的阶段。

5. 大肠

大肠可分为盲肠、阑尾、结肠、直肠和肛管五部分。盲肠和结肠的形态特征有结肠带、结肠袋、肠脂垂。盲肠位于右髂窝内,与回肠、结肠、阑尾连接。阑尾位于右髂窝内,连于盲肠的后内侧壁。三条结肠带的汇合处,是手术中寻找阑尾的标志。结肠起自盲肠上端,至第 3 骶椎平面移行为直肠,分为升结肠、横结肠、降结肠与乙状结肠 4 部分。肛管上为盆膈平面,下止于肛门,长约 4 cm,平时处于收缩状态。

食物经小肠消化分解吸收后剩下的食物残渣进入大肠。大肠能暂时贮存食物残渣,吸收其中的水分、无机盐和维生素,大肠内的细菌能利用肠内某些物质合成维生素 B 和维生素 K。食物残渣最后形成粪便,经大肠蠕动推送到直肠、肛门排出体外。

6. 肝

肝是人体最大的腺体,位于腹腔的右上部。肝脏具有物质代谢、解毒、防御等功能。肝脏分泌胆汁,暂时贮存于胆囊中,胆汁是一种有苦味的浓稠液体,颜色从金黄色到深绿色不等,胆汁的主要成分是胆盐。

胆盐的作用如下：

（1）胆盐可使脂肪乳化成脂肪微滴,增加脂肪与胰脂肪酶的接触面,有利于脂肪的分解。

（2）胆盐达到一定浓度可聚合成微胶粒,与脂肪的分解产物形成水溶性复合物,有利于脂肪的吸收。

（3）促进脂肪分解产物的吸收,同时促进脂溶性维生素的吸收。

7. 胰

胰分泌胰液进入小肠,能中和胃酸,保护肠黏膜。胰的表面包有结缔组织被膜,实质由外分泌部和内分泌部组成。外分泌部占胰的绝大部分,分泌胰液,导管由小到大,逐级汇合,最后合成胰管,胰管贯穿胰实质的全长。胰管与胆总管汇合,开口于十二指肠。

胰液内含有胰脂肪酶原、糜蛋白酶原、胰蛋白酶和胰淀粉酶等,这些酶原和酶可促使三大营养物质（蛋白质、糖类和脂肪）的分解。内分泌部又称胰岛,分布在外分泌部腺泡之间大小不一的细胞团,没有导管,细胞团内细胞常呈索状排列,细胞索之间有丰富的毛细血管。胰岛的功能是分泌胰岛素和胰高血糖素,来调节体内糖的代谢。

（二）消化系统的特点和卫生

大学生的消化系统各器官已经生长发育成熟,需要注意的是在生活中如何形成良好的饮食习惯,保护自己不受伤害。

1. 牙齿

建议大学生要定期检查牙齿,应每半年检查一次牙齿,发现龋齿,及时治疗。培养早晚刷牙、饭后漱口的习惯。刷牙时里里外外都要刷,仔细刷牙才能有效地控制牙菌斑。不要用牙咬坚硬的东西,避免牙齿受外伤。

膳食要均衡,钙、磷等无机盐是构成牙齿的原料,需要从饮食中获取,多吃富含钙的食物。若牙齿排列不整齐,可去口腔医院进行矫正,若是第三磨牙上下不能相对咬合,造成牙齿排列不整齐,可进行拔除。

2. 胃、肠

大部分大学生的胃壁肌肉坚固结实,伸展性较强,胃的容量大,且消化能力较强。但消化器官与身体其他器官一样,活动是有规律的,不注意爱护,久而久之会出现问题。所以大学生要建立合理的饮食制度,养成良好的饮食习惯。不能暴饮暴食,要定时定量;饭菜要新鲜,营养要丰富;要注意饮食的清洁卫生,防止病从口入;应养成细嚼慢咽的习惯,不吃汤泡饭,少吃零食,不挑食;饭前饭后不要进行剧烈运动,以免抑制消化,影响食物的吸收,引起胃痛胃胀、消化不良甚至患浅表性胃炎、胃溃疡等疾病;培养定时排便的习惯,多运动,多吃蔬菜水果等富含粗纤维的食物,多喝开水,促进肠道蠕动,预防便秘;胃肠也是情绪器官,少生气,保持良好心情。

五、泌尿系统

人体新陈代谢产生的代谢产物,二氧化碳和一部分水由呼吸系统通过呼吸排出体外,一部分废物由皮肤通过汗液排出,大部分废物则是通过泌尿系统,以尿的形式排出体外。

(一)泌尿系统的组成和功能

泌尿系统由肾、输尿管、膀胱和尿道组成,主要功能是排出溶于水的代谢产物。

1. 肾脏的位置和结构

肾的形态似蚕豆形,位于腹腔后上部。左肾上平12胸椎上缘,下平第3腰椎上缘;右肾上平12胸椎下缘,下平第3腰椎下缘。肾上端宽而薄,下端窄而厚;前面隆凸,后面平坦;外侧缘隆凸,内侧缘凹陷称肾门。肾门向肾实质凹陷,是肾动脉、肾静脉、肾盂的出入口。肾实质分为皮质和髓质,肾皮质细粒状,红褐色,伸入髓质的部分为肾柱。肾髓质呈锥体形,有15~20个,锥体的尖端为肾乳头,乳头管开口于肾小盏,每2~3个肾小盏汇合为肾大盏,最后形成肾盂,移行为输尿管。

2. 尿的生成

(1)尿的生成包括三个过程。

①肾小球的滤过作用。当血液流经肾小球毛细血管时,血浆中的水和小分子物质通过滤过膜进入肾小囊囊腔形成原尿的过程,称为肾小球的滤过作用。肾小球滤过的前提条件是有足够的肾血浆流量,滤过的结构基础是滤过膜,滤过的动力是肾小球有效滤过压。除大分子蛋白质、血细胞外,肾小囊囊腔内滤液与血浆成分几乎相同。

②肾小管和集合管的重吸收作用。当原尿流经肾小管时,水及溶质经肾小管和集合管上皮细胞进入血液的过程,称为肾小管和集合管的重吸收。选择性重吸收即将对身体有用的物质全部或大部分重吸收,而基本没有用的或作用比较小的物质就小部分或完全不被重吸收。这样有利于排出代谢废物,维持细胞外液中各种成分的稳定。有限性重吸收即当血浆中某种物质浓度过高,使小管液中该物质含量过多时,就不能完全被重吸收,从而使尿中出现该物质。

③肾小管和集合管的分泌作用,指小管和集合管上皮细胞将自身代谢产物或血浆中某些物质转运至小管液的过程。

肾不断地生成尿液,经输尿管输送入膀胱,膀胱可储存尿液和间歇性排放尿液。机体出现少尿或无尿时,代谢产物不能全部排出,积聚在体内,可导致水、电解质与酸碱平衡紊乱,严重影响机体的正常生命活动。

(2)肾的作用。

①生成尿液,维持水的平衡。

②排出人体的代谢产物和有毒物质,如尿素、尿酸、肌酐等含氮物质。肾脏能把这些废物排出体外,从而维持正常的生理活动。

③维持人体的酸碱平衡。肾脏能够把代谢过程中产生的酸性物质通过尿液排出体外,同时重吸收碳酸氢盐,并控制酸性和碱性物质排出量的比例,维持酸碱平衡。

④分泌或合成一些物质,调节人体的生理功能。如分泌与调节血压有关的肾素、前列腺素,分泌促红细胞生成素,若分泌减少可引起贫血。

(二)泌尿系统的特点和卫生

大学生肾功能发育正常,新陈代谢旺盛,需要的水分多,膀胱容量较大,贮尿功能强。大学生的大脑皮层发育完善,对排尿约束能力强。

女性尿道短,尿道离阴道、肛门都很近,易发生尿路感染;男生尿道较长,但有包茎者,可因积垢而引起上行感染,所以要注意泌尿系统的卫生保健。

1. 养成及时排尿习惯

(1)大学生要养成定时排尿的习惯,不要长时间憋尿,以免尿液逆流。

(2)建议大学生每天喝1500～1700 mL白开水,不要等到渴的时候才喝水,要根据饮食情况定时定量喝水,促进血液循环和新陈代谢,这样才能有规律排尿。

2. 养成良好卫生习惯

(1)养成每晚睡前清洗外阴的习惯,要有专用毛巾、盆,毛巾要经常更换或消毒。

(2)体育活动时不要席地而坐,以免着凉、肚子疼痛,运动过后不要用凉水冲澡。

(3)每天适量喝水,既可满足机体新陈代谢的需要,及时排泄废物,又可通过排尿起到清洁尿道的作用。

女同学应保持会阴部卫生,预防尿路感染。

六、生殖系统

人类繁衍后代是通过生殖系统完成的,生殖系统可分为外生殖器和内生殖器两部分。

(一)男女生殖系统的结构和功能

1. 男性生殖系统结构

男性生殖系统是男性生殖繁衍后代的器官,由内、外生殖器2个部分组成。外生殖器包括阴囊和阴茎;内生殖器包括生殖腺、输精管道,以及附属腺体(精囊腺、前列腺和尿道球腺)。男性生殖器到青春期时开始发育,发育成熟后即具备了生殖的功能。

2. 女性生殖系统结构

女性生殖系统包括内、外生殖器官及相关组织。女性内生殖器包括阴道、子宫、输卵管及卵巢。女性外生殖器指生殖器官的外露部分,又称外阴,包括阴阜、大阴唇、小阴唇、阴蒂、阴道前庭。

(二)生殖系统的特点和卫生

大学新生年龄在十七八岁,正值青春期,是人生中最具活力、身心变化最突出的时期。女性具有皮肤细腻、骨盆变宽大、乳房隆起、声调高细等特点。男性具有高大的身躯、粗壮的肌肉、突出的喉结、低沉的声音以及长出胡须、汗毛加重等特点。女性的雌激素促进长骨骨骺愈合,且有脂肪沉积作用。另外,下丘脑的功能差异使女性出现周期性神经内分泌变化,因而导致垂体、性腺及附性器官的周期性变化,表现为月经周期。

1. 男性生殖系统注意事项

(1)动物实验证明,睾丸产生精子或制造雄性激素都需要较低的温度。当温度升高时,阴囊常伸展,呈松弛状态,皱襞消失。在寒冷的情况下,阴囊缩小,出现皱襞,并与睾丸紧贴。阴囊的收缩或舒张可以调节阴囊内温度,以适合精子的生长与发育。阴囊皮肤为男性性敏感区之一,性兴奋时,阴囊收缩、增厚并向上提升。

睾丸的细胞中,生精细胞对机体内外环境条件的改变最为敏感,如温度、药物、内分泌、维生素、烟、酒等,这些物理、化学、生物因素,都会不同程度地干扰精子的产生。

所以建议男生不要穿过紧的牛仔裤,也不要无节制地抽烟喝酒,更不要在网吧、游戏厅等场所熬夜,从生殖系统角度考虑,这样不利于精子成活,影响未来生育。

(2)大学生成年后,可能有包茎和包皮过长现象。包茎是包皮口狭小或仍然与阴茎头粘连,使包皮不能上翻或经上翻后阴茎头仍然不能外露。包皮过长是包皮虽然全部包盖阴茎头和尿道口,但经上翻可以露出。危害是阴茎包皮内皮脂腺所分泌的皮脂,因积聚形成豆腐渣样的包皮垢,它的慢性刺激,加上细菌感染,可能出现炎症,长期的反复发炎是诱发阴茎癌的重要病因。尿道口粘连狭窄会导致排尿困难,久而久之,可以发展成低位慢性尿路梗阻,造成肾功能的损害。

(3)精液作用。精液是由男性性腺和附属性器官分泌的乳白色、带有特殊气味的液体,由精子与精浆组成。生化分析是考核男性生育能力常做的检查,常用于了解射精过程有无障碍,对男性生殖缺陷的鉴别,以及对内分泌功能的评估。精液成分的定量测定与理化分析,可以判断睾丸功能与疾病状态,依此来确定生殖水平及健康状况。

2. 女性生殖系统注意事项

(1)定期体检。女性要保护自身的美丽和健康,必须了解自身的身体构造、各个生理阶段的特点、生殖周期的内分泌变化。

(2)保持生殖器官内外清洁,预防妇科炎症。女性阴道为酸性环境,有自洁作用。不要用各种洗液冲洗阴道,会杀死对身体有益的阴道杆菌,降低局部抵抗力,增加感染机会。

(3)寒从脚下起。女生手脚易冷,容易着凉,注意脚、小腹、背部的保暖,特别是脚、踝部不要着凉,否则容易造成痛经,不要为了美丽而忽视健康。

(4)促进血液循环。不要穿太紧的紧身裤或束腰,不要久坐不动,否则容易造成生殖系统血液循环不畅,压迫盆腔导致炎症。

(5)不要吃寒冷的食物,不要盲目节食。多喝热饮,多运动,多吃营养丰富的食物,保证生殖系统健康。

七、内分泌系统

内分泌系统是人体的调节系统,内分泌腺释放的化学物质叫激素。激素是指由内分泌腺和散在的内分泌细胞所分泌的高效能生物活性物质。激素对人体的生长发育、性成熟以及物质代谢有着重要的作用。激素按化学本质可分为两大类,一类是含氮类激素,另一类是类固醇激素。激素作用的一般特性有特异性、高效性、传递性和相互作用性。

(一)脑垂体

脑垂体位于大脑底部,成年人垂体重0.5~0.6 g。受下丘脑的控制,脑垂体能分泌多种激素,对人的生长、发育及成熟起着重要作用,并能调节其他内分泌腺的活动。

垂体可分为腺垂体和神经垂体。腺垂体分泌生长激素、催乳素、促甲状腺素、促肾上腺皮质激素和促性腺激素等。神经垂体分泌抗利尿激素和催产素。

生长激素可促进组织器官的生长,特别是骨骼的生长,夜间入睡之后,生长激素才大量分泌,所以,儿童睡眠时间不够,睡眠不安,生长激素的分泌减少,就会影响身高的增长,使遗传的潜力不能充分发挥。在幼年时期,若腺垂体所分泌的生长激素不足,可导致"侏儒症",即患者生长发育迟缓,身材矮小,性器官发育不全,但智力一般正常,这与甲状腺功能减退所引起的呆小症患者不同;若幼年时期生长激素分泌过多,则过度生长,称为"巨人症"。促甲状腺素可促进甲状腺的发育及甲状腺素的合成与分泌、促性腺激素可促进性腺的发育和分泌,性器官的发育成熟及生殖细胞的成熟。抗利尿激素使尿量减少。催产素促进乳汁排出和子宫收缩。

(二)甲状腺

甲状腺位于颈前部,喉与气管的两侧,重 20~40 g,是人体最大的内分泌腺。甲状腺能分泌甲状腺素,碘是合成甲状腺素的主要原料。

甲状腺素可调节机体的新陈代谢,促进儿童的生长发育;可调节营养物质与氧气在体内的代谢速度,并调节体温;能促进脑细胞的生成与成熟,促进骨骼与生殖器官的发育。

甲状腺增大并分泌甲状腺激素过多的人,则患有甲状腺功能亢进症,临床上出现精神紧张、心动过速、怕热、多汗、食欲亢进、消瘦等症状。

(三)胰岛

胰岛是胰里的岛状细胞团,由一群分泌激素的细胞所组成。胰岛能分泌胰岛素与胰高血糖素等激素。

胰岛素对人体的糖、脂肪和蛋白质代谢都有影响,但对于糖代谢的调节作用尤为明显,胰岛素能够促进血液中的葡萄糖进入组织细胞被储存和利用。缺乏胰岛素时,血糖难以被组织细胞摄取,糖的贮存和利用都将减少,这时血糖浓度如果过高,就会有一部分从尿液中排出,形成糖尿。

胰高血糖素是一种促进分解代谢的激素,具有很强的促进糖原分解和糖异生作用,使血糖明显升高。

(四)内分泌系统的特点和卫生

1. 睡眠质量

一个人能长多高,既受遗传因素的影响,又受后天环境的影响。腺垂体分泌的生长激素在一昼夜间并不均匀。入睡后,生长激素才大量分泌。所以,一个人能不能长高,主要看幼儿时期是不是睡眠时间充足、睡眠是否踏实,能不能使遗传的潜力充分发挥。大学生如果加强运动、保证睡眠,有的还能继续长高。

2. 日常膳食

碘是合成甲状腺激素的原料,正常人每天需要从食物中摄取 150~300 μg 的碘。人若缺碘,会出现脖子肿大、呼吸困难等。大学生要多吃海带、海鱼,以保障身体的正常需要。每天应合理、科学饮食,避免高脂肪饮食,增加体育活动,防止过度肥胖。

八、神经系统

神经系统是由大脑和其他神经网络构成的,在人体内部,神经系统对于各个组织、器官和生理系统都具有控制、调节的作用。在神经系统的控制下,人体中的各个系统形成一个整体,实现了所有功能的相互作用。

人的神经系统的功能与外界环境也有着重要关系,神经系统会对外界环境的变化产生应激反应,并控制身体的其他器官系统调节生理功能。神经系统的反应是人们适应外部环境的重要机制。在神经系统中,大脑具有最主要的作用,大脑不仅控制着所有的神经网络活动,也会通过外界的刺激,对于外来的信息进行分析和理解,从而让人们能够形成智力、思维等活动。

(一)神经系统的结构和功能

神经系统由中枢神经系统和周围神经系统两部分组成。

中枢神经系统包括脑和脊髓,脑位于颅腔内,脊髓位于脊柱的椎管内。脑由大脑、小脑、间脑和脑干组成。大脑有左、右两个半球,是中枢神经系统最高级的部分,也是人体的"司令部"。脊髓起着上通下达的桥梁作用,把接收到的刺激传给脑,再把脑发出的命令下达到各个器官。

周围神经系统是指脑和脊髓以外的所有神经成分,包括脑神经、脊神经和内脏神经,也指从中枢神经向全身各部伸出去的神经。脑神经与脑相连,脊神经与脊髓相连。分布于全身的皮肤、骨骼肌、骨和骨连结等的神经,称躯体神经;分布于内脏、心、血管、平滑肌和腺体的神经,称为内脏神经,又称为植物神经。脊神经主要支配躯干和四肢的运动和感受刺激。脑神经支配头部各个器官的运动,并接收外界的信息,产生视觉、听觉、嗅觉、味觉等。

植物神经分交感神经和副交感神经,分布于内脏。每个脏器都受到这两种神经的双重支配,它们的作用是相反的,比如,交感神经兴奋,可使消化管运动减弱,消化腺的分泌减少;副交感神经兴奋,可使消化管的运动加强,消化腺的分泌增加。

(二)神经系统的基本活动方式——反射

反射是指在中枢神经参与下,机体对内外环境变化的刺激所做出的规律性反应。反射活动的结构基础是反射弧。

反射弧的基本组成:感受器、传入神经、神经中枢、传出神经、效应器。反射弧中任何一个环节发生障碍,反射活动将减弱或消失。反射弧必须完整,缺一不可。

并不是所有的反射都有大脑的参与,脊髓也能完成一些基本的反射活动。

反射分为非条件反射和条件反射。非条件反射是生来就具备的本能,是较低级的神经活动。条件反射是后天获得的,它建立在非条件反射的基础上,是一种高级神经活动。条件反射又分为第一信号系统条件反射和第二信号系统条件反射。

大脑皮质最基本的活动是信号活动,从本质上可将条件刺激区分为两大类:一类是现实的具体的刺激,如声、光、电、味等刺激,称为第一信号;另一类是抽象刺激,即语言文字,称为第二信号。对第一信号发生反应的皮质机能系统,简单说就是:凡是能够引起条件反应的物理性的条件刺激叫作第一信号系统,是动物共有的。对第二信号发生反应的皮质机能系统,简单说就是:凡是能够引起条件反应的以语言为中介的条件刺激叫作第二信号系统,是人类所特有的。第二信号系统的活动,是和人类的语言机能有密切联系的神经活动,是在婴儿个体发育过程中逐渐形成的,是在第一信号系统或非条件反射的基础上建立起来的,一切习惯的养成都是建立条件反射的过程。

(三)神经系统的特点和卫生

1. 大脑皮质的基本规律

(1)优势规律。

大脑的优势规律主要是在集中处理一个或多个事物时,大脑会集中思维的能力,让大脑的某些部分提高活力,而对其他功能产生抑制作用。这样可以确保人们能够集中自己的注意力,使感觉器官和大脑思维忽略掉其他无用的信息,从而既有利于人们解决某些问题,也有助于大脑节约能量消耗。大脑的优势规律可以让人们在心理上对一些事物产生兴趣,对于感兴趣的事物,人们更容易集中自己的注意力;而对于兴趣不高的事物,人们很难参与其中。

(2)镶嵌式活动原则。

生理学家用狗来研究思维活动的规律:在大脑皮层不同的区域安上很多灯泡,给它不同的刺激,不同部位的灯泡就闪亮,不断变换刺激,灯泡交替闪亮,就好像镶嵌在皇冠上的珠宝一样,所以叫镶嵌式活动原则。通过镶嵌式活动方式,大脑皮层的神经细胞能有劳有逸,以逸待劳,维持高效率。

(3)动力定型。

大脑和神经系统在经历长期、持续和重复的刺激后,就会形成动力的定型,让神经反射和身体动作更加熟练,并且也会让大脑活动形成一定的规律性。当大脑适应某些活动或是形成某些习惯,这种规律就会被延续下来,使人们形成有规律的生活,并且可以更从容地对待自己熟悉的活动。

2. 睡眠问题

现代大学生因学习、就业、习惯不好等方方面面压力,会出现睡眠不好、神经衰弱等现象。大学生睡眠时间应该有 8~9 小时。睡眠是大脑皮质的抑制过程。有规律的、充足的睡眠是生理上的需要。睡眠可使人的精神和体力得到恢复。

保证良好的睡眠有以下几方面措施。

(1)静止性休息,主要是通过睡眠使大脑细胞产生广泛的抑制,从而使已经疲劳的脑细胞恢复机能。

(2)活动性休息,通过一定的户外活动,使大脑皮层不同功能的细胞产生兴奋与抑制,过程相互诱导,从而使细胞得到交替休息。

(3)通过体育锻炼防止出现神经衰弱问题。神经衰弱主要是因为大脑的活动长期处于抑制状态,从而导致思维能力、活动能力的降低,引发神经系统的控制机能出现失衡。体育锻炼能够对神经系统产生高强度的刺激,成功让神经系统兴奋起来,让神经反应更加敏捷和灵活。因此,为了应对神经衰弱的问题,最健康、最有效的方法就是多参与体育锻炼。

3. 保证营养

碳水化合物、脂肪、蛋白质被称为三大产热营养素,但中枢神经系统只能利用体内葡萄糖氧化产生的能量,所以对血糖含量十分敏感。膳食中的五谷杂粮、薯类,在体内代谢后分解成葡萄糖,为大脑提供热能。同时,女生更容易出现缺铁性贫血,贫血可能导致大脑缺氧,因此,女生膳食中要补充适量的动物性食品以及含铁丰富的食物,预防缺铁性贫血。

4. 保持愉快情绪

心情舒畅、精神愉悦是大学生身心健康发展的基本保证。情绪低落,精神过于压抑,都会抑制脑垂体的分泌活动,使人消化不良,心理得不到健康发展。

九、感觉器官

感觉器官包括感受器和附属器官。感受器是感受内外环境某种刺激而产生兴奋,并将刺激能量转换为传入神经冲动的结构。感觉是人们认识世界的途径,包括视觉、听觉、嗅觉、触觉、味觉及本体感觉等等,视觉是人们认识世界的主要途径。人们对外界世界的感知70%来自视觉、听觉,因此我们应重点保护视觉器官、听觉器官。

(一)视觉器官——眼

1. 眼的构造

人的眼睛近似球形,位于眼眶内。正常成年人眼球前后径平均24 mm,垂直径平均23 mm。最前端突出于眶外12～14 mm,受眼睑保护。

眼球是感受光线刺激的视觉器官。眼球由眼球壁和眼球内容物组成。眼球壁最外层是巩膜和角膜。巩膜白色不透明、较厚、坚韧,能保护眼球,俗称"白眼球";角膜位于眼球的前六分之一,无色透明,光线经此射入眼球。中膜分为脉络膜、睫状体和虹膜三部分。脉络膜有大量色素和血管,能防止光线散射并为眼球输送营养。虹膜含色素,决定眼球的颜色。虹膜中央是瞳孔,可随光线强弱的变化改变大小,进而调节进入眼内光线的强弱。内膜即视网膜,视网膜上有感光细胞,视锥细胞能感觉强光、有色光视感细胞能感受弱光的刺激。

眼球的内容物包括房水、晶状体、玻璃体。房水充满晶状体与角膜之间,有营养角膜和晶状体的作用,并维持眼压。晶状体位于虹膜的后方,可通过自身的曲度变化,使物像清晰地落在视网膜上。

2. 折光系统

折光系统包括角膜、房水、晶状体、玻璃体。

折光成像过程:光线—角膜—房水—瞳孔—晶状体—玻璃体—视网膜上成像。

3. 视觉异常

近视是在视网膜前聚焦,眼球前后径过长,折光力过强,需要用凹透镜矫正。

远视是在视网膜后聚焦,眼球前后径过短,折光力过弱,需要用凸透镜矫正。

散光是不在视网膜一个点上聚焦,眼球经纬度不一致,需要用圆柱镜矫正。

老视是随着人的年龄增长,晶状体弹性减弱,眼的调节能力下降,最大调节时只能看清1米距离,一米之内看不清,需戴凸透镜矫正。

弱视是一种常见眼科疾病,视力用眼镜矫正不能达到5.0以上,而经多种有关检查又未发现异常的眼病。由于儿童时期是视力发育阶段,视力低下在儿童时期也最易发生。如果不注意或者无知大意而拖延不治,慢慢就会形成成人弱视。

飞蚊症是玻璃体发生退行性改变,使原来的凝胶状态发生液化,出现细点状、条状、网状等混浊,随着眼球的转动而飘浮游荡。当光线进入眼内时,这些混浊的阴影透射到视网膜上,眼前就会出现飞蚊现象。

青光眼是房水循环发生障碍,导致眼压过高。

白内障是晶状体发生混浊引起视力障碍。

色盲是先天性色觉障碍,它使人不能分辨自然光谱中的各种颜色或某种颜色。而对颜色的辨别能力差,则称色弱。色弱者,虽然能看到正常人所看到的颜色,但辨认颜色的能力迟缓或很差,在光线较暗时,有的几乎和色盲差不多,或表现为色觉疲劳,它与色盲的界限一般不易严格区分。色盲与色弱以先天性因素为多见。

沙眼是一种常见的感染性眼病,是由微生物沙眼衣原体引起的一种慢性传染性结膜角膜炎。因其在睑结膜表面形成粗糙不平的外观,形似沙粒,故名沙眼。

4. 眼睛的卫生保健

(1)告诫大学生养成良好的用眼习惯,有保护眼睛的意识。

①保持看书、写字和绘画的正确姿势,眼睛与书本应保持一尺左右的距离。

②不要躺着看手机,不要在走路或乘车时看手机或电子书,不要在光线不足的地方看书。

③在看书、使用电脑等近距离工作学习时,要注意持续时间不要过长,若常常觉得眼睛干涩、酸痛、疲劳,就是视疲劳症状。

(2)大学生要时刻预防由于用眼过度、视疲劳导致的其他并发症。避免长时间持续使用电脑、手机,每隔一小时让眼睛休息放松十分钟。

(3)大学生进行各种体育运动时要注意安全,避免眼外伤。眼睛进异物时不要使劲揉眼睛。要定期测查视力,发现异常及时治疗和矫正。

(4)建议大学生每天都做眼保健操,养成爱眼护眼的好习惯。

(二)听觉器官——耳

耳既是听觉器官,也是平衡感觉器官。我们较多地了解其听觉、辨音功能,当人晕车、晕船、眩晕,人们较少想到与耳的结构功能有关,应该说,人的平衡感、旋转能力的发展,与耳的结构关系密切。

1. 耳朵的结构

耳是由外耳、中耳和内耳三部分组成。

外耳包括耳廓、外耳道和鼓膜,耳廓皮下组织少,血管表浅。将耳廓轻轻向后上方提拉,用手电筒照进去,可以看到略为弯曲的管道,为外耳道。外耳道内皮脂腺分泌的蜡状物质叫耵聍,具有保护外耳道皮肤以及黏附灰尘、小虫等异物的作用。

中耳包括鼓室、咽鼓管、乳突窦和乳突小房。鼓膜在声波的作用下产生振动,带动听小骨,听小骨把声音放大并传向内耳。

内耳包括耳蜗、半规管和前庭。内耳可以感受声音,保持平衡。当听小骨振动时,内耳淋巴液也随声波激起波纹,无数听神经末梢好似垂到水面上的柳枝,受到波纹的振动,将神经冲动传入大脑听觉中枢,产生听觉。

2. 耳朵的卫生保健

(1)耳廓易生冻疮。

耳廓皮下组织很少,血循环差,易生冻疮。虽天暖可自愈,但到冬天易复发,所以冬天要注意头部保暖,预防耳廓生冻疮。

(2)外耳道易生疖。

眼泪、脏水流入外耳道,或掏耳屎损伤外耳道,可使外耳道皮肤长疖,因疼痛可影响睡眠,张口和咀嚼时疼痛加剧。

(3)易患中耳炎。

咽部是四通,通口腔、鼻腔、气管、食管。鼻咽部的细菌易经耳咽管进入中耳,引起急性化脓性中耳炎。洗头时,避免污水流入外耳道,游泳时也要带耳塞,避免水进入中耳。养成正确的擤鼻涕的方法,要先擤一个鼻孔,再擤另一个鼻孔;若同时挤压用力,强大的气流会导致细菌被挤压到中耳,引起中耳炎。[1]

第二节 生理健康及影响因素

一、生理健康的定义

生理健康是人体生理功能上健康状态的总和,只有生理健康了,才能抵抗疾病。同时广义的生理健康范畴还包括健康生活方式、疾病预防、性与生殖健康、安全应急与避险等。在新时代的全民健康教育中,国家要向学生和社会公民深入普及生理健康知识,创造良好的生理健康条件。学校在开展健康教育时,需要体育教师和其他学科教师掌握充足的生理健康知识,一方面通过体育教学向学生传播这些知识;另一方面是要利用好生理知识,指导学生们的日常生活和体育锻炼。

在现实生活中,生理健康和心理健康是互相联系、互相作用的。心理健康是指心理的各个方面及活动过程处于一种良好或正常的状态。生理健康是心理健康的根本,身体患有疾病,疾病的痛苦会使人整天郁郁寡欢,心情压抑,导致心态扭曲。心理健康也在影响人的生理健康。当人们的心理状态出现问题时,必然会导致神经系统也受到影响,而人们

---

[1] 马毅,吴明宇,苑海燕,等.大学生生理健康教育[M].北京:清华大学出版社,2018.

的身体也会处于抑制状态,这时,人们的免疫功能、内分泌功能等都会下降,身体素质会降低。

二、影响生理健康的因素

影响健康的因素成千上万,但归纳起来主要有以下三类。

(一)行为和生活方式因素

在现代社会中,许多人出现心理或生理上的疾病,都是由不健康的生活方式所引发的。现代社会的物质生活更容易让人们破坏身体的生物规律,并选择不健康的物质生活方式,这对生理机能、神经系统功能都会产生较大的危害。

1. 行为因素

人在社会中的行为方式会对身体健康产生一定影响。这些行为中有些产生的影响是积极的,有些则是有害的。例如,体育锻炼就是一种行为,可以让人们拥有健康的体质;熬夜游乐也是一种行为,能够破坏人的生物钟,影响人身体和心理的健康。

2. 生活方式

许多人在生理上发生的慢性疾病都是由不良的生活习惯导致的。在习惯的积累下,各种有害的因素会长期影响人们的身体机能,最终产生质变效果,诱发身体疾病。在生活习惯中,饮食习惯、工作习惯、放松习惯都是对健康具有重要影响的生活方式。例如,不规律的饮食会让人们的肠胃负担加重,导致肠胃的疾病;酗酒习惯对于肝脏、心血管功能产生不良影响;长期的学习和伏案工作会让颈椎、脊椎关节产生负荷;等等。

(二)生物学因素

1. 遗传

已知人类的遗传性缺陷和遗传性疾病近3000种。遗传还与高血压、糖尿病、肿瘤、色盲、血友病等疾病的发生有关。

2. 病原微生物

病原微生物引起的传染病在历史上给人类造成了重大的灾难。随着现代医学的进步,传染病的流行得到了较好的控制,然而新冠病毒的流行给我们又一次敲响了警钟,病原微生物对人类健康的影响是长远而深刻的。新现和再现的传染病将会不断出现,不但对健康构成直接威胁,而且对经济和社会的发展将产生深远的影响。

3. 个人的生物学特征

包括年龄、性别、形态和健康状况等。例如,不同的人处在同样的危险因素下,所受的危害大不相同。

(三)环境因素

健康不仅应立足于个人身体和精神的健康,更应强调人体与自然环境、社会环境的统一,强调健康、环境与人类发展不可分割。发展必须包含生活质量的提高,同时保持环境的可持续发展,这是探索健康生态学的基础。1992年,世界卫生组织(WHO)环境与健康委员会的报告中将"维护和促进健康放在环境与发展应该关注的中心"。1993年,WHO提出"持续发展所关注的中心问题是人类,人类有权享有与自然和谐的健康而有生产能力的生活"。[1] 为此,人类必须投入广泛的行动,整合和平衡目前或今后将要面临的环境-健康-发展问题,以减少损失,防止可预测的不良后果出现;并指出健康与环境的整合,是要达到可持续发展的当务之急。[2]

第三节 体育锻炼对人体机能的影响

体育活动是人体各器官系统协调配合所完成的,同时体育锻炼又可以对各器官系统的活动产生良好影响。随着人们认识的提高,体育锻炼越来越受到重视。

一、增强心血管系统功能

心血管系统是为身体各个器官提供氧气和营养物质的基础,依靠的是血液的输送功能,为细胞提供营养,并能够携带代谢废物。心血管系统是人体进行新陈代谢的主要系统。在人们进行体育锻炼时,细胞的新陈代谢功能将会加强,对于能量和营养的需求将进一步扩大,需要心血管系统也强化功能。在体育锻炼带来的刺激下,心脏的肌肉也会得到增强,心脏的搏动能力也会更强。同时,心脏在锻炼条件下,整体的体积也会扩大,能够容纳更多的血液。在搏动能力增强的条件下,心脏的一次搏动会送出更多的血量。体育锻炼对于血管组织也具有强化作用,通过身体的锻炼,体内血管的韧性会得到增强,拥有更强的舒张和收缩能力。因此,人们要想维持心血管的健康,减少心脏疾病和血液疾病的发生概率,就需要经常参加体育锻炼。

二、提高消化系统功能

消化系统是人们从食物中吸收营养的最主要系统,主要的器官包括肠、胃、肝脏等。人们在摄入食物之后,需要消化系统加工这些食物,通过分泌各类消化酶来进行物质的分解。当食物被分解为可以被人体吸收的物质后,就可以通过肠道的毛细血管被吸收到循

---

[1] 段雯娟.中国快速城镇化将给全球可持续发展带来什么?专家热议2019环境和发展领域的关键问题[J].地球,2019(4):28-29.
[2] 马毅,吴明宇,苑海燕,等.大学生生理健康教育[M].北京:清华大学出版社,2018.

环系统当中。人们要想保持身体机能的健康,就需要确保消化系统的健康,增强消化功能。人们在参与体育锻炼的过程中,身体各个组织对于营养物质的需求会显著提升,可以刺激人们产生更高的食欲。同时,通过体育锻炼,肠胃的蠕动能力将会得到锻炼,消化系统的肝脏等器官也会分泌更多的消化酶,促进了肠胃对物质的代谢吸收。

三、提高呼吸系统功能

呼吸系统主要是由肺和呼吸道组成,是人们进行气体交换的主要系统。肺部与循环系统相互连接,是形成肺循环的主要器官。肺泡中拥有大量的毛细血管,在吸入氧气后,可以在肺泡中让氧气交换到红细胞中,同时血液中的二氧化碳也可以经由肺泡从呼吸道排出体外。肺活量是判断人们运动水平的重要指标,肺活量的增加主要就是气体交换能力的增加,可以为循环系统带来更多的氧气。人们通过体育锻炼,可以让胸腹部参与呼吸的肌肉和器官得到锻炼,从而让人们在呼吸时拥有更大的通气量。同时,体育锻炼也可以让肺部的体积增大,肺泡增多,从而提高了呼吸系统的健康水平。

四、提高运动系统功能

人体运动系统主要由肌肉组织和骨骼构成,还包括骨骼所形成的关节。运动系统是支持人体保持姿态,参与各类活动的基础。人们在进行体育锻炼时,最直接的就是让肌肉组织得到锻炼,从而增强了运动系统的活动功能。体育锻炼对于肌肉组织的主要作用包括:一是运动产生的负荷将会对肌肉组织带来刺激,使肌肉纤维能够提高代谢功能,促进了肌肉纤维的增长,让肌肉的力量得到增强。二是运动能够形成条件反射,让人体的更多肌肉组织参与到体育运动工作中,使肌肉的协调工作能力得到增强,从而提高了人的运动技能。三是运动锻炼让肌肉长时间进行反复运动,提高了肌肉组织的收缩与舒张的能力,让运动系统的功能更加协调。运动对于骨骼及其关节的作用包括:一是运动促进了血液循环,让骨骼能够获取更多营养,从而提高了骨密度,让人体骨骼更加坚韧和强壮。二是运动对于骨骼的结构有着调整作用,可以让身体的姿态更加健康,避免了身体形态出现弯曲的情况。三是体育动作能够提高骨关节的活动能力,让身体的柔韧性、灵活性都得到提升。

五、提高神经系统功能

神经系统由大脑、脊髓和遍布全身的神经网络构成,其作用是对全身各个组织和器官进行控制,协调各个系统的生理机能。人体的中枢神经包括大脑和脊髓,中枢神经有着多种功能,是人们能够进行思考、感觉和行动的主要控制系统。人体的周围神经则遍布其他细胞和组织,起到传递神经信号和控制不同的组织器官进行工作的作用。

人体在进行运动时,也是受到神经系统所控制的。肌肉在运动时,能够与神经网络形成反射关系,并让这种反射固定下来,成为人们提高运动技能的关键。如果长期坚持锻炼,神经系统的反应能力也会得到加强,其中主要的作用包括:一是体育锻炼能够让血液循环加强,可以为大脑输送更多的营养。在获得营养的补充后,大脑的各项功能都会加强,不仅可以提高运动能力,也会提高大脑的记忆能力、思考能力等。二是体育锻炼能够让神经系统与其他系统的联系更加紧密,让神经网络可以更高效地协调生理机能,因而让身体的健康素质得到增强。三是神经系统的增强能够对人的心理和情绪产生积极作用,有助于让人们消除心理上的抑郁、紧张等状态,有利于提高心理健康水平。

六、发展人体身体素质及基本活动能力

(一)发展人体身体素质

人们在进行各项活动时,都需要身体素质的支持。要想提高身体素质,最好的办法就是参与体育锻炼。身体素质主要包括肌肉的力量、关节的灵活性和代谢功能系统的耐力等,体育锻炼就是让身体的这些素质得到强化。

体育锻炼的项目具有多种类型,可以对身体不同的素质进行专门训练。为此,高校在组织锻炼身体时,需要结合学生身体素质发展的需求,为其选择不同的项目。同时,在锻炼时,需要注意学生综合素质的发展,让身体活动能力得到协调。

(二)提高人体基本活动能力

体育项目的锻炼能够让人们的运动技能得到增强。这些运动技能可以转化为人们在生活和工作中的活动能力。人们在进行劳动时,也需要肌肉力量、耐力和身体的灵活性等提供支持,让人们具有更好的状态来参与社会活动。

总之,高校在开展大健康教育时,需要以体育锻炼为主,让大学生的身体素质、身心健康得到发展。高校要以终身体育培养为目标,让大学生对体育锻炼产生兴趣,学会正确的锻炼方法,能够主动地为了获得自身的健康发展而锻炼,从而进一步提高大学生的社会适应能力,提高生命质量。[①]

[①] 马毅,吴明宇,苑海燕,等.大学生生理健康教育[M].北京:清华大学出版社,2018.

第四节 常见疾病及预防

一、上呼吸道感染

急性上呼吸道感染是鼻腔、咽或喉部急性炎症的概称。广义的上呼吸道感染不是一个疾病名称,而是一组疾病,包括普通感冒、病毒性咽炎、喉炎、疱疹性咽峡炎、咽结膜热、细菌性咽-扁桃体炎等。狭义的上呼吸道感染又称普通感冒,是最常见的急性呼吸道感染性疾病,多呈自限性,发生率较高。一年四季,尤其是冬春季节气候骤变之时,营养不良、学习压力大、身体过度疲劳等状况下,易患本病。

(一)症状

(1)因感染的病因和病变范围不同,临床表现也存在一定的差异。虽然症状不尽相同,但通常表现为起病急,初期咽部干痒,继而打喷嚏,鼻子不通气、流稀鼻涕,或伴有流泪、声哑、轻咳,还可出现低热、怕冷和头痛等症状。

(2)化验结果白细胞计数多数正常或偏低,部分细菌感染时白细胞计数常增多。这可能与人体防御机能的下降给病原体的入侵以可乘之机有关。所以,患感冒既有接触患者被感染的因素,又有自身抵抗力降低的因素。

(3)鼻塞、流涕、发热、头痛、咽干或咳嗽等症状。大多数病人经1周左右均能痊愈。但有少数人会继发鼻窦炎、中耳炎、气管炎甚至肺炎等并发症。

(4)发烧是疾病中最常见的症状,是机体的一种防御反应,也是与疾病作斗争的一种武器。体温升高可促使体内抗体生成、促进吞噬细胞的活动,有利于消灭细菌、病毒。因此不要把发烧看成是不能容忍的症状而急于降温,可以用降温贴、温水擦拭等方法物理降温。

(二)预防

1. 锻炼身体、增强体质

调整劳逸、调和饮食;加强体育锻炼,如跑步、跳绳、游泳、爬山、跳舞等,坚持不懈锻炼身体,以不断提高适应寒冷及抵御疾病的能力。

2. 养成良好的卫生习惯

集体宿舍应经常通风换气,脸盆、水杯等个人物品互不借用,患感冒后不对着他人打喷嚏,不随地擤鼻涕,不乱摸他人物品。流行期间,应尽量不出入公共场所,避免与被感染者接触。

二、鼻炎、鼻窦炎

鼻炎即鼻腔炎性疾病,是病毒、细菌、变应原、各种理化因子以及某些全身性疾病引起的鼻腔黏膜的炎症。鼻窦炎是鼻窦黏膜的炎症。在各种鼻窦炎中,上颌窦炎最为多见,依次为筛窦、额窦和蝶窦的炎症,鼻窦炎可以单发,亦可多个鼻窦同时受累。因鼻窦口较狭窄,其黏膜与鼻腔相连,鼻窦炎最常见的致病原因为鼻腔感染后继发鼻窦化脓性炎症。

(一)症状

(1)鼻炎常表现为充血肿胀,患者经常会出现鼻塞、流清水涕、鼻痒、喉部不适、咳嗽等症状。

(2)急性鼻窦炎常出现持续性鼻塞、难以擤净的大量脓鼻涕,伴周期性头痛、嗅觉下降等症状。

(3)急性鼻窦炎治疗不彻底容易转换成慢性鼻窦炎,慢性化脓性鼻窦炎也以脓鼻涕多、鼻塞和头痛为基本症状,还有头昏、易疲倦、精神差、记忆力减退、注意力不集中等症状。

(二)预防

(1)平时注意鼻腔卫生,养成早晚洗鼻的良好卫生习惯。

(2)每日清晨可用冷水洗脸,可以有效增强鼻腔黏膜的抗病能力;去除病因,促使引流通畅,控制化脓感染,防止发生并发症或转为慢性。慢性鼻窦炎者,治疗要有信心与恒心,注意加强锻炼以增强体质。

(3)注意擤涕方法。鼻塞多涕者,宜按住一侧鼻孔,稍稍用力外擤,之后交替而擤。鼻涕过浓时以盐水洗鼻,避免伤及鼻黏膜。

(4)严禁烟、酒、辛辣食品,避免刺激。保持性情开朗,注意不要过于劳累,平时可常做鼻部按摩。

(5)有严重鼻炎、鼻窦炎的同学要尽快去医院治疗,以局部治疗为主,应用滴鼻剂,改善通气,利于脓涕流出。

三、口腔溃疡

口腔溃疡是各种口腔疾病中最常见的一种。常分为复发性口腔溃疡和创伤性口腔溃疡等。

复发性口腔溃疡多见于年轻人,发病机制复杂,是口腔黏膜和软组织频繁发生的一种溃疡性疾病,可能和精神紧张、情绪波动、睡眠状况不佳、自主神经功能失调、消化道疾病等因素有关,另外,女性激素的分泌以及免疫紊乱、缺乏维生素或微量元素,也会发生口腔溃疡。

创伤性口腔溃疡常由机械损伤所致,多见于牙齿的破损、假牙、进食过硬的食物或一些慢性刺激直接引起口腔黏膜破损。

(一)症状

口腔溃疡的主要症状是说话或进食时一碰到溃疡面就疼痛,溃疡发于舌面部位时疼痛尤其明显,同时舌头不灵活,言语表达不清楚等。

(二)预防

(1)避免吃刺激性的食物,酸、甜、苦、辣或热的食物直接刺激到破损的黏膜伤口,会造成不适。

(2)要多休息、多喝水,以补充体内丧失的水分,同时要注意口腔内的清洁,早晚以淡盐水或稀硼酸溶液漱口,勤刷牙。严重者要及时去口腔医院黏膜科治疗。

(3)复发性口腔溃疡经常复发且难以根治,需减轻精神负担,保持有规律的生活习惯,适当加强身体锻炼,预防感染,多食新鲜的水果与蔬菜,保持大便通畅,补充足够的维生素,特别是维生素 B_2 等。

四、慢性胃炎

慢性胃炎是由多种病因引起的胃黏膜慢性炎症,是临床的常见多发病。常见慢性胃炎有慢性浅表性胃炎和慢性萎缩性胃炎等。慢性浅表性胃炎表现是胃黏膜表层上皮的炎症,有糜烂和出血;萎缩性胃炎表现是炎症达到胃黏膜深处的腺体而引起的萎缩。

(一)症状

多数没有明显临床症状,部分会在受凉、疲劳、饮食不当时,出现消化不良、上腹部饱胀不适、腹痛、烧心、嗳气、恶心呕吐等无特异性的症状。体检时,上腹部有轻压痛感。

(二)预防

(1)养成良好的饮食生活习惯,戒烟酒,忌食生、冷、硬、辣等刺激性食物,减少食盐摄入,少吃不容易消化的油炸、年糕等食物。

(2)平时要注重自身胃部保养,养成规律饮食,定时定量,主动进食,避免过饥或过饱,温度适宜,细嚼慢咽,多吃蔬菜水果,适当锻炼,增强免疫力。

(3)多学习医疗知识,提高大学生自我防治意识和能力,讲究卫生,避免幽门螺旋杆菌感染,预防交叉传染。

(4)缓解精神紧张,保持乐观心情。胃是情绪情感器官,心情不好、吵架、生气、郁闷、压抑等都会影响胃的消化功能,影响胃液分泌。尤其是吃饭时生气,更会导致胃胀、胃疼、消化不良等情况发生。

五、急性阑尾炎

阑尾又称蚓突,是细长弯曲的盲管,在腹部的右下方,位于盲肠与回肠之间,它的根部连于盲肠的后内侧壁,远端游离并闭锁。由于梗阻、感染、肿瘤等原因而引起炎症,被称为阑尾炎。这是引起急性腹部疼痛最常见的外科疾病之一,阑尾炎患者中,20~30岁的青年约占40%。

急性阑尾炎根据病理表现不同分为急性单纯性阑尾炎、急性化脓性阑尾炎、坏疽及穿孔性阑尾炎、阑尾周围脓肿四种类型。

(一) 症状

急性阑尾炎表现形式多种多样,基本一个典型症状是转移性右下腹痛及阑尾点压痛、反跳痛。初起时,脐周或上腹部痛,逐渐加重,数小时至24小时,转至并固定在右下腹痛,即右下腹部局限性的固定位置的压痛。还伴有胃肠道的恶心呕吐、腹泻或便秘、发热、白细胞和嗜中性粒细胞计数增高等临床表现。

(二) 预防

(1) 如能在早期确诊,尽早接受手术治疗切除阑尾,应是最佳选择。

(2) 暂不能手术的,通过抗生素和补液治疗消退炎症,但约有40%的患者会复发,最终需手术切除。

(3) 告诫大学生们,一旦发现类似急性阑尾炎典型表现,应及时就医,万不可自行处置,贻误诊治,可能会造成严重并发症。

(4) 保持良好的饮食习惯,避免暴饮暴食,提倡高纤维、低脂饮食,应避免饭后立即进行剧烈运动。

六、营养性缺铁性贫血

营养性缺铁性贫血是由于体内的铁元素不能满足大学生生理需要,致使血红蛋白合成减少,产生缺铁性贫血。缺铁性贫血对青春期后期的女大学生比较常见,一定程度上会影响机体的抗感染能力以及学习行为等。

女生营养性缺铁性贫血可能与饮食不良习惯有关,有的女生怕胖,过度控制饮食,食品种类单调,数量不足,导致铁摄入量不足。食欲不好伴有长期消化道疾病,如腹泻、呕吐等消化功能紊乱影响铁的吸收和利用。此外,还与自身生理特点有关,女生每月月经流失20~100 mL血量,导致身体铁丢失过多等。

(一) 症状

贫血常表现有乏力、易倦、头晕、头痛、眼花、耳鸣、心悸、气短、纳差、苍白、心率增快等症状。随着贫血加重,组织缺铁会表现出精神行为异常,如烦躁不安、易怒、注意力不集中、记忆力下降、异食症等;免疫力下降,易发生各种感染;口腔炎、舌炎、口角皲裂、吞咽困难;皮肤干燥、毛发干枯;指(趾)甲缺乏光泽、脆薄易裂,重者指(趾)甲变平,甚至凹下呈勺状(反甲)等。

(二)预防

(1)人们可以从食物中获得铁元素,让血液中的铁含量提高。其中动物肝脏和部分黑色蔬菜都含有丰富的铁。

(2)铁元素的吸收需要一定的维生素来提供支持。因此,在补血的过程中,还需要在饮食中加入一部分的水果,使身体的维生素能够得到补充。为此,在补血时,人们可以对身体进行检查,以便了解自己所缺少的维生素。

(3)有些贫血的情况是由于造血功能的不足所引起的。在调节造血功能时,人们需要注意补充维生素B_{12}。许多动物内脏、肉类等富含补血时所必需的营养元素。

(4)烹调方法尽量用蒸、煮、炖、炒、焖。

(5)重度缺铁性贫血需要去医院接受相应治疗。

七、过敏性皮肤病

过敏性皮肤病是由过敏原引起的皮肤病,是皮肤病中最常见的,也是最复杂的疾病。具体的过敏原可以分为接触性过敏原、吸入性过敏原、食入性过敏原和注射性过敏原四类。每类过敏原都可以引起相应的过敏性皮肤病,主要的表现是多种多样的皮炎、湿疹、荨麻疹等。

(一)症状

不同类型的过敏性皮肤病表现存在差异。患荨麻疹时通常先感到全身皮肤瘙痒,随即出现大小不等的风团,风团可于数分钟至几小时或十几小时内消退,不留痕迹,一日内可反复发作多次。急性湿疹常对称分布,常表现为红斑、丘疹、水疱、糜烂、渗液和结痂等;慢性湿疹以四肢多见,表现为皮肤增厚粗糙,可呈苔藓样变,脱屑,色素沉着,自觉剧痒。有些药物也会引起皮肤过敏反应,主要表现为皮肤红斑、紫癜、水泡、表皮松解及瘙痒疼痛,有时还会伴随低热。有些人皮肤接触某种物质,如化纤布料、外用药、化学品、化妆品等,局部发生红斑、水肿、痒痛感,严重者可有水泡、脱皮等接触性皮炎的症状。

(二)预防

过敏性皮肤病防治的原则是查找过敏原并避免接触。如海鲜,含有人工色素、防腐剂、酵母菌等人工添加剂,注意保持室内外的清洁卫生,家中要少养猫、狗之类的宠物,避免吸入花粉、粉尘等。有过敏史的人,尽量少去花草树木茂盛的地方,外出郊游时尽量穿长袖衣裤、鞋袜,并带脱敏药物。

若外出游玩时出现皮肤瘙痒、全身发热、咳嗽、气急,应迅速离开此地,若症状较轻,可对症治疗,症状较为严重时应及时到医院诊治。

八、沙眼

沙眼是由沙眼衣原体引起的一种慢性传染性结膜角膜炎,因其在睑结膜表面形成粗糙不平的外观,形似沙粒,故名沙眼。如具有睑结膜充血、乳头肥大、滤泡增生、角膜血管翳等典型表现可确诊。

(一)症状

(1)沙眼通常是一种慢性疾病,平日不会对视力产生影响,但发病时,人们会感到眼中有异物,会出现怕强光、易流泪等问题。

(2)在慢性病程中,角膜上有活动性血管翳时,刺激症状变得显著,视力减退。晚期常因后遗症,如睑内翻、倒睫、角膜溃疡及眼球干燥等,症状更为明显,并严重影响视力,甚至失明。

(二)预防

(1)培养个人良好的卫生习惯,不共用毛巾、脸盆等个人物品,加强公用场所的卫生管理。

(2)沙眼衣原体对四环素族、大环内酯类及氟喹诺类抗菌药物敏感。局部可滴用0.1%利福平或15%磺胺醋酰钠滴眼液,晚上用四环素眼膏或红霉素眼膏。急性期或严重的沙眼应全身应用抗生素治疗,可口服多西环素或红霉素等。如果已经出现沙眼性睑下垂、睑内翻、倒睫等并发症,或是滤泡过多的沙眼,应选相应的手术治疗。

九、急性中耳炎

急性中耳炎是中耳黏膜的急性炎症性疾病。中耳包括鼓室、咽鼓管、乳突窦和乳突小房。它向外以鼓膜与外耳道相邻,内连着耳蜗和半规管。有咽鼓管通向咽,咽分为鼻咽、口咽、喉咽三部分。由于病因和病程不同,可分为急性非化脓性中耳炎和急性化脓性中耳炎两种。

(一)急性非化脓性中耳炎

急性非化脓性中耳炎主要表现为鼓膜急性充血,可伴中耳渗出,听力下降。发病原因常见于咽鼓管因鼻腔或鼻咽部的疾病引起梗阻,继而造成鼓室内渗液。

1. 症状

首发症状为耳部疼痛,耳内有种阻塞感或压迫感。有时全身出现微热、头痛、鼻塞流涕、咽喉疼痛等症状。若鼓室内有很多分泌物时,鼓膜可向外突,听力减低,或因传导而耳聋。一般经过治疗很快会恢复,但也有可能转为化脓性中耳炎。

2. 预防

发现耳朵出现异常,应及时到医院确诊治疗,直到痊愈,同时要避免反复发作,要防止迁延而转化为慢性病变。

(二)急性化脓性中耳炎

急性化脓性中耳炎常见于细菌感染所造成中耳的化脓性炎症。入侵途径可以是鼻腔或鼻咽部的细菌经咽鼓管进入鼓室,也可以是外耳道的细菌经破裂的鼓膜进入鼓室。

1. 症状

鼓膜穿孔前后分为两个阶段。开始发病是鼓室因积液、积脓出现逐渐加重耳的深部痛,多为搏动性跳痛,同时有听力下降和耳鸣,全身可有发热、畏寒等感染征象,耳的检查可见鼓膜充血肿胀,向外膨出。随着积脓增多导致鼓膜穿孔,脓液从外耳道流出,此时,耳痛、耳聋、发热等症状可明显减轻。

2. 预防

(1)大学生为了预防中耳炎,若发现耳部异常要及时有效地治疗,否则容易迁延成慢性中耳炎。

(2)应积极预防上呼吸道感染及鼻咽部的慢性疾病。

(3)不要捏住两个鼻孔用力地擤鼻涕,容易把病菌挤压到中耳,造成感染。

(4)患过鼓膜穿孔的同学,不应游泳,防止脏水进入鼓室,导致听力下降。鼓膜穿孔未愈的同学,应及时去医院耳鼻喉科修补鼓膜,保护中耳。[①]

---

① 严铁毅.大学生心身保健教程[M].上海:上海交通大学出版社,2010.

第五章 大学生常见传染病及预防教育

第一节 传染病及其预防常识

古往今来,人类与病原体(病原微生物和寄生虫)的斗争从未休止,由病原体导致的有传染性疾病古时候称为瘟疫,即现在的传染病。瘟疫、战争、饥荒被称为人类历史悲剧的"三剑客",给人类带来巨大的创伤。新中国成立以来,开展了一系列举措如爱国卫生运动、三管一灭除四害,设置了一些防治机构如结防所、麻风病院、血吸虫病防治所、结核病院、传染病院(科),随着社会的进步、人们生活水平提高、疫苗研发、计划免疫措施的推广、人们防病治病意识的提高,传统传染病的疫情得到很好的控制。然而随着国际旅行与贸易全球化、人类生活方式的改变、城市化进程加快、环境污染加剧等,传染病防控面临新的挑战,如新发传染病的出现、输入性传染病的风险增高、病原体变异、细菌耐药等。因此,目前传染病防控形势不容乐观,任重道远。高校是大学生集体学习、生活的场所,人员密集,社会活动较活跃,大学生普遍对传染病的知识储备及认知不足。一旦出现传染病,极易造成暴发和流行,对学生的身心健康和学习生活造成严重影响。因此,加强对高校传染病的防控是一个不可忽视的重要公共卫生问题,它对保护大学生身心健康,维持学校正常教学生活秩序,维护社会稳定都有着十分重大的意义。

一、传染病的危害及分类

(一)传染病的危害

1. 传染病的定义

传染病是指由病原微生物和寄生虫感染人体后所引起的有传染性、在一定条件下可造成流行的疾病。病原微生物包括朊毒体、病毒、立克次体、支原体、细菌、真菌和螺旋体等,人体寄生虫包括原虫和蠕虫。

2. 传染病的危害

自古以来,不论急性传染病还是慢性传染病都给人类健康带来极大的灾难,给社会经济发展造成很大的损失。

(1)鼠疫。

在世界历史上曾有过多次大流行,死亡人数众多,曾经是危害人类最严重的烈性传染病之一。1347—1353年,被称之为"黑死病"的鼠疫大瘟疫席卷整个欧洲,夺走了2500万欧洲人的性命。

(2)霍乱。

19世纪初至20世纪末,大规模流行的世界性霍乱共发生8次,霍乱导致的死亡人数无法估量。1817—1823年,霍乱第一次大规模流行,从印度恒河三角洲蔓延到欧洲,仅1818年前后便使英国6万余人丧生。1992年10月,第八次霍乱大流行,席卷印度和孟加拉国部分地区。

(3)流感。

1510年,英国发生有案可查的世界上第一次流感。1580年、1675年和1733年,在欧洲均出现大规模流感。1889—1894年,"俄罗斯流感"席卷整个西欧。最致命的是1918—1919年席卷全球的流感。它可能源于美国,1918年3月4日美国的一个军营发生流感,不到两天即有数百名士兵被感染,一周之内各州均出现病例,数月传遍全国,但未引起高度重视,相继传至欧洲、中国、日本、非洲和南美,仅西班牙就有800万人感染了流感。全球有2000万~4000万人在这场流感灾难中丧生。

(4)肺结核。

肺结核病被列为我国重大传染病之一,是严重危害人民群众健康的呼吸道传染病,我国每年因肺结核死亡人数为13万左右。根据世界卫生组织的统计,全球目前约有20亿人感染结核分枝杆菌,平均每年新发病例约600万,绝大部分位于发展中国家。我国是全球22个结核病流行严重的国家之一,同时也是全球27个耐多药结核病流行严重的国家之一。[1]

(二)传染病的分类

1. 按传播途径分类

依据病原体从传染源排出后,侵入新的易感宿主前,在外界环境中所经历的过程不同,传染病可以分为以下4种。

(1)呼吸道传染病。

呼吸道传染病是指病原体侵入呼吸道黏膜以后所引起的传染病,包括流行性感冒、白喉、肺结核、百日咳、流行性腮腺炎、猩红热、麻疹、水痘和流行性脑脊髓膜炎等。这些病原体的原始寄生部位是呼吸道黏膜和肺,主要通过空气飞沫传播,当病人呼吸、谈话特别是咳嗽、打喷嚏时,含有病原体的飞沫可自鼻咽部喷出,飘浮于空气中,被易感者吸入而感染。

(2)消化道传染病。

消化道传染病是指病原体侵入消化道黏膜以后所引起的传染病,包括细菌性痢疾、伤

---

[1] 张西蒙.是人类的过失还是上天的玩笑:十大肆虐人间的传染病[J].三月风,2020(2):2.

寒、甲型肝炎、蛲虫病和蛔虫病等。这些病原体的原始寄生部位是消化道及其附属器官，主要是通过饮用被病原体污染的水和食用被病原体污染的食物传播，部分通过直接接触病原体传播。

(3)血液传染病。

血液传染病是指通过血液或吸血昆虫为媒介所引起的传染病，包括艾滋病、乙型肝炎、丙型肝炎、疟疾、流行性乙型脑炎、丝虫病和出血热等。病原体的原始寄生部位是血液和淋巴，主要通过输入血制品和吸血昆虫传播。

(4)体表传染病。

体表传染病是指病原体主要通过接触传播所引起的传染病，因而又叫接触传染病，包括狂犬病、炭疽病、破伤风、沙眼、癣、疥疮和血吸虫病等。这些病原体的原始寄生部位是皮肤和体表黏膜，主要是通过接触传播。

2. 按法定传染病分类

为了预防、控制和消除传染病的发生与流行，保障人民健康和公共卫生，国家制定了《传染病防治法》，根据传染病的传播方式、速度及对人类危害程度不同，将传染病分为甲、乙、丙三类，实行分类管理。

(1)甲类传染病。

甲类传染病也称为强制管理传染病，包括：鼠疫、霍乱。

(2)乙类传染病。

乙类传染病也称为严格管理传染病，包括：传染性非典型肺炎、人感染高致病性禽流感、病毒性肝炎、艾滋病、脊髓灰质炎、麻疹、伤寒和副伤寒、流行性出血热、狂犬病、流行性乙型脑炎、炭疽、细菌性和阿米巴性痢疾、肺结核、流行性脑脊髓膜炎、百日咳、白喉、新生儿破伤风、猩红热、布鲁氏菌病、淋病、梅毒、钩端螺旋体病、血吸虫病、疟疾、登革热、甲型H1N1流感、新型冠状病毒肺炎。

(3)丙类传染病。

丙类传染病也称为监测管理传染病，包括：流行性感冒、流行性腮腺炎、风疹、急性出血性结膜炎、麻风病、流行性和地方性斑疹伤寒、黑热病、丝虫病，以及除霍乱、细菌性和阿米巴性痢疾、伤寒和副伤寒以外的感染性腹泻病、手足口病。

需要注意的是：新型冠状病毒肺炎、传染性非典型肺炎、高致病性人禽流感、炭疽中的肺炭疽虽归属于乙类传染病，但按照甲类管理。

二、传染病的流行过程的基本条件

传染病在人群中的发生、传播和终止的过程，称为传染病的流行过程。传染病的流行要具备一定的条件，同时传染病的流行过程也受到一定因素的影响。

(一)传染源

传染源是指体内有病原体生长繁殖并能将其排出体外的人和动物。传染源包括以下

4个方面。

1. 患者

在大多数传染中,患者无疑是重要的传染源,然而在不同病期的患者,传染性的强弱有所不同:急性患者常排出较多的病原体,在发病期传染性最强;慢性患者可长期排出病原体。

2. 隐性感染者

隐性感染者在一些传染病中会排出病原体而成为重要的传染源,如脊髓灰质炎、乙型肝炎等。

3. 病原携带者

病原携带者无明显临床症状而可以长期排出病原体,在某些传染病中,有重要的流行病学意义,如伤寒、细菌性痢疾等。

4. 受感染动物

有些传染病是人畜共患疾病,患病的动物可排出病原体传染给人类,如鼠疫、狂犬病等。

(二)传播途径

病原体离开传染源到达另一个易感者的途径称为传播途径。传播途径可是外界环境中单一因素或由若干个因素组成。

1. 呼吸道传播

病原体存在于空气、飞沫、尘埃中,使易感者吸入受感染,如麻疹、白喉、结核病、百日咳、流感等。

2. 消化道传播

病原体污染食物、水源或食具,易感者进食时受感染,如细菌性痢疾、伤寒和霍乱等。

3. 接触传播

有直接接触与间接接触两种传播方式。直接接触传播指病原体从传染源直接传播至易感者合适的侵入门户,如皮肤炭疽、狂犬病等均为直接接触而受染。间接接触传播指间接接触了被污染的物品所造成的传播,如手及日常生活用品被传染源的排泄物或分泌物污染后,可起到传播病原体的作用。许多肠道传染病、体表传染病和某些人兽共患病均可经此途径传播。如血吸虫病、钩端螺旋体病为接触疫水传染,多种肠道传染病通过污染的手传染。

4. 虫媒传播

被病原体感染的吸血节肢动物,如蚊、虱、蚤、蝇等昆虫,通过不同的侵入方式使病原体进入易感者体内,使易感者受感染,引起疟疾、斑疹伤寒、鼠疫、细菌性痢疾等传染病。

5. 血液、体液传播

病原体存在于携带者或患者的血液或体液中,通过使用血制品、分娩或性交等传播,如疟疾、乙型病毒性肝炎、丙型病毒性肝炎和艾滋病等。

(三)人群易感性

易感人群是指对病原体缺乏特异性免疫力,而易受感染的人群。易感者在某一特定人群中的比例决定该人群的易感性。易感者的比例在人群中达到一定水平时,在有传染源和合适的传播途径条件下,传染病就容易流行。某些获得免疫的传染病,经过一次流行之后,需等待几年,当易感者比例再次上升至一定水平,才能发生另一次流行,此现象称为流行的周期性。通过普遍接受预防接种后,人群的特异性免疫水平提高,可使某种传染病的易感者水平始终保持很低,从而阻止其流行周期性的发生,如脊髓灰质炎、流行性乙型脑炎和麻疹等。

三、传染病的防治

针对构成传染病流行过程,传染病防治包括3个基本环节。

(一)管理传染源

发现传染病患者或疑似患者时,要及时向附近医院或卫生防疫部门报告。早发现、早报告、早隔离、早治疗,是控制和消除传染病疫情的重要环节。对传染病的接触者,应分别按具体情况采取检疫措施,密切观察,并适当给予药物预防或预防接种。对病原携带者的管理应重点在不同人群、不同职业中开展普查,查出的病原携带者应及时进行治疗、卫生知识教育或工作岗位调换;对动物传染源,根据传染病的性质和动物的经济价值,采取捕杀、隔离、治疗及预防措施;对无经济价值的传染源动物,应坚决灭杀。[①]

(二)切断传播途径

各种传染病可以通过不同的传播途径进行传播和流行。因此,切断传播途径是阻断传染病的流行和加强传染源管理的重要环节。根据传染病的传播途径不同,应采取不同的切断传播途径的管理措施,对许多消化道传染病来说,消毒是最重要的预防措施。对于虫媒传播传染病,杀灭传播传染病的节肢动物,是预防虫媒传染病最重要的措施,可用机械、物理和化学等方法杀灭。对呼吸道传染病,要做好公共场所场内通风,进行湿式扫除,保持空气流通,必要时进行空气消毒。教育群众养成良好的卫生习惯,做到不随地吐痰,咳嗽和打喷嚏时用手帕捂住口鼻等。避免去人多或相对密闭的地方,戴口罩等。血液传播的传染病的预防,要加强血源和血制品管理,防止医源性传播。各级医疗卫生单位应加强消毒防护措施,严格执行一人一针一管和一次一用一消毒的措施。

(三)保护易感人群

保护对传染病的免疫力低、容易被感染的人群,开展健康教育和爱国卫生运动,普及

---

① 蒋荣猛.激发公立医院在卫生应急中的主导作用[J].中国卫生,2020(9):63-64.

卫生和防病知识,是预防传染病的重要保证,也是实施自我保健的主要手段。通过预防接种(主动免疫、被动免疫)提高机体的非特异性免疫和特异性免疫是保护易感人群的有效手段。提高机体的非特异性免疫力,可以通过锻炼身体,加强营养,改善居住条件和生产、生活条件等达到目的。①

第二节 常见病毒性传染病及预防

一、流行性感冒

流行性感冒简称流感,是由流感病毒引起的急性呼吸道传染病。该病潜伏期短、传染性强、传播速度快。临床特点为急起高热、明显头痛、全身肌肉酸痛、乏力或伴轻度呼吸道症状。

流感病毒不耐热,100℃条件下1分钟或56℃条件下30分钟可以灭活,对常用消毒剂、紫外线敏感。耐低温和干燥,真空干燥或-20℃以下仍可存活。

(一) 流行病学

1. 传染源

流感患者和隐性感染者是流感的重要传染源。患者自潜伏期末到发病后3天内,从鼻涕、口涎、痰液中排出大量病毒,在病初2~3天传染性最强。隐性感染者体内有病毒复制,但无明显症状不易被发现。婴幼儿患者、重症患者、免疫缺陷患者排毒周期延长。轻型患者和隐性感染者数量大,可从事正常活动,是最危险的传染源。

2. 传播途径

病毒存在于流感患者和隐性感染者的呼吸道分泌物中,通过说话、咳嗽或打喷嚏等方式散播到空气中,易感者吸入后即被感染。病毒也可通过口腔、鼻腔、眼睛等处黏膜直接或间接接触传播。接触患者的体液和污染病毒的物品也可能引起感染。

3. 人群易感性

人群普遍易感,尤其是青壮年及学龄儿童。患病后对同一抗原型可获一定的免疫力,特异性免疫约持续2年。但各型间无交叉免疫性,故一生中可多次患流感。甲型流感病毒常易发生变异,每隔2~3年就会有流行病学上重要的抗原变异株出现。

4. 流行特征

流感的特点是突然发生,发病率高,传播迅速,流行期短。流行无明显季节性,北方多

---

① 严铁毅.大学生心身保健教程[M].上海:上海交通大学出版社,2010.

在冬、春季流行,南方有时在夏、秋季流行。甲型流感病毒表面抗原易发生变异,形成新的亚型,人类对其缺乏免疫能力,普遍易感而发生大流行,一般每2～3年可有一次小流行,每10～15年可发生一次大流行。乙型流感多呈局部流行或散发。丙型流感多表现为小儿上呼吸道感染,多为散发。

(二)临床表现

流感潜伏期一般为1～3天,最短数小时。根据临床表现,分为以下四型。

1. 单纯型流感

单纯型流感最常见。急性起病,伴有畏寒、发热、体温达39～40℃、乏力、显著头痛、全身肌肉酸痛、食欲减退等全身症状,部分患者有鼻塞、流涕、干咳等上呼吸道症状。体查呈急性病容、面部潮红、结膜充血、咽部可有充血、腭扁桃体红肿、无渗出物;肺部可闻少许干啰音。上述症状多于1～2天内达高峰,3～4天后体温逐步消退,全身症状好转。轻症者如一般感冒,症状轻,2～3天可恢复。

2. 肺炎型流感

较少见,季节性甲型流感所致的病毒性肺炎主要发生于婴幼儿、老年人、慢性心肺疾病及免疫功能减退者,甲型H1N1流感还可在青壮年、肥胖人群、有慢性基础疾病者和妊娠妇女等人群中引起严重的病毒性肺炎,部分会发生难治性低氧血症。

3. 中毒性流感

极少见,以中枢神经系统及心血管系统损害为特征。表现为高热、循环障碍、血压下降、弥散性血管内凝血等严重症状,病死率高。

4. 胃肠炎型流感

少见,以腹痛、腹泻、呕吐为主要临床表现,患者中儿童多于成年人。

(三)预防

1. 隔离

患者最好实行就地隔离治疗1周或至退热后2天。早期可疑患者,咳嗽、打喷嚏时可用纸巾等捂住口鼻,避免飞沫传播。尽量避免去大医院集中就诊。

2. 保护易感人群

平时要合理膳食,保证睡眠,加强锻炼。流感流行期间,避免集会或集体娱乐活动,以减少传播机会。室内注意通风,保持空气新鲜。患者用过的餐具、衣物、手帕、玩具等应煮沸消毒或阳光暴晒2小时。患者住过的房间以过氧乙酸熏蒸或其他方法进行空气消毒。

3. 疫苗预防

接种流感疫苗是最有效预防流感及其并发症的手段。流感疫苗可分为减毒活疫苗和灭活疫苗两种,接种后在疫苗株与病毒株抗原一致的情况下,均有肯定的预防效果。但因病毒易发生变异而难以对流行株做有效预防。减毒活疫苗采用鼻腔接种,使之引起轻度上呼吸道感染,从而产生免疫力。老年人、孕妇、婴幼儿,患有慢性心、肺、肾等疾病及过敏体质者,不予接种。灭活疫苗采用三价疫苗皮下注射,副作用小,在中、小流行期,只在重点人群中使用。

4. 药物预防

药物预防不能代替疫苗接种,只能作为没有接种疫苗或接种疫苗后尚未获得免疫能力的高并发症风险人群的紧急临时预防措施。在流行开始时应用药物预防,即能迅速发挥其效果,降低发病率。奥司他韦对预防甲型流感有一定效果,对乙型流感无效。

二、病毒性肝炎

病毒性肝炎是由多种肝炎病毒引起,以肝脏损害为主的全身性疾病。按病原学分类,目前已明确的有甲型肝炎、乙型肝炎、丙型肝炎、丁型肝炎和戊型肝炎。其中甲型和戊型肝炎主要表现为急性肝炎,乙、丙、丁型肝炎主要表现为慢性肝炎,可进展为肝硬化或肝细胞癌。

甲型肝炎病毒在体外抵抗力较强,在-20℃条件下可保存数年,其传染性不变,能耐受56℃条件下30分钟的温度及pH为3的酸碱度。加热到100℃条件下5分钟、紫外线照射1小时、3%的甲醛25℃条件下5分钟可以灭活。乙型肝炎病毒的抵抗力强,对热、低温、干燥、紫外线及一般消毒剂均耐受,在37℃可存活7天。煮沸10分钟、65℃条件下10小时、高压蒸汽消毒可以灭活,对0.5%过氧乙酸敏感。丙型肝炎病毒对氯仿、乙醚等有机溶剂敏感,紫外线照射、100℃条件下5分钟、20%次氯酸、福尔马林均可使丙型肝炎病毒失活。丁型肝炎病毒对氯仿、高热敏感,在4℃或-20℃下易被破坏。戊型肝炎病毒在碱性环境下较稳定,对热、氯仿、氯化铯敏感。目前对病毒性肝炎尚缺乏特效治疗方法,甲型和乙型肝炎可通过疫苗预防。

(一)流行病学

1. 传染源

(1)甲型肝炎。

主要传染源是急性患者和隐性患者。病毒主要通过粪便排出体外,起病前2周至起病后1周,从粪便中排出病毒的数量最多,此阶段传染性最强,潜伏后期及发病早期的血液中亦存在病毒。唾液、胆汁及十二指肠液亦均有传染性。

(2)乙型肝炎。

传染源是急、慢性患者及病毒携带者。病毒存在于患者的血液及各种体液中。急性患者自发病前数周即开始具有传染性,并持续于整个急性期。

(3)丙型肝炎。

传染源是急、慢性患者和无症状病毒携带者。病毒存在于患者的血液及体液中。

(4)丁型肝炎。

传染源是急、慢性患者和病毒携带者。

(5)戊型肝炎。

传染源是急性及隐性感染者。潜伏末期和发病初期粪便的传染性最强。

2. 传播途径

(1)甲型肝炎。

甲型肝炎病毒会通过人畜粪便进行传播,粪便中的肝炎病毒会通过深入水源传播到人们的生活区。同时,苍蝇等生物也会将病毒携带到人们的生活物品上。因此,预防甲型肝炎,保持环境卫生和个人卫生最为重要。甲型肝炎在集体单位如幼儿园、学校和部队中易发生流行。如水源被污染或生食污染的水产品,可导致局部地区暴发流行。通过注射或输血传播的机会很少。

(2)乙型肝炎。

传播途径包括:

①输血、血制品及使用污染的注射器或针刺等传播;

②母婴传播,主要通过分娩时产道血液、哺乳及密切接触传播;

③生活上的密切接触传播;

④性接触传播。

(3)丙型肝炎。

传播途径与乙型肝炎相同而以输血及血制品传播为主。

(4)丁型肝炎。

传播途径与乙型肝炎相同。

(5)戊型肝炎。

通过粪—口途径传播,水源或食物被污染可引起暴发流行;也可经日常生活接触传播。

3. 人群易感性

各类病毒性的肝炎都会对人体产生很大的影响,人体的免疫系统对于肝炎病毒缺少防护能力。一旦接触到感染源,人们可以被传染多种类型的肝炎病毒。其中人们在感染甲肝之后,能够产生更高的免疫力,在人体中形成抗体。儿童对于肝炎病毒则缺少抵抗力,无论是甲肝还是乙肝,儿童都是易感染者。

近年由于计划免疫的普及,多数通过疫苗接种产生抗体。成年人没有接种疫苗或未产生抗体者也是易感人群。在低发地区,由于易感者较多,可发生流行或暴发。丙型肝炎的发病以成年人多见,常与输血和血制品、药瘾注射、血液透析等有关。丁型肝炎的易感者为乙型肝炎表面抗原(HBsAg)阳性的急、慢性肝炎患者及无症状携带者。戊型肝炎各年龄普遍易感,多发生于青壮年,感染后具有一定的免疫力。

4. 流行特征

肝炎病毒长期以来在全世界进行了大面积传播,给人们的身体健康带来了很大的困扰。由于肝炎病毒的易感染性强,因此很难被预防。我国是甲型肝炎和乙型肝炎的高发地区。甲型肝炎病毒很容易在人群集中的单位爆发,包括学校、部队等,当生活卫生条件较差时,甲型肝炎就很容易爆发。乙型肝炎见于世界各地,我国人群 HBsAg 携带率约10%,其中北方各省较低,西南方各省较高,农村高于城市,一般散发,季节性不明显,但常见家庭集聚现象。丙型肝炎见于世界各国,主要为散发,季节性不明显,多见于成人尤以输血与血制品者、药瘾者、血液透析者、肾移植者、同性恋者多见。丁型肝炎在世界各地均有发现,发病季节性不明显,主要聚集于意大利南部,在我国各省市均亦存在。戊型肝炎的发病与饮水习惯及粪便管理有关,常以水媒流行形式出现,多发生于雨季或洪水泛滥之后。发病者以青壮年为多,儿童多为亚临床型。

(二)急性肝炎临床表现

各型肝炎的潜伏期长短不一:甲型肝炎的潜伏期为15~45天,平均30天;乙型肝炎的潜伏期为40~180天,一般为60~90天;丙型肝炎的潜伏期为15~150天,平均50天;丁型肝炎的潜伏期为28~140天;戊型肝炎的潜伏期为10~60天,平均40天。

各型肝炎病毒均可引起急性肝炎,但甲、戊型不转为慢性,急性乙型肝炎约10%转慢性,丙型超过50%、丁型约70%转为慢性。

1. 急性黄疸性肝炎

病程可分为3个阶段,病程为2~4个月。

(1)黄疸前期。甲型、戊型起病较急,可有类似于上呼吸道感染症状,如畏寒、发热等,体温在38~39℃一般不超过3天。乙型、丙型、丁型多缓慢起病,但皮疹、关节痛等血清病症状比甲型和戊型多见。此后逐渐出现全身乏力、食欲缺乏、厌油、恶心甚至呕吐,常有上腹部不适、腹胀、尿色逐渐加深等表现。本期持续数日至2周,一般为5~7天。

(2)黄疸期。在黄疸出现后发热很快消退,巩膜、皮肤黄染,1~3周黄疸达高峰。部分患者可有一过性大便颜色变浅、皮肤瘙痒、心动过缓等梗阻性黄疸表现。而胃肠道症状及全身乏力则见加重,但至黄疸即将减轻前即迅速改善。部分病例出现轻度脾大,肝功能异常。本期持续2~6周。

(3)恢复期。症状逐渐消失,黄疸消退,肝、脾逐渐回缩,肝功能逐渐恢复正常。本期持续2周至4个月,平均1个月。

2. 急性无黄疸性肝炎

本型较黄疸型多见,占急性肝炎的90%以上,恢复较快,病程大多在3个月内。起病大多缓慢,临床症状较轻,仅有乏力、食欲缺乏、恶心、肝区痛和腹胀等症状,多无发热,亦不出现黄疸。肝常肿大伴触痛及叩击痛,少数有脾大。部分乙型及丙型肝炎病例可发展为慢性肝炎。

(三)预防

1. 控制传染源

急性患者应隔离治疗至病毒消失。慢性患者和携带者可根据病毒复制指标评估传染性大小。符合抗病毒治疗条件的尽可能给予抗病毒治疗。严格筛选献血员,不合格者不得献血。

2. 切断传播途径

推行健康教育制度,普及肝炎防治知识;加强血源、血制品的管理;加强各种医疗器械的消毒处理,提倡使用一次性注射器,对医疗器械实行"一人一用一消毒"制等;加强食品卫生监督和食具消毒、水源保护、环境卫生管理以及粪便、污水的无害化处理,提高个人卫生水平。

3. 保护易感人群

(1)甲型肝炎。

甲型肝炎疫苗有减毒活疫苗和灭活疫苗两种,接种对象为幼儿、学龄前儿童及其他高危人群。被动免疫可用人血清丙种球蛋白或人胎盘血丙种球蛋白,在暴露于病毒之前或在潜伏期的最初两周内注射。

(2)乙型肝炎。

接种乙型肝炎疫苗是预防乙型肝炎病毒感染的最有效方法。接种对象为新生儿和高危人群,易感者均可接种。

三、人禽流感

人禽流感是由禽甲型(A型)流感病毒某些亚型的毒株引起的一种急性呼吸道传染病。尽管目前人禽流感只是在局部地区出现,但是考虑到人类对禽流感病毒普遍缺乏免疫力、人类感染 H5N1 型禽流感病毒后的高病死率以及可能出现的病毒变异等,世界卫生组织认为该疾病可能是对人类存在潜在威胁最大的疾病之一。人禽流感早期症状类似流行性感冒,重症患者可导致多脏器功能衰竭,病情进展快、病死率高。

病毒对热较敏感,65℃条件下 30 分钟或 100℃条件下 2 分钟以上可以灭活;紫外线也可灭活病毒。病毒对乙酰、氯仿、丙酮等有机溶剂均敏感,常用消毒剂容易将其灭活。病毒对低温抵抗力较强,在粪便中可存活 1 周,在水中可存活 1 个月。

(一)流行病学

1. 传染源

人禽流感传染源主要是患禽流感或携带禽流感病毒的鸡、鸭、鹅等家禽,其中主要是鸡。广泛的调查表明:与活的病禽密切接触是人类感染的主要原因。

2. 传播途径

人禽流感主要通过呼吸道传播,也可通过密切接触感染的家禽分泌物和排泄物、受病毒污染的饲料、水、蛋托、垫草、种蛋、鸡胚等被感染,直接接触病毒毒株也可被感染。

3. 人群易感性

人群一般不易感,但在已发现的 H5N1 感染病例中,12 岁以下儿童所占比例较高,病情较重。与不明原因病死家禽或确诊、疑似禽流感家禽密切接触人员为高危人群。

4. 流行特征

一年四季均可发生,但冬、春季节多见。在禽流感流行期,从事家禽业或在发病前 1 周去过家禽饲养场所是危险因素。

(二)临床表现

潜伏期一般为 1~7 天,通常为 2~4 天。任何年龄均可发病,儿童、年老体弱者多见。

感染 H9N2 型病毒的多数患者,感染后没有明显的症状,部分患者可伴有较为轻微的上呼吸道感染症状;感染 H7N7 亚型的患者,主要表现为结膜炎;感染 H5N1 亚型病毒的患者,病情最重,呈急性起病,早期症状与流感相似。主要为发热,体温大多持续在 39℃以上,持续 1～7 天,多数持续 2～3 天,可伴有流涕、鼻塞、咳嗽、咽痛、头痛、肌肉酸痛和全身不适。部分患者可有恶心、腹痛、腹泻等消化道症状。重症患者可出现高热不退,病情发展迅速,几乎所有患者都有临床表现明显的肺炎,可有肺部实变体征,出现呼吸窘迫综合征、肺出血、呼吸衰竭、心功能衰竭及肾衰竭、感染性休克及脑病合并内脏脂肪变性综合征(Reye Syndrome)、全血细胞减少等多脏器功能衰竭。

(三)预防

1. 控制传染源

加强禽类疾病的监测,一旦发现禽流感疫情,动物防疫部门立即按有关规定进行处理,应按照《中华人民共和国动物检疫法》有关规定,就地销毁,对疫源地进行彻底消毒,对病人及疑似病人进行隔离治疗。

2. 切断传播途径

发生疫情后,对禽类养殖场、售禽类摊档、患者所在单位、家庭进行彻底消毒,对死禽及禽类废弃物应立即就地销毁或深埋;收治病人的门诊和病房要彻底消毒;医护人员要做好个人防护。

3. 保护易感人群

加强健康教育,养成良好的生活方式。加强体育锻炼,避免过劳。保持室内空气流通,尽量少去空气不流通和人群聚集的公共场所;注意个人卫生,用正确的方法洗手;禽鸟类食品加热 100℃以上 2 分钟可以灭活病毒。在接触过可疑人禽流感患者后,在医生的指导下,必要时可以使用抗流感病毒药物或按中医药辨证疗法进行预防性用药。

4. 免疫预防

我国已研制人用禽流感疫苗,但应全面评估疫苗安全性以及正确评价疫苗的适用人群。

四、狂犬病

狂犬病是由狂犬病毒引起的以侵犯中枢神经系统为主的传染病,是人畜共患疾病。狂犬病毒通常由病兽通过唾液以咬伤方式传给人,病毒先在伤口附近的肌细胞小量繁殖,然后侵入近处的末梢神经,沿着神经轴突向中枢神经扩散,入侵脊髓并很快进入脑部(主要侵犯脑干、小脑等处的神经细胞),最终病毒由中枢神经向周围神经扩散,侵入各器官组织而发病。因常有恐水的表现,故也称恐水病。至今无特效药物,一旦发病病死率几乎为 100%。

狂犬病毒易被紫外线、甲醛、苯扎溴铵、碘酒、乙醇、高锰酸钾、甲醛等灭活,100℃加热 2 分钟即灭活。

（一）流行病学

1. 传染源

带狂犬病毒的动物是主要的传染源,我国狂犬病的主要传染源是病犬,占80%～90%,其次是病猫、病狼。南美洲带毒的吸血蝙蝠,是当地的重要传染源。由于狂犬病患者的唾液中含病毒量较少,一般来说,狂犬病患者不是传染源。一些看似"健康"的家犬或猫的唾液中也可带狂犬病毒,也能传播狂犬病。

2. 传播途径

病犬、病猫等动物的唾液中含较多的狂犬病毒,于发病前3～5天即具有传染性。病毒通过被咬伤、抓伤甚至是舔伤的伤口侵入体内。黏膜也是病毒侵入的门户,如人的眼结膜被病兽唾液污染可引起发病。此外,还可通过宰杀病兽、剥病兽皮、进食染毒肉类而发病,偶有因吸入蝙蝠群居洞穴中含病毒气溶胶而感染发病。

3. 人群易感性

人对狂犬病毒普遍易感。未预防接种狂犬病疫苗者,被病犬咬伤后发病率为15%～20%。被病兽咬伤是否发病和下列因素有关:

(1) 咬伤部位:头、面、颈、手等被咬伤后发病机会较多;
(2) 咬伤程度:创口大而深者,发病机会多;
(3) 衣着厚薄:衣着厚者较衣着薄者发病机会少;
(4) 局部处理情况:伤口按照要求、及时严格处理者发病机会少;
(5) 注射疫苗情况:及时、全程、足量注射狂犬疫苗和免疫球蛋白者,发病率低;
(6) 被咬伤者免疫功能低下或免疫缺陷者发病机会多。

（二）临床表现

潜伏期长短不一,潜伏期5天至19年或更长,一般1～3个月。病毒数量大、毒力强、伤口位于或靠近头面部者,潜伏期相对较短。狂犬病分狂躁型和麻痹型,狂躁型相对多见。典型狂躁型病例的临床过程可分3期。

1. 前驱期

大多数病人有低热、食欲缺乏、恶心、乏力、头痛、周身不适等症状,类似感冒,继而出现烦躁、恐惧不安,对声、光、风、痛等较敏感,并有喉头紧缩感。较有诊断意义的早期症状是在已愈合的伤口、伤口附近及其神经通路处有麻木、痒、痛等异常感觉,四肢有蚁行感,发生于50%～80%的病例。本期持续2～4天。

2. 兴奋期

患者逐渐进入高度兴奋状态,其突出表现为极度恐惧、恐水、怕风、怕光和兴奋不安,恐怖异常。患者神志清楚,表情痛苦,体温常升高,可达38～40℃。最典型的症状为恐水:饮水、闻流水声甚至谈到饮水都可诱发严重的咽肌痉挛、呼吸困难、多汗流涎等,因此常渴极而不敢饮,饮后亦无法下咽。风吹面颊、日照双目、突发声响等多种因素刺激也能引起恐水症状发作。发作时表现为咽到胸部的各种肌肉剧烈痉挛,伴随呛咳、呕吐。常因声带痉挛伴声嘶,说话吐字不清。严重发作时全身肌肉疼痛性抽搐,因呼吸肌痉挛致呼吸困难和发绀。患者的神志大多清楚,虽极度恐惧和烦躁不安,但绝少有侵入行为。随着兴奋状态的增长,部分病人可出现精神失常、谵妄、幻视幻听、冲撞嚎叫等。病程进展很快,很多患者在发作中死于呼吸衰竭或循环衰竭。

3. 麻痹期

患者痉挛发作减少或停止,患者渐趋安静,出现各种瘫痪,其中以肢体瘫痪较为多见,亦可出现眼肌、颜面肌、咀嚼肌瘫痪症状。继而进入昏迷状态,最后可因呼吸和循环衰竭而死亡。本期一般持续6～18小时。

狂犬病的整个病程一般不超过6天。除上述典型病例外,尚有以瘫痪为主要表现的"麻痹型"或"静型",也称"哑狂犬病",约占20%。该型患者无兴奋期及典型的恐水现象,而以高热、头痛、呕吐、全身不适、咬伤处疼痛开始,继之出现各种瘫痪,如肢体截瘫、上行性脊髓瘫痪等,最后常死于呼吸肌麻痹,本型病程可长达7～10日。

犬患狂犬病发病初期有行为改变,如尾巴下垂、无精神、进食减少、对主人冷漠等,约2天后进入兴奋期,吠叫声改变,乱窜,走路时低头夹尾,常突然咬人,乱咬其他动物,吞食异物,不认熟人,舌头外伸,大量流涎,继而吞咽困难,声音嘶哑,行动蹒跚,进行性瘫痪,最后因呼吸循环衰竭而死亡。从发病至死亡为3～7天。

(三) 预防

目前,针对狂犬病还缺乏有效的治疗方法,必须加强预防工作。

1. 控制传染源

加强犬和猫的管理,控制宠物间的传播,对宠物强制性接种狂犬疫苗,发病的犬、猫立即击毙并焚毁或深埋。控制野生动物间的传播,通过投喂含口服狂犬疫苗的诱饵实现。

2. 及时处理局部伤口

伤口处理包括彻底冲洗和消毒处理。

(1) 立即针刺伤口周围的皮肤,尽力挤压出血或用火罐拔毒。切忌用口吮吸伤口,以防黏膜感染。

(2) 用20%肥皂水或者其他弱碱性清洁剂和一定压力的流动清水交替反复冲洗0.5小时。

(3) 冲洗后,用75%酒精或2%～3%碘酒反复消毒伤口,伤口一般不缝合和包扎,以便排血引流。

(4) 严重咬伤及伤口靠近头部者,应当先用抗狂犬病血清或者狂犬病人免疫球蛋白做伤口周围的浸润注射,使抗体浸润到组织中,以中和病毒。

(5) 酌情使用抗生素及破伤风抗毒素。伤口较深、污染严重者酌情进行抗破伤风处理和使用抗生素等,以控制狂犬病病毒以外的其他感染。

3. 预防接种

(1) 暴露前免疫预防。接种对象为从事狂犬病研究的实验室工作人员、接触狂犬病病人的人员及兽医等狂犬病高暴露风险者。暴露前基础免疫程序为0(注射当天)、7、21(或

28)天各接种 1 剂量狂犬病疫苗。后每两年,做增强免疫。

（2）暴露后免疫预防。伤口的正确处理,抗狂犬病血清或免疫球蛋白和狂犬病疫苗的联合使用,可有效预防狂犬病的发生。咬伤者于 0（注射当天）、3、7、14 和 28 天各肌内注射狂犬病疫苗 1 个剂量。

（3）再次暴露后处置。任何一次暴露后均应及时、彻底地进行伤口处理及注射狂犬病免疫球蛋白。一般情况下,全程接种狂犬病疫苗后,体内抗体水平可维持至少 1 年。如再次暴露发生在免疫接种过程中,则继续按照原有程序完成全程接种,不需加大剂量。①

第三节　常见细菌性传染病及预防

一、肺结核

肺结核是由结核分枝杆菌入侵肺部引起的感染性疾病,是各种结核病中最常见的类型,约占全身结核病的 80%~90%,其中痰中排菌者称为传染性肺结核病。肺部病灶中的结核杆菌除沿支气管在肺内播散外,还可穿过胸膜引发结核性胸膜炎;通过血液、淋巴管等播散至全身各器官,引发相应器官的结核病。

结核分枝杆菌对干燥、冷、酸、碱等抵抗力强。在干燥环境中可以存活数月或数年,在阴湿处能生存数月以上,低温条件下如 -40 ℃仍能存活数年。对乙醇、高温、紫外线比较敏感,75% 乙醇 2 分钟、煮沸 1 分钟均可将其灭活。将痰吐在纸上直接烧掉是最简易的灭菌方法;阳光直射下 2 小时结核分枝杆菌可被杀死,紫外线灯照射 30 分钟具有明显杀菌作用。结核分枝杆菌对大多数抗生素都有先天的耐药性。

（一）流行病学

1. 传染源

未经治疗的排菌病人是最重要的社会传染源。传染性大小取决于痰中结核菌的数量,经正规抗结核治疗后,痰中排菌量减少,传染性降低。一般来说,初治菌阳肺结核患者一旦给予系统的抗结核治疗,则传染性会在 2~4 周内迅速减弱直至消失。

2. 传播途径

主要是经呼吸道传播。肺结核患者咳嗽、打喷嚏排出的结核杆菌悬浮在空气飞沫中播散,痰液干燥后,结核杆菌还可随灰尘飘浮在空气中,如被健康人吸入即可导致发病。经消化道和皮肤等其他途径传播现已罕见。

---

① 徐晓宗.大学生健康教育读本[M].成都:西南交通大学出版社,2019.

3. 人群易感性

人群普遍对结核杆菌易感。感染结核菌后大多数人并不发病,仅于抵抗力低落时发病。婴幼儿、青春后期、老年人及生活贫困、居住拥挤、营养不良等人群易发结核病。某些疾病如糖尿病、胃切除术后、麻疹、百日咳及免疫抑制状态,包括免疫抑制性疾病和接受免疫抑制剂治疗者易受感染。

4. 流行特征

近10年来,结核病在全球呈明显上升趋势,成为传染病中第一杀手。我国结核病疫情也相当严重,病人总数仅次于印度,列全球第2位,结核病的死亡人数居法定传染病疫情报告之首位。该病属慢性传染病,早期无自觉症状,多在健康检查时才被发现,故其发病季节性不强。近年我国中学生和大学生中结核病发病率明显上升。我国结核病疫情特点是:高感染率、高肺结核患病率、死亡人数多和地区患病率差异大。

(二)临床表现

1. 全身症状

发热是早期活动性结核病的主要症状之一,轻症病人多为低热,病变恶化、合并感染或重症病人可有高热。结核病人发热特点是,长期午后低热,凌晨降至正常,急性粟粒性肺结核患者可表现为持续高热。部分患者有可伴有倦怠、乏力、盗汗、食欲减退、体重减轻、失眠、妇女月经不调、易激惹、心悸、面颊潮红等症状,或无明显自觉不适。

2. 呼吸系统症状

(1)咳嗽咳痰。

咳嗽咳痰为最常见症状,也是排出气道分泌物的生理反应。持续2周治疗不愈的咳嗽,应做痰结核杆菌检查及胸部X线检查。早期肺结核病人常常无痰,当结核病进展出现干酪坏死空洞或合并感染时痰量才逐渐增多。

(2)咯血。

1/3~1/2病人在不同病期有咯血。咯血量不等,可为痰中带血(血痰)或咯血。多数为少量咯血,少数为大咯血。

(3)胸痛。

部位不定的隐痛常是神经反射作用引起。固定性针刺样痛,随呼吸和咳嗽加重而侧卧位症状减轻,常是胸膜受累的缘故;膈胸膜受刺激,疼痛可放射至肩部或上腹部。

(4)呼吸困难。

一般肺结核病人无呼吸困难。当气管受压、肺不张、大量胸腔积液、胸膜增厚和肺气肿时,病人才感到呼吸费力。

(三)预防

1. 控制传染源

从当地疫情实际出发,定期开展重点线索调查和健康检查。普及肺结核知识,尽早治疗肺结核病人。对于开放性肺结核患者可以适当进行空气隔离,并加强宣教,不随地吐痰等,以免增加其对公共人群的传染危害。遵循直接督导下短程化疗策略,督导患者整个治疗过程。

2. 切断传播途径

病人及医务人员戴 14 层棉纱口罩或其他防护性口罩均能减少呼吸道的细菌数量,对结核菌的呼吸道传播有一定的预防作用。管理好患者的痰液。用 2% 含氯消毒液消毒污染物表面。

3. 保护易感人群

新生儿必须及时接种卡介苗。卡介苗(BCG)是一种无毒牛型结核菌活菌疫苗。接种后机体反应与低毒结核菌原发感染相同,产生变态反应同时获得免疫力。除对结核病有一定特异性抵抗力外,对其他细胞内病原菌感染和肿瘤的非特异性抵抗力亦有提高。工作和生活环境应经常通风。锻炼身体,养成良好的生活习惯。

二、细菌性痢疾

细菌性痢疾简称菌痢,是由痢疾杆菌感染而引起的肠道传染病。本病以腹痛、腹泻、里急后重和黏液脓血便为主要临床特征,可伴有发热及全身中毒症状,严重病例可出现中毒性休克或脑病。

痢疾杆菌体外生存力较强,在蔬菜、瓜果及被污染物品上可存活 1～3 周,耐受低温,对紫外线、加热、酸及一般消毒剂均敏感。

(一)流行病学

1. 传染源

传染源包括急、慢性菌痢患者和带菌者。其中非典型患者、慢性患者及带菌者常因症状轻或无症状而易被忽略,或因表现不典型而被漏诊且管理困难,因而在流行病学上,明确传染源有更大的意义。病后带菌者亦有一定的传播作用。带菌期长短不一,成人较儿童为长。

2. 传播途径

本病主要经粪-口途径传播。痢疾杆菌随传染源的粪便排出后,通过污染的手、食品、水源等生活接触,或苍蝇、蟑螂等间接方式传播,最终均经口入消化道使易感者感染。

3. 人群易感性

人群对痢疾杆菌普遍易感。学龄前儿童患病多见,与不良卫生习惯有关,成人患者的发病则与机体抵抗力降低、接触感染机会多有关。病后可获得一定免疫力,但持续时间较短,不同菌群及血清型间无交叉保护型免疫力,易反复感染。

4. 流行特征

本病全年散发,以夏、秋两季多见。儿童发病率一般较高,其次是 20～39 岁青壮年,老年患者较少。

(二)临床表现

潜伏期一般 1~4 天,短者可仅数小时,最长至 7 天。根据病程及病情,临床将菌痢分为急、慢性两种。

1. 急性菌痢

(1)普通型。

起病急,高热伴寒战、头痛、食欲减退,并出现腹痛、腹泻,每日排便十余次至数十次不等,量少,开始为稀便,逐渐转为黏液脓血便,每次量不多,里急后重明显。左下腹压痛明显,肠鸣音亢进。自然病程为 1~2 周,多数可自行恢复,少数转为慢性。

(2)轻型。

症状轻,不发热或低热,腹痛轻,里急后重不明显,每日腹泻 10 次以内,稀便有黏液无肉眼脓血。自然病程一般 4~5 天,常不治自愈,少数也可转为慢性。

(3)重型。

多见于年老体弱、营养不良患者,急起发热,腹泻每天达 30 次以上,为稀水脓血便,腹痛、里急后重明显。常伴呕吐,容易发生脱水、酸中毒、电解质紊乱,严重失水可引起外周循环衰竭。部分病例可演变为中毒性休克,少数可出现心、肾功能不全。

(4)中毒型。

多见于 2~7 岁儿童,突然高热起病,体温达 40℃以上。伴精神萎靡、嗜睡、抽搐及昏迷,迅速发展为循环衰竭、呼吸衰竭,而病初肠道症状不明显,病情进展迅速、凶险、病死率高。

2. 慢性菌痢

慢性菌痢指病程迁延超过 2 个月以上未愈,根据临床表现可以分为 3 型。

(1)慢性迁延型。

急性菌痢发作后,病情迁延不愈,时轻时重,常有腹痛。因长期腹泻,还可出现乏力、营养不良及贫血等表现。大便常间歇排菌,构成不易管理的传染源。

(2)急性发作型。

半年内有菌痢病史,间隔一段时间又出现急性菌痢的表现,但发热等全身毒血症状不明显。

(3)慢性隐匿型。

一年内有菌痢史,临床症状消失 2 个月以上,但粪便培养可检出病菌,乙状结肠镜检查可见肠黏膜病变。

慢性菌痢中以慢性迁延型最为多见,急性发作型次之,慢性隐匿型最少。

(三)预防

1. 管理传染源

及时隔离治疗患者直至粪便培养阴性。对接触者观察 1 周。从事饮食、饮水及托幼工作的人员应定期做粪便检查,如发现带菌者,应彻底治疗并暂时调离相应工作。

2. 切断传播途径

搞好个人及环境卫生,饭前便后洗手,注意饮食和饮水卫生,加强粪便管理,灭蝇、灭蛆。

3. 保护易感人群

口服痢疾活菌苗,能刺激肠黏膜产生局部保护性抗体分泌型 IgA,免疫力可维持 6～12 个月,但与其他菌型无交叉免疫作用。流行期间,口服马齿苋、大蒜、地锦等,也有一定预防效果。

三、细菌性食物中毒

细菌性食物中毒是进食被细菌或其毒素污染的食物而引起的急性感染性中毒性疾病。根据临床表现的不同,分为胃肠型和神经型两类。

(一)胃肠型食物中毒

胃肠型食物中毒较多见。其特点为潜伏期短,集体发病,临床上多以恶心、呕吐、腹痛、腹泻等急性胃肠炎表现为主要特征。

引起胃肠型食物中毒的细菌有以下 4 种:

(1)沙门菌:存在于多种家畜、家禽及鼠的肠道、内脏、肌肉中,不耐热,55℃条件下 1 小时或 60℃条件下 10～20 分钟可被杀灭。

(2)副溶血性弧菌:存在于墨鱼、海鱼、海蜇及含盐较高的食物如咸菜、咸肉中,不耐热,56℃条件下 5 分钟即可被杀死,90℃条件下 1 分钟可被杀灭。

(3)大肠杆菌:为人和动物肠道正常寄居菌,一般不致病,但某些种类的大肠杆菌可引起食源性肠炎。体外抵抗力较强,在水和土壤里可存活数月,含余氯的水中不能存活。

(4)金黄色葡萄球菌:存在于人体的鼻腔、指甲缝、皮肤及皮肤化脓灶中。该肠毒素耐热,煮沸 30 分钟仍能保持毒性,耐酸,能抵抗胃蛋白酶和胰蛋白酶消化。

1. 流行病学

(1)传染源。

本病的主要传染源是带菌的动物如家畜、家禽及其蛋品、鱼类及其他野生动物,患者带菌时间较短,作为传染源意义不大。

(2)传播途径。

经进食被细菌或细菌毒素污染的食物而发病。食品可在加工、贮存过程中被污染。苍蝇和蟑螂为主要的传播媒介。

(3)人群易感性。

人群普遍易感,病后无持久免疫力,且易重复感染。

(4)流行特征。

多发于夏、秋季。常因食用不新鲜、保存不当、烹调不当、生熟砧板不分或剩余物处理不当等感染该病。可散发,也可集体发病。

2. 临床表现

潜伏期短,多于进食后数小时发病。

胃肠型食物中毒的临床表现大致相似,以急性胃肠炎症状为主,如腹痛、腹泻、恶心、呕吐。一般起病急,腹部不适,上、中腹持续或阵发性绞痛,继而出现腹泻。便次数多少不等,每日数次到十多次,多为黄色稀便。吐泻严重者可出现脱水、酸中毒甚至休克。感染性食物中毒可有发热、头痛乏力等全身中毒症状。病程短,多在2~3天内恢复。

3. 预防

(1)做好饮食卫生,加强相关法律法规的宣传教育,做好饮食卫生监督管理,包括食品链的所有环节:原料采购、加工制作、销售。切生、熟食物的厨具要分开,用后彻底消毒。生、熟食物分开放置,防止交叉污染。对熟食品,食用前必须再加热。

(2)消灭苍蝇、鼠类、蟑螂和蚊类,不在食堂附近饲养家畜家禽。

(3)开展健康教育,提高全民卫生意识,把好病从口入这一关。

(4)一旦发现食物中毒,应立即报告当地卫生防疫部门,及时调查、分析、制定防疫措施。

(二)神经型食物中毒

神经型食物中毒亦称肉毒中毒,是因进食被肉毒杆菌外毒素污染的食物而引起的中毒性疾病。临床上以恶心、呕吐及中枢神经系统症状如眼肌、舌咽肌甚至呼吸肌麻痹为主要表现。症状严重,如不及时抢救,病死率较高。肉毒菌外毒素是一种嗜神经毒素,毒力极强,对胃酸有抵抗力,但不甚耐热。毒素在干燥、密封和阴暗的条件下,可保存多年。本病目前虽属少见,但由于肉毒杆菌外毒素的毒力极强,且无色、无臭、无味、不易察觉,又可大量生产,能通过气溶胶使人中毒,战时敌方可能用作生物武器,应引起重视。

本菌主要存在于家畜及土壤中,也可附着于水果、蔬菜及谷物上。在沸水中可存活5~22小时。高压灭菌121℃条件下30分钟,5%苯酚溶液24小时才能将其杀灭。

1. 流行病学

(1)传染源。

家畜、家禽及鱼类为传染源,病菌由动物肠道排出后,其芽孢可在土壤中长期存活,并由此污染食品。

(2)传播途径。

主要通过食物传播,多见于腌肉、腊肉、猪肉及制作不良的罐头食品,家制臭豆腐和豆瓣酱等食品。

(3)人群易感性。

人群普遍易感,不引起人与人之间传染,不产生病后免疫力。

2. 临床表现

潜伏期一般12~36小时,最短为2小时,最长为10天。潜伏期越短,病情越重。

起病突然,以神经症状为主,病初有头痛、头晕、乏力等,继而出现视力模糊、复视、瞳孔散大、眼睑下垂。重症者可出现吞咽、咀嚼、发音困难,甚至呼吸衰竭。体温一般正常,神志清楚,知觉存在。肌力低下主要见于颈部和肢体近端,腱反射呈对称性减弱。胃肠道症状轻,可有恶心、便秘或腹胀。病程中神志清楚,感觉正常,不发热。部分患者有便秘、腹胀、尿潴留。病程长短不一,通常6～10天后逐渐恢复,病重或抢救不及时者,多因呼吸中枢麻痹、心功能不全及继发肺炎而死亡。

3. 预防

(1)做好食品卫生管理,尤其注意罐头食品的制作及火腿等腌制食品的包装和保存。食品罐头的两端若有膨隆现象,或内容物色香味改变者,内容物必须煮沸后丢弃。

(2)遇有同食者发生肉毒素中毒时,其余人应立即注射多价抗毒血清1000～2000 U,每周1次,共3次,以防发病。[①]

第四节　体育锻炼对疾病发生率的影响

一、疾病发生原因

(一)年龄

在当前的社会条件下,许多常见的慢性疾病在发生年龄上有年轻化的趋势。中年老人常见的高血压、心血管疾病、骨骼疾病等都会发生在大学生群体当中。主要原因是大学生的物质生活条件得到了改善,但其疏于体育锻炼,也很少参加较重的体力劳动,使身体的机能明显下降。

(二)肥胖度

我国的青年和少年儿童群体肥胖的比例逐年上升,主要原因在于许多孩子成长在较好的家庭环境中,家长没有注意营养的协调。同时,当代青年更愿意消费垃圾食品,也更愿意享受信息化的生活,使得作息情况和饮食习惯都不够健康。如果这些群体疏于体育锻炼,就更容易造成身体脂肪的堆积,产生肥胖问题。肥胖是导致心血管疾病发生的主要诱因,严重影响人们的身体素质。但需要注意的是,身体偏瘦的人群也会产生各类疾病,有时身体偏瘦是消化不良和身体机能不健康所导致,这也会导致更多的疾病发生。因此,大学生无论身体肥胖程度,都应该积极参与体育锻炼。

(三)生活习惯

当代的大学生更愿意进行物质生活的享受,因而形成了诸多不健康的生活习惯。在我

[①] 马毅,吴明宇,苑海燕,等.大学生生理健康教育[M].北京:清华大学出版社,2018.

国的高校中,大学生饮酒、吸烟的情况普遍存在,而且许多大学生喜欢熬夜参加各类娱乐活动,导致作息混乱,这些生活习惯是导致大学生身体素质下降,产生各类疾病的重要因素。

二、体育锻炼对生活质量与发病率的影响

(一)体育锻炼对生活质量的影响

当人们患上高血糖、高血压等慢性疾病后,为了让身体具有正常的生理机能,就需要长期服用治疗药物。慢性疾病对于人体的影响是深远的,某一个系统的生理功能障碍,会给其他器官和系统带来负面影响,使身体素质越来越差。慢性疾病也会影响人的心理状态,由于生理功能下降和长期服用药物,患者会形成较为悲观的心理状态,对自己的情绪产生不良影响,进一步使生活质量下降。因此,人们要想抵抗慢性疾病带来的影响,提高生活质量,就应该长期坚持体育锻炼。体育锻炼对于心血管的作用是十分明显的,能够加强心血管功能,让血糖、血脂等指标逐渐恢复到正常状态。参与体育锻炼也可以让人们转移注意力,从疾病带来的苦闷中得到释放,让人们以积极的心态来应对生活中的难题。

(二)体育锻炼对发病率的影响

1. 体育锻炼对循环系统的影响

循环系统由一系列连续封闭式的管道系统组成,包括心血管系和淋巴系。循环系统的主要功能,是不断地向全身各器官、组织和细胞输送营养物质、氧气和激素,并将各器官、组织和细胞的代谢物排出体外,以保证人体维持正常的生理活动。循环系统中的心血管系由心脏和血管组成。

循环系统以心脏为中枢,形成了两条独立的循环机制,即体循环和肺循环。心脏通过肌肉的搏动,可以让流入心脏的血液泵出,给血液向两条循环体系的流动提供了初始动力。血液的体循环和肺循环是身体进行新陈代谢的必要条件,体循环的动脉血能够将氧气和其他营养物质输送到所有的器官和细胞当中,并通过物质交换,将细胞中的代谢废物融入血液,形成静脉血回流到心脏。肺循环则是心脏通过搏动,让携带二氧化碳的血液进入肺泡进行交换,红细胞再通过融合氧气,实现了为身体供氧的作用。

身体锻炼对循环系统的影响主要表现在以下几个方面:

(1)提高心脏的动力功能。身体锻炼可使心脏的每一次跳动强劲而有力,搏出血量也要比不参加锻炼的人多。这是因为长期进行身体锻炼的人的心脏体积要比不参加锻炼的人大。除此之外,心脏壁厚度、心脏容积也好于不参加锻炼的人。

心脏机能较差的人群为了搏出更多的血量,心脏就需要加快搏动频率,但每次搏出量不高。而当这些人群参加一些较为剧烈的活动时,心跳的频率会更快,但这样也容易让身体出现营养物质不足和疲劳问题。同时,由于心跳的频率过高,也会导致心率不正常,并对心脏健康具有较大的害处。经常参加体育锻炼的人群,其心脏的容量会增大,心肌也会

产生更强的力量,因此,心脏的每一次搏动,都可以输出足够多的血液量,给身体的内脏器官和肌肉组织送去更多的营养,从而实现了强身健体的效果。因此,参加锻炼的人群,在进行剧烈活动时,心脏也不会出现异常的心律,并且心跳频率慢而有力。

人们在参与体育锻炼时,应该将自己心脏搏动情况当成重要的指标,要结合心跳的频率来调整运动负荷。一般来说,体育锻炼要想达到健身效果,就应该让心脏也承受一定的压力,随着心跳速度的变快,可以对心脏肌肉力量进行锻炼。通常需要通过运动,让心脏搏动频率达到每分钟 100 次左右,并在这种频率下进行持续的锻炼。

(2)可使心血管系统得到明显的改善。体育锻炼对于血管功能的强化效果是十分显著的。一是当人们进行长期的体育锻炼后,因为血管需要不断地向肌肉、脏腑、大脑等部位输送血液,也必然会刺激血管提高血液输送的功能。在运动刺激下,血管壁细胞的舒张和收缩能力会得到增强,在神经系统的作用下,达成更好的血液控制效果。二是体育锻炼会让肌肉组织中的毛细血管明显增多,从而让人体的毛细血管网络更加发达,提高了心血管新陈代谢的能力。三是体育锻炼可以增强造血功能,由于血液组织的物质输送压力增加,刺激造血组织提高造血功能,在血液中营养更为丰富的情况下,血液内部的代谢功能也会得到增强。

(3)可使组织和细胞的活力不断加强。血液系统在参与物质的输送和代谢时,主要依靠的就是红细胞的生理机能。红细胞是一种没有细胞核的特化血细胞,其内部的主要成分是血红蛋白,这种蛋白富含二价铁,能够与氧气、二氧化碳产生化学反应,并且能够在一定条件下实现气体交换,从而起到了气体输送的作用。人们在进行体育锻炼时,血液循环的速度会加快,红细胞会通过肺循环和体循环在身体内快速周转,将各类营养物质输送到参与运动的机体部位。血液中的另一种重要细胞是白细胞,它的主要作用是随着血管流动,可以为全身提供免疫功能。体育锻炼能够让白细胞更有活力,从而提高身体的免疫力,成为促进身体健康发展的重要途径。

(4)通过体育锻炼,血液循环效率将会提高,血液细胞的功能将得到增强,因此体育锻炼对于加强身体的代谢功能具有重要作用。人们在运动时,参与运动的肌肉组织会极大地增强代谢能力,肌肉需要从血液中吸收氧气来进行分解代谢,将糖原、脂肪或蛋白质等身体的重要物质进行分解。这个能量代谢需要血液循环系统为肌肉组织提供氧气和其他物质。运动过程中,在肌肉组织进行能量代谢时,肌肉会消耗大量的能量物质,产生代谢物,血液循环系统也需要将代谢物质输送到其他的器官中去。如果血液循环不畅,肌肉就无法获取能量来持续工作,代谢物质会导致肌肉出现疲劳、疼痛等问题,意味着身体运动状态的下降。因此,体育锻炼能够有效改善人体的代谢功能,并预防由代谢功能不良引起的各类疾病。

2. 体育锻炼对机体代谢的影响

人的身体在维持日常活动时,需要消耗能量来满足各个组织和器官的正常活动。在参与高强度的体育运动时,身体的能量消耗也会提高。身体能量的供应主要通过分解能量物质来实现,这些物质包括糖原、脂肪和蛋白质等。同时,细胞在正常工作时,也需要通过合成物质来产生新生细胞所需的大分子,这个过程需要合成代谢来实现,合成代谢也需要消耗营养物质和能量。总之,代谢机制是身体能够维持生命的关键,体育锻炼则能够让身体各个系统的机能处于高度活跃状态,有效提高人的代谢能力。

(1)体育锻炼对糖代谢的影响。糖代谢是糖在体内合成与分解的过程。人体能量供给首先来源于糖,糖是人体最经济的供能物质。糖是身体最容易利用的能量物质,其代谢效率高,分解条件十分方便,能够快速地为细胞提供能量。人体在产生快速力量时,主要就是依靠糖代谢来提供能量。糖分需要人们通过日常饮食来获取,许多食品都富含糖类营养,其中主食所拥有的碳水化合物就是一种重要的糖类来源,这种物质在体内可以被加工为糖原进行存储。人体所吸收的糖类主要分为单糖和多糖,单糖可以直接融入血液循环系统,为身体提供能力。多糖无法直接被利用,但可以被各个组织的细胞分解为糖原,其中最主要的是肌肉细胞形成的肌糖原,肝脏器官形成的肝糖原等。

人们在参与运动时,肌肉细胞需要能量来持续地伸长或收缩,进而产生力量,这个活动过程就需要持续为肌肉提供能量。可以说能量决定了肌肉的活动能力和工作时间,是影响力量和耐力的关键。肌肉在获取能量时,可以通过肌糖原的分解代谢来得到能量,代谢过程可分为无氧代谢和有氧代谢,两种方式产生的力量各有不同,也会造成肌肉活动形式的不同。

(2)体育锻炼对脂肪代谢的影响。脂肪代谢是肌肉获得能量的另一种形式,当肌肉的糖代谢的能量不充足时,就需要将身体各部分的脂肪进行分解取得能量。这种能量的供应方式可以为肌肉提供持续的能量来源,比糖代谢供能时间更长,让肌肉产生长时间持续工作的能力。因此,当人们进行强度较低、持续时间更长的体育运动时,脂肪就会被大量消耗,以取得长效的能量。脂肪是人体必不可少的一种能量物质,人们在摄取能量物质时,如果消耗小于获取的能量,身体就会利用这些能量合成脂肪细胞存储在身体各个部位。脂肪除了是一种能量的存储方式外,还可以起到保护内脏、维持体温的作用。如果身体的脂肪堆积过多,就会出现肥胖问题。如果血液中的脂肪含量过高,也会造成心血管疾病、肝脏疾病等。

肥胖症是指身体脂肪积聚过多,超过同年龄同身高标准体重20%以上者。主要原因是长期摄入量超过消耗量。该症状除了影响青少年的正常发育外,还会诱发糖尿病、动脉硬化等一系列疾病。脂肪代谢的途径有四个方面:①以储存性脂肪的形式存留下来;②参加构成人体的组织;③再分解为甘油和脂肪酸;④被各种腺体利用而生成其特殊的分泌物。从脂肪的代谢途径可以知道,在能量物质摄取量一定的情况下,只要机体能量的需求量大,脂肪的储存就会相应减少。也就是说,通过身体锻炼可以使人体内的脂肪储存减少而达到减肥的目的。显而易见,体育锻炼是最科学而简便易行的且是最有效的减肥方法。

(3)体育锻炼对胆固醇代谢的影响。胆固醇是固醇类的一种,因从胆石中发现而得名。血浆胆固醇在体内的存在方式有两种:一种是低密度脂蛋白(LDL);另一种是高密度脂蛋白(HDL)。两种胆固醇在体内的作用是不同的。低密度脂蛋白可以以大块形式附着在动脉血管壁上,促使动脉硬化的形成;而高密度脂蛋白对前者有对抗作用,它可以清除附着在血管壁的低密度脂蛋白,减少其在血管壁的沉积,有效地防止动脉硬化的产生。心血管系统在人体系统的各个器官中具有举足轻重的作用,但是越来越多的心血管系统疾病不断地困扰着人类的身体健康,如动脉硬化、心肌梗死、冠心病等。这些均与血浆中的血脂含量有关。因此,临床医学常把血液中胆固醇的含量作为衡量血脂的指标。

体育锻炼对于降低身体脂肪的含量、维持体内胆固醇的平衡具有重要作用。锻炼可以让身体分泌更多的蛋白酶,让血液中的脂肪酸、胆固醇得到充分利用,从而使血液保持健康状态,有效避免高血脂问题的产生。

3. 体育锻炼对呼吸系统的影响

呼吸系统是人体与外界完成气体交换的所有器官的总称。机体在进行新陈代谢的过程中,经呼吸系统不断地从外界吸入氧,由循环系统将氧运送到全身的组织和细胞,经过氧化产生组织、细胞活动所必需的能量,同时在氧化过程中产生二氧化碳,再通过循环系统运送到呼吸系统,排出体外,以保证机体活动的正常进行。体育锻炼可以增强人体呼吸系统的功能,其主要表现有以下几个方面:

(1)使呼吸肌更加发达。呼吸肌包括膈肌、肋间肌、腹肌等肌肉。众所周知,人体在进行身体锻炼时,肌肉对氧气的需求量比静止状态下要大得多。人体运动时的呼吸节奏与动作相配合,可以使呼吸肌随着动作进行有节奏的运动。这种有节奏的运动方式使膈肌、肋间肌、腹肌等肌肉在内的呼吸肌得到了锻炼,肌力增强,呼吸肌也变得更加发达。随着呼吸肌的发达,肌肉收缩与舒张也就更有力,呼吸时肌肉的运动幅度也随之增大。呼吸差是指尽力吸气和尽力呼气的胸围大小变化的差额,它是衡量呼吸运动幅度大小的常用标准。经常进行身体锻炼的人的呼吸差可以达到8～16 cm,比一般人的5～8 cm增加了近1倍。每次呼吸都可以吸入或者排出更多的气体,使更多的气体得到交换,从而能更好地满足人体运动时组织细胞对氧的需求。

(2)使肺活量得到增强。肺活量是指尽力吸气后,做最大呼气时所能呼出的气量。肺活量是人体肺部可以容纳空气量的最高限度,反映出呼吸系统的工作能力。因此,肺活量的大小通常被作为衡量体质强弱的重要标准之一,并与性别、年龄、锻炼程度等都有关系。一般来说,正常成年人肺活量的平均值:男子为3500～4000 mL,女子为2500～3500 mL。老年人和儿童的肺活量要比成年人的平均值小。人们在长期参与体育锻炼后,肺活量可以得到显著增强,通常要比不参加锻炼的人群高20%以上。大学生和青少年的身体活力比中老年人更高,参加体育锻炼可以更有效地帮助其增加肺活量。

(3)使呼吸频率明显降低。呼吸频率是指人体每分钟呼吸的次数。一般正常成年男性的呼吸频率为12～18次/分,女性的呼吸频率要比男子的稍快。体育锻炼能促进呼吸肌的发达,使每次正常呼吸的气体量比锻炼前增加,呼吸深度加大,呼吸的频率也随之减少。呼吸频率的降低反映了呼吸系统功能的增强。

4. 体育锻炼对神经系统的影响

神经系统由脑和脊髓组成的中枢神经以及遍布全身各处的周围神经所组成,主导人体的各个器官系统,控制和调节人体的活动,使人体成为一个有机的整体。这个有机的整体既能适应外界环境的变化,又能不断变化达到与外界环境的相对平衡。神经系统的活动都是由各种各样的简单或复杂反射活动组成,它在形态和机能上都是完整的、不可分割的整体。因此,体育锻炼对神经系统的影响主要有以下几个方面:

(1)体育锻炼可以增强神经系统的反应效率。人体运动技能的建立,是运动系统与神经系统共同作用的结果。人们在重复地做某些动作时,就会让神经与肌肉产生运动神经反射,使身体更快、更熟练地完成一些高难度动作。在这个过程中,由于神经系统受到持续的刺激,会让反应能力得到增强。神经系统除了控制和调节运动过程之外,还能直接地感受动作完成方式的正确与否,使肌肉、骨骼和关节在神经系统的支配下变得更加灵敏和准确。

(2)体育锻炼使神经系统的调节作用得到进一步的加强。人体在进行体育锻炼时,左、右侧身体的相互配合可以促进大脑左、右半脑的均衡发展。人体中各类复杂系统机能都是受到神经系统所支配的,神经系统能够协调这些系统来保持身体的整体平衡,让身体实现各类功能的同时,保持健康发展。如果各个系统的功能失调,就会影响人的健康,甚至导致一些疾病的产生。任何一个系统功能过强或过弱都是对健康不利的。例如,免疫系统过强,就会导致免疫系统引发的疾病。又如,如果人的消化功能失调,即使参加体育锻炼,也无法为身体提供营养物质。体育锻炼能够在神经系统的协调功能上产生刺激作用,让神经系统可以调动身体的所有系统机能来支持运动系统的活动,从而让身体的整体都取得健康活力。

5. 体育锻炼对预防身心疾病的影响

体育锻炼作为一种时尚的休闲活动,因其普及性强和对促进人体身心健康的效果显著,而得到了广泛开展。就体育锻炼对预防身心疾病的影响与作用而言,具体表现有以下几个方面:

(1)体育锻炼可以平衡血脂含量,预防高血脂所引发的各类疾病。近些年来,我国居民的生活水平取得较大提升后,不少居民因为饮食中的营养过剩,使高血脂问题成为影响人们健康的一大根源问题。高血脂主要体现在血液中的脂肪含量过高,使血液过于黏稠,影响了循环系统的功能;也体现在血液中的胆固醇过高,造成了诸多心血管疾病。

人们在生活条件逐渐改善的情况下,要想预防高血脂问题,最好的办法就是长期坚持体育锻炼,让身体的各项机能得到增强,避免多余脂肪和胆固醇的堆积。体育锻炼所产生的刺激作用:一是可以让血液中的蛋白酶具有更高的活力,加速脂肪物质的分解。二是可以让血管的能力得到强化,使其具有更强的收缩功能,预防血管硬化。三是体育锻炼可以增强各个器官的功能,让体内物质的代谢效率得到提高。尤其是肌肉组织可以将多余脂肪转化成能量消耗掉。

血液营养物质过剩,是引起心脏疾病的重要原因。我国居民在营养条件改善的情况下,心脏病也在居民中呈现高发态势,并且有心脏病年轻化趋势。其根源在于学生和年轻的工作者会将更多的时间用于脑力劳动,身体的活动量显著降低,并且长期缺乏运动。这就需要各个年龄段的居民能够在学习和工作之余经常参与体育锻炼,提高血管和血液的健康程度,减轻心脏的压力,并且能够强化心脏肌肉的功能。

(2)体育锻炼对预防骨骼关节疾病的作用。人在进行体育锻炼时,全身的骨骼关节活动也至关重要。例如,上下肢关节会经历屈伸、旋转等动作过程。关节活动会使肩关节、肘关节、膝关节和踝关节得到全面的锻炼。体育锻炼在增强肌肉韧带强度的过程中,也提高了关节的灵活性,从而对风湿性关节炎起到一定的预防和治疗作用。此外,体育锻炼还可以有效地预防和延缓骨质疏松症的发生。

关节炎是由免疫功能障碍引起的结缔组织胶原纤维的炎症反应。关节炎是一种慢性疾病,其发生的原因有很多种,如风湿性关节炎等。关节炎多发生在中老年人群体,近年来也有发病年龄下降的趋势。关节炎是一种很难治愈的疾病,会长期地困扰患者,不仅会使其长期承受痛苦,还会影响其身体的活动功能,在长期积累后,会造成患者的行动缓慢。关节炎患者需要长期服药才能缓解病痛,并抑制疾病的严重程度,但要想恢复运动能力,患者还需要通过体育锻炼来实现。关节炎患者可以通过专门化的康复训练来逐步恢复关节的运动功能。运动训练的优势主要包括:运动可以让关节处的血液循环得到康复,让血液能够为关节部分的骨骼和软组织提供营养,使其可以获得新生;运动能够让关节及周围组织提高韧性,使其能够自由活动。

(3)体育锻炼对防治癌症的作用。癌症是威胁人类生命的最大"杀手"之一。就目前而言,人类至今还没有找到一种完全"攻克"癌症的方法。不过现代医学、体育学等多学科研究成果证明,体育锻炼对癌症防治是有效的。体育锻炼对于癌症的防治主要有以下作用:一是体育锻炼让血液循环的功能加强,并且让免疫系统可以释放针对癌细胞的抗体,使其能够更准确地识别癌变细胞,并通过血液循环系统来杀灭癌细胞。二是体育锻炼可以让身体各个器官的功能更加强健,使其可以有效地对抗生活中摄入的致癌物质,如酒类、垃圾食品等。同时,体育锻炼可以让人形成更健康的生活习惯,使人们远离吸烟、熬夜等不良活动,从客观上减少了罹患癌症的概率。三是体育锻炼对于造血功能、内分泌功能具有刺激作用,让身体内部环境始终处于平衡状态,这样也能增加对癌症的免疫成功率。

(4)体育锻炼对预防心理疾病的作用。随着社会经济的快速发展,人们的生活节奏越来越快,工作压力也越来越大。这一社会现状将直接影响到人们的精神生活和生理活动,并极易产生心理上的疾病。在现代社会中,许多人都饱受心理疾病的困扰,而且心理疾病不分人群的年龄、生活条件和社会背景,任何人都有患上心理疾病的可能。其中抑郁症是给人影响最大的一种心理疾病。临床心理学表明,抑郁症产生的主要原因是大脑的神经系统受到抑制,使大脑产生快乐信号的介质分泌量过低,大脑就难以产生兴奋、愉快、积极等体验。抑郁症既可以影响人的精神状态,产生思虑过多、失眠、多梦,对任何事物丧失自信和兴趣等,也可以影响人的生理状态,产生消化不良、食欲不振、身体瘦弱、免疫能力低下、器官功能下降等。治疗心理疾病需要靠寻求医生帮助和服用药物来进行,但也需要加强体育锻炼。体育锻炼能够让人的神经系统和内分泌系统活跃起来,让大脑可以产生新的刺激,进而让人们能够改变心理状态。

(5)体育锻炼对缓解心理紧张和舒缓情绪的作用。人作为社会成员都会在工作、生活、学习等方面承受不同程度的压力,这种压力会使人在精神上经常处于紧张状态。体育锻炼可使人在运动过程中心情轻松愉悦。因此,体育锻炼对缓解紧张和愉悦身心均有着积极的促进作用,使人感觉更加轻松和愉快。除此之外,体育锻炼对舒缓情绪也有良好的效果。如健身操、健美操等健身运动是随着有节奏的步伐和上肢配合有节奏地摆动而进行的体育锻炼。人们通过体育锻炼,可以得到娱乐、休闲和健康,这样可以让自己全身心地投入这些体育活动当中。当人们的注意力从日常生活中的压力转移后,就可以达到放松身心的效果。同时,通过体育的娱乐体验,人们也可以以更加饱满的精神应对生活中的各类事情,让心理和身体都能得到放松。因此,体育锻炼不仅是一种科学有效的休息方式,而且对舒缓情绪也同样有着积极影响作用。①

三、养成体育锻炼习惯的策略

我国在推进健康中国规划过程中,重点需要大力开展学校体育教育和群众体育,深入实施全民健身计划纲要,让社会全体成员以体育锻炼来预防疾病,促进全民身体素质的发展。高校要成为健康中国战略的主要实施机构,要通过大学体育教学和校园体育锻炼计划,让大学生能够形成体育锻炼的能力,掌握健康知识,并养成体育锻炼的习惯。高校的体育教育要以终身体育为基本目标,重点在于培养学生的兴趣和习惯,使大学生能够在学校中学会体育锻炼的技能,并在以后的生活中养成终身体育锻炼的习惯。②

(一)培养兴趣,树立意识

高校要想让大学生养成终身锻炼的习惯,就需要从兴趣培养入手,让大学生能够产生参与体育锻炼的兴趣。为此,高校需要为大学生创造更好的体育环境,加强体育课程的改革,从学生的需求出发来开展体育锻炼活动。培养兴趣的方法主要有以下几种:

一是改善学校内的体育教学和锻炼条件。许多体育项目的活动都需要在特定的场馆中进行,并且需要拥有高质量的体育设备。高校应该结合全民体育的开展,加强学校场馆和设施的改善,当大学生能够在更加安全、健康的条件下进行锻炼。

二是在校园内创建体育文化。高校要结合校园文化建设,充分融入体育文化活动。可以通过体育社团、体育运动队和体育赛事活动等,让大学生有更多的参与机会。通过文化的熏陶,大学生会更愿意参与到体育活动当中。

三是深入推进大学体育教学的改革。教师要以学生为主体,创造新的教育模式,让大学生能够成为体育课堂的主人,使其能够按照自己的需求来学习体育。教师在教学时应着重培养学生的兴趣,让他们能够主动地学习体育技能。

四是优化体育课程。体育教学的课程要转变以体育技能传播为主的单一方式,将更

---

① 阳超,黄兴裕,张缘.合理体育锻炼对慢性病患者生活质量和疾病发生率的影响[J].当代体育科技,2018,8(3):8-9.
② 粟雯琴,黎蹲.困境与突破——基于健康中国战略背景下的我国学校体育的发展[J].文学少年,2020(17):1.

多的健康知识、心理学知识融入其中,要让大学生能够学会自我健康管理的方法。

(二)掌握方法,提升技能

高校要通过体育教学,让学生掌握科学的体育锻炼方法。许多人虽然有意愿参与体育锻炼,但其锻炼的方法不科学,锻炼的技能不成熟,会导致锻炼的效果有限,甚至会危害身体健康。因此,体育教师应该结合大学生的体育锻炼需求,向其传播有实用性的运动技能。许多大学生在学习体育时,由于掌握不好体育技能,导致了它们对参与体育丧失信心,进而远离了体育活动。为此,教师需要在教学时注意按照学生的身体情况,有针对性地传播体育知识和技能,让大多数学生都能学会。

(1)教师要加强公共体育课程的创新。教师要深入分析当代大学生身体素质的特点,找出大学生对于健康的需求,从而有针对性地设计体育教学的技术内容。教师还要结合体育锻炼的各项需求,让大学生能够用正确的方法进行锻炼,为其设计符合身体条件的负荷强度,并指导其加强自我保护和自我管理,预防运动损伤。

(2)加强与大学生的沟通,在大学生的锻炼活动中提供指导。大学生的体育锻炼虽然需要其自主进行,但教师的指导必不可少。为此,体育教师应加强与大学生的联系,针对他们锻炼时的问题予以指导。体育教师还应该成为大学生体育社团和体育活动小组的教练员,能够随时为大学生提供帮助。

(三)强化保障,健全机制

高校为了充分保障大学生的体育锻炼活动,需要通过制度建设来加强管理。大学生在参与体育锻炼时,也需要按照体育的规律和纪律来进行,在思想和行为上得到约束。同时,通过制度保障,也可以对教师的教学活动起到督导作用。大学生在思想和认识能力上还不够成熟,在各类活动中会产生自我意识过剩的情况,在体育锻炼中,如果放任自由,有可能对自己和他人造成不利影响。因此,高校需要针对各类体育锻炼活动,为其制定规范化的制度。

(1)建立大学生的体质测试制度。高校应该建立相关的体质管理机构,为大学生定期进行体质测验,以便掌握大学生的身体素质信息。这些信息将会为高校的体育教学活动提供必要的支持。

(2)加强对大学生体育课程和锻炼参与度的监督。在开展体育教学时,教师要通过登记制度,减少大学生逃课情况。高校也需要将大学生参与体育活动的情况纳入对学生的综合评价当中。

(3)为学校的体育活动建立激励制度。高校和教师要针对大学生体育学习和锻炼情况,为其提供激励。一是在学习成绩上加强学生体育课程的分数权重。二是对大学生体育社团提供场地、设施和训练指导的支持。[1]

---

[1] 黄丽萍.体育锻炼习惯在大学生疾病预防中的作用与实施策略[J].体育视野,2021(6):92-94.

第六章 大学生体育运动与健康教育

第一节 体育运动与健康

体育运动通过锻炼人的身体素质、提高人的运动技能、产生精神上的放松，对人们的身心健康具有重要的促进作用。体育对健康的作用还体现在预防疾病和促进身体康复的功能，能够让人的免疫力增强，生理技能得到恢复，对于预防和治愈现代社会中存在的疾病具有良好的效果。

健康行为是指一切有利于提高健康水平，减少损害健康的危险因素的活动与习惯。健康行为的培养在于：养成健康习惯，讲究心理卫生，开展体育锻炼，做到饮食营养均衡、生活起居规律。

一、人体运动健康概论

人类的一切活动都依赖于运动。从石器时代到21世纪，随着生产力和科学技术的不断发展，人类社会生活水平不断现代化，人们体力活动的强度日益减弱。我们要不断地进行体育锻炼，否则，身体就会出现许多问题，如肌肉疲乏无力、关节过早退行性病变、身体易肥胖，而且使人易疲倦、睡眠质量差、脾气暴躁。缺少体育锻炼的后果将随年龄的增长而逐渐显现。因此，同学们应在大学生时期即养成体育锻炼的良好习惯，练就强健的体魄，去应对节奏愈来愈快、竞争愈来愈强的社会生活的挑战。

二、运动对生理功能的影响

所谓体育运动是运用多种体育手段，结合自然因素和卫生措施来发展身体的机能，增强体质，调节精神和丰富文化生活的身体活动过程。"生命在于运动"这句话深刻地说明了体育运动对维持和增强人体生命力的重要意义。人体健康受多方面因素的影响，其中，体育运动是影响最大的因素之一。

(一)对运动系统机能的促进作用

人们进行的任何活动,都是要靠运动系统提供支持,运动系统包括骨骼与肌肉,骨骼可以为身体提供保护和支撑,肌肉产生的力量则是人的身体能够活动的关键。体育运动是一种专门化的、负荷强度较高的运动形式,既需要运动系统产生更强的运动能力,也同时对运动系统起到直接的锻炼作用。

1. 促进骨骼生长

在体育运动时,人的骨骼要经受各种挤、压、拉等外力的刺激,这使骨组织的新陈代谢加强、骨胶原物质增加,使骨骼软骨细胞得到足够的营养物质,加速钙、磷代谢和矿物质的骨内沉积,使骨密度增加、骨结节粗隆增大,骨小梁的排列更加整齐而且有规律。这样不断骨化最终使骨骼长长、长粗,韧性提高。这些变化使骨骼的抗折、抗弯、抗压缩和抗扭转的性能得到提高,骨骼发育更加匀称。

2. 促进肌肉生长

人们在参与体育运动时,需要肌肉持续工作以产生力量,才能让人完成体育动作。如果人们长期坚持体育锻炼,可以对肌肉产生刺激作用,肌肉要提高运动能力,就会不断吸收营养物质,实现肌肉细胞的增殖,让运动部位的肌肉体积扩大,从而产生更强的力量。同时,体育锻炼对于肌肉的收缩和拉伸能力具有促进作用。此外,它还能减少人体的脂肪含量,提高肌肉的质量,使体形变得匀称、健美。

3. 增强关节稳固和灵活

人体的骨骼是由关节连接起来的,可以使人体的各个部位具有活动能力。运动能力的增强,需要身体关节具有更强的活动能力。通过动作的训练,关节在其物理范围内的伸展能力加强,关节周围的韧带也会得到强化。因此,关节活动能力提高后,人体就会拥有更强的柔韧性和灵活性。

(二)提高心血管系统机能水平

心血管系统是支持各个组织和细胞进行新陈代谢的重要系统,是为身体供应能量和营养的主要系统。体育锻炼可以让肌肉组织对于营养和能量的需求增加,促进其他器官机能的增强,同时也会让心血管系统的功能得到锻炼。参加体育锻炼后,心脏的肌肉也会得到强化,其容积和力量都会增强;血管系统的韧性和收缩能力也会得到增强,让心血管系统更加健康。

1. 运动性心脏增大

经常参加体育锻炼,可以使心脏壁增厚,心肌力增强,心脏的质量和体积增大,一般称之为心脏营养性肥大。一般人的心脏质量为 300 g,心脏血容量为 765~780 mL;经常参加体育锻炼的人心脏质量可达 400~450 g,心脏血容量达 1005~1027 mL。

2. 提高心脏功能水平

人们经过体育锻炼后,心脏的体积将会增大,可以容纳更多的血液,同时心肌的力量得到增强,提高了搏动能力,因此,心脏每次搏动就可以输送更多的血液,并提高血液的流动能力。参加体育锻炼的人群,心脏在单位时间内搏动的频率会明显降低,因而会出现心搏徐缓现象,使心脏每次收缩后有个较长时间的舒张期,得以充分休息和恢复。相反,缺乏锻炼的人,由于每搏输出量较少,安静状态下心率相对较快,与前者相比,无论在运动中,还是在安静时,心脏较易疲劳,当心率达到160次/分时,就会出现气急、脸色苍白、头昏、呕吐等现象,运动后的恢复也较慢。

3. 增强血管弹性

由于运动时血液流动较快,促使了血管快速收缩和舒张,久而久之,血管的弹性就得到了加强,且在安静状态下,血压也较低。同时,血液的快速流动,可冲走血管壁周围一部分胆固醇,而过多的胆固醇黏附在血管壁上就会阻碍血液的流动,如果它们大量黏附在心脏的冠状动脉或大脑血管壁上,就可能产生严重后果。缺乏锻炼的人,血管弹性较差,尤其是冠状动脉和脑血管的口径逐渐变小,这就会引起许多心血管系统的疾病。

(三)提高呼吸系统机能

呼吸系统的功能是不断地吸入氧气,排出二氧化碳,保证新陈代谢的正常进行。

1. 增强呼吸肌能力

人的机体在不同情况下对于氧气的需求量具有很大的差异,如果身体长期保持安静状态,肺部就不需要吸收太多的氧气。但这种情况会导致肺部的换气能力变弱,肺部也不会增殖更多的肺泡来提供呼吸,这会造成肺活量的降低。之后,如果身体需要进行繁重的活动时,肺部就无法为身体提供充足的氧气,造成运动能力下降。因此,人们要想增强肺部的呼吸功能,就需要长期坚持体育锻炼。体育锻炼能够让与呼吸有关的肌肉群和器官组织增强,提高呼吸能力。同时让肺部的肺泡增强,气体交换加快,从而提高了肺部通气量。

2. 改变呼吸频率

人体每分钟吸气或呼气的次数称为呼吸频率。经常参加体育锻炼的人,由于呼吸肌发达,使得每次呼吸时能吸入更多的氧气,排出更多的二氧化碳,从而使人体在安静状态下的呼吸频率减少,而在轻度运动时不至于出现呼吸急促的胸闷现象。在剧烈运动时,又可在增加呼吸频率的同时,通过加深呼吸来满足运动的需要。相反,缺乏锻炼的人,由于呼吸肌软弱无力,胸廓的活动范围小,呼吸表浅,遇到运动强度较大时,机体便不能适应,易出现呼吸困难、缺氧等症状。

3. 改善肺功能

肺部的主要构成就是由呼吸道分级分支产生的密集的肺泡组织。肺泡遍布气泡和毛细血管,能够让血液在肺泡内吸收氧气,释放二氧化碳。体育运动对于肺部的锻炼,主要就是提高肺泡的数量和肺泡的气体交换能力。

(四)促进消化系统机能的提高

体育运动可以让肠道和胃部组织的蠕动能力得到锻炼,增强了对食物的消化能力。同时,运动能够让人们产生更强的食欲,促进消化液的分泌,这样可以为身体吸收更多的营养。在饭后进行一些轻缓的活动,可以增强人体的消化功能,促进消化器官的血液循环,增进消化腺的分泌和消化器官的运动。同时,由于轻微活动时,呼吸适度加深,膈肌的活动也适量增大,这就对肠胃器官起到了一定的按摩作用,从而可提高机体的消化与吸收能力,同时也促进了肝脏和胰脏功能的改善。

(五)提高神经、内分泌和代谢系统机能水平

体育运动对神经、内分泌和代谢系统具有极其重要的作用。人的各种行为都是在神经系统的控制下完成的。体育运动可提高人的思维能力。经常参加体育运动的人,其思维敏捷、反应快,对事物的分析、判断较准确,处理问题也较果断。

内分泌腺分泌的化学物质叫作激素。它是一种高效能物质,分泌量少,作用大。激素可以调节人体的物质代谢、生长发育与生殖等重要的机能活动。内分泌腺的活动是在中枢神经系统的直接或间接控制下相互协调进行的。当某一种内分泌腺的机能发生障碍时,就会使正常的协调关系发生紊乱,从而使人体机能发生一系列反常现象。神经系统的改变也将引起内分泌腺活动的改变,体育运动能协调两者的活动,有效地调节机体的正常活动。

体育运动能改善机体的功能,增进机体代谢的活动;可以消耗体脂,改变血脂成分,使心肌和骨骼肌的酮氧化加速。肌肉中氨基酸释放减少,有利于蛋白质的储存。运动时碳水化合物代谢增强,提供热能,由于碳水化合物的最终代谢产物是水和二氧化碳,故不会增加体液的酸度。

神经、内分泌和代谢之间是相互联系、相互作用的。神经、内分泌异常则影响代谢功能,代谢的改变也将影响神经、内分泌系统的功能。而体育运动能促进它们之间的相互作用,使它们共同维持机体内部的统一及机体与外界的平衡。

三、运动对心理素质的影响

人们的心理活动是一种非常自然的现象,人们在与外部环境接触时,会不断地调动自己的心理活动,使人们产生主观上的体验。但如果人们的心理素质不健康,在对外部环境产生感受时,就容易产生消极的心理状态。体育锻炼对于心理健康具有很大的帮助,能够让人们在心理上产生积极的感受,并形成娱乐、休闲和审美的良好体验。

(一)调节与改善情感

人的心理状态可以转化为自己的情感,情感也是人们对外部事物进行感受时产生的主观体验,情感也可以让人产生态度、观点和情绪,影响人们对于自我和世界的认知。情感的健康与积极也是实现心理健康的重要因素,要想调节人的情感,可以通过体育运动来实现。体育能够让人们的不良情绪得到释放,缓解心理压力,产生更加积极的情感。

(二)强化意志

意志力是一种重要精神属性,是人们在面对压力时产生的心理状态,人们在克服困难、不断奋斗的过程中,十分依赖意志力。可以说,意志力的强弱是许多人能够成功或失败的关键主观因素。体育运动对于意志力的锻炼是十分明显的,主要在于体育能够为身体和精神带来很强的负荷,人们在克服这些负荷实现运动目标的过程中,就需要拥有很强的意志力。在人们长期坚持体育锻炼后,意志力也会得到增强。在体育运动过程中,人们会经常处于疲劳状态,也有可能承受身体上的疼痛,同时人们还需要克服运动的技术性,不断提高运动的难度。在这一过程中,人的意志力将会得到不断的训练。

(三)培养良好个性

体育运动可以塑造个性,使人格得到完善。许多人在经过一段时间的体育运动后,其个性将会得到很好的发展,许多内向、不自信、懦弱等性格特征将会发生转变,让人们变得更加开朗和积极。同时,体育活动可以给人带来更好的交际环境,有效提高人们的社会适应能力。人们在通过与他人的竞争、合作中,能够学习别人身上的长处,实现互相促进。因此,青少年和大学生群体要想培养自己的个性,更需要经常参与体育活动。[①]

第二节 体育运动的原则

科学研究证明,体育运动对人体的影响有双面效应:一方面要肯定科学的体育运动对人体能产生良好的影响;另一方面,如果体育运动违背了客观规律,也会对健康产生负面影响。缺乏科学性的锻炼,不仅对人体的健康促进作用很小,而且还可能使锻炼者产生疲劳或损伤症状,严重影响身体机能。因此,我们必须在科学的原则指导下进行合理的运动。

一、自觉积极原则

自觉积极原则是指锻炼者首先必须明确锻炼的目的,能积极主动地参与锻炼,增强体质,促进健康。体育运动是一个伴随着战胜各种困难和克服自身惰性的不断完善的过程。人只有真正做到自觉积极地进行体育运动,才能获得愉悦的情感体验。在此基础上,还要选择适宜的锻炼内容和方法,安排适宜的运动负荷,只有这样人才能在锻炼后获得一种精神上的满足,感到心情舒畅。

---

① 陈叶坪,张桂兰.大学生健康教育[M].2版.武汉:华中科技大学出版社,2018.

二、循序渐进原则

循序渐进原则是指在安排体育运动的运动负荷、运动时间及运动频率等方面要遵循人体生理活动的规律,有计划、有步骤地提高要求。人体在不断调整到不断适应的过程中,体质逐步增强,从而提高健康水平。大学生在锻炼中让身体承受适宜的运动量,提升了机体物质和能量的代谢,经过合理休息后,不仅机体会恢复到原来水平,而且还可能超过原来水平,使人获得更加旺盛的活力,这种现象称为"超量恢复"。在锻炼时循序渐进,根据个体情况,逐步增加运动量,可以使人体功能和素质水平不断得到发展。

三、持之以恒原则

持之以恒原则是指锻炼者必须坚持锻炼,使之成为日常生活中不可缺少的内容。体育运动的效果不可能一劳永逸,如果长时间不锻炼,已经取得的效果也会逐渐消退,锻炼中断的时间越长,消退越明显。大学生们不难理解运动对自己的益处,也不缺乏投入运动的激情,但常常缺少的是比知识和激情更重要的毅力。在气候寒冷或者情绪低落时都可能会中断体育运动。中断锻炼不仅不能保持原来锻炼所取得的效果,而且还可能对机体产生不利的影响。只有科学地制订健身计划,连续、系统地实施,才能不断有效地增强体质。

四、全面锻炼原则

全面锻炼原则是指通过体育运动使身体形态机能、运动能力、心理素质及社会适应力等都得到全面和谐的发展。每项体育运动对身体的影响各有侧重,但都具有一定的局限性,如果锻炼内容和方法单一,就不能获得整体良好的锻炼效果。如短跑是锻炼速度,有利于提高无氧代谢能力;长跑、划船是锻炼耐力,有利于提高心肺功能;体操、舞蹈是柔韧性练习,能提高神经系统的调节能力。如果能够选择适宜的锻炼内容和方法,就能使各项身体素质相互促进,共同提高,使得人体各器官系统机能活动协调,工作效率提高。[①]

第三节 运动处方的应用

运动处方是人们按照体育科学和医学等相关的理论和方法,为了人们的健康发展而制定的运动治疗方法。运动处方可以让人们根据自己的身体状况,结合身体出现的问题

---

① 陈叶坪,张桂兰.大学生健康教育[M].2 版.武汉:华中科技大学出版社,2018.

来有针对性地训练,既可以起到强身健体的作用,也有助于人们的伤病后康复和慢性病的质量提高。各级学校在开展大健康教育时,也应该帮助特定的学生制定运动处方。人们在参与体育健身活动时,也可以寻求医师和体育教练员的帮助,为自己制定合适的运动处方。

一、运动处方的制定

(一) 制定运动处方的步骤

运动处方具有强烈的个人化特征,人们使用运动处方时,一定要按照自身的情况来进行。在制定处方时,应该按照以下的步骤来进行:第一步是使用者要对自身的情况进行检查,可以通过仪器检测和体能测试来考察身体的状况。测试的重点是检查心肺功能情况,从而确定第二步。第二步是明确运动处方要解决的问题,有些处方用于伤后康复,有些是为了实施健身计划,有些则是为了治疗某种疾病,只有明确了运动的目的,才能选择合适的处方。第三步是制定运动处方的内容和计划,根据使用者体质和运动能力,让其在合适的强度和难度下进行锻炼。在计划执行过程中,使用者也应随时监测自己的训练情况,并结合训练情况对运动处方做出调整。

(二) 运动处方各步骤的具体内容

1. 基础调查

教练和医师在制定处方时,应该对使用者进行详细调查,可以通过对话访问、调查问卷等方式了解使用者,应该重点掌握使用者的病史、运动条件和运动经验。

2. 健康检查

对使用者的基本情况进行初步了解后,按照临床要求对使用者进行一般体检、人体测量及体脂测定,其目的是对使用者目前的健康状态做出初步的定性评价,判断其能否进行运动及能否进行运动负荷试验,是否有潜在性疾病或危险因素,以预防运动中事故的发生。

3. 运动试验

在制定计划的过程中,应该对使用者进行全面的体质测试,通过体测项目了解使用者的肌肉力量、心率、肺活量等指标。根据这些指标衡量使用者能够承受的运动负荷。同时,要着重了解使用者的运动经验,了解其对体育运动技能的掌握情况,为其设计合适的训练方法。

4. 体力测试

体力测试是制定运动处方的必要条件,这与医生必须根据临床诊断来开药物处方是一样的道理。体力诊断结果是制定运动处方,以及确定适合于个人的运动项目、运动强度及运动时间的科学依据。

二、运动处方的实施

按照运动处方规定的运动内容,如运动目的、项目、强度、时间和频度等进行运动锻炼,即是运动处方的实施。这种运动锻炼不同于学生的体育课,它更强调以个人的身体机能状况为依据,实行有针对性的、周期性的身体锻炼。这种运动处方也不同于运动员的竞技运动处方,它是以促进身体健康为目标,更注重身心健康,而不是强调运动竞技水平的提高。

(一)运动处方具体实施过程

一次运动处方锻炼课由三个部分组成,即准备部分、训练部分和整理部分。

1. 准备部分

运动处方的实施和体育专项训练应该拥有同样的过程,最先开始的部分应该是做好准备活动。准备活动是人们参加所有运动项目的先决条件,主要目的是让身体的肌肉、关节等能够活动起来,按照步骤来适应运动项目,起到热身的效果。同时,准备活动还可以让神经、血液循环等系统也过渡到活跃状态,并可以让人们的注意力集中在运动上。准备活动既可以让人们在执行运动处方时产生更好的效果,还可以起到防止运动损伤的作用。

准备活动的量与强度应低于正式活动,活动的形式通常可先做一些伸展性的柔软体操,依次活动身体各部位关节,再做一些轻松的节律性运动,逐渐增大运动幅度和速度,使心血管及呼吸系统的机能逐渐动员起来,直至接近正式活动的强度。适宜的准备活动的标志是身体发热,微微出汗,呼吸频率明显增加。准备活动后应有一段时间的休息间歇,然后开始正式运动,间歇的时间不宜过长。

2. 训练部分

训练部分主要就是根据运动处方中的内容进行按步骤训练的过程。使用者应该按照处方中的项目内容、负荷强度、运动时长等进行训练,使运动处方在身体上产生好的效果。在执行过程中,使用者还需要结合自身的具体状态和外部环境情况来进行,可以在实践过程中做出具体调整。在训练时,要确保身体能够充分锻炼,避免训练不足或过量的情况,使用者可以检测自己的心率、肌肉的疲劳情况等做好充分锻炼。

3. 整理部分

整理部分是指通过做整理活动,使身体机能由剧烈的运动状态逐渐恢复到相对安静状态的过程。整理活动是在正式运动后,逐渐降低负荷强度,做一些较轻松的身体运动。其目的是使人体激烈的肌肉活动逐渐得到松弛,心血管和呼吸系统紧张的机能活动逐渐缓解,减轻疲劳程度,促进体力恢复。

(二)实施过程中运动量的监控

在运动处方的实施过程中,运动量是否适宜,可以根据运动过程中和运动后身体的反应情况掌握运动量的自我监测和调节。

1. 一般感觉

（1）适宜的运动量的标志。

其内容主要有：锻炼后有微汗、轻松愉快、食欲和睡眠良好；虽有疲劳感和肌肉酸痛，但休息后可以消失；次日感觉体力充沛，有运动的欲望。

（2）运动量过大的标志。

其内容主要有：锻炼后大汗淋漓、头晕眼花、胸闷气喘、非常疲劳、睡眠不佳、食欲缺乏；次日周身乏力，缺乏运动的欲望。

（3）运动量不足的标志。

其内容主要有：运动后身体无发热感、无微汗。

2. 运动后心率恢复时间

心率在运动后 15 min 尚未恢复，是运动量大的表现；心率在运动后无较大的变化或在 2 min 内很快就恢复，是运动量过小的表现。

3. 运动后即刻心率

学会准确测定自己的心率。先测运动前安静时的心率。测定运动后即刻 10 s 脉搏，再乘以 6 得到运动后即刻的心率。运动后即刻的心率大于靶心率的上限，是运动强度大的表现；运动后即刻的心率小于靶心率的下限，是运动强度小的表现。学会计算自己的靶心率。把运动心率调整到本人最大心率值的 60%～85%。

4. 基础指标

以运动后次日的基础状态测定基础心率。基础指标为：心率波动不超过 3～4 次/分，呼吸频率不超过 2～3 次/分，血压变化范围上下在 1.3 kPa，体重波动在 0.5 kg 以内。如数日内有脉搏、血压明显持续上升，或肺活量、体重等明显持续下降，则说明运动量偏大，有疲劳积累的征兆，应及时减少运动量。[①]

第四节　运动损伤的处理

一、运动与运动损伤

体育运动实践中有一个问题是我们不可回避的并且是亟待解决的，它就是运动损伤问题。体育锻炼者在几乎所有的体育运动中都有可能发生损伤。所以，运动损伤发生的原因及其预防和处理方法是体育锻炼者必须了解和掌握的知识。

---

① 岳慧灵.体育课程运动处方教学模式[M].长春：吉林人民出版社，2020.

(一)造成运动损伤的主要原因

造成运动损伤的原因比较复杂,一般可归纳为如下几个方面:

1. 认识不足与动作不规范

运动损伤的发生,常与认识不足,不注意科学的锻炼方法,不顾客观条件的可能,盲目地或冒失地进行锻炼,又缺乏自我保护意识有关。其中,运动技术动作不规范造成运动损伤的人数最多。普通大学生没有受过专门训练,对体育专项技术知识了解较少,在随意进行各种体育活动时,特别是重复错误技术动作过程中易造成损伤。

2. 缺乏准备活动或准备活动不正确

运动前准备活动不充分,神经系统及各器官系统的机能尚未充分动员起来,肌肉伸缩力欠佳,动作协调性差,这时参加运动,容易造成损伤。由于准备活动不正确致伤,一般情况有:

(1)准备活动量过大或时间过长,使身体在正式运动时或比赛之前就已疲劳,身体机能不是处于良好状态,而是有所下降,易引起损伤;

(2)准备活动做得过早,离正式运动或比赛时间过长,在正式运动时准备活动的作用已消失,等于缺乏准备活动,所以容易受伤;

(3)准备活动的内容和运动的基本内容不符合,或缺乏专项准备活动,运动中身体负担较重部分的机能没有改善,也容易受伤。

3. 体能与生理限制因素

运动损伤的发生与锻炼者自身的具体状况有着很大关系,即使是成熟的运动员和经常参加锻炼的人群,也会因为状况不佳而发生运动损伤。其可能的原因包括:一是锻炼者的身体状态不佳,如果存在身体疲劳、休息不足等问题,在运动时也容易造成运动损伤。二是心理状态不佳,当注意力不够集中或是情绪状态较差时,锻炼者就容易不注意训练时的安全,进而发生意外。三是身体先天情况不佳,这也是造成运动损伤的原因之一,例如有些人身体存在疾病或是身体上存在缺陷等。

4. 运动量过大

安排运动负荷时,没有充分考虑到锻炼者的生理特点,运动负荷超过了锻炼者可以承受的生理负担量。在运动训练中,特别是单一训练是造成运动损伤的重要原因。在"单一"训练中,由于操之过急,一次训练课或一周的训练内容可使身体局部负担过重而引起微细损伤,反复积累而造成局部组织和骨的劳损。[1]

5. 场地、设备的因素

运动场地不够宽敞,地不平、有碎石杂物,跑道太硬、过滑,沙坑过硬或坑的边缘过高,踏跳板与地面不平齐;垫子连接处有缝隙或安放不平;器械表面不平、裂缝、生锈或长期没有维修,设备不规范,或器械大小重量与运动者的年龄、性别不相适应;运动服装及鞋子大小不合体;缺乏必要的运动护具和保护设备;等等。这一切都是导致运动损伤的潜在因素,如果学生缺乏自我保护意识和经验则更容易受伤。

---

[1] 张开,陈培友.运动负荷与生理负荷的关系研究[J].山东体育科技,2019,41(6):6.

(二)运动损伤的预防原则

预防运动损伤除尽量消除各种致伤因素,掌握损伤的原因和规律,制定必要的规章制度外,还必须加强以下几方面的工作。

1. 加强教育

高校在组织学生参加体育锻炼时,一定要确保大学生对锻炼具有兴趣和积极性,这样才能主动地参与锻炼活动,从而提高锻炼效果,避免运动损伤。为此,体育教师应该加强对大学生的学科教育和健康教育,要让大学生掌握正确的训练方法,掌握基础的健康知识。在锻炼过程中,教师也需要对大学生进行技术上的指导,帮助其按照自己的情况来参与锻炼。一些人由于身体整体素质较差,技术动作不熟练,最易发生各种损伤。抓好这一环节对预防运动性损伤的发生有重要意义。

2. 合理安排运动量

人体许多运动部位的劳损,主要是由于运动量安排不合理、局部负担过重和伤后运动过早引起的。为了减少这类损伤,体育教师和学生有必要了解运动创伤的基本知识,严格遵守训练原则。训练时一定要从简到繁、由易到难、循序渐进地增加运动量;同时,要根据年龄、性别、训练水平、健康状况和各项运动不同的损伤特点,有针对性地安排运动量。

3. 认真做好准备活动

训练或比赛前不认真做好准备活动,肌肉、关节、韧带的僵硬则使运动中易发生损伤。因此,应根据训练或比赛内容、个人状况、气候条件等充分而适时地做好准备活动,以身体觉得发热、微微出汗为好。准备活动开始时间不能过早或太迟,一般准备活动结束与正式运动开始的间隔以 4~10 min 为宜。

4. 加强保护和自我保护

保护和自我保护是竞技体操运动中预防损伤的重要手段。竞技体操运动动作多变、难度较大、空间动作较多,容易出现错误或失手跌倒受伤。特别是初学者或训练者练习高、难、新、尖动作时,应该有具备丰富经验的人在旁边保护。参加者要学会自我保护方法,如摔倒时应屈肘、低头、团身以肩背着地,顺势滚翻,切忌直臂撑地,以避免骨折或关节脱位。从高处跳下时,以前脚掌着地起到缓冲作用,这也能减少或避免某些运动损伤。

5. 加强医学监护

运动训练具有高度的科学性,它与医学、生理学、卫生学、心理学等的关系甚为密切,如果身体机能状态不良,有伤病仍坚持训练或比赛,则极易引起损伤。因此,必须进行医学监护,定期做好体格检查,加强对运动伤病的管理,建立医生、教练和运动员相结合的训练制度。

二、运动损伤的处理原则

运动损伤范围广、类型多、轻重缓急各不相同,但它们都严重地影响了体育运动参加者的正常训练和体育锻炼。由于运动创伤发生的人群不同,产生创伤的原因特殊,使得对运动创伤的处理有一系列较为特殊的原则,即一边参加有选择的训练一边进行治疗。

(一)开放性软组织损伤

开放性软组织损伤后,皮肤或黏膜失去完整性,损伤部位与外界相通,如擦伤、刺伤、切割伤等。

对于开放性软组织的损伤,其处理原则是止血、清创及保护伤口、预防感染。机体表面的擦伤,其出血问题并不严重,伤口仅是少量的毛细血管渗血;而较深的裂伤及切割伤,则止血就相当迫切,尤其当伤及动脉时,迅速有效的止血关系到伤员的生命。对于一般的开放性伤口而言,通常以无菌敷料包扎;对于伤口较深,伤口部张力较高的情况,可缝合伤口再包扎。仅单纯处理伤口及外用抗菌药物还不足以预防感染,对于伤口小而深和污染较重者,应注射破伤风抗毒血清,还可预防性地口服适量的抗生素。对于严重的切伤、刺伤的情况,应注意仔细检查,以免伤及深部血管、神经、肌腱而被误诊。

(二)急性闭合性软组织损伤

急性闭合性软组织损伤是由于某一刻的受力或非生理性运用而使局部软组织损伤,但皮肤及黏膜仍保持完好,伤处与外界没有相通。根据损伤的病理情况,急性闭合性软组织损伤可分成三个病理阶段,治疗的基本原则是针对这三个病理分期相应地划分为早期、中期及后期三个阶段进行处理。

(1)早期。在损伤后 24～48 h 范围内,局部组织出血,急性无菌性炎症反应剧烈,大量组织液渗出水肿。这一时期的处理原则主要是制动、止血、防肿、镇痛及缓解炎症反应。损伤发生时应立即采取制动、冷敷、加压包扎、抬高患肢等一系列处理措施。在 24～48 h 之内,严禁在伤处按摩,尽可能不在伤处进行热疗。

(2)中期。指伤后 24～48 h,出血已停止,急性炎症逐渐消退,但伤部仍有瘀血,肉芽组织正在形成,组织正在修复。其处理原则主要是改善局部血液循环,促进组织的新陈代谢,加速瘀血渗出的吸收,加速肉芽组织的形成及局部正常组织的再生。通常这一时期可持续 1～2 周,根据伤情而定。在治疗中可采用热疗、按摩、药物,及传统中医的方法如拔火罐、针灸等。在此期间还可以根据伤情适当安排小运动量的功能康复练习,以防止肌肉萎缩及关节活动度受限的情况的产生。在治疗末期宜同时用多种方法交替进行,以增强疗效,加速恢复。

(3)后期。损伤基本恢复,肿胀、压痛等局部征象已基本消失。但损伤部位局部的肉芽组织挛缩形成的瘢疤组织的强度及弹性均低于正常的组织,出血引起的组织粘连仍存在,再生的新组织也仍未达到正常组织的物理特性水平。因此,对于伤员而言,功能尚未完全恢复,锻炼时仍感疼痛、酸软无力,伤部关节僵硬,活动受限。此期的处理原则是增强肌肉力量,恢复关节活动度,松懈粘连。通常以功能锻炼为主,治疗可采用理疗、按摩辅以外用中药。

(三)慢性软组织损伤

慢性软组织损伤通常是由于急性闭合性软组织损伤处理治疗不当,逐渐转为慢性或由于反复长期多次的微细损伤累积而成的。慢性软组织损伤的病理变化主要是退行性病变和增生性病变。由于伤部长期代谢障碍而引起的组织形态和功能上的改变,使伤员自觉酸胀无力、疼痛、活动不便、局部发冷等。人们在慢性损伤的康复过程中,需要按照一定的运动处方来进行,通过积极性的运动,能够让损伤处的血液循环得到加强,让组织细胞在充足的养分条件下恢复机能。康复的办法主要包括外部的按摩、药物治疗和康复训练等。

(四)运动损伤的应急处置方法

大学生在参与学校体育训练或是自主锻炼的过程中,难免会产生伤病问题。针对运动中的损伤问题,教师需要为学生做出正确的指导,及时处理各类意外损伤问题。同时,教师也应该向学生传播应急处置方法,使其可以根据自己的情况来做出应对,防止运动损伤严重化。

1. 应急处置(RICE 原则)

应急处置主要包括制动、冷敷、加压、抬高四个方面,取英文首字母可简称为 RICE。

(1)制动(rest)。

制动主要是在肌肉和骨骼出现损伤时,采用外部约束的办法让损伤部位保持静止,使其不再参加身体的活动,进而为进一步的治疗提供条件。制动对于肌肉拉伤、断裂和骨折等严重的损伤具有很大的作用,一般按照损伤部位和严重程度的不同,可以采用石膏固定、支架固定和打绷带等法。这些工具可以让伤患处在身体上固定住,使其保持一定的姿态,可以防止损伤的进一步扩大,促进伤病的恢复。

(2)冷敷(ice)。

冷敷是一种有效的止血和镇痛方法,可以让伤患处的组织细胞得以冷却,可以减少破损神经的活性,让疼痛减少,同时具有防止破损组织病变的作用。冷敷最重要的作用是通过低温度的刺激,可以让伤患处的血管受激而收缩,从而减少了血液向伤口的流动。因此,冷敷可以对失血情况产生较好的作用。在进行冷敷时,一般会采用冰袋来进行。

(3)加压(compression)。

加压主要是通过包扎对伤患处的肢体施加一定的压力,同样可以起到止血的作用。如果出现伤口出血的情况,就应该采用包扎的方法对上部的血管进行挤压,防止其继续向伤患处供血。在加压时,需要注意包扎的力度,既要起到止血作用,又应该避免血管堵死,防止伤患处的细胞因缺氧而坏死。加压包扎可以同冷敷等方法同时进行,可以使用专门的冷敷绷带来进行。

(4)抬高(elevation)。

如果锻炼者的四肢出现了运动损伤的情况,在处理和康复过程中,一般要采取将患肢抬高的方法来进行,这种方法对于防止内出血是十分必要的。抬高和制动的原理相同,需要让患肢保持静止,让其在静止状态下的水平高度可以高过心脏的位置,这样就可以利用血液自重的作用,减少血液向伤患处的流动。

2. 运用 RICE 原则进行应急处置的顺序

(1)停止运动保持不动,特别是不要让受伤的部位活动。

(2)了解受伤的程度。

(3)在患部敷上冰袋。

(4)用弹力绷带把冰袋固定住。

(5)把患部抬到比心脏高的位置。

(6)15~20 min 后把冰袋拿掉。

(7)使用海绵橡胶垫子和弹力绷带做加压包扎。

(8)根据损伤的程度每 1 h 或 30 min 用冰袋进行冷敷直到患部的疼痛得到缓解为止。

(9)睡觉时把弹力绷带拆去。

(10)睡觉时也要把患部举到高于心脏的位置。

(11)次日清晨开始重新进行一次 RICE 处置。

(12)如果受伤严重,以上程序需坚持做 2~3 天。

三、运动创伤的常用处理方法及药物

运动损伤的治疗方法繁多,通常可分为手术治疗及保守治疗两大类。在运动医学中,一般的创伤尽可能采用保守治疗,以练、治结合的方式,对运动创伤进行合理治疗。随着中医中药的发掘整理,中国传统医学手段及药物在中国运动医学的创伤治疗中占据着越来越重要的地位。

(一)运动损伤的一般处理方法

在运动损伤中,治疗及处理手段大多数是采用物理手段,利用各种物理因子对损伤施加影响,起到镇痛止血、改善局部血液循环、促进新陈代谢的作用。

1. 冷疗法

冷疗法是采用比人体温度低的物理因子作用于人体来进行治疗的物理疗法。

(1)作用。

以冷因子刺激躯体,作用时间在 10 min 左右,可使周围血管收缩,明显地减少局部血流量及充血现象;它还可使周围神经传导速度减慢,因而有止血、镇痛、解除痉挛、防肿的作用。

(2)方法。

冷疗通常采用冷敷及蒸发冷冻法。冷敷是利用外敷或冰块外敷按摩来实现的。每次 20~30 min,持续时间以不超过 10 min 为宜,间歇 4~5 min。所谓蒸发冷冻是利用一些易蒸发物质接触体表,吸收热能而使局部温度降低。常用烷类喷射剂,喷射细流与皮肤垂直,距皮肤 30～40 cm,喷射时间通常为 5～10 s,使皮肤上出现一层白霜即可。可反复喷射 3～5 次,间歇 20～30 s。

(3)适应证。

冷疗法主要用于急性闭合性软组织损伤早期,也可在整个闭合性软组织损伤的疗程中作为一种辅助疗法。

(4)注意事项。

对于冷疗,要严格掌握其治疗时间,注意局部情况,一般出现皮肤麻木时应立即停止,防止过冷引起组织冻伤。面部一般不宜用烷类喷射剂。

2. 热疗法

热疗法是利用比人体温度高的物理因子作用于人体而进行治疗的一种物理疗法。

(1)作用。

热因子刺激能使局部血管扩张,促进血液和淋巴液的循环,以及新陈代谢;有利于肿胀的吸收消散,缓解肌肉痉挛,加快坏死组织的消除。因而热疗有消肿、散瘀、解痉、镇痛、减少粘连和促进损伤愈合的作用。

(2)方法。

热敷的方法繁多,单纯热敷的手段有热水浸泡、蜡疗等,结合药物的有药物加水煮沸蒸熏,结合特殊物理场波的有红外线、超短波磁疗。每次热疗时间不宜超过 40 min,温度控制在人体可承受的范围之内。另外,使用物理波进行热疗要多种方法交替进行,每一种波的热疗一个疗程达 5～7 次就应替换。

(3)适应证。

急性闭合性软组织损伤中、后期及慢性软组织损伤。

(4)禁忌证。

急性闭合性软组织损伤的早期,高热,有出血倾向者,感染及恶性肿瘤者。

(5)注意事项。

在热疗中要防止烫伤,此外,红外线、超短波、磁疗等治疗应尽量避开头部。对于热疗尤其是药物热疗,还应注意过敏史的情况。

3. 其他方法

除了上述的冷疗、热疗外,还有许多其他物理治疗手段,较常见的有冷热交替疗法、负压疗法、场效应疗法、针灸、按摩等。这些疗法对于运动创伤均有很好的效果。在适应证上,大多数是急性闭合性软组织损伤的中、后期及慢性软组织损伤,各自的方法及注意事项不同,一般要根据具体的情况而定。

(二)常用的创伤药物

用于运动创伤的药物种类很多,中药占有相当大的比重,药物的效果有时需结合合理的运动训练或锻炼方法而得到加强。

1. 开放性软组织损伤

(1)2%红汞溶液。俗称红药水,能抑制细菌的繁殖,对皮肤及黏膜无刺激性,常用于皮肤、黏膜的擦伤及小扭伤。红汞离子对人体有一定的毒性,因此不能用于口腔内伤口。此外,红汞与碘酒合在一起,可反应成碘化汞,对人体有害,因此红汞与碘酒不能合用。

(2)2%碘酊。其消毒作用强,但对组织刺激性大,因此不宜直接涂于伤口,常用于尚未破溃的虫咬以皮肤消毒。

(3)1%龙胆紫溶液。俗称紫药水,有一定抑菌作用,对皮肤与黏膜无刺激性,无毒,可用于黏膜损伤,口腔溃疡也可用。龙胆紫溶液收敛作用强,涂后伤口结痂较快,不宜用于关节部位和脸部。

(4)酒精。消毒用的酒精浓度为70%~75%,由于其对组织有一定的刺激性,因此通常不直接用于伤口。

(5)3%过氧化氢溶液。俗称双氧水,有抗菌和软化伤痂的作用,有利于坏死组织的剥落和清除。常用于清创并可去除痂皮。

(6)0.9%氧化钠溶液。有抑菌的作用,对组织没有刺激,常用于清洗伤口。

2. 闭合性软组织损伤

(1)中药。

①新伤药。

组成:黄柏 40 g,白芷 12 g,血通 15 g,血竭 4 g,羌活 8 g,独活 8 g,木香 12 g,延胡 15 g。

作用:退热,消肿,止痛,通经活血。

主治:闭合性软组织损伤早期。

用法:将药研磨成末,取适量药末加水或蜂蜜调和,摊在塑料纸或纱布上,敷于伤处,每日更换一次。在用药时,应注意皮肤过敏的情况。

②活血生新剂。

组成:官桂,生川乌,生南星,乳香,没药,木香,木通,续断,地鳖,红花,刘寄奴。

作用:逐寒,活血化瘀,消肿止痛。

主治:闭合性软组织损伤的中期,伤部红热已消退,尚有肿胀,疼痛。

用法:将药研磨成末,取适量药末加水、白酒和蜂蜜调和成稀糊状,煮沸后冷却至50℃左右,趁热敷于伤处。

③旧伤药。

组成:续断,土鳖,紫荆皮,白芷,儿茶,羌活,独活,木通,木香,松节,檀香,乳香,官桂。

作用:舒筋,消肿止痛,续断生新。

主治:闭合性软组织损伤的后期及慢性损伤。

用法:同新伤药。

(2)西药。

①解热镇痛药。

常见有索密痛、芬必得、APC 片(复方阿司匹林片)、安乃近等,其具体用法遵医嘱。

②局封用药。

常用 1%~2%盐酸普鲁卡因、肾上腺皮质激素,适用于局部软组织损伤的早、中、后期及慢性损伤的部位局部注射用。可以单纯只使用1%～2%盐酸普鲁卡因,起麻醉止痛和促进病变组织代谢的作用,用量一般为5～10 mL。封闭治疗中也可将普鲁卡因与肾上腺皮质激素类药混合使用,起抗无菌性炎症、抑制结缔组织增生、减少瘢痕形成的作用。

含肾上腺皮质激素类药物的封闭治疗不宜在一个部位注射过多,通常每周一次,最多每周不宜超过三次,否则可使全部组织的韧度降低,甚至断裂。[①]

---

① 张钧,何进胜.运动健康管理[M].上海:复旦大学出版社,2019.

第七章 大学生膳食营养教育

第一节 营养及营养素

人体为了生存和生活必须摄取食物,以维持生长发育、正常的物质代谢和生理机能等生命活动,摄取、消化、吸收、运输、储存和利用食物中的有效成分,以维持生命活动的整个过程称为营养。研究合理利用食物以满足人体需要、促进人体健康、提高人体机能的科学即营养学。

食物中含有的能够维持人体生理功能和促进生长发育的物质称为营养素。人体通过外界摄取食物,经过消化、吸收和新陈代谢,利用食物中的各种营养素以维持机体的生长发育和各种生理功能,这是一个动态过程,该过程一旦被破坏,健康就会受到影响。青年学生正值生长发育期,脑力和体力活动量都很大,能量消耗大,因此对营养的需求也大,如果营养摄取不足或不平衡,就会对健康造成严重影响。

一、机体能量

机体在代谢过程中,不断从食物中摄取营养物质,通过同化作用储存能量,同时通过异化作用不断分解释放能量来维持生命活动以及从事体力劳动,其代谢最终产物不断排出体外,如此吐故纳新,生命得以延续。理想的平衡状态下机体的能量需要等于其能量消耗。

机体能量主要来源于碳水化合物、脂肪和蛋白质这三大产能营养素,1 g 碳水化合物在体内所产热能为 16.7 kJ,1 g 脂肪在体内所产热能为 37.6 kJ,1 g 蛋白质在体内所产热能为 16.7 kJ。

机体能量的消耗主要包括三个方面:基础代谢、机体活动和食物热效应。

(一)基础代谢

基础代谢所消耗的能量是人体处于静卧、空腹、肌肉放松、不思考、环境安静、温度适宜的情况下,维持生存所需的最基本的能量。这种能量消耗主要是维持人的呼吸、心脏跳动、物质代谢等最基本的生理活动。此项能量消耗的大小受许多因素影响,如身高、体重、性别、年龄及健康状况等。一般情况下,正常的中等体力劳动强度的成年男子的基础代谢所消耗的能量,平均值接近人体总能量消耗的二分之一。

(二)机体活动

人类生存的所有活动都是在做"功",做功就要消耗能量,无论是脑力劳动还是体力劳动,都要消耗能量。如脑力劳动的"思考"、体力劳动的"写字""运动"等,此类能量的消耗将直接影响人的"生存质量""劳动效率"等。大学生的日常活动属于中等强度劳动,其能耗量大约为基础代谢的4~5倍。

(三)食物热效应

食物热效应又称食物特殊动力作用所消耗的能量,是指人体摄取食物后,对食物的消化、吸收、运转、代谢所导致的额外热能消耗。该效应与进食的种类、进食量、进食频率有关。普通混合膳食的热效应相当于基础代谢的10%。

一般来说,健康成人的基础代谢及食物热效应两部分所消耗的能量基本不变,体内的能量消耗主要受体力活动量的大小控制。中国营养学会对产热营养素的推荐摄入量分别为:蛋白质占总热量的10%~15%;脂肪占总热量的20%~30%;碳水化合物占总热量的55%~65%。

二、各种营养素

根据化学性质和生理功能可以把营养素分为七大类,即碳水化合物、蛋白质、脂肪、矿物质、维生素、水和膳食纤维。

(一)碳水化合物

1. 碳水化合物的结构

碳水化合物是由碳、氢、氧三种元素组成,每两个氢原子就有一个氧原子,这个比数与水相同,故名碳水化合物。低分子量的碳水化合物有甜味,所以碳水化合物又称糖。

2. 碳水化合物的分类

碳水化合物分为单糖、双糖、低聚糖、多糖四类。单糖是所有碳水化合物的基本单位,主要有葡萄糖、果糖、半乳糖等。葡萄糖是生命活动可以直接利用的最主要能源,血液中的葡萄糖又称为血糖。双糖由二分子单糖脱出一分子水缩合而成,营养学上有意义的双糖有蔗糖、乳糖、麦芽糖,其中,麦芽糖为组成淀粉的基本单位。

3. 碳水化合物的生理功能

(1)供给能量。

在中国人的膳食中,碳水化合物是人体热能的主要来源,中国营养学会推荐我国居民的碳水化合物的膳食供给量占总量的55%~65%,其中精制糖占总能量的10%以下。摄入过量的碳水化合物对人体健康有害,因为多余的碳水化合物会转换成脂肪引起肥胖,且大量碳水化合物的摄入还与糖尿病和高血压的形成密切相关。

(2)构成细胞和组织。

机体每个细胞都含有碳水化合物,糖结合物还广泛存在于各种组织中,脑和神经髓鞘上就有大量糖脂。结缔组织和细胞间质主要是由胶原和蛋白多糖组成。另外糖与蛋白质结合变成的糖蛋白是一些具有重要生理功能的物质的组成部分。碳水化合物也是参与合成生物大分子的前提。

(3)保护蛋白质不被蛋白酶消化。

有些蛋白质,如酶和消化液中的糖蛋白,平常之所以不被蛋白酶所消化,主要是由于分子中的糖链在保护它们。

(4)节约蛋白质作用。

食物中如果碳水化合物和脂肪不足,机体就不得不分解蛋白质获取能量。为了最大限度地把氨基酸用于蛋白质合成,减少蛋白质作为能量而消耗,在摄取必需氨基酸的同时一定要有足够的碳水化合物。

(5)抗生酮作用。

脂肪在体内彻底被分解需要葡萄糖的协同作用,脂肪酸被分解所产生的乙酰氨基与草酰乙酸结合进入三羧酸循环而最终被彻底氧化,产生能量。若碳水化合物摄取不足,草酰乙酸则不足,脂肪酸就不能被彻底氧化因而生成酮体。机体过多的酮体可引起酮体血症,进而影响机体的酸碱平衡。人体每天需要50~100 g碳水化合物防止酮血症的产生。

(6)解毒作用。

肝中的葡糖醛酸能结合一些外来的化合物以及细菌产生的毒素等,共同被排出体外,起到解毒作用。

(二)蛋白质

1. 蛋白质的结构

蛋白质是构成人体组织器官的支架和主要物质,在人体生命活动中起着重要的作用,它与生命及各种形式的生命活动紧密联系在一起。蛋白质占人体重量的16%~20%,机体中的每一个细胞和所有重要组成部分都有蛋白质参与。蛋白质由碳、氢、氧、氮、硫、磷、碘以及某些金属元素如铁、锌等组成。由于碳水化合物和脂肪中仅含碳、氢、氧,不含氮,所以蛋白质是人体氮元素的唯一来源。

人体内蛋白质的种类很多,性质功能各异,但都是由20多种氨基酸按不同比例组合而成的。其中,有9种氨基酸是人体不能合成或合成速度远不能满足机体需要的,必须从每日膳食中摄取,因此被称为"必需氨基酸"。这9种必需氨基酸是:苏氨酸、色氨酸、赖氨酸、蛋氨酸、亮氨酸、异亮氨酸、苯丙氨酸、缬氨酸和组氨酸。对婴幼儿而言,组氨酸也是必需氨基酸(组氨酸是婴幼儿的必需氨基酸)。半胱氨酸和酪氨酸在体内分别由蛋氨酸和苯丙氨酸转变而成,如果膳食中能直接提供半胱氨酸和酪氨酸,则人体对蛋氨酸和苯丙氨酸的需求分别减少30%和50%。因此半胱氨酸和酪氨酸这类氨基酸被称为"条件必需氨基酸"。其他氨基酸可由体内合成,称为"非必需氨基酸"。

2. 蛋白质的分类

营养学上根据食物蛋白质所含氨基酸的种类和数量将其分为以下三类:

(1)完全蛋白质。

完全蛋白质是一类优质蛋白质。它们所含的必需氨基酸种类齐全,数量充足,比例适当。这一类蛋白质不但可以维持人体健康,还可以促进生长发育,如奶、蛋、鱼肉、禽等动物蛋白,大豆蛋白和小麦中的麦谷蛋白等。

(2)半完全蛋白质。

半完全蛋白质所含氨基酸虽然种类齐全,但其中某些氨基酸的数量不能满足人体的需要。它们可以维持生命,但不能促进生长发育,如小麦中的麦胶蛋白等。

(3)不完全蛋白质。

不完全蛋白质不能提供人体所需的全部必需氨基酸,单纯靠它们既不能促进生长发育,也不能维持生命,如肉皮、蹄筋中的胶质蛋白等。

3. 蛋白质的生理功能

(1)构建机体和修复组织。蛋白质是机体细胞的重要组成部分,是人体组织更新和修补的主要原料。细胞是生命的最小单位,它们处于永不停息的衰老、死亡、新生的新陈代谢过程中,而这一代谢过程离不开蛋白质的不断补充。所以一个人如果蛋白质的摄入、吸收、利用都很好,那么皮肤就既有光泽又有弹性;反之,人则会经常处于亚健康状态。组织受损后,如不能及时得到高质量的蛋白质修补,肌体便会加速衰退。

(2)运输载体。蛋白质维持机体正常的新陈代谢和各类物质在体内的输送。载体蛋白对维持人体的正常生命活动至关重要,可以在体内运载各种物质,比如血红蛋白输送氧气,脂蛋白输送脂肪等。

(3)维持体内渗透压平衡及体液平衡,如血液中的白蛋白。

(4)构成抗体的成分。抗体与入侵人体内的各种细菌和病毒等微生物结合,使病原体无法繁殖和生存,使其致病能力减弱,以维护机体健康。

(5)构成酶的成分。蛋白质可以构成人体必需的具有催化和调节功能的各种酶。酶有促进食物的消化、吸收、利用的作用。

(6)构成激素的成分。激素能调节体内各器官的生理活性,蛋白质是构成激素的成分,如胰岛素是由51个氨基酸分子合成,生长素是由191个氨基酸分子合成。

(7)构成神经递质乙酰胆碱、五羟色胺等,维持神经系统的正常功能。

(8)供应能量。当机体需要时,蛋白质可提供生命活动的能量。1 g蛋白质在体内可生产4 kcal热量。

(三)脂类

1. 脂类的构成

脂类是指体内不溶于水而溶于有机溶剂的一类化合物,包括脂肪和类脂。脂肪是由1个分子甘油和3个分子脂肪酸结合而成的甘油三酯,脂肪大部分分布在皮下、大网膜、肠系膜及脏器周围。类脂包括磷脂和固醇类。磷脂存在于动、植物中,常见的磷脂有卵磷脂、脑磷脂和鞘磷脂;固醇类为一些类固醇维生素和激素的前体,常见的固醇有胆固醇、麦角固醇和谷固醇。

2. 脂类的分类

脂肪酸是构成脂类的基本单位,其基本结构是碳氢化合物的链。

按脂肪酸的饱和程度可分为饱和脂肪酸和不饱和脂肪酸。饱和脂肪酸的碳链中不含不饱和双键,主要来源于红色肉类、全脂牛奶、黄油、冰激凌、椰子油等,有研究发现饱和脂肪酸的摄入量越多,心脏病的发病率越高。不饱和脂肪酸根据所含不饱和双键的多少分为单不饱和脂肪酸和多不饱和脂肪酸,单不饱和脂肪酸的碳链中只含有一个不饱和双键,主要来源于腰果、杏仁、花生等坚果及橄榄油和花生油等;多不饱和脂肪酸的碳链中含有两个或多个不饱和双键,主要来源于玉米、大豆、红花油、棉籽油和鱼油等。

3. 脂类的生理功能

(1)脂肪酸的功能。

不同的脂肪酸结构不同,其功能也不同,其中必需脂肪酸的功能主要有:

①必需脂肪酸是构成线粒体和细胞膜的重要成分。必需脂肪酸参与磷脂的合成,并以磷脂的形式存在于线粒体和细胞膜中。

②合成前列腺素的前体。前列腺素具有多种生理功能,如抑制甘油三酯水解、促进局部血管扩张、影响神经刺激的传导、影响肾脏水的排泄等。

③参与胆固醇代谢。如果缺乏必需脂肪酸,胆固醇就会与一些饱和脂肪酸结合,不能进行正常运转代谢,从而在血管内沉积,形成动脉粥样硬化。

④参与动物精子形成。膳食中长期缺乏必需脂肪酸,动物可能出现不孕症。

⑤维护视力。DHA(二十二碳六烯酸),俗称脑黄金,是维持视网膜光感受体功能所必需的脂肪酸。但是,必需脂肪酸不宜摄入过多,过量的必需脂肪酸可使体内氧化物、过氧化物等增加,对机体产生不利影响。

(2)脂肪的功能。

脂肪具有储能、维持正常体温、保护脏器、更有效地利用碳水化合物、节约蛋白质、供给必需脂肪酸、促进脂溶性维生素吸收等功能。

脂肪是人体能量的重要来源,每克脂肪在体内氧化可提供能量 9 kcal。当机体饥饿时首先消耗糖原、脂肪,保护蛋白质不被消耗。当人体摄入热量过多时,就以脂肪的形式储存在体内,如果长期摄入热量过多,运动减少,可增加脂肪存储,使机体发胖。肥胖者的脂肪组织存储的脂肪可达 15~20 kg,可供给一个月所需的能量。

(3)磷脂的功能。

磷脂是脂蛋白与细胞膜的组成成分。磷脂对细胞膜的通透性有重要作用,可帮助脂类和脂溶性物质如脂溶性维生素、激素等顺利通过细胞膜,促进细胞内外的物质交换。鞘磷脂可保持神经鞘的绝缘性,脑磷脂参与神经冲动的传导。

(4)胆固醇的功能。

胆固醇是细胞膜的重要组成成分,可以增强生物膜的坚韧性,也是合成类固醇激素与内源性维生素 D 的原料。

(四)维生素

维生素是机体为维持正常的生理功能而必须从食物中获得的一种微量有机物质,在人体生长、代谢、发育过程中发挥着重要的作用。它既不构成人体组织,也不提供能量,大多数维生素不能在体内合成,也不能大量储存于人体组织中,必须由食物供给。

1. 维生素 A

维生素 A 包括视黄醇、视黄醛、视黄酸等物质,存在于动物体内,植物中含有类胡萝卜素,如 α-胡萝卜素、β-胡萝卜素、γ-胡萝卜素等,在人体内可分解形成维生素 A。维生素 A 又称为抗干眼病维生素。

(1)生理功能。

维生素 A 参与视网膜内感光物质——视紫红质的合成与再生,可保护夜间视力;维护上皮组织的正常生长与分化;增强对疾病的抵抗力;维持正常的生殖能力;促进人和动物的正常生长发育;维护骨骼健康及正常嗅觉和听力;具有一定的抗癌作用;具有抗氧化作用,对防止脂质过氧化、预防心血管疾病以及延缓衰老均有重要意义。

维生素 A 缺乏时,最常见的临床特征是夜盲症,夜间视力下降、暗适应力下降;结膜干燥角化形成干眼病;还可影响女性卵巢功能,使排卵减少;可导致男性睾丸萎缩和精子发育不良;出现皮肤干燥、脱屑及开裂等。营养不良、脂肪摄入过低、脂质吸收不良综合征和发热疾病等常可导致维生素 A 缺乏。

维生素 A 摄入过多会引起中毒,其早期症状为恶心、呕吐、头疼、眩晕、视觉模糊、婴儿囟门凸起等。慢性中毒比较多见,其症状主要为头痛、脱发、肝大、肌肉僵硬、皮肤瘙痒、脱皮、指甲变脆等。

(2)食物来源。

维生素 A 仅存在于动物食品中,以肝、蛋、奶、鱼和鱼卵为最好的来源;鱼肝油中含量很高,可作为婴幼儿维生素 A 的补充来源。植物性食物,如胡萝卜、黄色南瓜、绿色叶菜、大葱、辣椒、玉米、番薯、木瓜和柑橘等,都有丰富的胡萝卜素。

2. 维生素 D

维生素 D 是类固醇的衍生物,以维生素 D_2 及维生素 D_3 最为常见,又叫抗佝偻病维生素。

(1)生理功能。

维生素 D 的生理功能主要是调节钙、磷代谢,促进小肠钙吸收、转运以及肾小管对钙、磷的重吸收;作用于骨骼组织,影响钙、磷在骨组织的沉积,从而促进骨生长和保持牙齿的正常发育;调节血钙平衡等。

维生素 D 缺乏可导致人体对钙和磷的吸收减少,影响骨钙化,对婴儿将引起佝偻病,对成人,尤其是孕妇、乳母和老人,可使已成熟的骨骼脱钙而发生骨质软化症和骨质疏松症,同时也影响肌肉和神经系统的正常功能,引起手足抽搐症等。

过量摄入维生素 D 可引起中毒,且不可作为补品食用。维生素 D 中毒的主要症状有食欲缺乏、体重减轻、恶心、呕吐、腹泻、头痛、多尿、发热等;如果血清钙磷增高,也可形成动脉、心肌、肺、肾等软组织转移性钙化和肾结石,严重者可以导致死亡。

(2)食物来源。

维生素 D 主要来自脂肪含量高的海鱼、动物肝脏、蛋黄、奶油和干酪等,鱼肝油中天然浓缩的维生素 D 含量很高。经常晒太阳是人体获得充足有效的维生素 D 的最好途径。

3. 维生素 E

维生素 E 是指具有 α-生育酚生物活性的一类物质,包括生育酚和生育三烯酚两大类。

(1)生理功能。

维生素 E 是一种高效抗氧化剂,在人体内保护细胞免受自由基损害,维生素 E 与超氧化物歧化酶、谷胱甘肽过氧化物酶一起构成体内抗氧化系统,可抑制不饱和脂肪酸的氧化,保护生物膜免遭过氧化物的损害;与硒协同作用保护细胞膜和细胞器的完整性与稳定性;促进蛋白质更新合成,降低某些分解代谢酶如 DNA 酶、RNA 酶、肌酸激酶等的活性;促进人体正常新陈代谢,增强机体耐力,维持骨骼肌、心肌、平滑肌、外周血管系统、中枢神经系统及视网膜的正常结构和功能;减少脂褐质的形成,改善皮肤弹性,预防衰老;促进性器官成熟及胚胎发育。

血浆中的维生素 E 浓度下降,会使红细胞膜受损,红细胞寿命缩短,出现溶血性贫血;会出现皮肤发干、粗糙、过度老化等;流行病学研究结果表明,低维生素 E 营养状况可能增加动脉粥样硬化、癌、白内障以及其他老年退行性病变的危险性。在脂溶性维生素中,维生素 E 的毒性相对较小。如果自行补充维生素 E,每天摄入量以不超过 400 mg 为宜。

(2)食物来源。

维生素 E 主要存在于植物食物中,绿色植物富含维生素 E,其中植物油维生素 E 含量最丰富,另外谷类、大豆油、麦麸、胚芽中也含有生育酚。增加多不饱和脂肪酸的摄入量,可增加对维生素 E 的需要量,一般每摄入 1 g 多不饱和脂肪酸,应摄入 0.4 mg 维生素 E。由于维生素 E 广泛存在于各类食物当中,人体肠道内也能合成部分维生素 E,一般情况下无需专门补充,大量摄入反而可能干扰维生素 A 和维生素 K 的吸收。

4. 维生素 B_1

维生素 B_1 又称硫胺素或抗脚气病维生素。机体内心、肝、肾和脑组织中含量较高,约一半存在于肌肉中。

(1)生理功能。

维生素 B_1 构成辅酶,维持体内正常代谢;抑制胆碱酯酶对乙酰胆碱的水解,促进肠胃蠕动;影响神经递质的合成与代谢。

维生素 B_1 缺乏时,机体内糖代谢受阻,血液、尿、脑组织中丙酮酸积累,会出现多发性神经炎、消瘦或下肢水肿及心脏功能紊乱等症状,临床称为脚气病。维生素 B_1 缺乏还可影响神经传导,造成胃肠蠕动缓慢、消化液分泌减少、食欲缺乏、消化不良等症状。另外大量饮酒也会减少维生素 B_1 的吸收与利用,症状包括呕吐、眼球震颤、眼肌麻痹、发热、共济失调,可伴有近期记忆丧失、精神错乱等。

(2)食物来源。

维生素 B_1 广泛分布于整个动、植物界,粗粮、豆类、坚果、肉类、动物内脏、蛋类及干酵母中含量丰富,蔬菜、水果中含量不高,含量最丰富的部位是谷皮和胚芽。一般烹调温度下不易被破坏,但在压力锅和碱性溶液中极易损失,而在酸性溶液中加热至120℃仍不失生理效能。干烤或油炸食品以及食品加工中的亚硫酸盐可破坏维生素 B_1。谷类过分精细碾磨或烹调前淘洗过度都会造成维生素 B_1 的大量损失。

5. 维生素 B_2

维生素 B_2 又称核黄素,食物中核黄素绝大多数以核黄素的辅酶形式存在。

(1)生理功能。

维生素 B_2 与特定蛋白结合形成黄素蛋白,在生物氧化还原反应中作为传递电子的中间体,可促进蛋白质、脂肪和碳水化合物代谢;参与红细胞和其他细胞抗氧化应激的保护作用;促进生长,维护皮肤和黏膜的完整性;在蛋白质与某些激素的合成以及体内铁的转运过程中发挥重要作用;对眼的感光过程、晶体与角膜呼吸过程具有重要作用。

核黄素缺乏症总是伴随其他维生素缺乏出现。维生素 B_2 缺乏可表现为多种症状,首先出现咽喉炎和口角炎,然后为舌炎、唇炎、面部脂溢性皮炎、躯干和四肢皮炎,随后出现贫血和神经系统症状。儿童长期缺乏核黄素可导致生长迟缓,轻、中度缺铁性贫血。由于核黄素溶解度极低,被肠道吸收有限,因而无中毒或过量的担忧。

(2)食物来源。

核黄素的良好来源主要是动物性食物,肝、肾、心、蛋黄、乳类含量丰富。植物性食物中则以绿色蔬菜如菠菜、韭菜、油菜,以及豆类含量较多,而粮谷类含量较低。核黄素在烹调中损失较大,因此应注意食物选配。

6. 烟酸(维生素 B_3 或 V_{pp})

烟酸又称抗癞皮病因子,包括烟酸和烟酰胺,它在生物氧化中起着递氢作用。

(1)生理功能。

烟酸是构成辅酶I和辅酶II的重要成分,二者为生物氧化中脱氢酶的辅酶,起到传递氢原子的作用,参与碳水化合物、脂肪和蛋白质的代谢过程,可维持皮肤、消化系统及神经系统的正常功能,可降低血胆固醇,还有扩张血管的作用。

烟酸缺乏时,机体内糖代谢受阻,神经细胞得不到足够的能量,从而使神经功能受影响,发生癞皮病,主要症状为皮炎、腹泻及痴呆。

(2)食物来源。

烟酸在动物肝脏、瘦肉、花生、豆类、粗粮及酵母等食品中含量较多。食物中的烟酸有游离型和结合型两种。在粮食中,烟酸以结合型为主,不能为人体利用,用食用碱或小苏打处理可使烟酸释放。色氨酸是烟酸的潜在来源,机体所需烟酸一部分可由色氨酸转化而来。

7. 叶酸

(1)生理功能。

叶酸在体内必须转变成四氢叶酸才有生理活性。四氢叶酸参与嘌呤、胸腺嘧啶合成,进一步合成DNA、RNA;参与氨基酸之间的相互转化;参与血红蛋白合成,具有造血功能;参与重要的甲基化合物合成,如肾上腺素、胆碱、肌酸等。

叶酸缺乏时,机体内红细胞中核酸合成受阻,引起发育成熟障碍,造成巨幼红细胞性贫血症;还可引起智力退化和精神病。如果孕妇在怀孕头 3 个月内缺乏叶酸,有可能引起胎儿发育缺陷。

(2)食物来源。

叶酸广泛存在于动、植物食品中。深色绿叶蔬菜、胡萝卜、动物肝脏、蛋黄、豆类、南瓜等都富含叶酸,有些水果,如橘子、草莓等,也含有较多的叶酸。人体肠道功能正常时肠道细菌能合成叶酸,但是女性怀孕前及孕期应注意补充叶酸。

8. 维生素 C

维生素 C 又称抗坏血酸,具有防治坏血病的功能。由于可以脱氢而被氧化,故有很强的还原性。维生素 C 以还原型和氧化型两种形式存在。

(1)生理功能。

维生素 C 参与体内的羟化反应,如胶原蛋白的合成、类固醇的合成、神经递质的合成;能降低血液中胆固醇的含量,对治疗高胆固醇血症、防止动脉粥样硬化和胆石症有一定辅助疗效;维生素 C 被称为万能解毒剂,它可以减轻砷和重金属对肝功能的损害,常被用来缓解铅、汞、甲苯等慢性中毒;维生素 C 在体内作为重要的还原剂在细胞的抗氧化防护中起着重要作用;大剂量维生素 C 可用于防治感冒、发烧、大面积烧伤、急性风湿性心脏病的辅助治疗;维生素 C 能阻断致癌物亚硝胺的合成,促进透明质酸酶抑制物合成从而阻止癌扩散,并能减轻抗癌药物的副作用,对防治癌症有良好的辅助治疗效果。

维生素 C 严重摄入不足可导致人患坏血症,表现为血管壁通透性增加、易出血。成年人可表现为疲劳、倦怠、四肢无力、牙龈肿胀、出血、皮肤出现淤点、毛囊过度角化、下肢大面积血肿和淤血,继而出现机体抵抗力下降、伤口愈合不良、肌肉关节疼痛,可伴有轻度贫血及多疑、忧郁等神经精神症状。

(2)食物来源。

人体本身不能合成维生素 C,只能从食物中获取。其在新鲜蔬菜如柿子、青椒、番茄、菜花、菠菜、韭菜等,水果如柑橘、柠檬、青枣、猕猴桃等的含量很高,动物食品中一般较少。维生素 C 是所有维生素中最不稳定的一种,食物储存、加工、烹调处理过程中很容易被破坏,暴露于空气中很容易被氧化。

(五)矿物质

人体内的各种元素,碳、氢、氧和氮构成有机物质和水,其余为人体正常功能所必需的无机元素,称为矿物质或无机盐,它们在维持机体正常生理功能中具有多方面的作用。

1. 钙

钙是人体内含量最多的一种无机元素,成人体内含钙量约占体重的 $1.5\%\sim2.0\%$,正常人体内含有 $1000\sim1200$ g 的钙。

(1)生理功能。

人体内的钙约 99% 集中在骨骼和牙齿中,是构成骨骼和牙齿的主要成分;1% 用于维持正常生理状态,包括心脏搏动、神经和肌肉兴奋性的正常传导,参与血凝过程、激素分泌、某些酶的激活以及维持体液酸碱平衡。

钙缺乏主要影响骨骼的发育和结构,表现为儿童佝偻病、成年人的骨质软化症及老年人的骨质疏松症;血清钙降低,可使神经、肌肉的兴奋性增高而引起抽搐;高血压、男性不育及精子质量降低也可能与缺钙有关。

钙过量可增加肾结石的危险,还可影响一些常量或微量元素如铁、锌、镁、磷的生物利用率;血清钙过高,可抑制神经肌肉的兴奋性。

(2)食物来源。

奶和奶制品是钙的最佳来源,豆类、坚果类、绿色蔬菜类、虾皮、海带、发菜、芝麻酱的含钙量也很高。机体对钙的需要、膳食摄入量、食物中其他成分、肠道功能状态、维生素 D 及甲状旁腺素等对钙的吸收都有不同程度的影响。维生素 D 的存在和机体对钙的需要是决定钙吸收的主要因素。钙离子与草酸、脂肪酸、过量的磷酸盐等均可形成不溶性钙盐而影响吸收。高脂肪、高盐膳食可减少钙的吸收,增加钙的排出,而维生素 D、乳糖、氨基酸则有利于钙的吸收利用。

2. 铁

铁是人体含量最多的必需微量元素之一,人体内铁总量约为 3～5 g,其中 60%～75%存在于血红蛋白中,3%在肌红蛋白中,1%为含铁酶类,这些铁参与氧的转运和利用、组织呼吸、促进生物氧化还原反应,其余的为储存铁,以铁蛋白和含铁血黄素形式存在于肝、脾和骨髓中。

(1)生理功能。

铁是构成血红蛋白、肌红蛋白、细胞色素酶、过氧化物酶等的重要成分,参与体内氧与二氧化碳的转运、交换和组织呼吸过程,与红细胞的形成和成熟有关。此外铁可催化 β-胡萝卜素转化为维生素 A,参与抗体的产生、脂类的转运及药物在肝脏内的解毒等。

生长发育的需要、摄入不足或是慢性失血以及铁吸收障碍等均可造成缺铁性贫血,在早产儿、儿童、女青年及孕妇中常见,表现为心慌、气短、头晕、眼花、注意力不集中、记忆力下降等。缺铁可以引起儿童的认知能力受损;可降低抗感染能力和抗寒能力;妊娠早期贫血、早产、低出生体重儿及胎儿死亡可能与缺铁有关。铁过量主要损害肝脏。

(2)食物来源。

动物性食物中铁的含量和被吸收率均较高,包括动物血、肝脏、禽畜肉类。植物性食物中铁的被吸收率比动物性食物低,如绿色蔬菜、豆类等。铁在小肠上部吸收,食物中有机酸、蛋白质、果糖、山梨醇、维生素 C 能促进铁的吸收,而膳食中磷过高、钙过低,或缺乏维生素 A、维生素 D 可妨碍铁的吸收。

3. 碘

成人体内含碘 20～50 mg 左右,其中 70%～80%储存在甲状腺中,其余分布在肌肉、皮肤、骨骼、其他内分泌腺和中枢神经系统中。

(1)生理功能。

碘是合成甲状腺素所必需的元素,碘的生理功能是通过合成甲状腺素完成的。甲状腺素的主要作用是参与能量代谢,增加氧耗量、维持与调节体温、促进生长发育,对发育期儿童的身高、体重、骨骼、肌肉的增长和性发育起着重要作用,促进神经系统发育,维护人体皮肤及头发的光泽。

碘缺乏是四大营养缺乏病之一,碘缺乏会引起甲状腺素分泌不足,甲状腺功能减退的典型症状为甲状腺肿大、头发粗糙、肥胖及血清胆固醇增加。孕妇严重缺碘还会对后代产生影响,如引起地方性克汀病。小儿胚胎形成 4 个月后,甲状腺已经合成甲状腺素,由于母亲缺碘,供给胎儿的碘不足,使胎儿期甲状腺素合成不足,严重影响胎儿中枢神经系统的发育。若不及时补充碘,将造成神经系统不可逆的损害,使后代生长停滞,发育不全,智力低下,聋哑矮小,形似侏儒,即"呆小症"。

(2)食物来源。

机体所需的碘可从饮水、食物和食盐中获得。海带、紫菜、海鱼、海参等含碘丰富,动物性食物碘含量高于植物性食物。

4. 锌

锌含量在微量元素中位居第二,成人体内含锌 2~3 g。锌主要存在于肌肉、骨骼、皮肤、毛发、指甲、视网膜、前列腺、精子等组织器官中,血液中含量很少,毛发含锌量可反映膳食中锌的长期供给水平。

(1)生理功能。

锌是体内许多金属酶的组成部分或酶的激活剂。它参与组织呼吸,在蛋白质、脂类、碳水化合物、核酸等代谢中都起重要作用;锌促进性器官的正常发育;它参与维护消化系统以及正常的味觉功能,促进食欲;有利于皮肤、毛发、骨骼和牙齿的正常生长;它还与大脑发育和智力发育有关。

锌缺乏可出现味觉减退、食欲缺乏、异食癖、伤口愈合不良;严重锌缺乏会导致皮肤干燥、粗糙、头发色素减少、指甲白斑症;急性锌缺乏会导致皮肤损害和脱发;儿童缺锌可能造成生长发育迟缓;孕妇缺锌可引起胎儿先天性畸形。

(2)食物来源。

动物性食物是锌的主要来源,其含量丰富且利用率高,如海产品、红色肉类、动物内脏等。干果类、谷类胚芽也富含锌;蔬菜、水果含锌较少;精细加工的粮食可导致锌大量丢失。

(六)水

水对人类生存的重要性仅次于氧气,是人类维持生命活动的物质基础。成人体重的 50%~70%是水分,新生儿总体水量约占体重的 80%,婴幼儿约占体重的 70%,成年男性总体水量约占体重的 60%,女性约占体重的 50%~55%。水在体内主要分布于细胞内和细胞外,细胞内水量约占总体水量的 2/3,细胞外占 1/3。

成人一般每天大约需要补充水分 2500 mL,其中 1000~1500 mL 来自食物当中的水分与体内代谢产生的水分,其余部分通过饮水补充。水是细胞的重要组成部分,是体内重要的溶剂、良好的体温调节剂和润滑剂。水参与了营养物质的消化、吸收、运输和代谢废物的排泄,使人体内新陈代谢得以顺利进行;水有利于调节和维持体温的正常;水在体内形成体液,在关节、胸腔、腹腔及胃肠道起到缓冲、润滑、保护作用;水在维持血容量、维持腺体的正常分泌等方面均有重要作用。

水摄入不足或丢失过多,可引起机体失水,也称脱水。失水量达体重的2%时表现为口渴、食欲降低、消化功能减弱、少尿;失水量达体重的10%时可出现烦躁、眼球内陷、皮肤失去弹性、全身无力、体温脉搏增加、血压下降;失水量超过体重的20%以上时,会引起死亡。

水摄入量超过水排出量时,可引起水中毒。

(七)膳食纤维

膳食纤维是植物性食物中不能被人体消化吸收的一种多糖类碳水化合物,由于不能被人体消化吸收和利用,过去一直没有引起人们的重视,但现在医学和营养学研究已经证明了它对人体具有重要的生理作用,故目前已被中国营养学会列为第七大营养素。

(1)生理功能。

膳食纤维本身不提供能量,没有营养价值,但它对调节胃肠的消化、吸收、排泄、降低胆固醇、减缓糖类的吸收速度起到重要作用,是预防多种疾病的重要物质,被称为肠道的"清道夫"。全麦粉中膳食纤维含量高达25%,是很好的食物选择。膳食纤维的主要功能包括刺激肠道蠕动和消化液分泌,有利于消化和排便,防止便秘;吸附肠道的致癌物质;能与胆固醇、甘油三酯结合,再随粪便排出,降低体内胆固醇和甘油三酯,预防心脑血管疾病;减缓葡萄糖吸收的速度,使血糖和胰岛素变化平稳,有利于预防糖尿病;膳食纤维有助于预防过多食物摄取和脂肪堆积,预防肥胖。

(2)食物来源。

膳食纤维的主要来源是天然的植物性食物,如蔬菜、水果、谷类、薯类和豆类。精细加工的植物性食物含膳食纤维很少,动物性食物不含膳食纤维。

三、食物的营养价值

食物是人类生存的重要物质基础,是人体维持基本生理活动所需的能量和各种营养素基本的、重要的来源。食物在自然界普遍存在,种类繁多。按照其来源可分为两大类,即动物性食物、植物性食物及其食品的制品(糖、酒、油、罐头、糕点等)。动物性食物(如肉类、鱼类、蛋类、乳类等)的营养价值主要是提供蛋白质、脂肪、脂溶性维生素、矿物质;植物性食物(如谷类、豆类、蔬菜水果类等)的营养价值主要是提供能量、蛋白质、碳水化合物、水溶性维生素、矿物质和膳食纤维。

食物营养价值就是指食物中所含能量和营养素满足人体营养需要所达到的程度,主要由食物的营养素种类、数量、相互比例和人体对食物的消化、吸收、利用的程度所决定。谷类食物的蛋白质含量低,赖氨酸含量少,其蛋白质的营养价值低。肉类食物的蛋白质、脂肪及脂溶性维生素丰富,营养价值较高,但其所含的饱和脂肪酸较高,对人体不利,过量食入易导致患心血管疾病，应适当摄入。奶类和蛋类所含蛋白质丰富，蛋白质营养价值较高，所含脂肪较少，是人体蛋白质食物的理想食品，鼓励人们适当常吃。大豆属植物性食物中富含优质蛋白质，并含丰富膳食纤维及大豆异黄酮，对人体尤其女性健康有益。

通过化学分析法、仪器分析法、微生物法、酶分析法及查阅食物成分表等方法来评定食物营养素种类及含量和营养质量指数（INQ），判断食物营养价值的高低、优良及其是否具有保健作用。营养质量指数是指营养数密度（一定量某营养数占供给量的比）与能量密度（该食物所含能量占供给量的比）的比值。

营养质量指数的意义：

（1）INQ＝1，表示该营养素与能量的供给能力平衡，提示食物营养价值高，为"营养质量合格食物"。

（2）INQ＞1，表示该食物营养素供给能力高于能量供给能力，提示食物营养价值高，为"营养质量合格食物"，适合超重和肥胖者。

（3）INQ＜1，表示该食物营养素供给能力低于能量供给能力，提示食物营养价值低，为"营养质量不合格食物"，长期食用会发生营养素不足或能量过剩。

对食物营养价值进行评定有重要意义：有利于对食物营养价值进行全面了解，找出食物营养不足和（或）缺陷，充分利用有限的食物资源，提出对其改造或创新的方向；了解在储存、加工、烹调过程中食物营养素的变化和损失，并提出相应的有效措施，最大限度使营养素保存或减少损失；对人们合理选购食物和配制平衡膳食进行科学指导，促进健康，预防疾病。

（一）谷类食物的营养价值

谷类是人类的主要食物之一，且种类很多，主要包括细粮和粗粮。细粮是主要的主食，如水稻（大米）、小麦、大麦、荞麦、燕麦等；粗粮（杂粮）如玉米、小米、高粱、薯类（马铃薯、红薯、木薯）等。谷类每天提供人体的能量占总能量的55%～65%。

各种谷类种子结构基本相似，形态大小不一，主要由谷皮、胚乳、胚芽三个部分构成。谷皮主要由纤维素、半纤维素等组成，含较高灰分和一定量的脂肪及蛋白质，占粒重的13%～15%；糊粉层介于谷皮与胚乳之间，含丰富的B族维生素及无机盐，如磷较多；胚乳是谷类的主要部分，含大量淀粉和一定量的蛋白质，占粒重的83%～87%；胚芽位于谷粒的一端，富含脂肪、蛋白质、无机盐、B族维生素和维生素E，占粒重的2%～3%，胚芽在加工时易与胚乳分离而损失。

1. 营养价值

谷类食物的营养素种类比较齐全，主要有碳水化合物、蛋白质、脂肪、维生素和矿物质等。其中，碳水化合物占70%以上，主要为淀粉，以胚乳含量最高。蛋白质占8%～12%，主要为谷蛋白、清蛋白、球蛋白、醇溶谷蛋白。蛋白质品种及产地有差别，以燕麦最高。谷类蛋白质中含赖氨酸较低，尤其是小米和小麦中赖氨酸最少，但小米中色氨酸较多。玉米蛋白质中缺乏赖氨酸、苏氨酸、异亮氨酸和色氨酸。脂肪占2%～4%，主要为不饱和脂肪酸，以糊粉层和胚芽含量最高。小麦和玉米油中不饱和脂肪酸占80%，其中亚油酸占

80%,具有降低胆固醇、防止动脉硬化的作用。

谷类食物中的维生素主要为 B 族维生素,如硫胺素、核黄素、泛酸、烟酸和吡哆醇等,但不含维生素 C,主要分布于糊粉层和胚芽部分。玉米含烟酸较多但为结合型而不被吸收,所以在以玉米为主食的地区易发生烟酸缺乏症(癞皮病),同时,谷类加工越精,胚芽、糊粉层损失越多,维生素损失也越多。谷类矿物质含量丰富,占 1.5%~3%,主要为以不溶性植酸盐形式存在的钙、磷,分布于谷皮和糊粉层。

2. 合理利用

谷类食物在加工时,应注意保持其良好感官性状并使其有利于消化、吸收和利用,并使各种营养素保留。而谷类食物含的维生素、矿物质、蛋白质、脂肪等营养素多分布于谷粒周围和胚芽中,加工越精,其营养素损失越大。

谷类食品应合理储存,储存在通风、阴凉、干燥、避光的环境中,注意食物本身的数量、储存时间、含水量、温度、湿度、微生物、昆虫的品种等,避免营养损失和变质。

谷类食物在烹调时,应注意烹调方法,如大米不要过于淘洗、浸泡时间不宜过长、水温不宜过高;米、面不宜加碱蒸煮、油炸,面食不宜过度焙烤,否则会使其还原糖与含氨基化合物发生美拉德反应,产生褐变物质而不能被消化道分解吸收等。

同时,应通过合理搭配食物提高谷类的营养价值,如常采用蛋白质互补的方法,把谷类与豆类、谷类与肉类等混合食用,弥补营养素的不足,提高谷类蛋白质的生物价值。

3. 常见谷类食物的营养价值

(1)稻谷(大米)的营养价值。

稻谷的营养价值与其品种、产地、种植条件有关。一般情况下,大米含蛋白质 4.5%~19.8%,赖氨酸和苏氨酸含量低,且分别为第一和第二限制氨基酸;含碳水化合物 70%,主要存于胚乳中;含脂类 2.6%~3.9%,主要为糖脂和磷脂,主要存在于谷胚,其次存在于谷皮和糊粉层;主要含 B 族维生素,以维生素 B_1 最多,大多存在于谷皮和米胚中;所含矿物质主要为钾、磷、硫、镁等,大多存在于谷皮和米胚中。糙米优于精米,因其 B 族维生素和矿物质损失少。

(2)小麦的营养价值。

小麦中蛋白质占 30%~33%,主要为清蛋白、球蛋白、麦醇溶蛋白、麦谷蛋白,而留存在面粉中的蛋白质主要为麦醇溶蛋白和麦谷蛋白,清蛋白和球蛋白主要分布于小麦的皮层和胚部,氨基酸构成平衡而以赖氨酸和蛋氨酸含量高;小麦中碳水化合物占 70%,主要为淀粉,主要分布于胚乳中;小麦脂肪含量低,以谷胚最高;小麦中维生素和矿物质主要为 B 族维生素及维生素 E 和钙、镁、锌、铜等矿物质,主要分布在胚乳和糊粉层。

(3)玉米的营养价值。

从产量来看,玉米在我国粮食中仅次于稻谷和小麦,其营养成分与品质有差异。一般来说,玉米的碳水化合物含量为 66.9%;蛋白质含量为 8%,生物价低,为 60,其中赖氨酸低且蛋氨酸也不高;脂肪的亚油酸含量高于稻谷和小麦,达 54%,人体吸收率高,达 97%以上;不饱和脂肪酸占 85%,其中油酸为 36.5%,亚油酸为 47.8%,亚麻酸为 0.5%,故玉米油为优质油,对降低人体胆固醇有利,可预防心血管疾病;玉米中烟酸含量高,属结合型而不利于吸收,以玉米为主食的地区居民易出现烟酸缺乏症,但若在玉米食品中加碱,使结合型变为游离型而利于吸收,则可预防;玉米中含丰富维生素 E 和磷、钙、铁、硒、锌等矿物质。

(4)小米(又称粟)的营养价值。

小米的营养价值优于大米,主要表现在含 B 族维生素、维生素 E、矿物质(如磷、钙、铁、硒等)丰富。小米在机体内消化吸收率较高,其中蛋白质为 83.4%、脂肪为 90.8%、碳水化合物为 99.4%。

(5)大麦的营养价值。

大麦含蛋白质约为 13.12%,赖氨酸比其他谷类食物高,但其是第一限制氨基酸,苏氨酸为第二限制氨基酸。大麦含脂类约为 30%,主要为非极性脂、糖脂、磷脂。

(6)燕麦(又称莜麦)的营养价值。

燕麦的营养价值很高,含碳水化合物 67.8%、蛋白质 12.2%,含人体所需的全部必需氨基酸且赖氨酸高,含脂类 7.2%,亚油酸丰富,具有降脂和预防心血管疾病的作用。

(7)荞麦的营养价值。

荞麦的营养价值很高,仅次于燕麦。荞麦中蛋白质含量高于大米、小麦、玉米,赖氨酸含量较高,生物价较高,是完全蛋白质。荞麦脂肪含量比玉米低,但高于大米和小麦。荞麦中碳水化合物含量低,膳食纤维丰富,常用于糖尿病的营养治疗。

(二)大豆的营养价值

豆类是我国居民膳食的主要食物之一,分为大豆类和其他豆类。大豆类有黄豆、黑豆、青豆等。其他豆类有豌豆、蚕豆、绿豆、豇豆等。豆类提供的营养素主要有蛋白质、脂肪、矿物质、B 族维生素和有益物质(如膳食纤维、大豆异黄酮)等。豆类的营养价值以大豆最高。豆类经加工生产出制品,如豆腐、豆浆、豆干、腐竹等大豆制品,降低了其不利因素,大大提高了大豆的营养价值。因此,鼓励人们(尤其女性)多摄入大豆及其制品,以获取优质植物蛋白、丰富矿物质(如钙)、膳食纤维和大豆异黄酮等有益物质。

1. 大豆的营养价值

大豆含蛋白质 35%~40%,黑豆可达 50%,且赖氨酸丰富,弥补了谷类蛋白的不足;含脂肪 15%~20%,其中多不饱和脂肪酸占 85%,以亚油酸最多(达 51.7%~57.0%),具有降血压和预防冠心病的作用;含碳水化合物 25%~30%,其中 50% 为可消化吸收的淀粉、阿拉伯糖、半乳聚糖、蔗糖,50% 为人体不能消化的棉籽糖、水苏糖等,在体内易引起胀气;含有丰富的维生素,如 B 族维生素和维生素 E,不含维生素 C,但豆芽含丰富维生素 C;含大量矿物质,如钙、磷、钾、铁等,尤其含钙丰富,每 100 g 大豆含钙约 376 mg,是人类膳食钙的良好来源;含比较丰富的有益物质如膳食纤维、植物化学物质(低聚糖、大豆异黄酮)等,对健康有益。

2. 大豆类及其制品的合理利用

(1)影响大豆营养价值的因素或因子。

影响大豆营养价值的因素或因子有:①胀气因子。豆类食物中的棉籽糖和水苏糖等在人体内的细菌作用下产生气体,在肠道积聚,影响豆类营养素的吸收。②蛋白酶抑制剂。

存在于豆类食物(大豆、花生)中,抑制胰蛋白酶、糜蛋白酶、胃蛋白酶等的活性,影响其蛋白质的消化吸收利用,影响其营养价值,典型代表如抗胰蛋白酶。然而,将大豆加工(如加热等)制成豆制品,可破坏生大豆中的抗胰蛋白酶因子,去除水苏糖、棉籽糖、蛋白酶抑制剂。近年国外一些研究表明,蛋白酶抑制剂还具有抵抗肿瘤和抗氧化的作用。③植物红细胞凝集素。人摄入豆类,使人体的红细胞发生凝集,出现头晕、头痛、恶心、呕吐等反应。但该物质经加热即可被破坏而失去活性。④豆腥味。豆类在脂肪氧化酶作用下产生豆腥味及其他异味。⑤植酸。植酸在肠道内可与金属离子如钙、锌、铁、镁等络和而排出体外,减少这些离子的吸收利用,影响其营养价值。

(2)大豆及其制品的合理利用。

大豆及其制品的合理利用就是指采取减少或抑制影响豆类营养价值的因素或因子的方法或措施,如通过加工去除胀气因子而制成豆制品、加热并煮熟破坏植物红细胞凝集素、加入酸性物质使其环境呈酸性(pH=4.5～5.5)并使植酸减少、加热达80℃而消除豆腥味、常压加热达20 min消除蛋白酶抑制剂等方法,使豆类及其制品的营养价值大大提高。通过把大豆加工成豆芽而含丰富的维生素C、大豆与谷类食物搭配食用而发挥蛋白质的互补作用的方法,大大提高其营养价值。总之,豆类制品的营养价值比豆类高且副作用少。

(三)畜禽肉和水产类的营养价值

畜禽肉和水产类是主要动物性食品,属优质蛋白质,是供给人体脂肪、蛋白质、矿物质(钙、磷、铁、锌、铜、硒等)、维生素(B族维生素、维生素A、维生素D)等的重要食物来源。

1. 畜禽肉的营养价值

(1)畜禽肉类的组成。

畜类食物包括猪、牛、羊、兔、犬等,禽类包括鸡、鸭、鹅、鸽等,畜禽肉类包括肌肉、内脏、头、蹄、骨、血及其制品,是人类膳食的重要成分,能供给人体优质蛋白,其被烹调的菜品多样,营养素丰富,营养价值高。

(2)畜禽肉类的营养价值。

畜禽肉类的营养价值主要有:①蛋白质。畜禽肉类含蛋白质10%～20%,其中猪肉约为13.2%,牛肉约为20%,羊肉约为19.0%,鸡肉约为19.3%,鸭肉约为15.5%,鹅肉约为17.9%,生物价为80以上,容易被吸收利用,其蛋白质含人体必需氨基酸,且构成比例符合人体需要,属优质蛋白质。②脂肪。畜禽肉含脂肪6.2%～88.6%,其中肥猪肉约为88.6%,瘦猪肉约为6.2%,牛肉约为13.4%,羊肉约为14.1%,鸡肉约为9.4%,鸭肉约为19.7%,鹅肉约为19.9%;畜肉所含脂肪以饱和脂肪酸的甘油三酯为主,禽肉所含脂肪以不饱和脂肪酸的亚油酸为主。③碳水化合物。畜禽肉含碳水化合物1%～5%,主要以糖原的形式存于肝脏中。④矿物质。畜禽肉含矿物质0.8%～1.2%,以铁、锌、硒为主。⑤维生素。畜禽肉含维生素,以B族维生素和维生素A为主。⑥呈味成分。畜禽肉含丰富浸出物(如ATP(腺苷三磷酸)、ADP(腺苷二磷酸)、肌酐、嘌呤等),具有香味和鲜味等,是肉品味的呈味成分之一。

(3)畜禽肉类的合理利用。

畜禽肉类的合理利用应注意:①注意合理搭配。畜禽肉的蛋白质营养丰富,含赖氨酸多,应充分发挥蛋白质的互补作用,适当与谷类食物搭配食用,但不要将畜禽肉集中摄入。②注意合理摄入。畜禽肉含饱和脂肪酸和胆固醇较多,要注意个体差别适量摄入,食用过多会导致胆囊炎、高脂血症、肥胖等疾病。畜禽内脏含丰富的维生素,以肝脏含量高;含丰富的蛋白质,为18%~20%,以心、肝、肾等含量较高,尤其肝含蛋白质最高;含矿物质(如铁、锌、硒、钙等)高于瘦肉,尤其肝、肾含铁丰富,且消化吸收率高。因此,应根据机体情况合理选择和摄入畜禽肉或内脏。

2. 水产类的营养价值

水产类包括鱼、软体动物及贝壳类、虾类,是膳食中蛋白质、脂肪、脂溶性维生素的重要来源。

(1)鱼类。

鱼类的营养价值主要有:①蛋白质。鱼类含蛋白质15%~20%,主要分布在肌浆和肌基质中。鱼还含其他含氮化合物(如游离氨基酸、嘌呤等),其氨基酸组成与人体组织接近而优于畜禽类,生物价较高。鱼肉的肌纤维较纤细且嫩,蛋白质的结构松软。鱼类易被消化吸收,利用率高达85%~90%,属优质蛋白。②脂肪。鱼类含脂肪1%~10%,主要为不饱和脂肪酸,如黄鱼为62%、带鱼为61%,尤其海鱼含多不饱和脂肪酸更高,达70%~80%。鱼类脂肪以二十碳五烯酸(EPA)和二十二碳六烯酸(DHA)较高,具有降血脂、升高高密度脂蛋白(HDL)、降低低密度脂蛋白(LDL)、防治动脉粥样硬化、预防心血管疾病的作用。鱼卵含胆固醇高,可达4%~10%。③碳水化合物。鱼类含碳水化合物低,约为1.5%,主要为糖原,分布于肌肉和肝脏中。④维生素。鱼类含丰富的脂溶性维生素,主要分布在鱼油和鱼肝油,以维生素A和维生素D最丰富,维生素B_2和烟酸含量也较高。⑤矿物质。鱼类含矿物质1%~2%,主要为锌、钙、磷、钾、碘等,以锌最高。⑥呈味成分。鱼类含水溶性非蛋白含氮溶出物,如ATP、ADP、肌酐、嘌呤等,是肉品味的呈味成分,具有香味和鲜味等。同时鱼类结缔组织、软骨中所含的胶原、黏蛋白也是呈味成分,故鱼汤冷却后可形成凝胶(鱼冻)。

鱼类的合理利用。鱼类应及时保存处理,低温(-1℃)冷藏,食盐(浓度不低于15%)保存,防止腐败变质。鱼类应合理加工,如河豚鱼的卵、卵巢、肝脏含有极具毒性的河豚毒素,在加工时应尽力去除,以防中毒。食用鱼类一定要新鲜,烹调时要煮熟、烧透,避免染上寄生虫(肺吸虫和肝吸虫等),同时少煎炸,避免产生具有致癌作用的物质氨甲基衍生物。在服用异烟肼药物期间的结核病病人不宜食用鱼类,痛风病人不宜食用鱼类,防止嘌呤增高。

(2)软体类。

软体类含丰富蛋白质,其中含人体全部必需氨基酸,且酪氨酸和色氨酸高于畜禽鱼类,贝类尤其海螺含丰富牛磺酸。软体类含丰富微量元素,如维生素A、维生素E、硒、锌、碘、铜,而以硒最高。含脂肪和碳水化合物少,但脂肪中主要为多不饱和脂肪酸,如DHA和EPA。含丰富呈味物质,如乌贼的氨基酸(以甘氨酸为主)、贝类的琥珀酸及其钠盐等,其味道非常鲜。

(四) 乳及乳制品的营养价值

乳及乳制品是人类营养价值最丰富的食物之一。乳类是营养成分齐全、构成比例适宜、容易消化吸收、营养价值很高的天然食物，主要提供优质蛋白质、维生素 A、维生素 B_2 和钙。乳类可经加工处理而成乳制品，如奶粉、酸乳、炼乳等。

1. 牛奶的营养价值

牛奶含蛋白质 3.0%～3.5%，是人乳的 3 倍，生物价为 85，为优质蛋白质；其中蛋白质组成中，酪蛋白占 80%，乳清蛋白占 20%，酪蛋白与乳清蛋白的构成比与人乳相反。酪蛋白含大量磷酸基，在酸性环境中可与钙结合而形成沉淀。乳清蛋白受热时易发生凝固而具有保护酪蛋白的作用。用于婴幼儿时，必须对牛奶进行调整而制成奶粉，使其适合人体构成比例，适合婴幼儿的消化吸收和利用。

牛奶含脂肪 3%～4%，主要以甘油三酯为主，还有少量的甘油单酯、甘油二酯、磷脂、鞘酯、固醇类、角鲨烯、类胡萝卜素、脂溶性维生素等，其中 100 mL 牛奶中磷脂含量为 20～50 mg。牛奶脂肪颗粒很小，呈高度分散状态。脂肪球脂蛋白主要为磷脂和糖蛋白，容易消化吸收。

牛奶含碳水化合物约 4.6%，主要为乳糖。乳糖具有促进胃肠道蠕动和消化液分泌、降低肠道 pH、促进乳酸菌生长、促进矿物质（如钙）的吸收的功能。牛奶含乳糖量高，对婴幼儿的生长发育有利。

牛奶含矿物质丰富，含量为 0.7%～0.75%，主要有钙、磷、钾、钠、镁、硫、锌、铁等，而以钙最高，易于消化利用，是天然食物中钙的最好来源。但牛奶含铁量低，以牛奶为主食的婴儿，要注意补充含铁高的食物。

牛奶含丰富的维生素，几乎含有所有人体所需要的维生素。

牛奶含其他物质，如酶类（具有抗菌能力）、柠檬酸（具有促进钙分散的作用而且易吸收）、丁酸（具有预防大肠癌的作用）、香气成分（如烷酸、烯酸、酮酸、羟酸、内酯、烷醛、烷醇、酮类等，使牛奶清香并促进食欲）。牛奶含核酸低，痛风患者可食用。

2. 人乳的营养价值

人乳的营养价值与牛奶比较具有以下特点。

(1) 人乳的营养素充分，能提供给婴儿足够营养。人乳含蛋白质约 1.3%，其中乳清蛋白多，占 80%，酪蛋白占 20%，其构成比与牛奶相反，有利于蛋白质消化利用。含脂肪约 3.4%，其中不饱和脂肪酸（如牛磺酸）和多不饱和脂肪酸（如 DHA、EPA）丰富，有利于婴儿大脑和视力的发育。含糖约 7.4%，其中乳糖丰富，高于牛奶，有利于益生菌生长，抑制腐败菌生长，有利于婴儿消化道和大脑的生长发育。含丰富维生素。含钙、磷、铁、锌等矿物质，铁、锌量少，但吸收利用率高。乳铁蛋白促进铁的吸收利用，钙与磷的比例恰当，适合婴儿。含胆固醇，有利于婴儿的大脑和神经系统的生长发育及维生素 D 的合成。含水量高于牛奶，母乳喂养的婴儿不需要额外补充水分，母乳基本能满足其需要。

(2)人乳具有其他有益成分。

我国提倡母乳喂养,让婴儿获得人生第一道高质量的营养大餐。提倡母乳喂养是因为它具有很多优点:第一,母乳含营养素充分、种类齐全且比例恰当,有利于营养素的消化、吸收和利用,有利于婴儿生长发育。第二,母乳含生化酶(如溶菌酶)和免疫因子(如IgA、IgM)等其他有益成分,能提高婴儿的消化能力、免疫力、抗感染能力,有利于婴儿生长发育。第三,母乳喂养方便(如不需要加热消毒)、经济、卫生、不易引起过敏。第四,母乳喂养有利于建立母子感情,促进乳母产后康复,防止产妇疾病的发生。[①]

第二节 合理膳食的基本原则

人体所需的营养素,除极少数可以在人体内自行合成外,其余大部分必须从食物中摄入。各种食物所含的营养成分不完全相同。除母乳外,任何一种天然食物都不能提供人体所需的全部营养素。人体对每种营养素每天都需要一定的摄入量,过多或过少都会造成营养失衡,即营养过剩或营养不良。因此提倡人们要注意平衡膳食,以达到合理营养和促进健康的目的。

新陈代谢是生命的主要特征,饮食则是我们与外界进行物质交换的主要途径,随着人们生活水平的提高,当今健康饮食的标准已不再是过去简单地满足基本生存需要,还应起到提高生活质量、减少食源性疾病、预防疾病的作用。一日三餐中各种食物之间的组成关系,称为膳食结构。平衡膳食,是指膳食组成应包含多种食物,所含营养素种类齐全、数量充足、配比适宜,能满足机体生理活动与健康需要。平衡膳食强调由多种天然食物组成膳食,既要维持生长发育,保持正常体重,预防营养不良,又要防止营养不均和营养过剩的发生。目前,世界上大体有以下几种较有代表性的平衡膳食结构类型:

一、地中海式饮食

地中海式饮食是指有利于健康的、简单、清淡以及富含营养的饮食。这种特殊的饮食结构强调多吃蔬菜、水果、鱼、海鲜、豆类、坚果类食物,其次才是谷类,加上适量的红酒和大蒜,再辅以独特调料的烹饪方式,是一种特殊的饮食方式。烹饪时要用植物油来代替动物油,尤其提倡用橄榄油。

---

① 陈善喜.大学生健康与疾病防治教程[M].北京:北京理工大学出版社,2018.

二、健康饮食金字塔

哈佛大学公共健康学院在大量营养学与流行病学研究的基础上提出了一个全新的基于科学信息基础的、有利于健康的指南——健康饮食金字塔,其在强调蔬菜和水果的基础上提出了以下7点有利于健康的饮食策略。

(1)关注体重。
(2)少吃有害的脂肪,多吃健康的脂肪。
(3)少食用精制的谷类碳水化合物,多吃全谷碳水化合物。
(4)选择健康的蛋白质来源。
(5)食用大量蔬菜和水果,但应该控制土豆的摄入量。
(6)饮酒要适量。
(7)每天服用一片多种维生素。[①]

第三节 体育锻炼与健康饮食

一、运动对营养的基本要求

(一)营养素摄取要适量,注意膳食平衡

健康的身体受运动、遗传、营养、心理素质等多方面的影响。其中膳食营养对健康及运动能力的影响,越来越引起人们的重视。运动者吃什么、吃多少、什么时间吃、怎样吃,对其健康程度起着举足轻重的作用。

平衡膳食是指基本营养配比适宜和所有必需物质含量充足的膳食。目前我国膳食构成中碳水化合物、蛋白质、脂肪的比重为 7∶1∶0.3。这种比例从营养学角度分析是不合理的,较为理想的比例是 6∶1∶0.6,即应适当减少碳水化合物的供给量,相应增加动物性质蛋白质的脂肪供给量。

(二)热量供给充足

人体在运动中热量消耗非常大,在膳食中必须供给充足的热量,以维持热量平衡。据调查我国大学生中男生每日的消耗约为 2500 kcal,女生每日约为 2100 kcal;经常参加锻

---

① 陈善喜.大学生健康与疾病防治教程[M].北京:北京理工大学出版社,2018.

炼的男生消耗约为 3300 kcal,女生约为 2500 kcal。

大学生在成长和锻炼的过程中,需要有充足的热量供给。许多大学生为了减肥而减少了糖分、脂肪等营养物质的摄入,容易造成身体偏瘦、体质变差的问题。因此,大学生在运动时,也应该注意科学地摄入能量食品。

(三)食物体积小,发热量高,营养素齐全

食物一般容易被消化、吸收,但体积不能太大,一般情况下,每人每日摄取食物总量不超过 25 kg。

(四)食物多样化,防止挑食、偏食

合理膳食对强健体魄、养生益寿和防治疾病是很有意义的,中国古代学者编著的《黄帝内经》中就提出了"五谷为养,五果为助,五畜为益,五菜为充"等饮食原则,这个原则也符合今天的营养学中食物的搭配原则。因此,为满足人体各种营养的要求,食物尽量多样化,防止偏食、挑食引起营养缺乏症。

(五)合理的膳食规律

一般来说,保证一日三餐,就基本可满足人体对营养的需求。但是,经常运动的人就应根据运动量和强度及运动对消化功能的影响来合理安排膳食质量和时间。一般来说,运动后 30~45 min 后进餐,运动前 1 h 进餐是比较合理的。

(六)抗氧化剂的合理摄入

近来的研究发现某些维生素和一些无机盐有新的功能。这些维生素和无机盐可作为抗氧化剂,对细胞具有保护作用。抗氧化剂是一些化学物质,它可阻止氧对细胞的损害,即可阻止自由基对细胞的攻击。体内不断产生自由基,而过多的自由基产物与癌症、肺病、心脏病和衰老过程密切相关。若自由基产生时,抗氧化剂能够和自由基结合,这样就大大地降低了自由基的毒性。因此,增加抗氧化剂的水平对健康不仅有益,而且可以预防肌肉损伤和疲劳。几种微量营养素被认为是强有力的抗氧化剂,这些抗氧化剂是维生素 A、维生素 E 和维生素 C、β-胡萝卜素、锌和硒等。

二、体育运动与营养补充

(一)体育运动与糖

人体在活动过程中的糖主要由碳水化合物来提供。营养学科研究证明,健康的成人每日摄入碳水化合物的量为应为 150~300 g,需要结合人自身的体重和运动情况来调整。而运动员所需要的碳水化合物则要高于普通人。如果碳水化合物的摄取量超出使用量,多余的糖就会以脂肪的形式存储起来,使人的体重增加,造成人的肥胖问题,同样不利于

身体健康。同时,如果碳水化合物摄取不足,身体的能量也会供应不足,会导致人体无法支持较大的运动量。

大学生在参与体育锻炼过程中,糖分的消耗量是很大的,因此容易造成低血糖问题。大学生在运动期间也需要注重身体各类糖分的平衡。碳水化合物普遍存在于主食当中,而富含淀粉的根茎类蔬菜及一些水果也是碳水化合物的重要来源。运动员在日常生活和训练时,都应注意对碳水化合物的科学摄取,既要确保身体有足够的糖分来源,也可以通过控制碳水化合物的摄入量来调节自己的体重,使身体能够适应体育运动的要求。

1. 运动时糖的作用

糖是人体运动时的重要能源物质。肌肉在产生力量的过程中,一般会通过无氧代谢或有氧代谢分解存储的糖原,从而取得能量。糖代谢所提供的能量比较快速,但持续时间较短,一般可以为肌肉提供最大力量和快速力量,是人产生爆发力的主要供能条件。

(1)当以 90%～95% 最大摄氧量以上强度运动时(无氧运动),糖供能占 95% 左右;

(2)糖是中等强度运动的主要燃料;

(3)在低强度运动中,糖是脂肪酸氧化供能的引物,并在维持血糖水平中起关键作用;

(4)任何运动开始加速时,都需要由糖代谢提供能量。

可利用的糖贮备有肌糖原、血糖和肝糖原。运动时需要动用糖代谢供能时,首先动用的是肌糖原,随着运动的继续,肌糖原贮量的减少,肌肉开始摄取血糖,随着血糖利用量的增加,肝糖原开始释放入血,补充及维持血糖浓度的稳定,保持机体运动能力。

2. 比赛前的肌糖原储存

人们在参与体育运动之前,身体内应该具有较为充足的糖原储备。人们在日常生活中所吸收的多糖都可以被肌肉和肝脏转化为糖原存储起来,更多的糖则会被用于制造脂肪。一般人参与体育锻炼不需要特别补充糖分,但大学生在参与强度较高的体育运动和比赛时,可以在赛前进行高糖食物的补充,确保体内的能量储备充足。补糖的时间不应该和正式的体育活动时间过近,避免造成胰岛素过高的问题。

3. 长时间运动中的糖摄入

大学生在参与长时间的运动时,体内的糖原将会被大量消耗,从而使身体内出现缺糖的情况。虽然机体可以通过消耗脂肪来持续功能,但糖的减少和代谢物的增多,会造成肌肉的酸痛与疲劳。因此,在持续的运动锻炼期间,大学生也可以适当补充少量的糖分。在补糖时,可以食用一些单糖含量高的食品和饮料,防止在运动中出现暂时性的低血糖问题。补糖应该和大学生的运动锻炼计划结合起来,按照自身的锻炼内容和负荷强度来补充糖分。

4. 运动后补糖

通常情况下,体育活动后也不需要进行特殊的补糖,但对于长时间剧烈运动者来说,在运动后应该摄入 50 g 的糖,这对促进肝、肌糖原的恢复,预防肝脏的脂肪浸润,恢复血糖的正常水平,减少血乳酸都有良好的作用。

激烈的运动后,食欲通常被压制,因而适量地补充含糖的饮料效果较好。由于恢复体内糖原是一个渐进的过程,为此增加糖的膳食可以延续 2～3 d。

(二)体育运动与蛋白质

蛋白质是肌肉的主要成分,对于肌肉的生成、代谢和受伤肌肉的修护都有非常大的作用,运动后迅速补充蛋白质有助于受伤肌肉和组织的修复以及疲劳、肌肉酸痛等症状的减轻。

蛋白质的食物来源分为动物性和植物性两大类。评价蛋白质营养价值的依据是必需氨基酸的含量及其模式。由于人体蛋白质以及食物蛋白质在必需氨基酸的种类和含量上存在着差异,在营养学上常用氨基酸模式即每克蛋白质中各种氨基酸的含量来反映这种差异。

一些健身者错误地认为多吃蛋白质会促进肌肉的增长,但事实证明,必须在渐进性力量训练前提下,适量的蛋白质才能使肌肉增长。摄入过量蛋白质不能合成过多肌肉,而且过量蛋白质从医学角度上讲是有害的,它会加重肝脏和肾脏的负担;导致脂肪贮存增加;造成脱水和体液酸化,使疲劳提早发生,降低运动能力。

蛋白质是构成生命的基本物质,是人体细胞得以构成和复制的基础。可以说,细胞内的 DNA 和其他重要部件都是以蛋白质为基础搭建起来的。在以蛋白质为基础物质的条件下,细胞才能生长、分裂、复制,并在活动中进行新陈代谢作用。当人体组织出现损伤或缺失时,也需要蛋白质参与身体的修复,从而使身体各项机能保持稳定。

人体对于蛋白质的摄取,主要是通过日常饮食来实现的。因为一切生命体都是以蛋白质为基础构成的,所以人们所食用的动物和植物类食物都可以成为蛋白质的来源。但肉类蛋白质和植物蛋白质在成分上也有所不同。肉类、谷物和豆类所包含的蛋白质多为完整蛋白质,其中包含着多种人体无法合成的氨基酸。

大学生在参与长期性的体育运动时,尤其要注意对蛋白质的补充。其作用主要包括:一是能够为肌肉组织的增长提供基本的物质,肌肉纤维的增加是提高力量素质的基础。二是蛋白质对于神经系统反射具有重要作用。三是蛋白质能够增强内分泌功能。四是蛋白质为造血功能提供必要的物质来源,是血红蛋白产生的基础。五是在耐力运动时,蛋白质也可以为身体提供能量。

一般来说,经常从事体育锻炼的人,蛋白质的需要量比普通人要高,正常膳食中蛋白质含量应占总量的 12%～15%,约为 12～20 g/kg 体重。

不同运动项目的运动员所需蛋白质量也不尽相同。经常从事耐力型项目的人所需蛋白质量以 12～15 g/kg 体重为宜;经常从事速度型运动项目的人蛋白质摄入量以 16～18 g/kg 体重为宜。除了通过日常的饮食来补充蛋白质外,长期从事体育训练的学生也可以通过蛋白质营养品来补充高蛋白,可以到达快速增肌的效果。

(三)体育运动与脂肪

脂肪是人体进行长期能量存储的最主要方式,能够为运动中的人提供能量,让身体能够承受高负荷、长时间的运动。同时,脂肪还具有保护重要器官、维持人体体温等重要作用。大学生要想保持健康的体质,身体内就需要拥有一定比例的脂肪,使身体的肌肉含量与脂肪含量保持平衡。

人体在运动过程中,肌肉的能量来源一方面是糖分,另一方面是脂肪,二者可以为肌肉提供不同形式的能量。尤其是在进行低强度的耐力运动时,脂肪代谢要明显大于糖代谢,是人们能够产生耐力的关键。大学生在参与体育锻炼时,可以通过对脂肪的消耗来达到减脂的目的,这样可以将身体的多余脂肪转化为能量,使肌肉的运动能力提升,提高身体素质。同时,脂肪代谢也可以消耗掉血液中的固醇类物质,提高血液的健康程度,有效预防大学生因营养过剩而造成的心血管疾病。

(四)体育运动与水

水是人体中占据比重最高的物质,是细胞进行一切生化、代谢反应的基础环境。水对人的身体健康和生命维持有着不可替代的作用。尤其是对于参与运动的大学生来说,运动时的水分流失巨大,因此必须要及时补充水分。如果身体中的水分过度减少,就会导致身体机能出现故障。而当人体处于缺水状态时,则会严重威胁身体健康,会导致发热、血液循环不畅、身体功能下降、电解质失调等一系列问题。

因此,大学生在运动锻炼时,应比平时补充更多的水分。水分的补充一是靠饮水来进行,而运动员可以在运动前后以饮用运动饮料来补充水分和电解质。二是可以靠饮食来补充水分,人所食用的各种食物都会包含水分,能够在提供营养的同时供应一定量的水。

大学生在参与体育运动的全过程中,都需要科学地补充水分,为此应该按照以下方式进行。

1. 运动前的补水

运动前补水主要是让身体在水分充足的情况下参与运动。补水时应该小口多次地补充,不要让胃部和肾脏同时拥有太多的水分。

2. 运动过程中对水的补充

在运动过程中,如果出现身体过热或是大量出汗的情况,可以少量多次地补充水分。运动时要避免大口饮水,防止身体的环境出现失衡。运动时的流汗会造成身体电解质的流失,补水过程中要注意同时补充电解质。因此,在饮水时可以饮用一些含糖、含盐的运动饮料。大学生要注意的是,即使身体出汗严重,也不要饮用冰镇饮料,防止出现胃痉挛等情况。

3. 休息过程中的补水方法

大学生在运动后可以补充水分,让身体流失的汗液得到恢复。补水和运动前一样要按照少量多次的方法进行。大学生在运动后会有很强烈的口渴感觉,但如果一次性大量饮水,反而对身体不利。大量补水后,不仅会让胃部和肾脏产生很大的负荷,还会导致身体继续排水,加快电解质的流失。

(五)体育运动与维生素

人的身体内所含有的维生素有很多种类型,都是重要的微量元素。维生素对于人体的健康具有不可或缺的作用,几乎所有的身体机能的运转都需要维生素的参与。而不同的维生素则在不同的生理功能上发挥着作用,因此,维生素的平衡是确保身体健康的关键。

人体细胞合成维生素的能力是十分有限的,因此很多种维生素都需要从外部获取,人们日常饮食中的各类食物都含有维生素。在各类食品中,维生素的类型和含量是不同的,因此饮食平衡是实现维生素含量平衡的关键。人们在参与体育运动时,由于身体的生理功能将会在运动刺激下更加活跃,身体对于维生素的需求量也会扩大。如果维生素含量不足,就有可能让身体的某些功能无法得到提升,影响了锻炼的效果。同时,人们在运动过程中,一些水溶性维生素也会随着水分的排出而流失,这需要参与运动的人员注意维生素的补充。

1. 维生素 B_1

维生素 B_1 在能量代谢和糖代谢生成 ATP 的过程中起着重要作用。维生素 B_1 缺乏时,其代谢物丙酮转化成乳酸,乳酸堆积会导致疲劳,损害有氧运动能力,影响正常的神经活动和传导,并使消化功能和食欲受影响。

研究表明:维生素 B_1 对运动员的肌肉耐力有直接影响。可以通过增加能量摄入和平衡膳食来满足,通常每摄取 1000 kcal 能量,需要摄取维生素 B_1 1 mg,即每天 3~6 mg。维生素 B_1 的主要食物来源为粗粮(花生、核桃、芝麻和豆类)。

2. 维生素 B_2

维生素 B_2 与人体细胞呼吸有关,因此在有氧耐力运动中起重要作用。维生素 B_2 还可能是糖酵解酶的有效功能物质,所以对无氧运动也有作用。世界卫生组织推荐的维生素 B_2 的摄取量是每摄取 1000 kcal 能量,应摄取维生素 B_2 0.5 mg。维生素 B_2 主要集中在少数食物中,其中以动物肝、肾中含量最丰富,牛奶、黄豆和绿叶菜中亦有较多维生素 B_2。

3. 维生素 B_6

维生素 B_6 作用于蛋白质和氨基酸代谢,促进糖原、血红蛋白、肌红蛋白和细胞色素的合成,并且是糖原合成和分解过程中糖原磷酸化酶的一种成分。体育运动增强了维生素 B_6 的代谢途径,因此经常锻炼的人对其需要量增加。维生素 B_6 的供给量为男性 2 mg/d,女性 16 mg/d。坚果类、豆类、蔬菜、水果均含有维生素 B_6,米糠、麦芽中维生素 B_6 含量最为丰富。

4. 维生素 C

维生素 C 是一种强有力的抗氧化剂。大运动量训练会使人体维生素 C 的代谢加强。运动后补充维生素 C 有利于减轻疲劳,缓解肌肉的酸痛,增强体能及保护细胞免于被自由基损伤,但不宜过量补充。维生素 C 的主要来源是蔬菜和水果。

5. 维生素 E

维生素 E 是一种重要的抗氧化营养素,有消除自由基、减少脂质氧化的作用。有研究表明,补充维生素 E,可防止细胞膜层磷脂的氧化,从而有助于运动期间保护红细胞的完整性。

在特殊条件下,运动后补充维生素 E 有提高最大吸氧量、减少氧债和血乳酸的作用。维生素 E 最丰富的来源是植物油、麦胚、硬果类及其他谷类食物。

(六)体育运动与无机盐

人体是由很多种元素组成的,除碳、氢、氧、氮以外的元素统称为无机盐。目前已经发现20多种人体必需的无机盐,约占人体重量的4%～5%。无机盐,也称矿物质,包括电解质(钾、钠、钙、镁、磷)和微量元素(铁、锌、碘、铜、铬、硒)。

无机盐是构成机体组织的重要材料,是细胞内、外液的重要成分;是维持细胞内、外液渗透压和体液的酸碱平衡的基础,具有维持神经、肌肉的兴奋性的功能,是机体内具有特殊生理功能物质的重要组分,是许多酶系统的活化剂、辅助因子或组织成分。

食物中无机盐的含量比较丰富,人体所需无机盐主要从每天的饮食与饮水中获得。正常地食用各种食物,特别是蔬菜和水果,就能保证获得足够数量的基本无机盐,一般都能满足机体的需要。但是当膳食调配不当、偏食或患某些疾病时,也容易造成无机盐缺乏;运动过程中,由于丢失过多、代谢增加等原因,也使机体需要更多无机盐。其中比较容易缺乏的元素是钙和铁,在一些特殊情况下也可能造成碘、锌、硒的缺乏。无机盐如果摄入过量也会出现中毒症状。

三、各种训练对营养的不同需求

(一)力量练习的营养需求

力量性运动对肌肉质量的要求较高,而肌肉力量与肌肉蛋白质的增长有关。为了使肌肉发达,需要大量增加蛋白质的供给。营养学研究表明,青年男子对蛋白质的需求量约56 g/d,青年女子为45 g/d;进行力量性练习则要求更高,一般每天不少于2 g/kg体重,且应占每日摄入总热量的20%左右。维生素B_2可以促进肌肉蛋白质的合成,因而需要多食含维生素B_2的食物。此外,还应补充适量的镁、钾、钙、钠等微量元素。

(二)速度练习的营养需求

速度的快慢与肌纤维的兴奋性、快肌纤维的百分组成、肌肉力量的大小有关,运动时的能量来源主要由糖的无氧酵解供应。因此,速度素质的提高在营养上需要增加蛋白质、糖、维生素C、维生素B族、磷、镁及铁等营养素的摄入量。一般而言,牛肉和兔肉等碱性食物可以很好地补充速度训练所需的营养,其应占一日总食入量的15%～20%为宜。

(三)耐力练习的营养需求

耐力性运动所需要的能量来源是体内储备的能源物质——糖原,体内糖原储备的多少直接影响人体的运动能力。膳食中糖占总热能供给量的60%～70%,成人每日每千克体重约需4～6 g糖,运动者需8～12 g。如果耐力运动中出现抽筋症状,还应加补矿物质元素镁。

(四)灵敏练习的营养需求

灵敏性运动的特点是神经系统在运动中处于紧张的状态。虽然机体总的能量消耗不大,但神经系统的消耗很大,因此热量供给不宜过多,而要加强神经系统的营养。

磷与神经系统的活动有密切关系,磷和脂肪合成的磷脂是维持中枢神经系统正常状态所必需的物质。磷的需求量为成人每日 15 g,运动者需要量则更多。

不同的练习对营养的要求不尽相同,但由于运动过程中体内物质代谢旺盛,因此无论哪种性质的运动项目,都应多给机体提供维生素 B_1 和维生素 C。

总之,合理地安排膳食营养是补充运动消耗、提高运动成绩、维护身体健康的重要措施。对体育锻炼膳食的基本要求是热量合理、酸碱平衡、维生素和矿物质充足、各种营养素比例恰当。

四、不同运动项目的营养需求

(一)径赛项目的营养补充

径赛类的项目可以分为长跑和短跑两种,这两种项目所体现的身体素质是不同的,因此大学生需要结合体质和技术要求来补充营养。短跑项目主要考验参与者的爆发力和速度情况,对于肌肉的速度力量有一定的要求,肌肉在运动过程中,其能量来源主要是进行无氧糖代谢,可以产生短时间的爆发力量。大学生在补充营养时,需要加强肌肉力量的发展并为身体储存足够的糖原。在饮食时,应该重点补充蛋白质和含糖类食品。

长跑项目对参与者身体的耐力要求更高,需要肌肉能够长时间工作,在供能时主要以有氧代谢为主。大学生在训练时,应该着重提高自己的耐力素质,不仅要求充分的能量储备,还需要对心肺功能加强训练,以便提高对肌肉的供氧能力。在补充营养时,要加强矿物质、维生素的补充。

(二)体操项目的营养补充

体操类项目主要是展现运动身体的技术难度和美感,对于力量、耐力、柔韧性都有很高的要求。大学生参与体操训练时,需要着重锻炼关节的柔韧度,平衡肌肉的力量和耐力素质。参与体操运动,既要有力量又不能让肌肉过于发达而影响了体重和柔韧度。因此,在补充营养时,大学生应该结合体操技术要求来控制体重,实现身体营养的平衡。

(三)球类项目的营养补充

球类项目在负荷强度、技术难度上都比较平均,对于参与者身体素质也要求全面。大学生在训练球类项目时,要让自己吸收均衡的营养。

(四)游泳项目的营养补充

游泳项目需要参与者对抗水的阻力来进行速度竞技,对于身体的力量和耐力有着一定要求。同时,游泳的环境会使人们丢失更多的热量,因此游泳运动员需要为身体存储一定量的脂肪。在补充营养时,应该加强蛋白质和脂肪的补充。

(五)棋牌类项目的营养补充

棋牌类项目是一种智力类的竞技,大学生在参与棋牌竞技时,大脑会消耗更多的能量。大脑的能量来源十分单一,即需要吸收血液中的单糖来获得能量。当大脑的糖分供应和氧气供应不足时,脑细胞的活动能力将会明显下降,思维能力会受到抑制。为此,在补充营养时,应该加强对糖分的补充。同时,为了提高大脑的健康水平和思维能力,还需要补充各种维生素和矿物质元素。[①]

第四节 食品安全常识

一、食品安全的概念与内容

(一)食品安全的概念

食品安全主要指市场上生产和销售的食品要符合相关的卫生质量标准,不允许食品危害人们的健康。生产者应严格控制生产、流通和销售的流程,使食品减少农残、合理使用添加剂、达到一定安全标准。食品安全既是综合概念,也是政治概念,又是社会概念,还是法律概念。它包括生产安全、经营安全、过程安全、结果安全、现实安全和未来安全。它涉及食品的种植、养殖、加工、包装、储藏、运输、销售、消费等环节,体现结果安全和过程安全的完整统一而更侧重于过程安全,强调食品从田间到餐桌的全程安全。

(二)食品安全的内容

食品安全的内容主要包括食品卫生、质量、营养、数量、生物和可持续性安全。

1. 卫生安全

食品卫生安全是指为防止食品在生产、收获、加工、运输、储藏、销售等各个环节被有害物质污染,使食品有益于人体健康所采取的各项措施。食品卫生安全是食品安全的基

---

① 文渭河,杜清锋,杨杰.当代大学体育健康教程[M].长春:吉林人民出版社,2020.

础。食品的卫生安全是食品生产和销售的硬性要求,要求食品所含的微生物和化学物质最低要达到无害的要求。为了保障食品安全,需要国家相关部门严格管理食品的种植和生产。食品生产者也必须确保食品种植加工及流通环境的安全,要严抓流程管理,禁止不符合卫生标准的产品进入市场。

2. 质量安全

(1)食品质量,即食品满足消费者明确的或者隐含的需要的特性。食品质量主要包括:

①功用性,色、香、味、形,提供能量;
②卫生性,无污染、无毒、无害;
③营养性,生物价值高;
④稳定性,易保存、不变质、不分解;
⑤经济性,物美价廉、食用方便。

(2)食品质量安全,是指食品要符合产品标准规定的应有营养要求和相应的色、香、味、形等感官性状。

3. 营养安全

食品营养安全是指在人类的日常生活中,要有足够、平衡的,并且含有人体发育必需的营养元素供给,以达到完善的食品安全。食品必须要有营养,如蛋白质、脂肪、维生素、矿物质、纤维素等各种人体生理需要的营养素,要达到国家相应的产品标准,要能促进人体的健康。如果食品达不到国家相应的产品标准,这种食品在营养上就是不安全的。

4. 数量安全

数量安全主要是针对整个社会的粮食与副食的供应量而形成的安全指标,是确保全体公民能够解决基本温饱和提高饮食质量的保障。我国在确保数量安全过程中,要确保耕地和主粮的生产,在此基础上不断提高食品的质量和种类。

5. 生物安全

大部分食品的种植、加工过程中都离不开自然生物环境,许多微生物是产生食品的重要因素。但如果微生物的含量超标,或是食品附着了有害的微生物,就可能让使用者感染疾病。因此,食品的生产和运输都应该保障生物安全。

二、食品安全相关常识

(一)食品安全标准

食品安全标准的内容包括:

(1)食品、食品添加剂、食品相关产品中的致病性微生物、农药残留、兽药残留、生物毒素、重金属等污染物质以及其他危害人体健康物质的限量规定;

(2)食品添加剂的品种、适用范围、用量;

(3)专供婴幼儿和其他特定人群的主辅食品的营养成分要求;

(4)对与卫生、营养等食品安全要求有关的标签、标志、说明书的要求;

(5)食品生产经营过程的卫生要求;

(6)与食品安全有关的质量要求;

(7)与食品安全有关的食品检验方法与规程;

(8)其他需要制定为食品安全标准的内容。

(二)食品安全社会共治

食品是人类社会赖以生存和发展的最基本的物质条件,食品安全直接关系着人民的健康和生命安全。食品安全的主要危害因素有农业化学控制物质、食品添加剂、致病菌、病毒和掺假制假。因此,深入了解食品安全的危害因素,熟悉食品安全问题产生的环节,建立科学的食品安全管理体系,倡导全社会、全民参与,对确保人类健康具有十分重要的意义。[1]

---

[1] 陈善喜.大学生健康与疾病防治教程[M].北京:北京理工大学出版社,2018.

第八章 大学生生活环境养成教育

第一节 自然环境与健康

人和自然环境既相互对立,又相互联系,是不可分割的统一体。人类是地球物质发展的产物,人类在自然界中生存,一方面机体从环境中摄取水、空气、食物等生命必需的物质,以维持和促进机体的正常生长和发育;另一方面机体又在代谢过程中不断产生废物并通过多种途径将废物排入环境中,同时这些废物又在环境中进一步转化为其他生物的营养物质。这表明人类和自然环境在物质构成方面有密切的联系。

人们将自然环境分为天然形成的未受人类活动影响的自然环境与人为活动影响下的自然环境。前者包括阳光、气候等物理因素,空气、水、土壤等化学因素及细菌、病毒、寄生虫等生物因素;后者包括噪声、工业"三废"等因素。

环境危害因素分为物理性、化学性、生物性及社会心理性4大类型,本节将重点讨论对人体健康有危害性的物理因素和化学因素(环境污染)。

一、常见物理因素对大学生健康的危害

在日常生活和生产环境中,大学生接触到气温、气压、声波、振动、辐射(电离辐射与非电离辐射)等物理因素。在自然状态下,物理因素一般对人体无害,某些因素在一定条件下对人体健康有益,但当超过一定强度和(或)接触时间过长时,可对人体的不同器官和(或)系统功能产生危害。

随着科技进步和工业发展,在生活环境和生产环境中,大学生接触有害物理因素的机会越来越多,人体受到的健康危害也随之增多,应给予足够的关注和重视。

(一)噪声污染与大学生健康

声音是一种波动现象。随着波动,弹性媒质中的压力、应力、质元位移和速度都将发生周期性变化,这种变化称为机械振动,或称为声振动。声振动的传播过程称为声波,频

率在20～20000 Hz范围的声波能引起人的听觉感受,这个频率范围的声波常被称为声音。如我们敲击音叉,音叉的振动对其周围的空气产生了挤压,使其表面附近的空气密度产生了周期性的疏密变化,这种疏密变化将带动邻近的空气分子依次运动,于是音叉的振动通过空气层的疏密变化形成了声波。当声波传入人耳,带动鼓膜振动从而刺激听觉神经,人就产生了声音的感觉。频率低于20 Hz的声波称为次声,超过20000 Hz的称为超声,次声和超声都是人耳听不到的声波。

大学生的生活和工作环境中存在着各种各样的声音。这些声音中,有些是大学生需要的,如交谈的语音、欣赏的乐曲等;有些是大学生不需要的、厌烦的,如机器轰鸣、交通噪声等,这些声音称为噪声。从科学上讲,只要是对人体健康不利的都可以看作噪声,因此有些噪声在于声音的高度,有些噪声在于其杂乱的节奏,有些噪声属于影响人体共振的低频率声音。大学生生活在校园中,只要是影响他们正常的学习和生活的声音,都可以称之为噪声。因此,噪声与正常的声音没有明显的差别,有些声音属于艺术化的音乐声音等,但如果在不合适的场合播放,依然可以被当作噪声来处理。大学生的主要任务就是学习,在校园内要尽量减少与学习无关的噪声,尤其是在教学楼、实验室和图书馆等重要场合,要对声音有严格的规定。

1. 噪声分类

按噪声源的物理特性可分为机械噪声、气体动力噪声、电磁噪声。空气动力性噪声是由于发生压力突变引起气体扰动而产生的,如各种风机、空气压缩机、喷气式飞机等。器械的噪声则是有器械本身在运行时产生的,尤其是金属的器械设备更容易产生震动,不可避免地会出现噪声。还有一种噪声属于电磁噪声,主要是电气设备在产生电磁场时引起的设备震动,同样对人体的健康有害。在高校的校园环境建设中,高校要尽量避免这些器械和电气化设备靠近学生的活动区,从根源上来减少噪声的产生。

按噪声的频率特性和时间特性可分为高频噪声和低频噪声、宽频噪声和窄频噪声、稳态噪声和非稳态噪声、脉冲噪声等。

按环境噪声来源可分为交通噪声、工业噪声、建筑施工噪声、社会生活噪声等。

2. 噪声量度

人对噪声吵闹的感觉,与噪声的强度和频率有关。物理学上通常用频率、波长声速、声压、声功率级及声压级等概念和量值描述声的一般特性。由于正常人的听觉所能感觉的声压和声强变化范围很大,相差在百万倍以上,不便表达,因此采用了以常用对数作为相对比较的"级"的表述方法,分别规定了"声压级""声强级""声功率级"的基准值和测量计算公式。它们的通用单位为分贝(dB)。在这个基础上,为了反映人耳听觉特征,附加了频率计权网络,如常用的A计权,记作dB(A)。对于非稳态的噪声,目前一般采用在测量采样时间内的能量平均方法,作为环境噪声的主要评价量,简称等效声级,记作L_{eq}。

3. 噪声污染对大学生健康的危害

(1)噪声对听力的影响。

噪声对大学生的影响是多方面的,首先是在听觉方面。这种损害主要是由于内耳的接收器官,即柯蒂氏器官损伤而产生的。靠近耳蜗顶端对应于低频感应,该区域感觉细胞必须达到很广泛的损伤,才能反映出听阈的改变;耳蜗底部对应于高频感应,这个区域的感觉细胞只要有很少损伤,就能产生听阈的改变,当该区域的感觉细胞损伤15%~20%时,听觉灵敏度就可能下降40 dB。因此,听觉疲劳通常从感受声音的高频部分开始,受低频部分的影响较小。

人如果在强噪声环境下暴露一定时间后,听觉敏感度就会下降,即听觉的阈值变大了,这种变化称为阈移。人如果离开强噪声环境到安静的环境里停留一段时间后,听觉可以恢复,听觉的这种变化称为暂时性阈移,或称听觉疲劳。听力的损害具有积累性,在强噪声作用下,听力减退得越多,恢复所需要的时间越长。如果长期暴露在强噪声环境中,强噪声持续作用于听觉器官,听觉疲劳得不到有效恢复,久而久之听觉器官将产生器质性病变,暂时性阈移将转变成永久性阈移,称为噪声性耳聋。研究表明,一个年轻人在噪声环境中连续暴露8 h后的2 min内,暂时性阈移大体相当于在该噪声环境中职业性暴露10年后所造成的永久性阈移。当人从安静环境中立刻进入强噪声环境,会感到耳部不适,甚至会出现头痛、恶心等症状。在强噪声环境下停留一段时间,离开后仍会觉得耳鸣,在2 min内做听力测试,发现听觉在某频率段下降约20 dB。

听觉存在个体差异,不同的人其听觉适应能力也不同,听力检查也有一定的误差。因此,医学临床上取(15 ± 5) dB作为听力检查的波动范围。听觉变化在这个范围之内的视为基本正常,超出这一范围就视为听觉异常。如果听觉损失不超过一定的数值,只能称为听觉功能异常而不视为听觉异常。只有听觉损失超过一定的数值后,才可称为听觉损伤,这个数值称为听力损伤的临界值。

(2)噪声对生理的影响。

噪声传入耳内,引起鼓膜的振动,经耳蜗神经传递到丘脑、下丘脑,然后到达大脑皮层。人在长时间生活在噪声环境内,首先会对听觉和神经系统造成不良影响,会造成听力上的失灵。其次,由于神经系统的活动受到干扰,也会影响大脑的思考和学习能力,让大脑产生疾病。最后,在噪声的影响下,神经系统对全身机能的协调会受到很大影响,会引起生理上的疾病。

噪声还可引起交感神经紧张,从而导致心跳加快、心律不齐、血管痉挛、血压升高等。噪声强度越大,频带越宽,血管的收缩就越强。血管收缩造成心脏排血量减少,舒张压升高,对心脏形成不良影响。大量研究表明,心脏病的发展恶化与噪声有着密切联系。噪声会造成人们在神经系统上的紧张,也使心血管等系统长期处于紧张状态,进而会导致心脏病、高血压等疾病。同时,由于神经系统和心理状态的影响,人体的消化系统、内分泌系统都会出现失调问题。

(3)噪声对心理的影响。

噪声通过听觉系统传达给大脑,大脑被动地接受这些杂乱的声音信息,长时间下会让人的注意力涣散,使心理状态失去平衡。处于噪声环境的人,情绪和心态容易失控,会产生许多过激行为。

(4)影响睡眠、休息和工作。

大学生群体的睡眠是十分重要的,能够影响他们第二天的生活与学习状态。高校在大学生入睡的时间段,务必要保持校园环境的安静,应避免一切产生噪声的行为。如夜间施工、少数人的夜生活、夜间的经营活动等。人在睡眠时,接受的声音应该在 50 dB 以下,但城市的街道由于汽车的原因,通常会在 70 dB 以上,如果大学生宿舍离街道过近,也会产生噪声污染。

大学生在日间的学习,也需要在无噪声环境进行,高校需要确保教学楼、图书馆等场所在日间不会产生噪声,要对可能出现噪声的情况做出严格规定。

(二)放射性污染与健康

放射性是自然界一些不稳定元素所具备的一种天然属性,这些元素的原子核由于结构不稳定,会自然产生衰变,会释放出中子或光子等,中子或光子会释放出射线。通常来说,由元素放射所形成的射线都会破坏人体细胞或 DNA 分子的结构,对人体的健康构成威胁。

自然界中的放射性物质比较稀有,在日常生活中不会多见,但由于工业生产或科学研究等因素,这些放射源也可能污染生活中的物品,进而产生放射性污染。

放射性核素产生核衰变具有一定的半衰期。所谓半衰期是指放射性原子数目因核衰变而减少到原来的一半时所需要的时间。在衰变过程中,放射性核素会持续放射出具有一定能量的射线。这些射线对周围介质会产生电离作用,这种电离作用是放射性污染的根源。

1. 放射性污染来源

放射性污染来源主要有天然放射源和人工放射源。

(1)天然放射源。

天然放射源主要包括宇宙射线、地表放射性物质、水体放射性物质、大气放射性物质、食物和人体。

宇宙射线是从宇宙中辐射到地球上的射线,主要由各种高能粒子流组成。它是人类长期受到的天然辐射源。宇宙射线能够引发地磁爆,使得高层大气密度增加,还会影响卫星、航行和通信的正常运作。

地表放射性物质在地表的岩石、土壤、煤炭中也含有少量的原生天然放射性核素。它们主要分为中等质量天然放射性同位素(原子序数小于 83)和重天然放射性同位素两种。由于地质条件的影响,世界上有一些地区地表层含有较高的天然放射性物质,称为高本底区。如巴西的独居石和火山侵入岩地带、印度喀拉拉邦、中国广东阳江地区等。这些地区的高本底辐射多是由于岩石、土壤中具有较高含量的独居石而引起的。

水体放射性物质水系中也含有一定量的放射性核素。水中天然放射性物质的浓度与水所接触的岩石、土壤以及地面沉降的宇宙放射性核素有关。

大气中的天然放射性核素主要来自地壳中铀系和钍系的气体子代产物散射,其他天然放射性核素含量很少。这些放射性气体子代产物很容易附着在空气溶胶颗粒上,形成放射性气溶胶。大气中天然放射性物质的浓度与季节有关。一般冬季浓度较高,夏季最低。空气中含尘量大时其天然放射性物质浓度也会升高。在某些特殊地方,如山洞、地下矿穴等的空气中的放射性物质浓度也较高。此外,室内空气中放射性物质的浓度较室外高,这与建筑材料和通风情况有关。

食物和人体中的放射性物质由于岩石、土壤、大气和水体中都含有一定量的放射性核素,经过生态系统的物质、能量流动,它们不可避免地会转移到生物圈中。生物圈中的放射性物质通过食物链进行传递和交换。人类作为食物链的最高营养级,食物是主要的天然放射性核素来源。进入人体的微量放射性核素分布在全身各个器官和组织。

(2) 人工放射源。

人工放射源主要来自核试验、核工业、核动力及医疗等方面。在大气层进行核试验时,核爆炸产生的高温蒸汽和气体形成放射性烟云,夹带着金属碎片、地面物上升。它们在上升过程中不断与空气混合,热量降低,气态物逐渐凝聚成颗粒或附着在其他尘粒上,随着大气运动,这些放射性颗粒不仅沉陷在核爆区附近,而且可能扩散到更广泛的地区,造成对地表、海洋、人和动植物的污染。有些细小的放射性微粒甚至可能上升到平流层并随大气环流流动,经过很长时间才回落到对流层,造成全球性的污染。

由于放射性核素都有半衰期,在这些放射性核素完全衰变之前,其放射性污染不会消失。核试验造成的全球放射性污染比其他原因造成的放射性污染要严重得多,是重要的人工放射性污染源。

核动力是核工业的主体。核燃料的开采、生产、使用及回收等各个环节都会产生数量不同的带有放射性的废水、废气、废渣,这些放射性污染物对环境造成了不同程度的影响。

核燃料的开采、冶炼、加工及精制过程中排放的放射性污染物主要是:含有氡及其子体以及含放射性粉尘的废气;含有铀、镭、氡等放射性物质的废水和冶炼过程中产生的含镭、钍等放射性物质的废渣以及精制、加工中产生的含镭、铀的废液、烟雾和废气等。

核反应堆在运行过程中产生大量裂变产物,一般情况下裂变产物密封在特制的燃料组件盒内。正常运行条件下,反应堆排放的废水中主要是被中子活化后所生成的放射性物质,废气中主要是反应堆裂变产物及中子活化产物。

核燃料使用后运送到核燃料处理厂进行处理,提取铀和钚再次循环使用。在核燃料的后处理过程中排出的废气中含有裂变产物,排放的放射强度较高的废水中含有半衰期长、放射性强的核素。因此,核燃料的后处理过程是整个核燃料循环过程中最重要的污染源。

对于整个核工业来说,其正常运转时一般不会对环境造成严重污染。严重的核污染一般都是由于事故造成的。如1986年苏联切尔诺贝利核电站爆炸导致的核泄漏事故。因此,如何控制事故排放是减少环境放射性污染的重要环节。

在日常生活中也有其他人工放射性污染。一些医疗设备,如某些分析、检测、控制设备使用了放射性物质,这些放射源对职业操作人员会产生辐射危害。一些建筑材料如花岗岩等,含有超量的放射性核素,造成居住环境的放射性污染。此外,还有一些日常用品,如夜光表、电视机等,也含有少量放射性物质。

2. 放射性污染对健康的危害

放射性核素是通过外照射与内照射两种途径危害人类健康的。外照射是由废物中含有的辐射直接对人体照射产生的生物效应。在大剂量的照射作用下,人体体内的造血器官、神经系统、消化系统均会遭受损伤而导致病变。内照射则是废物中含有以辐射为主的核素，它会通过各种途径进入人体的内部，按其不同的性质分别聚集于人体不同的器官，从而产生损伤作用。这种照射作用因具有积累性，比外照射的危害性更严重。它的危害程度有以下 2 个特点：一是能广泛分布于人体各器官的放射性核素比易于聚集于单一器官的核素危害性小；二是半衰期越长的放射性核素的危害性越大。

当我们从放射性污染物的角度来研究其对人体的健康危害时，主要是研究各种放射线在其中所起的作用。一般来说，放射性物质会产生 3 种主要的射线，即 α 射线、β 射线和 γ 射线。这些射线对人类机体主要有 2 种作用：一是能够穿透人类机体，从而对体内的组织和器官产生破坏作用。二是当它们通过人体时，会产生电离作用，从而使某些组织的细胞死亡，最终影响机体正常的新陈代谢作用。当人们在短时期内遭受较大量的放射线作用时，会产生恶心、呕吐、无力等症状。当放射性物质进入人体后，能在肺、卵巢、骨骼、皮肤等部位和组织引起恶性肿瘤和其他病症。强的放射线对人体的危害性很大，有的时候会在短时间内致人死亡，而存活下来的人会终身残疾，其留下的后遗症会遗传给下一代。

(1) 放射性辐射的生物效应。

放射性辐射具有足够的能量，能够引起电离。细胞主要由水组成，在水中的电离将产生自由基 H^+ 和 OH^- 以及强氧化剂 H_2O_2，这些反应产物会与细胞的重要有机分子相互作用，可能破坏构成染色体的复杂分子，在分子水平变化的基础上，使细胞发生变化。由于各种细胞对辐射的敏感性不同，在相同的辐射剂量条件下，不同的细胞有不同的损伤。细胞损伤是细胞代谢、功能和结构的不利变化，是生物机体损伤发生和发展的基础。

由于细胞受到损伤，机体的组织、器官和系统的功能将发生变化，机体调节功能受到干扰，甚至遭到破坏，人可能会感到不舒服，甚至会因此出现一些由辐射引起的疾病症状。机体吸收很少的辐射能量即可发生显著的生物效应。

影响辐射生物效应的因素可分为辐射种类、剂量、照射方式和被照生物体对辐射的敏感度 4 个方面。

被照生物体对辐射的敏感度与被照体个体、器官、组织、细胞以及分子水平的辐射敏感性有关。就人而言，发育越成熟，对辐射的敏感性越低。老年机体因各种功能衰退，对辐射的敏感性增强。组织、细胞的辐射敏感性从强到弱排列如下：淋巴组织→淋巴细胞→胸腺(细胞)→骨髓→胃肠上皮(特别是小肠隐窝上皮细胞)→性腺(睾丸和卵巢的生殖细胞)→胚胎组织(以上为高度敏感)→感觉器官(角膜晶状体、结膜)→内皮细胞(血管、血窦和淋巴管内皮细胞)→皮肤上皮→唾液腺(以上为中度敏感)→内分泌腺→心脏(以上为轻度敏感)→肌肉组织→软骨及骨组织→结缔组织(以上为不敏感)。在同一细胞内，不同亚细胞结构的辐射敏感性相差很大，如细胞核比脑浆高 100 倍。

(2) 放射性损伤的特点。

放射性辐射引起的生物损伤与普通损伤不同。放射性损伤具有潜伏性，可能需经过一定时间才会显现出来。辐射引起的生物损伤按照时间顺序可分为潜伏期、显示期和恢复期 3 个阶段。

第一,潜伏期。从物体受到辐射,到首次检测出伤害之前,通常会有一段延迟时间,这段时间称为潜伏期。潜伏期的时间范围可能会很长。辐射引发的生物效应可分为急性和慢性2类。急性伤害效应可能在数分钟、数日或数周就表现出来,而慢性伤害效应则可能延迟数年、数十年或数代才表现出来。

第二,显示期。在显示期可以观察到一些不同的生物效应,最常见的现象是细胞停止进行有丝分裂。这种现象可能是暂时的,也可能是永久的,它与辐射剂量的多少有关。还可能产生的生物效应包括染色体破坏、染色质结团、形成巨大细胞或进行不正常的有丝分裂、细胞质颗粒化、染色体特征发生变化、原生质体黏度改变以及细胞壁透性的变化等。

第三,恢复期。经过辐射暴露后,生物效应会在一段时间内恢复到某种程度,这种现象在急性伤害中尤为明显。在受照射后的数日或数周内出现的损伤可以恢复。然而,有后效的损伤不能恢复,这也是延迟伤害发生的原因。无论是来自体外的辐射照射,还是来自体内的放射性核素的污染,辐射对人体的作用都会导致不同程度的生物损伤,并在以后作为临床症状表现出来。这些症状的性质和严重程度以及它们出现的早晚取决于人体吸收的辐射剂量和剂量的分次给予情况。

（3）造成疾病。

急性放射病是指人体在短时间（一般是数日内）受到一次或多次大剂量辐射所引起的全身性疾病。根据病情的基本改变,分为骨髓型（造血型）、肠型和脑型3种。

慢性放射病是指人体在较长时间内受到超过最大容许剂量当量外照射而引起的全身性疾病。在长期小剂量辐射中,机体对射线有一定的适应能力和自身修复能力。在受照剂量很小的情况下,只要平时注意防护,严格遵守操作规程,所受影响不大,不致引起放射损伤。只有在受到较大剂量照射或累积剂量达到一定水平时,才能造成职业性放射损伤或放射病。

慢性放射病的临床表现如下:头昏、头痛、乏力、易激动、记忆力减退、睡眠障碍、心悸、气短、食欲减退、多汗等自主神经紊乱综合征。早期一般没有明显体征,常见的是一些神经反射变化和神经血管调节方面的变化。病情如果继续发展,常伴有出血倾向,前臂试验呈阳性,内分泌有变化,皮肤营养障碍,眼晶体出现混浊等。少数较重患者可见早衰现象,外观和年龄极不相符。

小剂量外照射一般指小于 1 Gy 的辐射。它包括两个方面:一是指一次照射较小的剂量,二是指长期受低剂量率的照射。

近期效应是在受照后 60 d 以内出现的变化。早期临床症状常在受照射后当时或几天内出现。根据国内外一些核事故受照人员临床资料分析,早期临床病症多数是在受照后当天出现,持续时间较短,大部分在照射后 1~2 d 不加处理症状即可自行消失。从症状的严重程度来看,剂量较小时,一般仅表现为头晕、乏力、食欲减退、睡眠障碍、口渴、易出汗等;而剂量较大时,可出现恶心等症状。随着剂量的增加,症状的发生率也增加。早期临床症状的轻重与受照部位、照射面积的大小有着密切关系,同时也与个体的精神状态、体质强弱以及工作劳累程度有关。

远期效应是在受照后几个月、半年、几年或更长时间才出现的变化。远期效应可发生在急性损伤已恢复的人员,也可发生在长期受小剂量照射的人员。由于剂量低、作用时间长,因此机体对射线的作用有适应和修复能力。如受较低剂量的照射,机体的修复能力占优势,在受照后相当长的时间内机体反应不明显。如受较高剂量的慢性照射,累积剂量达到一定程度时,可出现慢性损伤。常见的小剂量慢性照射远期效应主要有血液和造血系统的变化、眼晶体混浊、白血病与肿瘤以及对生育力、遗传和寿命的影响。

(三)电磁污染与大学生健康

在大学生生活的环境中充满了各种各样的电磁波。大学生身边的各种电器设施、设备,大到输变电工程,小到移动电话,都在不同程度地向外界辐射电磁波。据统计,电子设备的平均辐射功率在以每10年10~30倍的速度增长。堆积如山的电器设备也带来了堆积如山的电磁辐射。电磁污染是指天然的和人为的各种电磁波干扰以及对人体有害的电磁辐射。在环境保护研究中,电磁污染主要是指当其强度达到一定程度、对人体机能产生不利影响的电磁辐射。电磁辐射污染已成为继空气、水源、噪声等污染之后的新型污染,电磁辐射污染是肉眼看不见的电磁波污染,常被称为"电子烟雾"。

广义地说,一切对人类和环境造成影响的电磁辐射都可看作是电磁污染。电磁波谱的范围很大,从长波、中波、短波、超短波等无线电波,到以热辐射为主的远红外及红外线,再到可见光、紫外光,直至X射线、γ射线等放射性辐射,都属于电磁波范围。我们在这里讨论的电磁污染指的是由无线电波范围内的电磁辐射所造成的环境污染。电磁辐射污染通常是指人类使用产生电磁辐射的器具而泄漏的电磁能量流传播到环境中,其量超出本底值,其性质、频率、强度和辐射时间综合影响到一些人,使其感到不适,并对人体健康和周围环境产生影响。电磁辐射污染已经成为当今危害人类健康的重要污染类型之一。

1. 电磁污染源

电磁辐射污染按其来源,主要可分为天然电磁辐射污染和人为电磁辐射污染。天然电磁辐射污染是由于某些自然现象造成的。像自然界中的雷电、火花放电、太阳黑子活动、宇宙中的恒星爆发、地球和大气层的电磁场、火山爆发、地层等都会产生电磁干扰。天然电磁辐射污染严重时对通信、导航和精密仪器设备都会造成明显的影响。

人为电磁辐射污染来自各种人工制造的电子设备,放电、工频电磁场和射频电磁辐射造成的电磁污染。目前,随着大量无线技术的推广和使用,射频电磁辐射成为环境电磁污染的主要因素。除按来源分类以外,还可按照频率的不同,将电磁辐射污染源分为工频场源和射频场源;按照电磁波的连续或间断,将电磁辐射污染源分为连续波源和脉冲波源等。

2. 电磁辐射的危害机理

电磁辐射按是否产生电离作用可分为电离辐射与非电离辐射两类。电离辐射多为放射性辐射,这里讨论的电磁辐射危害主要指非电离辐射危害。一般认为,电磁辐射对生物体的作用机制大体可分为热效应、非热效应以及累积效应。

非电离辐射危害主要是指工频场与射频场的危害。工频场的电磁场强度达到足够高时,能对人体发生作用。机体处在电磁辐射下,能吸收一定的辐射能量而发生生物学作用,这种作用主要表现为热作用。人体组织中含有的电介质可分为 2 类:在一类电介质中,分子在外电场不存在时,其正、负电荷的中心是重合的,称为非极性分子;在另一类电介质中,即使没有外电场的作用,分子正、负电荷的中心也不重合,称为极性分子。如果分别把极性分子电介质与非极性分子电介质置于电磁场之中,在电磁场作用下,非极性分子的正、负电荷分别向相反的方向运动,致使分子发生极化作用成为偶极子(被极化的分子)。因偶极子的取向作用使极性分子发生重新排列。电磁场方向变化极快,致使偶极子发生迅速的取向运动。在这个过程中,偶极子与周围分子发生剧烈碰撞而产生大量的热。

此外,人体内电解质溶液中的离子因受场力作用会产生位置变化,当电磁场频率很高时,会在其平衡位置附近振动,使电解质发热。同时,人体内的某些成分为导体,如体液等,在不同程度上具有闭合回路的性质,在电磁场作用下,也可产生局部的感应涡流而生热。由于体内各组织的导电性能不同,电磁场对机体各个组织的热作用也不尽相同。

电磁场对人体的作用程度是与场强度成正比的。电磁场强度越大,分子运动过程中将场能转化为热能的量值也越大,身体热作用就越明显与剧烈。当电磁场的辐射强度在一定量值范围内,可使人的身体产生温热作用,有益于人体健康;当电磁场的强度超过一定限度时,将使人体体温或局部组织温度急剧升高,破坏热平衡而有害于人体健康。每个人的身体条件、个体适应性与敏感程度以及性别、年龄或工龄不同,电磁场对机体的影响也不相同。因此,衡量电磁场对机体的不良影响是一个综合分析的过程。

电磁辐射对人体的作用特征主要有如下 2 种。

(1)人体对电磁波的吸收作用。

电磁波在不同介质中进行传播时,因介质的性质各不相同,在界面上必然发生电磁波反射、折射、绕射等现象。同时,在介质内还会发生电磁波能量被吸收甚至被极化等现象。人体也是电解质的一种,且人体由多层具有复杂形状的电解质所组成。

(2)人体对电磁波的反射与折射作用。

当电磁波从含水量低的组织(如脂肪、骨髓等)向含水量高的组织(如肌肉等)传播时,在分界面上将发生反射现象。当反射波的相位与入射波的相位相差180°时,在含水量低的组织上(如脂肪)将出现驻波。反之,当电磁波从含水量高的组织向含水量低的组织传播时,在其分界面上也发生反射、折射现象,这些反射与折射作用的结果,可使电磁能量转化为热量的作用加剧,并且造成局部组织热负荷过大。骨骼对电磁波也可发生反射作用。

3. 电磁污染对健康的危害

电磁辐射是隐形的,肉眼看不到,所以不容易引起人们的注意,但是长时间接触,会造成一些慢性伤害。电磁辐射危害的一般规律是随着波长的缩短,对人体的作用增大,微波危害最为突出。研究发现,电磁场的生物学活性随频率的加大而递增,危害程度也与频率成正比关系。不同频段的电磁辐射在大强度与长时间作用下,对人体的不良影响主要包括如下两个方面。

(1)中、短波频段(高频电磁场)。

长时间暴露在高强度的高频电磁场下,作业人员及高场强作用范围内的其他人员会产生不适反应。高频辐射主要引起机体的神经衰弱症候群和心血管系统的自主神经功能失调。症状主要表现为头痛、头晕、周身不适、疲倦无力、失眠多梦、记忆力减退、口干舌燥。部分人员会发生嗜睡、发热、多汗、麻木、胸闷、心悸等症状。女性发生月经周期紊乱现象。体检发现,少部分人员血压下降或升高、皮肤感觉迟钝、心动过缓或过速、心电图窦性心律不齐等,少数人员有脱发现象。

通过研究发现,高频电磁场对机体的作用是可逆的。脱离高频作用后,经过一段时期的休息或治疗,症状可以消失,一般不会造成永久性损伤。大量的调查研究表明,性别、年龄不同,高频电磁场对人体影响的程度也不一样。一般女性和儿童对高频电磁场比较敏感。

(2)超短波与微波。

由于超短波与微波的频率很高,特别是微波频率更高,均在 3×10^8 Hz 以上。在这样高频率的电磁波辐射作用下,人体可将部分反射电磁能吸收。微波辐射的功率、频率、波形以及环境的温湿度、被照部位不同,对伤害的深度和程度有一定的影响。

微波辐射对人体的影响,除了引起比较严重的神经衰弱症状外,最突出的是造成自主神经机能紊乱,主要反映在心血管系统,如心动过缓、血压下降或心动过速、血压升高等。此外,微波还可能引起生殖系统和眼睛的损伤,微波对生殖系统和眼睛的伤害多为生物效应实验的结果,在实际中这两方面的病例较少,尚不构成普适性。

微波辐射对人体的作用还有非热效应的存在。人体暴露在强度不大的微波辐射时,体温没有明显的升高,但通常出现一些生理反应。长时间的微波辐射可破坏脑细胞,使大脑皮质细胞活动能力减弱,已形成的条件反射受到抑制,反复经受微波辐射可能引起神经系统机能紊乱。某些长时间在微波辐射强度较高的环境下工作的人员曾出现过疲劳、头痛、嗜睡、记忆力减退、工作效率低、食欲缺乏、眼内疼痛、手发抖、心电图和脑电图变化、甲状腺活动性增强、血清蛋白增加、脱发、嗅觉迟钝、性功能衰退等症状。但是这些症状一般不会很严重,经过一段时间的休息后就能复原。

微波辐射对生物体的危害具有累积效应。一般一次低功率辐射之后会受到某些不明显的伤害,经过 4 d 可以恢复。如果在恢复之前受到第二次辐射,伤害就将积累,这样多次之后就形成明显的伤害。而长期从事微波工作,并受到低功率照射时间较长,要在停止微波工作后 4~6 周才能恢复。

(四)其他物理性污染

除了上面介绍的噪声污染、放射性污染、电磁污染,物理性污染还包括光污染、热污染和振动污染等。随着人类社会的不断发展,物理污染呈现增长的趋势,对人体和环境的影响也日益加重,必须对其有足够的认识,并进行控制和治理。

1. 光污染

眼睛是人体最重要的感觉器官。人靠眼睛获得 75% 以上的外界信息。人必须在适宜的光环境下工作、学习和生活。随着城市规模的不断扩大和城市的日益繁华,我国不少大中城市的光污染也在与日俱增。繁华都市的花花绿绿、五光十色,虽说是增添了现代城市的美丽和气派,给人们带来了欢乐和美的享受,但有时也会给人们带来烦恼和忧虑。因为过强、过滥、变化无常的光也会损害人的视觉功能和身体健康。

早在20世纪初期,天文学家发现,室外照明光对天文观测的负面影响越来越严重,逐渐提出"光污染"的概念。目前,国内外对光污染并没有一个明确的定义。一般认为,光污染泛指过量的光辐射对人类的生活、工作、休息和娱乐带来的不利影响,进而损害人们的观察能力,并引起人体不舒适感的现象。据调查研究显示,光污染令1/5的人看不见银河,在远离城市的夜空,可以看到几千颗星星,而在大城市却只能看见几颗。

光污染主要来源于人类生存环境中日光、灯光以及各种反射、折射光源造成的各种过量和不协调的光辐射。光污染一般可以分为3类,即白亮污染、人工白昼污染和彩光污染。

2. 热污染

随着科技和工农业生产的迅速发展,人们在利用能源的同时,也向自然界排放了大量的二氧化碳、水蒸气、热水等物质。近100年来,整个地球的年平均气温升高了0.7~1.0℃,而大城市的平均温度升高了2~3℃。热污染问题已经成为一个日益严重的环境问题。

所谓热污染就是指日益现代化的工农业生产和人类生活中所排放的各种废热危害环境而产生的污染。热污染可以污染大气和水体,如工厂的循环冷却水和工业废水中都含有大量的废热。而废热排入水体后,会造成水温骤升,并导致水中溶解氧锐减,造成一些水生生物在热效力作用下发育受阻或死亡,从而影响环境和生态平衡。在物理学中,热能的衡量标准是温度,因此在环境中,热能超标的直接表现就是环境温度的上升。热污染主要包括大气热污染和水体热污染。

在现代文明发展的过程中,由于人们对于化石能源的过度开发,使碳排放加剧,同时人们对于自然环境的破坏,让整体的大气呈现变暖的趋势。城市化所造成的新环境,使企业、居民、交通工具等不断地将热量排放出来,造成了城市环境出现热岛效应。生活在城市中的居民,需要忍受更加炎热的气候,影响了身体的健康。城市区域由于气温高于周围环境,会形成特定的气压差,使周围产生的空气污染也会向城市区域流动,这进一步造成了城市空气质量的恶化。

热污染不仅破坏地球上的热平衡,使局部或全球环境增温,还对人类及其生态环境产生直接或间接危害。热污染是造成居民身体免疫力下降,使人们患上各类现代疾病的重要因素。长期处于热环境中,人们的身体环境会遭受破坏,使人们对于各类传染疾病的抵抗能力降低。热污染会让许多病原体和微生物有了传播的温床,会造成脑膜炎等疾病的流行,如果城市没有建立起完善的公共医疗体系,更容易造成疾病的流行。例如,澳大利亚曾经流行一种脑膜炎,这是由一种原虫所引发的,其根源在于热电厂所排出的废热,造成了河水温度的升高,让原虫大量滋生。另外,在现代社会中,人们为了对抗疾病,会过度使用抗生素等药物,同样增加了有害细菌的抗药性,从而造成了超级细菌的流行。

城市地区和工厂造成的热污染和现代化的基础设施,让地面对于太阳能的反射强度提高,而对热量的吸收则减少。这种人为环境的改变,能够影响到整个大气环流的正常运行,从而造成了局部地区气候的失衡。有些地区会长期处于干旱少雨的状态,有些地区则会产生洪涝灾害。城市化产生的热污染，也会向大气中释放有毒气体，会破坏大气上层的臭氧层，臭氧层破坏会导致其难以吸收太阳辐射中的紫外线，会给人体健康造成威胁。

此外，城市的热岛效应会造成气候的异常变化，能源消耗增大，从而给居民的生活和健康带来很大的影响。污染物聚集在热岛区域，直接刺激人们的呼吸道黏膜，轻者引起咳嗽流涕，重者会诱发呼吸系统疾病；还会刺激皮肤，导致皮炎，甚至引起皮肤癌。人们长期生活在"热岛"中心，会表现为情绪烦躁不安、忧郁压抑、精神萎靡、胃肠疾病多发等，这就提醒我们热污染危害的严重性。

3. 振动污染

当物体在其平衡位置围绕平均值或基准值做从大到小，又从小到大的周期性往复运动时，就可以说物体在振动。当振动引起人体伤害或建筑物、机械设备损坏时，就形成了振动污染。日常生产和生活中接触到的振动源有电锯、电钻等电动工具，水泵、机床等机械工具，交通运输工具等。在振源的振动过程中，能量被消耗，转化成热能、声音、动能等。物理上的声波就是由于振动产生的。并不是所有的振动都是不好的，例如电场、磁场振动产生的电磁效应，就是现代电工的基础；弹跳运动对骨骼、肌肉、肺及血液循环系统都是一种良好的锻炼。这其中有一个度的问题。

人接触过量的机械振动，会产生不舒适、疲劳的感觉，甚至导致人体损伤。例如现在市场上常见的振动减肥机，并不是所有的人都可以使用，而且使用的时间有要求，过度使用会导致肌肉受损。振动形成的波产生了各种各样的噪声，不合时宜的振动以噪声的形式影响或污染环境，尤其是飞机、铁路、地铁、公路附近，经常会感觉到刺耳的声浪。所以说振动是环境污染的一个重要方面。我国于1989年7月1日起实施的《城市区域环境振动标准》对城市不同区域的环境振动标准限值做出了规定。

对振动的强度进行定量，同时研究不同程度的振动对人的影响，可以发现振动对人的影响大致有如下4种情况：

第一，有些振动是人体刚刚能够感觉到的，这种振动不会造成身体的不适，不会对健康构成威胁。人们也可以适应这种振动环境。

第二，一些更强的振动会让人在体感和心理上产生不适感，即超过了人体的舒适度，就成为一种振动污染。但有些振动由于强度不高，只会在人的心理上产生不适感，并不会影响身体的健康。

第三，如果振动进一步增强，人体就会从不舒适的感觉上升到难以忍受的感觉。这时，除了人在心理上的厌倦外，人在身体上也会产生不良反应，主要表现在人的神经系统出现紊乱，身体的其他功能出现紊乱等。在这种振动环境下，人们也难以集中精力，会使身体容易出现疲劳。

第四，振动在达到危险阈值后，它所产生的影响是巨大的。这种振动不仅可以造成心理上的危害，还会让身体器官也出现损伤。如果人们长期处于高强度振动的环境中，身体的一些器官容易发生病变。

研究表明，长期接触振动会引起脑电图改变、条件反射潜伏期改变、交感神经功能亢进、血压不稳、心律不稳等；还会引起皮肤感觉功能降低，如触觉、温热觉、痛觉等出现迟钝。长期使用振动工具可产生局部振动病,是一种以末梢循障碍为主的疾病,也可累及肢体神经及运动功能。发病部位一般多在上肢末端,典型表现为发作性手指变白(简称白指)。我国1957年就将局部振动病定为职业病。

二、环境污染与健康

环境污染是指由于人为或自然的因素,环境的组成成分或状态发生变化,扰乱和破坏了生态系统的平衡及人类生活、生产环境,对人类和其他生物造成直接的、间接的或潜在的有害影响。严重的环境污染叫作环境破坏或公害。而由于严重环境污染引起的地区性疾病称为公害病。

环境污染的原因是多方面的,但最根本的原因是自然污染和人为污染。

当今世界,在由环境污染造成的环境问题中,危害最大的主要有温室效应、臭氧层破坏和酸雨3大问题。温室效应是指由于人类活动(含碳燃料燃烧和森林面积减少)造成大气中二氧化碳等气体含量增加,吸收红外线等长波辐射,直接妨碍地面热量向大气中释放,而使地球表面气温升高的现象。在大气层的平流层中,有一厚度约20 km的臭氧层,它是太阳的紫外线作用使空气中的氧分子分解成氧原子,再合成臭氧而形成的。人类制造了大量会破坏臭氧层的物质,使臭氧层受到破坏。

(一)环境污染物的来源和种类

环境污染物主要来源于生产性污染(工业生产污染和农业生产污染)、生活性污染(生活垃圾、粪尿、污水)和交通性污染(碳氢化物、氮氧化物、四乙基铅、噪声和石油等)。

环境污染物根据属性可分为化学性污染物(二氧化硫、氯气、氮氧化物、一氧化碳、硫化氢、铅、汞、镉、农药等)、物理性污染物(噪声、振动、电离辐射、非电离辐射以及热污染等)和生物性污染物(病原微生物、寄生虫和各种有害动植物等)3大类。

(二)环境污染对健康影响的特点

1. 广泛性

环境污染物可使大气、水、食物、土壤受到污染,并且波及范围大,不分地界或国界。

2. 长期性

由于环境污染区的居民长年累月地呼吸被污染了的空气,饮用被污染的水或吃带有残留毒物的食物,因此环境污染物对这一污染区的人群健康影响持续时间长。

3. 复杂性

环境污染物可经呼吸道、皮肤、胃肠道等途径进入人体。

4. 多样性

环境污染物的组成很复杂,产生的生物学作用也是多样的,既有局部刺激作用,也有全身性危害;既有特异作用,也有非特异性作用。

(三)环境污染对健康的危害

环境污染可导致机体急性中毒或慢性中毒,还有致突变、致癌、致畸作用。

1. 急性中毒

急性中毒是指由于环境污染物在短期内大量侵入人体造成的危害。其来势凶猛,病情发展迅速,后果严重。如英国伦敦烟雾事件、洛杉矶光化学烟雾事件、日本森永奶粉中毒事件、印度博帕尔毒气泄漏事件。

2. 慢性中毒

慢性中毒是指由于环境污染物长期、少量、反复侵入人体造成的危害。其潜伏期长,病情进展不明显,容易被忽视。如水俣病,即人长期食用日本熊本县水俣湾(含大量汞的废水排入河里)的鱼贝类而出现肢端感觉麻木、中心视野缩小、运动失调、语言和听力障碍等表现,疼痛病(又称骨痛病,指日本富山县神通川流域的人食入受镉污染的河水和镉含量增加的水稻、大豆等食物出现全身非常疼痛的症状)等。

3. 致突变作用

机体的遗传物质在一定条件下,在化学、生物和物理诱变原的作用下发生突然的变异称为突变,它主要表现在染色体畸变(指染色体数目和结构的异常)和基因突变(指DNA分子上的损伤)两方面。

4. 致癌作用

对于肿瘤的病因学问题,至今虽尚未完全阐明,但有些学者认为人类癌症的病因70%~80%与环境因素的化学、物理和生物致癌因素有关,其中80%~90%为化学因素,5%为病毒等生物因素,5%为放射性等物理因素。

5. 致畸作用

致畸作用是指由于遗传因素和环境因素(包括化学、物理和生物性致畸物)的影响引起胎儿形态结构上的异常,常表现为四肢畸形和内脏器官缺陷。[①]

第二节 校园环境与健康

校园环境是大学生学习、生活的重要场所。绿草遍地、百花盛开、林木葱茏的优美校园,能给人一种心旷神怡、轻松愉快的感觉,可提高学生的学习效率,消除大脑疲劳,提高健康素质。因此,应重视校园的环境建设,营造良好的校园氛围,促进师生身心健康。

---

① 陈善喜.大学生健康与疾病防治教程[M].北京:北京理工大学出版社,2018.

一、环境卫生与健康

教室、寝室是学生学习、生活的主要场所。良好的教室、寝室环境有助于学生成长发育和防治疾病，促进学生身体健康。

(一)保持寝室环境卫生

应保持寝室通风、无异味、采光充足明亮、桌面干净、摆设整齐；无乱拉电线、安装电炉和照明，无废纸、果皮、杂物，无喧闹、嬉笑、打闹等杂音。合理布置寝室以达到协调、美观、温馨的效果，充分调动全室同学积极性，共同维护寝室卫生，营造良好、温馨的起居环境。

(二)保持教室环境卫生

应保持教室良好的通风、采光照明充足；无噪声、废纸、果皮、杂物等；桌面及室内干净、摆设整齐；每天定期打扫并爱护教室卫生，不随地丢垃圾、不随地吐痰；合理布置教室，营造美观、良好的学习氛围。

二、营造校园健康环境

(一)校园绿化

校园绿化是指在校园里人工栽种树木花草，使校园环境有利于教学、科研和师生员工的生活、学习、工作，更有利于高校物质文明和精神文明建设。校园绿化对学生健康起着重要作用。

1. 净化空气

校园环境的绿化可使绿化植物从空气中吸收二氧化碳、放出氧气的光合作用增强，使空气清新，达到换气的作用；也可使绿色植物从空气中吸收二氧化碳、氟化氢等有毒气体和致癌物质等，降低致毒、致癌因素，从而净化校园空气。

2. 减少污染

校园环境的绿化可对灰尘、粉尘等污染物有明显的阻挡、过滤和吸收作用，减少空气污染；对放射性物质的辐射有阻隔、过滤和吸收作用，减少放射性污染；可对噪声有吸收和反射作用，减少噪声污染。校园绿化使校园污染减少，有利于学生健康。

3. 减少物理因素等的危害

校园环境的绿化可降低紫外线、光辐射、风沙等对人体的刺激和对人体健康的危害。

(二)营造和谐人际环境

在校园文化环境方面，校园人际环境对学生健康成长影响最大。在校园里，班级是学生成长的摇篮，班级中学生间的人际关系会影响每一位学生的成长。要开展丰富多彩的知识讲座、辩论赛、讲演赛、各种征文比赛、读书工程、体育节等校园活动,为学生搭建起发挥、展现学生创造才能的舞台,激发学生热爱自然、热爱祖国、热爱生活、奋发向上的思想情感,建立友爱、信赖、关心、负责、和谐的校园人际关系,营造和谐的校园环境氛围,促进学生身心健康。

总之,学校应以人为本、以健康为中心,加强学生的德育建设,使其自觉树立社会公德,养成良好的卫生习惯,增加自我保健意识和能力,积极参加营造校园健康环境建设,提高健康素质。[①]

第三节 运动环境与健康

一、运动环境对人体健康的影响

运动环境是人在参与体育运动时所处的设施环境和自然环境的总和,主要包括运动场馆、气候环境、生态环境、人文环境等。人们在健身运动或参加比赛时,运动环境的优劣会对健康和运动效果产生很大的影响。主要原因在于人在运动时,身体会与外部环境进行更加强烈的互动,包括进行气体交换、与外界环境产生对抗等。例如,人们在健身运动时,身体的呼吸频率会增加,会从空气中吸入更多的气体。但如果运动环境中的空气污染比较严重,那么人体也会吸收更多的有害物质,影响身体的健康。又如,人在运动时,经常会在寒冷和炎热的天气中进行,人们需要具有对极端气候条件的防护能力。因此,人们在运动健身时,需要在更加健康的环境中进行。

二、进行剧烈的体育活动前要做好准备活动

准备活动是人们在参与所有体育运动活动时需要认真做好的一项活动,在参与剧烈的运动和赛事时,准备活动更要充分。准备活动是人们保持良好的运动状态、预防运动损伤的重要环节,其作用主要包括以下几点:一是准备活动能够提高神经系统的反应能力,让神经系统能够协调好身体各个系统的运行。二是准备活动能够让身体各个器官处于活跃状态,使其能够参与身体运动的状态。三是准备活动能够让肌肉组织进行充分拉伸,使身体温度增加,让肌肉和关节等能够承受更大的运动负荷,避免出现受伤问题。人们在参与不同的运动项目时,准备活动都应该有所侧重,做好准备活动一是要进行全面的运动,能够让身体各个系统都能得到运动。二是针对一些项目的特点对身体局部进行强化的准

---

① 陈善喜.大学生健康与疾病防治教程[M].北京:北京理工大学出版社,2018.

备运动。例如,参与足球运动前要对腿部、腰部做好准备活动。

三、剧烈运动后要做整理活动

人们在做完了剧烈的健身和比赛后,不应该立即进入休息状态,而是要做好整理活动,让身体有顺序地实现从运动到休息的过渡。整理活动的主要作用有:一是通过整理活动的过渡,让身体能够适应从高强度运动到静止状态的过渡。二是通过整理活动可以进行积极性的休息,让身体的血液循环在一定强度下运行,有效地保持新陈代谢,帮助肌肉组织快速消除疲劳。

人体在参与运动时,身体的各个系统都会在运动刺激下进行高强度的工作,在运动结束后,身体机能的高强度工作依然会持续下去,这就需要通过整理活动来使身体实现过渡。另外,运动时人体的肌肉组织会消耗大量的能量,会欠下一部分氧债,需要在运动后得到补偿,准备活动可以让呼吸功能保持一定的强度,提高血液循环效率,为肌肉继续提供氧气补充。同时,人体在运动期间,血液会向肌肉组织的毛细血管中集聚,需要肌肉进行收缩来使其回流,整理活动就是调节血液循环的最好方式。如果立即停止了运动,有可能造成心脏和脑部的供血不足,产生昏厥、心律失常等问题。

四、"极点"及其消除

人们在参与体育锻炼时,随着运动强度的增加,会出现身体的极点现象,主要体现为呼吸困难、四肢无力、心跳加速等。极点是身体进入疲劳状态后的一种表现,主要原因是人在运动时,神经系统会有着一定的惰性,在人体承受的运动负荷增大时,神经系统的协调性无法跟上运动系统的工作,其对机体的协调也无法及时应对运动负荷的增加,会造成身体的养分供应不足。同时,由于肌肉在能量代谢时堆积了更多的乳酸,会让血液也出现酸性,这些血液在进入大脑后会影响大脑环境的平衡,造成神经系统功能的失调。

人们在参与运动时,要能够及时应对极点问题,让身体能够克服极点现象。为此,在出现极点后,人们可以放慢动作的强度和运动速度,采取缓慢的运动来调节身体各个机能,让身体机能能够重新达到平衡状态。为此,可以采取以下办法来应对极点:一是做好准备活动,让神经系统和身体机能能够快速兴奋起来;二是在运动疲劳时,调节运动幅度,做好深呼吸;三是提高身体素质,加强血液循环功能。

第九章 大学生危机处理教育

第一节 突发灾难避险与急救

一、火灾

大学校园是人员聚集场所,也是消防安全重点单位。大力普及消防安全知识,查找校园火灾发生的原因,制定相应的防灭火措施,有效地遏制火灾频发势头,为广大师生提供良好的消防安全环境是十分必要的。

(一)校园内火灾常见原因

1. 消防安全意识淡薄

大学是教学、科研场所,许多学生因平时学习和接触消防安全知识较少,消防安全意识往往比较薄弱,思想麻痹,缺乏防范意识和安全知识,违反用火、用电等消防安全规定的情况时有发生。

2. 违规用火用电

如乱拉乱接电线和插板,因电线短路或因接触不良发热而引起火灾;超负荷常跳闸,图方便用铜丝或铁丝代替保险丝,使电路过载发生故障时不能及时熔断而造成电线起火;在床上吸烟乱扔未熄灭的烟头和火柴;在宿舍内焚烧杂物;在宿舍内不当使用煤气、液化气、煤油炉、汽油、酒精等易燃易爆物导致明火引燃。

3. 存在火灾隐患

在有着数十年甚至上百年历史的高校中,有不少老式建筑仍在使用。一是这些建筑年代久远,屋面老化,木质结构较多。二是由于当时建筑设计防火等方面的规范尚不完备、法制不健全,导致建筑留下布局不合理,消防通道不畅通,防火间距不够,大型建筑无防火分隔,内部装修和疏散走道大量使用易燃材料等,埋下许多先天性火灾隐患。三是旧式建筑普遍存在着电源线明线铺设的现象,同时这些老房子的电力配置也跟不上时代发展的需要。

一旦房屋漏雨造成漏电或因发热的电线烤燃这些已风干多年的木料,其后果不堪设想。

(二)遇到火灾的应对方法

火灾是可怕的,但也是可以预防的,平时加强对火灾安全隐患的排查,及时地消除隐患,提高防火安全意识,牢记火警报警电话"119",并掌握常规消防器材的使用方法,可以降低火灾发生的风险,降低火灾带来的危害。

火灾是危险而且无情的,很多时候它会毫无征兆地突然降临,那么一旦火灾真的不幸发生,如何成功地降低火灾危害,脱离火灾现场是大家必须掌握的技能。

(1)如果发现火灾第一时刻不要惊慌,不要尖叫躲避。要立即拨打"119"火警电话报警,说明所在位置及详细情况。

(2)沉着冷静地把握好最开始的灭火黄金30秒,利用手边的消防设备和器材进行灭火,就可以在第一时间扑灭火源。将火灾扼杀在萌芽状态,避免更大的损失。

(3)如果第一时间找不到灭火器,那么利用好手边的物品也可以达到灭火的目的,如油着火用锅盖压灭,衣物着火可用水扑灭,身上着火可就地翻滚或用棉被压灭等。如果是电器着火需在第一时间切断电源,然后再扑救,不可直接用水灭火,以免发生触电。

(4)如果发现火情已经无法扑救时,那么在火场内的人需要迅速撤离,尽快逃出火场,确保生命安全,绝不可因为怜惜财物而逗留火场,甚至已经逃离又返回火场,延误宝贵的逃生时间,造成不必要的损失。

(三)逃生方法

(1)无论身处何地,首先要熟悉周围的环境,在发生火灾时立即判明火势的位置及走向,向远离火灾的方向沿消防逃生通道逃离。如果是在楼房内,需迅速辨明火源位置是在上层还是下层,如果是在上层,要迅速向下撤离,如果火源是在下层,应迅速向楼顶撤离。在发生火灾时,不可乘坐电梯,因为电梯井就像一个烟囱一样,火焰和烟雾会沿电梯井迅速扩散,乘坐电梯很容易让自己身处险境。

(2)火灾的研究表明,真正死于火灾的绝大多数人并非直接因高温烘烤或火烧致死,而是由于大火时产生的烟雾丧命。因烟雾致死的人占火灾死亡总数的$85\%\sim90\%$。在火灾中被烧死的人实际上大多是先因烟气中毒窒息致死之后又遭火烧的。如遇浓烟袭来一定要做简易防护,将湿毛巾折叠掩捂口鼻,即可过滤掉浓烟中大部分的有毒气体,争取$2\sim5$ min 的逃生时间;逃离火场的时候要弯腰行进,口鼻处距地面不高于 1 m,因为浓烟往往在通道的上层扩散。

(3)若火已封门,应当迅速退回房间,紧闭房门,用毛巾、衣物、床单等塞掩门窗缝隙,并用水对门窗进行降温,等待救援。

(4)房间着火,在逃生无路的情况下,可迅速退至阳台求救或用绳索(可用床单、衣物等代替)系牢在可靠的固定点上,沿绳下滑,万不得已不可选择跳楼逃生。[①]

---

① 贾腊江.大学生健康促进与健康教育[M].西安:陕西科学技术出版社,2018.

(四)注意事项

(1)撤离时应将身体尽量贴近地面,沿墙角疏散,掩捂口鼻的毛巾和衣物尽量用水浸湿。

(2)呼救时尽量晃动彩色醒目衣物等,身上着火时要立即就地翻滚或用浸湿厚棉被捂盖,不可用手拍打。

二、地震

地震是指大地的震动。它发源于地下某一点,该点称为震源。震动从震源传出,在地壳中传播。地面上离震源最近的一点称为震中,它是接受震动最早的部位。大地震动是地震最直观、最普遍的表现。在海底或滨海地区发生的强烈地震,能引起巨大的波浪,称为海啸。地震是极其频繁的,全球每年发生地震约500万次。但是绝大部分的地震都不会造成危害,甚至不会被人体感知,但是当灾难性的地震发生时,往往会造成巨大的破坏,造成生命财产的严重损失。

(一)避险原则

保持镇定,就地避险,切断火源,迅速撤离。

一般情况下,对只有轻微感觉的小地震不必大惊小怪。若发生破坏性地震,在震前的瞬间会出现地光、地声、初期震动等现象,这些现象被称为预警现象,从开始出现预警现象到房屋倒塌,一般有12 s左右的时间;作为个人,应当保持冷静,在12 s内作出正确躲藏或撤离的抉择。

(1)在教室,迅速地躲避在课桌下或柜子旁等待震动过去,再有序撤离到安全地方。

(2)在平房,可根据情况充分利用12 s时间跑出室外,来不及跑的可迅速躲在坚固的桌下、床下、家具旁及紧挨墙根处,趴在地上,闭目,用鼻子呼吸,使用坐垫、被褥等软性物品保护头部等要害部位,并用毛巾或衣物捂住口鼻,以隔挡呛入的灰尘。正在用火的应当立即熄灭炉火,随手关掉煤气或电源开关,然后迅速躲避。

(3)在楼房,要保持头脑清醒,迅速远离外墙及门窗,可选择厨房、浴室、厕所、楼梯间等开间小而不易塌落的空间避震,千万不要外逃或从楼上跳下,也不能使用电梯。

(4)在户外,要避开高大建筑物,尽量远离高压线及石化、化学、煤气等有毒的工厂或设施;在过桥时应紧紧抓住桥栏杆,待主震过后立即向桥头移动;正在行驶的车辆应当紧急停车。

(5)在工作间,应迅速关掉电源和汽源闸门、开关,然后就近选择在机器、设备或办公家具旁躲藏,防止次生灾害发生。

(6)在公共场所,如车站、剧院、商店、地铁等,切忌乱逃生,要保持镇静,就地择物躲藏,伏而待定,然后听从指挥,有序撤离。

(二)自救与互救知识

破坏性地震发生后,被埋压人员能否得到迅速、及时的救治,对于减少震灾死亡意义重大。一般来说,大地震后 30 min 内救出的被压人员生存率可达 99%。由此可见,自救互救是减少伤亡的主要措施之一。

1. 自救

自救是指人们利用自身的条件排除危险,保存生命。震后,余震还会不断发生,要尽量改善自己所处的环境,扩大活动空间,稳定下来,设法脱险。若无力自救脱险时,保持头脑清醒,不可大声呼救,要保持体力,用敲击声求救,尽可能收集一切可以利用的物资,等待救援。

2. 互救

互救是指灾区幸免于难的人员,对被埋压人员的救助。救人原则是先救近,后救远;先救易,后救难;先救青壮年和医务人员,以增加帮手。救人方法:挖掘被埋压人员应保持支撑物,以防进一步倒塌伤人;使伤者先暴露头部,清除其口鼻内异物,保持呼吸畅通,如有窒息,立即进行人工呼吸;被压者不能自行爬出时,不可生拉硬扯,肢体被长时间挤压,要预防挤压综合征的发生。脊椎损伤者,搬运时,应用门板或硬担架;当发现一时无法救出的存活者,应留下醒目标记,以待救援。救出掩埋时间较长的幸存者时,一定要注意遮挡眼睛,避免外界强光损伤幸存者的视网膜。

3. 救护伤员的原则

(1)抢救顺序:先做检伤分类,保持对余震评估。使伤员迅速脱离险境,先救命后治伤,先救重后救轻。

(2)对症处理:运用现场急救技术,保持伤员生命体征平稳。

(3)转运和现场急救相结合。

三、踩踏事件

踩踏事件是指大量人流在拥挤空间活动时,由于某种因素发生秩序混乱,导致人群互相推挤踩踏,造成伤亡的事件。

(一)伤亡特点

1. 原因

踩踏伤亡事件的发生多因重大活动或聚会,由于现场突然出现意外情况,人们惊恐慌张,个人在人流中难以控制自己。此时一旦有人摔倒,就会发生连锁效应,导致严重踩踏事件发生。死亡者大多数为妇女、儿童及老年人。

2. 致伤因素

由于现场人数众多,秩序极度混乱,人群失去控制。主要致伤因素有撞击、挤压、碾锉等因素,这些因素可单独发生,也可能是几个致伤因素同时作用或者反复作用于一个伤者,造成身体多处受伤。

3. 伤情特点

身体多处在强大暴力的作用下,其伤情多较为严重,并且由于最初受伤的患者得不到及时救助,混乱中遭受反复踩踏,伤情不断加重。伤者多表现为多脏器损伤,如颅脑损伤、血气胸、肝脾破裂、肋骨骨折及四肢骨折、脊柱损伤等。伤者的致残率及死亡率均很高。

(二)自救原则

1. 冷静

身处人群相对集中的场所,要加强自我保护意识,遇见意外切忌惊慌。

2. 呼救

当发现前方有人突然摔倒后,旁边的人一定要大声呼喊,尽快让后面的人知道前方发生了什么事,否则后面的人群继续向前拥挤,就非常容易发生拥挤踩踏事故。

3. 避免摔倒

在拥挤的人群中,双手交叉抱于胸前,保留安全间隙,避免胸部受压,保持呼吸顺畅,随人流而动,尽量保持身体平衡。如果身材矮小,还应踮起脚尖,看清前面情况,避免因为盲目拥挤而摔倒。

4. 摔倒后的自我保护

(1)一旦被挤倒,应立即采取侧卧,身体蜷缩,双膝收至胸前,双手紧抱头部,可以减少被踩踏的面积,并且能有效保护头、颈、胸、腹等人体重要部位。

(2)如果被挤倒且无法呈侧卧状,那也要尽量呈俯卧位,双手抱头,双肘关节尽量支撑身体,腰向上呈弓形,以尽量保护头、颈、胸、腹等重要部位。

5. 脱离险境

等人群过后,要迅速爬起离开。[①]

第二节 身体常见急症与急救

一、中暑

中暑是以在高温、高湿环境,人的体温调节中枢功能紊乱、汗腺功能衰竭和水电解质丢失过多为特征的疾病。环境温度过高、重体力劳动、湿度大、肥胖、衣服透气性差、无风天气、排汗功能障碍、发热疾病等引起体温调节中枢功能紊乱,促发或导致中暑。

---

① 贾腊江.大学生健康促进与健康教育[M].西安:陕西科学技术出版社,2018.

(一)临床表现

1. 热痉挛

常于剧烈活动之后,大量出汗和饮用低张水引起头痛、头晕、肢体及腹壁肌肉痉挛、腹痛、肢体活动受限等表现,但数分钟后可缓解,无明显体温增高和神志障碍,也为热射病的早期表现。

2. 热衰竭

常因人的体液和机体内的钠丢失过多导致血量不足而出现头痛、无力、口渴、大汗、恶心、呕吐、肌肉痉挛、面色苍白、皮肤热或湿冷、心率增快、血压下降、体温升高等表现,无神志障碍。

3. 热射病

剧烈活动或体力劳动后数小时出现大量出汗、心率增快、血压下降、休克、昏迷等表现,称为劳力性热射病,常见于青壮年者;也可由居住拥挤或通风不良引起皮肤干热而发红、无汗、行为异常、谵妄、神志障碍、昏迷、瞳孔对称缩小、血压下降、休克、心律失常、心力衰竭等表现,称为非劳力性热射病,常见于老年、体衰者。二者都有发热且体温达 40℃ 以上和神志障碍表现;但前者为体内产热过多所致,后者为体温调节功能障碍引起散热减少所致。

(二)诊断

炎热夏季高热伴昏迷者,首先应考虑中暑。但热射病应与脑炎、脑膜炎、甲状腺危象、下丘脑出血、抗胆碱药物中毒、斑疹伤寒和震颤性谵妄等相鉴别。

(三)急救

1. 检查生命体征

快速检查呼吸、脉搏、体温、血压生命体征,有针对性地施救。使其平卧,头部抬高,松解衣扣。

2. 脱离高温环境

迅速将中暑者转移至阴凉、通风处。

3. 对症施救

(1)若无呼吸、心跳者,立即进行心肺复苏。

(2)降温治疗:

①体外降温。迅速脱去患者衣服并进行肌肉按摩促进散热,对无虚脱者可用冰水擦浴或将身体浸入冷水中,对有虚脱者可用凉水反复擦拭皮肤,同时可用电风扇或空气调节器帮助散热。

②体内降温。对降温无效者可用冰盐水进行胃或直肠灌洗。

③药物降温。对热射病者应用解热镇痛药物无效,可由医生应用药物处理。

④补充液体。中暑且神志清醒,同时无恶心、呕吐者,可饮用含盐的清凉饮料、茶水、绿豆汤等,也可服用藿香正气水、仁丹、十滴水等中成药,以达到既降温,又补充血容量的

目的。降温期间注意监测体温,逐渐使体温降至 37～38℃。

4. 迅速送往医院

对中暑者,在急救的基础上,应同时迅速送往医院。

(四)预防

(1)加强预防中暑的健康教育,在炎热夏季应穿质地轻薄、宽松、浅色、透气的衣物,戴宽边遮阳帽,使用防晒霜;

(2)在炎热夏季应减少户外活动,避免在 11:00 至 15:00 暴露于阳光太久;

(3)改善高温环境的工作条件,适当多饮含钾、镁、钙、盐,防中暑的饮料;

(4)合理安排工作,注意劳逸结合;

(5)中暑者恢复后应在数周内避免在阳光下工作或剧烈活动。

二、猝死

猝死是指平常看起来健康、病情已基本恢复或稳定者,无明显外因,在很短时间内突然发生的、意想不到的、来不及救治的自然死亡。

"猝死"的标准,一般以症状出现到死亡经历的时间来确定,目前尚无统一标准。世界卫生组织的标准为 6 h 以内,心脏病专家的标准为 1 h 内,一般不超过 6 h。

对猝死的分类,目前方法很多,但最常见的是将其分为心脏性和非心脏性猝死,在猝死中心脏性猝死的比例较大。据研究资料显示,在 1 h 内的猝死中,心脏性猝死占 80%～90%。

猝死的原因主要为心脏病,心脏性猝死的主要原因为冠心病。心脏性猝死是指由心脏原因引起的短时间内的、突然发生的、意想不到的自然死亡。心脏性猝死的常见原因有冠心病、急性心肌梗死、心律失常、急性心肌炎、心肌病、心脏病等。

(一)临床表现

猝死的过程一般分为前驱期、发病期、心搏骤停期、死亡期 4 个时期。

1. 前驱期

大多数在发生心搏骤停前数天、数周或数月,可有心绞痛、气急、心悸、疲乏等前驱症状。

2. 发病期

发病时可出现持续、长时间且不能缓解的胸痛、急性呼吸困难、面色苍白、大汗淋漓、心悸加重、头晕目眩、昏迷等。

3. 心搏骤停期

可出现意识完全丧失,若不马上抢救,约在数分钟内进入死亡期;也可出现心搏骤停,这是临床死亡的标志,心搏骤停表现为心音消失、脉搏摸不到、血压测不出、意识突然丧失、短阵抽搐、呼吸断续而呈叹息样、呼吸停止、昏迷、瞳孔散大等。此期若及时有效抢救,患者可获得复苏。

4. 死亡期

患者进入心搏骤停期后,若无急救等干预,在 4~6 min 内可引起不可逆的大脑损伤;8 min 内缺乏心肺复苏,即刻复苏和长时间成活几乎不可能,最后不可避免地出现死亡。

(二)辅助检查

心电图检查,在发病期可见心室颤动,在心搏骤停期可见心室扑动、心室停搏,在死亡期可见心室停搏、电-机械分离波。

(三)诊断与急救

根据临床表现过程并具备无呼吸和心音、意识丧失、血压测不出、瞳孔散大等,可诊断呼吸心跳停止。立即进行急救:迅速进行心肺复苏术,并同时呼救或送往医院。经心肺复苏抢救而无效,并经医生检查无呼吸、意识、心音,心电图显示为心停搏或电-机械分离波时,可确诊已经死亡而诊断为猝死。

(四)预防

(1)健康的生活方式,减少抽烟、喝酒、熬夜;
(2)养成适度运动的体育锻炼习惯,如慢走、跑步、爬山、跳绳等;
(3)体育活动应顺势渐进,并做好运动前的热身准备,参加力所能及的体育运动;
(4)有心肺系统疾病或身体其他慢性疾病的人,应减少运动强度,采用低强度的运动方式,如慢走、太极拳等,每次运动不超过 30 min;
(5)突发的呼吸心博骤停应立即进行心肺复苏,并呼叫 120 急救,等待医疗救援的到来。

三、一氧化碳中毒

一氧化碳中毒是指在生产和生活环境中吸入过量一氧化碳所导致的中毒。这主要是含碳物质燃烧不全,产生的一氧化碳气体与人体血红蛋白结合而形成碳氧血红蛋白,碳氧血红蛋白不能携带氧且不易分离,主要引起细胞水平的氧输送和氧利用障碍,导致人体脑、心、肺、肾等多器官缺氧性损害,出现以神经系统为主的头晕、眼花、恶心、呕吐、乏力,甚至死亡的临床表现。

(一)临床表现

1. 急性中毒

急性一氧化碳中毒的临床表现与血液碳氧血红蛋白浓度、患者中毒前的健康状况有关。根据一氧化碳中毒的程度分为轻、中、重度三级。

(1) Ⅰ级(轻度中毒)。

患者出现头痛、头昏、恶心、呕吐和全身无力等。此级血液碳氧血红蛋白浓度可为10%～20%。

(2) Ⅱ级(中度中毒)。

患者可有胸闷、气短、呼吸困难、判断力减低、运动失调、出现幻觉、视力减退、意识模糊、浅昏迷和口唇黏膜呈樱桃红色等表现。此级血液碳氧血红蛋白浓度可为20%～40%。

(3) Ⅲ级(重度中毒)。

患者可迅速出现抽搐、昏迷、低血压、心律失常、肺水肿、呼吸衰竭和心力衰竭等表现。此级血液碳氧血红蛋白浓度可为40%～60%。

2. 迟发脑病

急性一氧化碳中毒病人意识障碍恢复后,经过2～60天"假愈期",可出现痴呆、木僵、谵妄、表情淡漠、四肢肌张力增高、静止性震颤、前冲步态偏瘫、小便失禁、失语、失明、不能站立、视力及听力障碍等。

(二)辅助检查

1. 血液碳氧血红蛋白检查

通过检查可见血液碳氧血红蛋白浓度增高达10%以上,是有价值的诊断指标。正常人血液中碳氧血红蛋白浓度为5%～10%。但是血液碳氧血红蛋白检查应及时,在脱离一氧化碳接触8 h后碳氧血红蛋白可降至正常,与临床症状可呈不平行关系。

2. 脑电图检查

通过检查可见弥漫性低波幅慢波,与缺氧性脑病进展相平行。

3. 脑CT检查

通过检查可见一氧化碳中毒,出现脑水肿时可有病理性密度减低区。

(三)诊断

临床根据一氧化碳接触史、中枢神经损害的症状和体征以及血液碳氧血红蛋白浓度测定增高且达10%以上,可做出诊断。一氧化碳中毒严重性与空气中一氧化碳浓度和暴露时间密切相关,与血液中碳氧血红蛋白浓度不一定成平行关系。

(四)治疗

1. 急救措施

(1)终止一氧化碳吸入。

迅速将病人转移到空气新鲜的地方,卧床休息,保持呼吸道通畅。

(2)氧疗。

①吸氧。可采取鼻导管或面罩方式吸氧,吸氧浓度越高效果越好。吸入氧气可加速碳氧血红蛋白解离,增加一氧化碳的排出,缓解症状,纠正中毒。若呼吸停止时,应及早进行人工呼吸,或用呼吸机维持呼吸。

②高压氧舱疗法。适合于血液碳氧血红蛋白浓度达40%以上一氧化碳中毒者,它可增加血液中物理溶解氧,促进氧释放和加速一氧化碳排除,纠正组织缺氧,预防一氧化碳中毒引起的迟发性脑病。

2. 防治脑水肿等并发症

严重中毒后,常有脑水肿、肺炎、心律失常、心力衰竭等并发症。可采取保持呼吸道通畅、让中毒者尽可能休息观察2周、注意营养支持等措施预防并发症发生。若发生并发症,应给予相应治疗。若发生脑水肿可用20%甘露醇等治疗。

(五)预后

对轻度一氧化碳中毒者,经撤离中毒环境后在数分钟至数小时症状缓解;对中度中毒者,积极进行氧疗后无任何后遗症;对严重中毒者,抢救成功后常有神经精神后遗症,及时应用高压氧治疗能降低迟发性脑病。

(六)预防

(1)应加强一氧化碳中毒的健康教育和宣传工作。
(2)用煤炉取暖时保证烟囱畅通,经常检查煤气管道有无漏气。
(3)工业生产中要严格执行安全操作规程,工作环境中应安装一氧化碳浓度检查和报警装置,保持良好的通风,使空气中一氧化碳浓度保持在安全范围。
(4)需要进入一氧化碳浓度较高环境作业时,要携带安全防护面具及必要急救设备。

四、食物中毒

食物中毒是指食用了可食状态、正常数量、被健康人经口摄入消化道后在一定时间内能引起机体出现中毒性反应及病理变化的有毒食物而导致的急性中毒性疾病。

引起食物中毒的常见物质包括有毒动植物的有毒成分、病原菌或其毒素、霉菌毒素和化学毒物等。根据食物中毒的常见物质将食物中毒分为细菌、有毒动植物、有毒化学物质和霉菌毒素4类。细菌性食物中毒占食物中毒总数的50%左右,下面主要讲述细菌性食物中毒。

细菌性食物中毒是指人们摄入含有细菌或细菌毒素的食品而引起的食物中毒。动物性食品是引起细菌性食物中毒的主要食品,其中肉类及熟肉制品居首位,其次为变质禽肉、病死畜肉以及鱼、奶等。变质食品和污染水源是主要传染源,不洁手、餐具和带菌苍蝇是食物中毒的主要传播途径。

食物被细菌污染的原因主要有:
(1)禽畜在宰杀前已是病禽、病畜;
(2)刀具、砧板、用具不洁,生熟交叉使用而感染;
(3)卫生状况差,蚊蝇滋生;
(4)食品从业人员带菌污染食物。

（一）临床表现

细菌性食物中毒的流行病学和临床特征：

1. 季节性

常在夏、秋季，食入被细菌污染的肉类及熟肉制品、变质禽肉、病死的畜肉、病死的鱼、变质的奶和剩饭、菜等发生中毒。这是由于夏、秋季节气温较高，细菌易在食物中生长繁殖并产生毒素所致。

2. 潜伏期短

一般食入有毒食物后，在几分钟到几小时的短时间内出现一批病人，来势凶猛，很快形成高峰而呈爆发流行。

3. 病人临床表现相似

多以恶心、呕吐、腹痛、腹泻等急性胃肠道症状为主。

4. 与某种食物有关

病人在近期同一段时间内都食用过同一种有毒食物，发病范围与食物分布呈一致性，不食者不发病，停止食用该种食物后很快不再有新病例。

5. 人与人之间不传染

发病曲线呈骤升骤降的趋势，没有传染病流行时发病曲线无余波。

（二）辅助检查

1. 细菌学检查

取可疑食物、呕吐物和粪便等做细菌检查，细菌对诊断有价值。

2. 血清学检验

做抗体检查，若发现相应抗体增高则对诊断有价值。

3. 细菌培养

可取可疑食物、呕吐物、粪便和血做细菌培养并加药敏试验，可辅助诊断。重症患者血培养，留取早期及病后两周的双份血清与培养分离所得可疑细菌进行血清凝集试验，双份血清凝集效价递增者有诊断价值。

4. 血常规检查

可有白细胞增高，中性增高达80％以上，对诊断有参考价值。

（三）诊断

细菌性食物中毒的诊断依据：

(1) 中毒病人在相近的时间内均食用过某种共同的中毒食品，未食用者不中毒，停止食用中毒食品后发病很快停止；

(2) 潜伏期较短，发病急剧，病程亦较短；

(3) 所有中毒病人的临床表现基本相似；

(4) 一般无人与人之间的直接传染；

(5)实验室检查,若发现细菌对确诊有价值。

具备其前4项可考虑诊断,若再具备第5项可确诊。

(四)治疗

1. 一般治疗

(1)尽早识别食物中毒,立即停止使用可疑中毒食物。

(2)有效现场急救和迅速、安全送往医院救治。

(3)应注意隔离,如沙门菌食物中毒应床边隔离。

(4)应据病情适当休息或卧床休息。

(5)饮食:

①早期应食用易消化的、清淡有营养的米汤、菜汤、藕粉、蛋花汤、面片等流质或半流质饮食,病情好转后可恢复正常饮食。

②原则上可进食容易消化、含有维生素B族和维生素C丰富、含有较高蛋白质的饮食。

③可选择容易消化、促进排便的海带、胡萝卜等蔬菜和山楂、菠萝、木瓜等水果,还可选择适量的糙米、全谷类及豆类等,可帮助排便,将体内残余的毒素排出。

④不宜过早进食牛奶类甜食,因其易在肠道内发酵产生气体,使病人食后感觉腹部胀气不适。

⑤应忌咖啡、辣椒、葱、蒜、姜、桂皮、烟、酒、肥腻、油煎、霉变、腌制食物等。

2. 对症治疗

(1)对呕吐、腹痛明显者,可口服普鲁本辛、肌肉注射阿托品或山莨菪碱。

(2)对能进食者,可口服补液。

(3)对剧烈呕吐不能进食或腹泻频繁者,可给予静脉营养支持。

(4)对有酸中毒者酌情补充5%碳酸氢钠注射液或11.2%乳酸钠溶液。

(5)对心跳、呼吸停止者,应迅速进行心肺复苏术。

(6)对脱水严重甚至休克者,应积极补液,保持电解质平衡及给予抗休克处理。

(7)对出现心律失常、中毒性肺水肿、呼吸衰竭、中毒性脑病、脑水肿等并发症者,应积极做相应处理。

(8)尽早足量地使用特效解毒剂。

3. 抗菌治疗

进行抗菌治疗时,应把握指征,可按不同的病原菌和药敏选用抗菌药物,必要时可联合用药,按剂量、疗程进行抗感染治疗。如沙门菌、副溶血性弧菌可选用喹诺酮类抗生素。

(五)预防

(1)搞好食品卫生监督和管理,建立规章制度,规范采购进货渠道,禁止食用病死禽畜肉或其他变质肉类和毒蕈、河豚等有毒动植物;食物或食品在加工、运输及保存过程中,应防止污染;生熟食品应分刀、分菜板、分容器加工,严防熟食品再次被污染;烹调时要生熟分开以避免交叉污染;控制食品的加工量,尽量缩短食品存放时间,避免昆虫、鼠类等动物接触食品而造成污染。冷藏食品应保质、保鲜,动物食品食用前应彻底加热煮透,隔餐剩菜食前也应充分加热,腌腊罐头食品应在食用前煮沸 6~10 min。

(2)坚持 48 h 留样制度,并做好标识且专柜保存。

(3)对餐饮业工作人员做好卫生教育,使之养成良好的卫生习惯,定期检查;餐饮业工作人员应持健康证上岗。

(4)不暴饮暴食,不吃腐败变质的食物及鱼胆,不食不认识的蘑菇、野菜和野果,海产品尽量不生吃,应煮熟煮透。

(5)在外面吃饭,尽量不要到无证饮食场所。

(6)冰箱等冷藏设备要定期清洁,冷冻的食品如果超过 3 个月最好不要食用。

(7)选购包装好的食品时,要注意包装上的有效日期、生产日期及要求保存环境。

(8)妥善保管有毒有害物品,防止误食误用。

五、急性酒精中毒

急性酒精中毒是指一次饮酒或饮用酒精饮料的量过多而引起的以多语、激动、口齿不清、失去约束力、行为异常、运动与步态失调、困倦、木僵、昏迷等表现的中枢神经系统兴奋或抑制状态。醉酒的严重程度与血中酒精浓度呈正相关,但也有个体差异,一般短时间可完全恢复常态,不留后遗症。

(一)临床表现

急性酒精中毒引起中枢神经系统出现兴奋和抑制异常的表现,它与人体血中酒精含量和代谢速度密切相关。其表现一般可分为兴奋期、共济失调期和昏迷期。但是,有的在急性中毒后可有较长的不适表现,称为延续效应。

1. 兴奋期

醉酒者可有面色发红、自感舒适、精神兴奋、爱交际、说话滔滔不绝、喜怒与悲忧无常、出现敌对或攻击情绪、行为异常等表现,此期血中酒精浓度一般在 50~100 mg/dL。血中酒精浓度达到 100 mg/dL 时,驾车容易发生车祸危险。

2. 共济失调期

血中酒精浓度达到 150 mg/dL 时,醉酒者可有动作笨拙、运动失调、步态蹒跚、口齿不清、语无伦次、眼球震颤、视物模糊等表现。人体血中酒精浓度达到 200 mg/dL 时,可有恶心、呕吐、困倦等表现。

3. 昏迷期

若醉酒者继续饮酒,血中酒精浓度达到 250 mg/dL 时,可有面色苍白、皮肤湿冷、口唇微紫、昏睡、瞳孔散大等表现。当血中酒精浓度达到 400 mg/dL 时,醉酒者可出现呼吸缓慢而有鼾声、脉搏快速、血压下降、昏迷等表现,严重者可出现呼吸、循环麻痹而危及生命。

(二)辅助检查

1. 实验室检查

(1)血中酒精浓度的测定。

血中酒精浓度大于 50 mg/dL,对诊断其中毒程度有价值。

(2)肝功能检查。

慢性酒精中毒性肝病可有明显功能异常。

(3)血糖检查。

急性酒精中毒可有低血糖症。

(4)血清电解质测定。

急性酒精中毒可有低血钾、低血钙。

2. 心电图检查

酒精中毒性心肌病可见心律失常、心肌损害。

(三)诊断

根据饮酒史和临床表现,一般可诊断;若血中酒精浓度大于 50 mg/dL,可确诊。

(四)治疗

急性酒精中毒的治疗应采取催吐、洗胃、维持生命体征、加速代谢等措施。

1. 轻中度中毒

若生命体征正常,一般无须特殊治疗。

2. 共济失调者

应休息并注意观察和做好安全防护,以免发生意外。

3. 昏迷者

应及时进行急救,防止呼吸抑制和并发症,可采取的措施有:

(1)密切监测。监测呼吸、脉搏、体温、血压等生命体征。

(2)维持呼吸道通畅。确保供氧充足,必要时进行人工呼吸。

(3)维持循环功能。可给予5%葡萄糖盐水以维持循环功能。

(4)注意保温。适当保温以维持体温正常。

(5)心电监护。注意监测是否出现心律失常、心肌损害。

(6)维持水、电解质、酸碱平衡。血镁低时,应补镁。

(7)血液透析。当血液中的酒精浓度大于 500 mg/dL 时,应该尽快进行血液透析,促进酒精排出。

4. 低血糖症

低血糖症是急性酒精中毒严重的并发症之一。有急性意识障碍者,可用50%葡萄糖静脉注射,同时肌肉注射维生素 B_1、维生素 B_6,有利于酒精在体内氧化和代谢。

5. 对症处理

对躁动不安、过度兴奋者,可用安定镇静,但不宜用吗啡、氯丙嗪、苯巴比妥类镇静药物。

六、溺水

溺水是指人淹没于水中,水和水中污泥、杂草等堵塞呼吸道或因反射引起喉和气管、支气管痉挛导致呼吸障碍,发生缺氧、呼吸困难、昏迷甚至死亡的窒息性疾病。

(一)临床表现

溺水后常见病人全身浮肿、紫绀,双眼充血,口鼻充满血性泡沫、泥沙或藻类,手足掌皮肤皱缩苍白,四肢冰冷,昏迷,瞳孔散大,双肺有啰音,呼吸困难,心音低且不规则,血压下降,胃充水扩张。恢复期则可能出现肺炎、肺脓肿。溺水整个过程十分迅速,常常在 4~5 min 或 5~6 min 内溺水者即死亡。

(二)诊断

具有溺水经历,出现全身浮肿、皮肤紫绀、手足掌皮肤皱缩苍白、四肢冰冷、昏迷、呼吸困难等可诊断溺水。

(三)急救

对溺水者的急救必须争分夺秒。急救应遵循尽快将溺水者救出水面、保持呼吸道通畅、控水、进行心肺复苏、注意保暖的原则。

1. 不会游泳者的自救

(1)落水后不要心慌意乱,一定要保持头脑清醒。

(2)冷静地采取头顶向后、口向上方的方式,将口鼻露出水面,此时就能进行呼吸。

(3)呼气要浅,吸气宜深,尽可能使身体浮于水面,以等待他人抢救。

(4)切记千万不能将手上举或拼命挣扎,因为这样反而容易使人下沉。

2. 会游泳者的自救

(1)首先保持镇静,心平气静,不要乱动,节省体力,保持心态平衡。

(2)及时呼救,并将自己身体抱成一团,浮上水面,尽可能头后仰、深吸气、浅呼气。

(3)当救援者出现时,要听从救援者的指挥。

(4)如小腿抽筋,应深吸一口气,把脸浸入水中,将痉挛(抽筋)下肢的拇指用力向前上方拉,使拇指翘起来,持续用力,直到剧痛消失,抽筋自然也就停止。

(5)如果手腕肌肉抽筋,自己可将手指上下屈伸,并采取仰面位并以两足游泳。

3. 互救

(1)救护者应镇静,尽可能脱去衣裤,尤其要脱去鞋靴,迅速游到溺水者附近 2 m 处,保持安全距离,停留观察。

(2)对无意识的溺水者,救护者可从头部接近。

(3)对有意识的溺水者,救护者应从背后接近,用一只手从背后抱住溺水者的头颈,另一只手抓住溺水者的手臂游向岸边。

(4)如救护者游泳技术不熟练,则最好携带救生圈、木板或用小船进行救护,或投下绳索、竹竿等,使溺水者握住再拖带上岸。

(5)救援时要注意防止被溺水者紧抱缠身而双双发生危险。如被抱住,不要相互拖拉,应放手自沉,使溺水者手松开,再进行救护。

4. 第一目击者(或医疗)现场急救

(1)呼救。第一目击者发现溺水者后,立即拨打120或附近医院急诊电话请求医疗急救。

(2)脱离溺水环境,尽快将溺水者从水中救出或上岸。

(3)保持呼吸道通畅。立即清除溺水者口鼻淤泥、杂草、呕吐物等,有假牙的要取出假牙并将其舌头拉出以打开气道。

(4)现场心肺复苏。将水倒出后若溺水者还没有清醒,应立即检查呼吸、心跳。若呼吸、心跳停止,则立即进行心肺复苏——胸外心脏按压和口对口人工呼吸或迅速向附近医院转送。作为救护者一定要记住:对所有溺水休克者,不管情况如何,都必须从发现开始持续进行心肺复苏抢救至救护员到场。

(四)预防

加强游泳安全和急救知识的教育和宣传;游泳前做好充分准备活动;结伴下水活动;加强海上作业人员的安全和急救知识教育。

七、电击伤

电击伤是指人体直接触及电源或高压电经过空气或其他导电介质传递电流通过人体时引起的组织损伤和功能障碍,重者发生心跳和呼吸骤停。超过1000 V的高压电还可引起灼伤、闪电损伤等高压电损伤。

(一)临床表现

当人体接触电流时,轻者立刻出现惊慌,呆滞,面色苍白,头晕,心慌,全身乏力,接触部位出现抽搐。重者可出现昏迷,持续抽搐,心慌,呼吸困难,呼吸和心跳停止。有些患者触电后,心跳和呼吸极其微弱,甚至暂时停止而处于"假死状态",应认真鉴别,不可轻易放弃对触电患者的抢救。局部可有电灼伤的创面,甚至烧焦且与正常组织分界清楚,一般较深而往往可达深层肌肉、骨、血管等。电击伤者还可出现骨折、关节脱位、失明、耳聋、瘫痪等并发症和后遗症。

(二)诊断

根据触电现场、电击史和临床表现,一般不难诊断。

(三)急救

发现有人触电,应争分夺秒到达现场并充分利用当时当地现有条件迅速进行急救。急救的原则:切断或脱离电源,迅速检查伤情,立即进行心肺复苏。

1. 切断电源或脱离电源

立即切断电闸或用干木棍或其他绝缘物将电源拨开以脱离电源,可用绝缘的器材将电线移开,将触电者分隔开,使伤员迅速脱离电源,但切不可直接用手、金属或潮湿的物体接触、触碰电源和伤员,以免引起误触电。不能因救人心切而忘了自身安全,使救助者自身的生命安全受到电击的威胁。同时要确保抢救现场安全,立即让受伤者脱离电源。

2. 检查伤情

脱离电源后迅速检查病人伤情,先查呼吸、心跳、意识、血压,后查局部受伤情况。

3. 急救

应根据情况进行施救:

(1)对触电后神志清醒者,采取专人照顾、观察情况等措施,待稳定后方可正常活动。

(2)对轻度昏迷或呼吸微弱者,可针刺或掐人中、涌泉等穴位并送医院救治。

(3)对触电后无呼吸但有心跳者,应立即进行人工呼吸。

(4)对触电后心跳和呼吸均停止者,应立即进行心肺复苏(人工呼吸和胸外心脏按压)。抢救一般需要很长时间,必须持续且不能中止,即使在送往医院的途中也一定要继续抢救。因此举不但能挽救患者生命,而且能减少和减轻并发症和后遗症,同时可拨打120或据情况做相应急救处理,送往医院进行急救期后处理。

(5)对伴发出血、裂伤、骨折者,应在行心肺复苏后做相应处理并送医院做后期处理。

(四)预防

(1)应普及电学常识教育并遵守安全用电规则。

(2)注意安全规范用电,不用湿手接触电源开关,不在电线上挂衣物;雷雨天不要站在树下或电线杆等高建筑物的下面,防止电击伤。

八、烧伤

烧伤常指由热力、电流、化学物质、放射线等引起的组织损伤。狭义的烧伤一般指热力所造成的烧伤。临床上又常将热液、蒸气所致的烧伤称为烫伤,其他因素所致的烧伤则加以病因称之,如电烧伤、化学烧伤等。烧伤不仅引起局部皮肤、肌肉、骨骼、神经、血管等组织损伤,还引起休克、感染等全身变化,甚至危及生命。

在现实生活中,热力烧伤发病率最高,因此本节重点讲述热力烧伤。热力烧伤是指由热液、蒸气、高温气体、火焰、激光、炽热金属液体或固体等导致的以局部皮肤疼痛、发红、肿胀、发热、感觉过敏、水疱、焦黄和发黑等为主要表现的组织损伤。

(一)临床表现

1. 烧伤面积的估计

烧伤面积的估计是指皮肤烧伤区域占全身体表面积的百分数。常将体表面积划分为 11 个 9% 的等份,另加 1%,构成 100% 的体表面积,即头颈部 = 1×9%;躯干 = 3×9%;两上肢 = 2×9%;双下肢 = 5×9%+1%,共为 11×9%+1%。此外,不论性别、年龄,病人并指的掌面约占体表面积的 1%;一般成年女性的臀部和双足各占 6%。

2. 烧伤深度的判定

烧伤的深度一般采用三度四分法进行判定,依据烧伤对皮肤损伤的层次将其深度分为Ⅰ度、浅Ⅱ度、深Ⅱ度、Ⅲ度。通常将Ⅰ度、浅Ⅱ度烧伤称为浅度烧伤,深Ⅱ度和Ⅲ度烧伤则称为深度烧伤。

(1)Ⅰ度烧伤。

Ⅰ度烧伤又称红斑性烧伤,仅伤及表皮的一部分,但生发层健在。局部疼痛,表面干燥,有烧灼感。因增殖再生能力活跃,常于 3~5 d 内愈合,短期可有色素沉着,不留瘢痕。

(2)浅Ⅱ度烧伤。

伤及整个表皮和部分乳头层。由于生发层部分受损,上皮的再生有赖于残存的生发层及皮肤附件,如汗腺及毛囊的上皮增殖。局部疼痛,表面红肿,有大小不等的水疱(其内见淡黄色液体),创面红润、湿润,若无继发感染,一般 1~2 周可愈合,一般不留瘢痕,但大多数有色素沉着。

(3)深Ⅱ度烧伤。

伤及真皮乳头层以下,但仍残留部分真皮及皮肤附件,愈合依赖于皮肤附件上皮,特别是毛囊突出部内的表皮祖细胞的增殖。局部疼痛迟钝,可有水疱,创面微湿、红白相间。若无感染,一般 3~4 周自行愈合,常留有瘢痕。

(4)Ⅲ度烧伤。

Ⅲ度烧伤又称焦痂性烧伤,伤及全层皮肤,表皮、真皮及皮肤附件全部毁损。一般无疼痛,创面蜡黄或发黑、干燥、发凉、无渗液。创面焦痂 3~4 周脱落,愈合后常留瘢痕并可造成畸形。其修复依赖于手术植皮或皮瓣修复。

此外,烧伤还可导致循环血量减少、休克、感染、合并呼吸道及复合烧伤等,甚至危及生命。吸入性烧伤是指由于热力和燃烧时的烟雾被吸入下呼吸道,引起局部腐蚀和全身中毒的作用。吸入性损伤是较危重的部位烧伤,死于吸入性窒息者多于烧伤。据统计,重度吸入性烧伤可使烧伤死亡率增加 20%~40%。

3. 烧伤的伤情判断

烧伤的伤情判断主要根据烧伤面积和深度,同时考虑呼吸道损伤的程度,将其严重程度分为轻度、中度和重度,为制订治疗方案做参考。

(1)轻度烧伤。

Ⅰ度烧伤面积在10%以下。

(2)中度烧伤。

Ⅱ度烧伤面积为11%~30%,或Ⅲ度烧伤面积不足10%。

(3)重度烧伤。

烧伤总面积为31%~50%,或Ⅲ度烧伤面积为11%~20%,或Ⅱ度、Ⅲ度烧伤面积不到上述百分比,但已发生休克等并发症或存在呼吸道烧伤、复合伤等。

(4)特重烧伤。

烧伤总面积为50%以上,或Ⅲ度烧伤面积在20%以上。

(二)诊断

依据烧伤的病史、临床表现、烧伤面积和烧伤深度,一般可确诊。

吸入性烧伤的诊断依据:

(1)燃烧现场相对密闭。

(2)呼吸道刺激,咳出炭末痰,呼吸困难,肺部可能有哮鸣音。

(3)面、颈、口鼻周常有深度烧伤,鼻毛烧伤,声音嘶哑。

(4)刺激性咳嗽,痰中有木屑。

(5)声音嘶哑,吞咽困难、疼痛。

(6)呼吸困难或哮鸣。

具备上述6项者可诊断;同时,支气管镜检查见气道黏膜充血、水肿、苍白、坏死和剥脱等,可确诊。

(三)急救

一般情况下,早期的急救可以减轻烧伤程度,降低并发症的发生率和死亡率,是烧伤患者后续治疗的基础。现场急救是烧伤救治最早的一个环节,可降低并发症和死亡率,对烧伤者治疗、预后有着重要意义。急救原则为迅速脱离致伤源、妥善保护创面、保持呼吸道通畅、就近急救和转运。

1. 自救

火焰烧伤者应立即卧地慢慢滚动灭火,或迅速脱去着火衣服,或跳入附近水池或小河内灭火。切勿奔跑、喊叫或用手扑打灭火,以免引起头面部、呼吸道和手部烧伤。同时,应立即离开密闭和通风不良的现场,以免发生吸入性损伤和窒息。

热液、沸水烫伤者应立即脱去浸渍的衣服。若衣服粘在皮肤上,可用剪刀慢慢剪开,尽快浸入冷水中或冷敷。

2. 互救

(1)用不易燃材料灭火。

(2)检查伤员呼吸和循环情况,保持其正常,出现呼吸不规则或呼吸、心跳停止时,应迅速进行心肺复苏术。

(3)应在灭火后及时将烧(烫)伤部位浸泡在冷水中或用纱布垫、毛巾浸于冷水敷于局部,并持续 30 min 以上,以防止热力继续损害,减少渗出,减轻疼痛。但这种方法不适合大面积烧(烫)伤者。

(4)可用干净敷料或布类保护或简单包扎,妥善地处理创面。

(5)对烧(烫)伤者,经过上述处理后,应立即送往医院治疗。

(四)治疗

1. 轻度烧伤

轻度烧伤主要是创面处理,包括清洁、创建健康皮肤。创面可用 1∶1000 苯扎溴铵或 1∶2000 氯己定清洗、移除异物,浅Ⅱ度水疱皮应予保留,水疱大者,可用消毒空针抽去水疱液。深度烧伤的水疱皮应予清除。如果用包扎疗法,内层用油质纱布,外层用吸水敷料均匀包扎,包扎范围应超过创周 5 cm。面、颈与会阴部等烧伤不适合包扎处,则予暴露。一般可不用抗生素。

2. 中、重度烧伤

中、重度烧伤应按下列程序处理:

(1)简要了解受伤史后,记录血压、脉搏、呼吸,注意有无呼吸道烧伤及其他合并伤,严重呼吸道烧伤须及早行气管切开术。

(2)立即建立静脉输液通道,开始输液。

(3)留置导尿管,观察每小时尿量、比重、pH,并注意有无血红蛋白尿。

(4)清创,估算烧伤面积、深度。特别应注意有无Ⅲ度环状焦痂的压迫,其在肢体部位可影响血液循环,在躯体部可影响呼吸,应切开焦痂减压。

(5)按烧伤面积、深度制订第一个 24 h 的输液计划。

(6)广泛大面积烧伤一般采用暴露疗法。

(7)创面污染重或有深度烧伤者,均应注射破伤风抗毒血清,并用抗生素治疗。

九、扭伤

扭伤是指由剧烈运动或负重、持重时姿势不当,或不慎跌倒、牵拉和过度扭转等引起的,以四肢关节或躯体部的软组织损伤部位疼痛、肿胀和关节活动受限为主要表现的损伤,无骨折、脱臼、皮肤软组织破损等情况。临床上多发于腰、踝、膝、肩、腕、肘、髋等部位,以剧烈运动较为常见。

(一)临床表现

受伤者多发于指骨间关节、腰、踝、膝、肩、腕、肘、髋等关节部位,出现损伤部位皮肤疼痛、肿胀、青紫和关节活动受限,无皮肤软组织破损、骨折、脱臼等情况,损伤部位可有压痛和功能活动受限。

(二)辅助检查

1. X线检查

(1)软组织厚度增加,局部膨隆;

(2)局部软组织影像密度增高;

(3)原有组织层次混乱不清晰;

(4)因皮下组织内有间质水肿而成网状结构;

(5)关节内积液、积血致关节囊膨隆。

具备上述之一者,对诊断有价值。

2. 磁共振成像(MRI)

可见X线检查相似征象且清晰,诊断价值更大,但价格较昂贵。

(三)诊断

根据外伤史、局部表现、伤后处理和伤情变化等情况,临床检查受伤部位有压痛,受伤关节主动、被动活动有受限,X线检查有阳性征,一般可诊断。但扭伤是一种排他性诊断,也常常合并肌腱撕裂、关节囊撕裂,甚至脱位、骨折等并发症,应给予排除才可确诊。

(四)治疗

扭伤根据病程发展可分为急性期、缓解期、康复期。

1. 急性期

急性期常指受伤24~48 h。其治疗原则为保护(protection)、休息(rest)、冰敷(icing)、压迫(compression)和抬高(elevation),简称为PRICE。保护患肢以避免损伤加重,休息可减少患肢活动,在扭伤48 h内冰或冷敷(冰勿直接接触皮肤以避免冻伤,持续冰敷30 min以上)可防止持续内出血,可用弹性绷带或充气式固定器加以压迫,防止进一步肿胀,同时将下肢抬高,增加静脉血回流以防进一步肿胀。固定或者压迫时应注意时间以及松紧度,避免患肢长时间受压迫而产生缺血坏死。

2. 缓解期

缓解期常指受伤48 h后。此期可用热疗、按摩等物理治疗,以改善伤部的血液和淋巴循环,促进组织的新陈代谢,使瘀血与渗出液迅速消退。患者可泡热水,在水中不痛范围内轻轻活动5 min,随后泡冷水,于水中静止1 min,如此反复冷热交替并持续30 min以上。可用双手拇指轻轻揉动,揉动方向为从下至上,既能止痛又能消肿。也可在伤处贴膏药或者敷正红花油、舒活灵等活血化瘀药物治疗。当疼痛减缓后,可开始缓慢地、适度地恢复运动。

3. 康复期

康复期常在1~2周。治疗常以按摩、理疗、功能锻炼为主,适当配以药物治疗,以增强和恢复肌肉与关节功能。功能锻炼可采取小步慢跑(最好穿护踝或贴扎再跑)或者活动扭伤部位,但踝关节扭伤者不能跳动,最好在受伤6周后渐渐恢复原来运动量。

十、擦伤

擦伤是指由钝器(略有粗糙)机械力摩擦的作用所造成的以表皮剥脱、翻卷为主要表现的表皮破损,但真皮并未受损害的损伤。

(一)临床表现

擦伤的临床表现主要为局部表现,一般无全身反应,受伤局部可有表皮破损、渗液、出血,也可有抓痕、擦痕、撞痕、压痕等伤痕,并可反映暴力作用点、暴力作用方向、施暴意图及致伤物等特征,属开放性伤口,损伤程度轻微。

(二)诊断

根据外伤的局部表现,一般可诊断。

(三)治疗

擦伤的治疗方法措施主要有:

(1)对轻微的擦伤,若伤区清洁,仅外擦75%酒精或碘伏,创面不包扎,几天后即可愈合。脸面部的擦伤要注意防止感染,处理及时,以免遗有疤痕组织。

(2)对较深的擦伤,应做清创处理并包扎;若污染严重的擦伤,应清创和注射破伤风抗毒素,预防感染。

(3)若擦伤伴有皮肤全层裂开(称为裂伤)或无擦伤而仅有裂伤,且伤口较长,应清创、缝合、包扎,根据情况应用抗生素、破伤风抗毒素、狂犬疫苗,同时按时更换敷料和拆线,促进伤口早日愈合。

(4)清创术:先用比较干净的水或凉开水、淡盐水(0.9%生理盐水)、1‰新洁尔灭药水清洗伤口,将泥灰等脏物洗去;其次用75%酒精或碘伏擦伤口周围皮肤,注意不要把碘酒、酒精涂入伤口内,否则会引起强烈的刺激痛;再用比较干净的敷料或布类包扎伤口,以防污染或感染;经清创处理后的擦伤应及时去医院处理。

十一、咬伤

咬伤是指人或动物的上下颌牙齿咬合所致的损伤,在攻击和防御时均可形成。由于人体牙弓形态、牙的排列和疏密以及生理、病理变化的不同,加之又会有牙的修复、脱落等变化的影响,所以牙的咬痕具有良好的个体特异性。

生活中常见的咬伤多为人、猫、狗及毒蛇咬伤。

(一)临床表现

1. 猫、狗、人咬伤

人被猫、狗、人咬伤后,受伤的局部皮肤可见轻微的咬痕(或猫的爪痕),皮下可有出血伴有擦伤,咬伤处皮肤的完整性可遭到破坏而形成挫裂创甚至组织器官缺损,创缘不整齐,也可在受伤数天、数月、数年出现感染、破伤风、狂犬病等并发症。

2. 毒蛇咬伤

毒蛇咬伤的表现除有猫、狗、人咬伤的表现外,还有局部皮肤留下一对较深齿痕和毒腺分泌的蛇毒引起的表现。蛇毒可分为神经毒素和血液毒素,前者可引起伤口轻微痒感、伤口红肿、出血而量不多、麻木、知觉丧失,后觉头昏、恶心、呕吐、乏力、嗜睡等,重者可出现吞咽困难、声嘶、失语、复视、呼吸困难、血压下降、休克、瘫痪等中毒反应;后者可引起伤口迅速肿胀、剧痛、出血且不止,伤口周围水泡或血泡,皮下瘀斑,严重时可出现结膜下淤血、鼻衄、呕血、咳血、尿血和出血性休克等全身广泛性出血的中毒反应。

(二)诊断

根据咬伤的病史、临床表现,一般可诊断。

(三)治疗

1. 猫、狗、人、毒蛇咬伤的急救

(1)快速彻底冲洗伤口。

清洁流水冲洗 15 min,肥皂水冲洗 15 min。冲洗的水量要大,水流要急,最好对着自来水龙头急水冲洗,以最快速度把沾染在伤口上的狂犬病毒等冲洗掉。

(2)局部消毒。

伤口周围或浅表伤口可用碘伏、75%酒精或新洁尔灭消毒。

(3)暴露伤口。

伤口应暴露,不遮盖、包扎、缝合。

(4)局部制动。

受伤后走动要缓慢,不能奔跑,以减少毒素的吸收。最好是将伤肢临时制动后放于低位,迅速送往医院。

(5)伤肢绑扎。

伤肢绑扎是一种自救和互救简便而有效的方法,也是现场容易办到的一种方法,主要适合于蛇咬伤。应在被毒蛇咬伤后,立即用弹性橡胶管、绷带、布条类或毛巾等在伤肢近心端近侧 5~10 cm 处或在伤指(趾)根部给予绑扎,以伤口出血停止为宜,随后每隔 30 min 松绑 1~2 min 以防止肢体远端淤血及组织坏死,从而达到暂时阻止蛇毒吸收的目的。待伤口彻底清创处理和服用蛇药片 3~4 h 后,才能解除绑带。

2. 急救后的治疗

(1)彻底清创。

适用于伤口深、创口不齐的咬伤。可用大量的双氧水、呋喃西林溶液冲洗和擦洗,抑制厌氧菌生长。伤口较深的一定要清创到创口底部,使创口充分暴露,充分引流。对清创后较深的伤口要放置引流条,并且要放置到创口底部,以防创口表面皮肤过早愈合。对毒蛇咬伤的伤口,还应在 3 min 内采取积极有效的排毒、破坏毒液蛋白措施,可在伤口侧面挤压以促进毒液排除,可用胰蛋白酶+0.05%普鲁卡因对伤口周围封闭以降解蛇毒、减少毒素吸收。对狗咬伤的伤口,可在其周围用狂犬病免疫球蛋白做浸润注射。

(2)预防感染。

可选择头孢类抗生素、甲硝唑类或喹诺酮类单用或联合用药以抗感染。

(3)预防狂犬病。

对轻者可只注射狂犬病疫苗,对严重者还应注射狂犬病免疫血清。

(4)预防破伤风。

可应用破伤风抗毒素和(或)丙种球蛋白预防破伤风。

(5)解毒药物。

可口服或外敷广州蛇药、上海蛇药、南通(季德胜)蛇药等解蛇毒药,也可注射单价和(或)多价抗蛇毒血清,降低毒素。

(6)预防并发症。

积极预防和处理出血倾向、休克、肾功能不全、呼吸肌麻痹等并发症。

十二、骨折

骨折是指骨结构的连续性完全或部分断裂。骨折的成因主要为创伤和骨骼疾病。创伤性骨折的病因主要有车轮撞击的直接暴力、高处跌落的间接暴力、远距离行走的积累性劳损等。骨折端与外界相通为开放性骨折,如与外界不通则为闭合性骨折。本节主要讲述创伤性骨折。

(一)临床表现

1. 全身表现

(1)休克。

对于多发性骨折、骨盆骨折、股骨骨折、脊柱骨折及严重的开放性骨折,患者常因广泛的软组织损伤、大量出血、剧烈疼痛或并发内脏损伤等而休克。

(2)发热。

骨折处有大量内出血,血肿吸收时体温略有升高,但一般不超过 38 ℃,开放性骨折体温升高时应考虑感染的可能。

2. 局部表现

骨折的局部表现包括骨折的特有体征和其他表现。

(1)骨折的特有体征。

①畸形。骨折端移位可使患肢外形发生改变,主要表现为缩短、成角、延长。

②异常活动。正常情况下肢体不能活动的部位,骨折后出现不正常的活动。

③骨擦音或骨擦感。骨折后两骨折端相互摩擦撞击,可产生骨擦音或骨擦感。

以上三种体征只要发现其中之一即可确诊,但未见此三种体征者也不能排除骨折的可能,如嵌插骨折、裂缝骨折。一般情况下不要为了诊断而检查上述体征,因为这会加重损伤。

(2)骨折的其他表现。

疼痛、压痛、肿胀、瘀斑、功能障碍,既可见于新鲜骨折,也可见于脱位、软组织损伤的炎症。

(二)辅助检查

1. X 线检查

凡疑为骨折者应常规进行 X 线正、侧位片,且包括邻近关节,可显示临床上难以发现的不完全性骨折、深部的骨折、关节内骨折和小的撕脱性骨折等,了解骨折的类型和具体情况,对治疗具有指导意义。

2. CT 检查

对于骨折不明确但又不能排除者、脊柱骨折有可能压迫脊髓神经根者及复杂骨折者均可行 CT 检查。三维 CT 重建可以更直观便捷地进行骨折分型,对治疗方案选择帮助很大,目前临床上常用。

3. MRI 检查

MRI 检查在显示骨折线方面不如 CT 检查,但在脊髓神经根及软组织损伤的显示方面有独特优点,可明确有无神经、血管、肌腱、关节囊、软骨损伤等,现常用于脊柱骨折的检查。

(三)诊断

根据骨折的外伤史(受伤时间、暴力性质、程度)、骨折的特有体征(畸形、异常活动、骨擦音),一般可诊断;若 X 线、CT 检查见骨折征象,可确诊,还可明确部位、性质、程度。

(四)急救

骨折急救的目的是用最简单而有效的方法抢救生命、保护患肢、迅速搬运,以便尽快得到妥善处理。

1. 骨折的急救

(1)检查生命体征。

首先应检查病人的体温、呼吸、脉搏、血压等一般情况,判断局部及全身损伤的严重性,以便及时抢救或挽救生命。若呼吸、心跳停止,应立即进行心肺复苏;若处于休克状态,应注意保温,尽量减少搬动,有条件时可输液、输血;若有颅脑损伤而处于昏迷状态者,应注意保持呼吸道通畅。

(2)简单固定。

主要是用小夹板固定四肢闭合性、无移位、稳定性骨折。在现场凡疑有骨折者,均应按骨折处理，对其简单固定。

简单固定的材料应选择夹板、纸板、木棍、扁担、木板、树枝等物，其宽度以不超过肢体宽度且与其相适应、长度以超过近远端两个关节为宜，夹板放在肢体内、外侧并平行，且与皮肤接触面以软布做垫，然后用绷带、布条、领带或鞋带固定且松紧以其裸露的远端可触及搏动为宜。上肢骨折保持屈曲体位90°，并用三角巾悬吊，将伤肢用绷带固定在胸壁上；下肢骨折保持伸直体位固定。

对闭合性骨折可不脱去患肢的衣裤和鞋袜，避免过多搬动患肢，增加疼痛感；对开放性骨折可用加压包扎或止血带止血，创口用无菌敷料或清洁布类予以包扎，以减少再污染；对肢体完全离断可将断端肢体包扎止血后，再将离断肢体放入冰桶（夏天），并随病人送到医院；对不完全离断肢体可在近端用止血带止血。

骨折简单固定的目的是：

①避免骨折端在搬运过程中对周围重要组织如血管、神经、内脏的损伤；

②减少骨折端的活动，减轻病人疼痛；

③便于运送。

（3）安全搬运。

病人经初步处理，妥善固定后，应尽快用担架或木板等搬运或转运至就近的医院进行复位、固定、功能锻炼等治疗，使受伤肢体尽可能恢复功能。

若为一般肢体骨折，经固定好后可用担架或其他工具运送。若为脊柱骨折，宜以3人站在同侧，用手平平托起，再平放于木板上，以防脊柱扭曲造成截瘫。若为颈椎骨折，应由一人轻轻牵引头部且持续至送往医院，平放于担架上搬动，以防扭动颈椎。

2. 常见骨折的急救

（1）锁骨骨折时可有锁骨变形，有血肿，肩部活动时疼痛加重。可用三角巾或围巾固定法，先在两腋下垫上大棉垫或布团，然后用两条三角巾的底边分别在两腋窝绕到肩前打结，再在背后将三角巾两个顶角拉紧打结，以减少对骨折部位的刺激，避免损伤锁骨下血管。

（2）肱骨干（上臂）骨折时可有疼痛、肿胀、淤血，活动时出现畸形，上肢活动受限制。可用长达肩峰至肘尖的夹板，先放后侧，再放前侧，最后放内、外侧夹板，然后用4条绷带或2～3条三角巾固定，注意露出指尖。由于桡神经紧贴肱骨干，固定时骨折部位要加厚垫保护以防止桡神经损伤（桡神经负责支配整个上肢的伸肌功能。桡神经一旦受损，便不能伸肘，不能抬腕，手指伸直有障碍）。同时肘部要弯曲，悬吊上肢。如果现场没有夹板等固定物，可用三角巾将上臂固定在身体上，方法是将三角巾叠成宽带后通过上臂骨折部位绕过胸前和胸后在对侧打结固定，同样上臂也要悬吊在胸前。

（3）前臂骨折，分为桡骨骨折、尺骨骨折、桡尺骨双骨折。可有活动时非关节运动，出现畸形。可用小夹板、从肘关节至手掌长度的木板或用一本16开杂志放于其上下，以绷带或布条缠绕固定，注意露出指尖，肘部弯曲90°并用三角巾或围巾等将前臂悬吊于胸前。

（4）股骨骨折（大腿骨骨折）。股骨干粗大，只有巨大暴力如车祸等可致伤，损伤大时出血多,易出现休克。骨折后大腿肿胀、疼痛、变形或缩短。如果有条件,可用一块长夹板从伤侧腋窝下到脚后跟,一块短夹板从大腿根内侧到脚后跟,同时将另一条腿与伤肢并拢,再用 7 条宽带固定,固定时在膝关节、踝关节骨突出部位放上棉垫保护,空隙的地方要用柔软物品填充。固定时先从骨折上下两端开始,然后固定膝、踝、腋下和腰部。足尖保持垂直位置固定。如果没有夹板也可用三角巾、腰带、布带等将双腿固定在一起,注意两膝、两踝及两腿间隙之间垫好衬垫。

(5)小腿骨折时可有出血、肿胀。小腿骨折固定时切忌固定过紧,同时在骨折部位要加厚垫保护。用夹板固定时,最好用 5 块夹板,如果只有 2 块木板(其木板长度为大腿至足跟),则分别放在伤腿的内侧和外侧;如只有一块木板,就放在伤腿外侧或两腿之间,再用绷带或三角巾分别固定膝上部、膝下部、骨折上、骨折下及踝关节处。同样要保持足尖垂直,呈"8"字固定;如果没有夹板,可将两条腿固定在一起。方法同股骨骨折固定。

(6)脊柱骨折常发生在颈椎和胸腰椎。脊柱骨折时,不能让患者试着行走,搬运时一定要用木板,以防脊髓损伤加重。一旦骨折块移位压迫脊髓、损伤马尾神经,会导致瘫痪。

(7)颈椎骨折时可用围领套在脖子上,防止颈椎活动;同时应用报纸、毛巾、衣物等卷制成颈套(颈套粗细要能限制双侧下颌活动),从颈后向前围在颈部。

搬运时,患者头仰卧固定在正中位(不垫枕头)。两侧垫卷叠的衣服,防止颈部左右转动。勿要轻易搬动,否则导致脊髓受到压迫,发生四肢与躯干的高位截瘫,甚至死亡。

(8)胸腰椎骨折时,病人不宜站立或坐起,以免引起或加重脊髓损伤。应先将伤者侧卧,动作宜轻,头颈、足踝和腰后空虚部位要垫实,用长、宽与伤者身高、肩宽相仿的一木板与伤者身体长轴一致固定。抬动病人时不要让病人的躯干前屈,必须仰卧在担架或门板上运送,运往医院前要把伤者双肩、骨盆、双腿及双脚用宽带固定,以免颠簸、晃动。

十三、心肺复苏

心搏骤停是指各种原因所致的心脏突然停止有效搏动,泵血功能突然终止,造成全身循环中断、呼吸停止和意识丧失,引起全身组织器官尤其是脑的不可逆损害甚至死亡,是最严重的心血管病急症,是危害人类健康、构成死亡的主要因素。心搏骤停突然发作,约 10 s 左右即可出现意识丧失,如在 4 min 黄金时段及时救治可获存活,贻误者将出现生物学死亡,且罕见自发逆转者。因此,大力提升急救者的施救能力,实施高质量的心肺复苏术也就成为心搏骤停抢救成功的关键和根本保证。

当前,我国由于基本急救技能的系统教育与培训不足,公众在突发卫生事件中作为"第一目击者"现场急救的意识和能力不足以及对传统心肺复苏术的抵触心理,都影响并限制了复苏的实施率乃至成功率。因此,如何提升公众急救能力和水平成为一项亟待解决的重大社会性课题。由于高校学生整体文化素质较高,并具有高度的社会责任感、使命感及一定的传播能力和影响力,同时高校学生群体的稳定性及可持续性,也使得心肺复苏术课程具备了更大的延展性。因此,以高校学生群体为切入点开展心肺复苏术急救技能教育培训有较强的科学性和可行性,是实现公众普及率快速提升的切入点、根本点和最优渠道。①

心肺复苏术是指对心跳呼吸骤停的患者给予循环和呼吸支持,使自主心跳和自主呼吸得以恢复并积极保护脑功能的急救技术。可分为基本生命支持和高级生命支持。针对大学生我们主要讲的是对院外心搏骤停的人进行单纯胸外按压的心肺复苏术。决定院外心搏骤停患者生存与否最重要的因素有:早期识别、早期启动急救系统以及第一目击者早期实施基础生命支持。而第一目击者早期实施基础生命支持与否完全取决于他的心肺复苏急救知识与技能、态度以及行为。

基本生命支持是指专业或非专业人员对心搏骤停患者进行的徒手抢救,包括开放气道、人工通气、胸外按压和电除颤,即我们经常听到的C—A—B。溺水者先胸外按压和人工呼吸,完成1个周期后再呼叫。

院外心搏骤停的复苏包括以下5个环节:

(1)早期识别和启动应急反应系统;
(2)即时高质量心肺复苏,强调有效胸外按压;
(3)快速除颤;
(4)基础及高级急救医疗服务,入院前分诊和转诊;
(5)尽早开始有效的高级生命支持和心搏骤停的后续综合治疗,多学科合作,直到出院和康复。

(一)确保环境是否安全

判断现场是否有危及患者及施救者自身的因素,在没有危险的情况下,尽量减少移动病人,只要发病地点不存在危险并适合救助,应就地抢救。

(二)早期识别和启动应急反应系统

在院外心搏骤停发生时,对无反应状况的快速识别从而启动紧急医疗服务是复苏的第一步。建议当一个非专业施救人员发现患者没有意识及呼吸时,就可以用手机通知应急医疗服务体系,并开始做心肺复苏术。

1. 早期识别

判断患者呼吸和脉搏。非专业施救人员在无法判断大动脉搏动是否消失的情况下,以判断无意识、呼吸停止为准。一旦患者呼吸异常即可认定。诊断必须迅速、果断、正确,诊断过程要求10 s内完成,以缩短开始首次胸外按压的时间。

无意识:用声音或行动刺激患者无反应;

无呼吸或不能正常呼吸;

无颈动脉搏动:用手触及颈动脉无搏动。

---

① 郑新华,李馨,张俊峰,等."第一目击者"体系培训大学生现场急救技能的效果评价[J].中国学校卫生,2018,39(10):3.

2. 启动应急反应系统

(1)对于第一反应者来说,如发现患者无反应、无意识、无呼吸,只有1人在现场,要先拨打当地急救电话,启动应急医疗服务体系。

(2)现场有其他人在场时,第一反应者应该指定现场某人拨打急救电话,自己马上开始实施心肺复苏术。

(三)摆正体位

复苏体位即仰卧位。仰卧平躺于硬质平面,最好在地面或床上垫木板等。大部分心搏骤停的患者倒地的时候都不是仰卧位,这就需要我们翻转体位:施救者双腿跪在患者一边,将其双上肢上举,远侧腿屈曲搭在近侧腿上,一手托其后颈部,另一只手托其腋下,使之头、颈、躯干整体翻动成仰卧位。随即解开衣服、领带、皮带。

(四)单纯胸外按压

非专业施救人员和医务人员对成人做胸外按压的方法相同。胸外心脏按压是抢救心搏骤停的有效措施,连续胸外按压能显著提高复苏成功率。对于院外心搏骤停的急救,大部分目击者不愿意或者不能实施传统的心肺复苏,除此之外,实施单纯的胸外心脏按压与传统的心肺复苏有相似的生存率及神经学预后。因此,实施单纯胸外心脏按压可以提高目击者实施心肺复苏的依从性和可行性。

(1)按压部位:按压的部位在胸骨下半段,两乳头连线中点。

(2)按压姿势:按压的支点在救治者的髋关节,双臂绷直,双肩在胸骨正上方。

(3)按压方法及用力方式:用一只手掌根部置于按压部位,另一手掌根部叠放其上,双手指紧扣,以手掌根部为着力点进行按压,身体稍前倾,使肩、肘、腕位于同一轴线上,与患者身体平面垂直,用上身重力按压,按压、放松时间相同。每次按压后让胸廓完全回弹,但放松时手掌不离开胸廓,按压暂停间隙施救者不可双手倚靠患者。

(4)按压频率:100~120次/min。

(5)按压深度:5~6 cm。至少5 cm,但不超过6 cm。儿童为5 cm,婴儿为4 cm,或把整个胸部厚度下压1/3。

(6)按压通气比:无论单人或是双人复苏,按压和吹气次数比例是30∶2。非专业施救人员仅做了解。有2名以上施救者,每2 min按压更换1次按压者,替换时间不超过5 s。

(五)开放气道

先行30次心脏按压,再开放气道,以保持呼吸道通畅。用仰头举颏法开放气道,清理呼吸道,检查有无假牙,如有则取下。

1. 仰头举颏法

将一只手置于患者前额,轻压患者的头部使后仰,将一只手的食指和中指指尖放于患者颏骨的下方,提起下颏开放气道,使口角和耳垂连线与地面垂直,并清除口腔异物和假牙。

2. 推举下颌法

对怀疑颈椎损伤的患者,应使用双手推举下颌法开放气道,避免颈部移位。

(六)人工通气

调查结果显示,目击者不愿意进行口对口人工呼吸是进行传统心肺复苏的障碍,这种顾虑可能与对传染性疾病的恐惧有关;而且口对口人工通气时胸外按压会产生中断,影响复苏的成功率。

(七)快速除颤

自动体外除颤仪(AED)除颤,应越快越好。旁观者实施心肺复苏术并快速使用自动体外除颤仪(AED)可使心搏骤停患者存活率增加。

非专业施救人员心肺复苏流程:
(1)确认现场安全。
(2)检查无意识、无呼吸或仅有喘息样呼吸。
(3)呼叫"120"、校医院。
(4)心肺复苏。
(5)救护人员到达。

非专业施救人员心肺复苏要点:
(1)强调普及C—A—B及高质量心肺复苏术以提高患者生存率。
(2)当非专业施救人员发现患者没有意识和呼吸时,就可以用手机通知急救中心并开始做心肺复苏术。
(3)容许非专业施救人员仅施行胸外按压。
(4)胸外按压的速率是100~120次/min;而胸外按压的深度是5~6 cm,并且要避免把身体过度依靠在患者胸上,让胸廓能完全回弹,确保胸外按压在整个心肺复苏术的比例至少达到60%。[①]

第三节 运动危机处理

一、过度训练

过度训练主要是人们在运动和锻炼时,使身体承受了超过极限的负荷强度,让身体产

---

① 陈善喜.大学生健康与疾病防治教程[M].北京:北京理工大学出版社,2018.

生过度疲劳或运动损伤的现象。过度训练不仅会让身体产生长期性的损害,也会让人们在心理上产生疲劳感,从而对体育运动丧失积极性,身体上也再难以恢复运动状态。

人们在训练过程中,需要按照运动科学和生理科学的一般规律,结合自身的身体特点有计划地进行。运动负荷需要有步骤地提高,当身体的素质提升并固定后,才可以提高运动的强度和难度,对身体产生新的刺激。如果在训练的过程中,训练的目标和方法不够科学,就会给参与者造成过度训练的情况。过度训练会让身体的运动系统和其他器官产生病理上的影响,造成身体的生理机能严重下降,其结果可能是关节、肌肉等出现难以恢复的损伤,或是心肺、内分泌等机能出现了失调。身体上的问题也会给人的心理产生影响,让人们产生情绪上的低落,中枢神经也难以调动起运动的状态。大学生在参与体育训练时,由于他们的身体条件有限,教师要注意避免出现过度训练的问题,在训练过程中,教师和学生要切忌产生急于求成的心理。

(一)原因

过度训练的基本原因主要有以下六个方面。

1. 训练安排不合理

过度训练问题产生的直接原因是运动的负荷不符合参与者的身体承受能力。在训练计划的制订过程中,训练量、训练内容和训练环境都会给身体带来不同的影响。因此,教师和学生应该科学地制定训练计划,并根据主客观条件的变化做出相应调整。

2. 训练方法单调、枯燥无味

高校在组织体育教学和其他训练时,要注意训练方法的多样性,应经常改变固定化的训练模式。如果训练的方法过于枯燥,会让参与者在心态上产生疲倦感,从而影响了身体状态。

3. 生活规律破坏

大学生在参与体育训练时,不应该只在训练过程中注意自己的训练方法,而是要让自己的生活习惯也做出相应调整,使身心状态都能够更好地适应运动训练。通过有规律的生活,让身体素质得到发展。

4. 在运动员身体机能不良的情况下,参加紧张的训练和比赛

无论是普通人,还是运动员在参与集中化的体育训练后,都需要让身体的疲劳和损伤有一个恢复的阶段。因此,身体素质的训练要结合休息和恢复来进行。但有些训练人员会在身体没有恢复的情况下继续下一次的训练,有些训练人员在伤病后还没有康复的情况下就参加训练,这些都是造成过度训练的重要原因。

5. 饮食营养不合理

体育训练要和饮食及营养补充结合起来,要按照训练的内容来制订营养计划。如果人们不注意营养补充或营养均衡,也会让身体机能失调,产生过度训练的征兆。

6. 各种心理因素

身体上的过度训练与人的心理状态有着很大的关系。心理因素对于训练效果的影响来自很多方面,例如在生活上的挫折、情绪不佳、比赛失利和生活上的压力等。这些不良的心理状态会被训练人员带入体育训练的实践过程中,会让他们的注意力难以集中,身体技能无法保持很好的状态。有些人因为心理上的问题,在参与正常的训练活动时,依然产生了过度训练的情况。

(二)征象

过度训练的征象是多种多样的,可涉及各个系统和器官,而且可因过度训练的程度、个体特性而异。

1. 前期

过度训练前期的运动员一般无特异性症状,很难与大强度训练后正常的疲劳感觉相区别。然而,充分的恢复会使其身体素质改善、运动成绩提高;恢复不足则会导致持续的疲劳感觉,并常伴随着肌肉酸痛,训练期间感觉非常吃力,训练中、比赛中的成绩不好。运动员常有以下表现。

(1)一般自觉症状。

疲乏无力、倦怠、精神不振。

(2)对运动的反应。

过度训练的早期表现为没有训练的欲望或厌烦训练;过度训练较重时表现为厌恶或恐惧训练,而且在训练中疲劳出现得早,训练后疲劳加重而不易恢复,运动成绩下降,动作协调性下降。

(3)神经系统方面。

出现头晕、记忆力下降、精神不集中、反应易激动,有的运动员表现为入睡困难、多梦、早醒,严重时则表现为失眠头痛,有些运动员还出现盗汗、耳鸣、眼花、直立性低血压、食欲下降等症状。有人认为中枢神经疲劳最明显的征兆是消化功能下降和食欲减退。

2. 后期

如果过度训练前期的各种不良刺激持续存在,病情就会进一步加重。会导致运动员心理、生理各系统的严重耗竭,出现一系列全身多系统的异常表现。

(1)心血管系统。

出现心悸、胸闷、气短、晨脉明显加快、运动后心率恢复缓慢、心律不齐等。举重、投掷等力量性项目的运动员,安静和运动负荷后血压常明显偏高。

(2)消化系统。

除出现食欲缺乏、食量减少外,还会出现恶心、呕吐、腹胀、腹痛、腹泻、便秘等症状。个别运动员可能出现消化管出血症状。

(3)肌肉、骨骼系统。

常表现为肌肉持续酸痛、负荷能力下降,易出现肌肉痉挛、肌肉微细损伤等。当出现下肢过度训练时会表现为过度使用症状:疲劳性骨膜炎,小腿胫前间隔和小腿外侧间隔综合征,应力性骨折,跟腱、髌腱周围炎。

(4)其他。

过度训练的运动员表现为全身乏力、体重下降;易发生感冒、腹泻、低热、运动后蛋白尿、运动性血尿、运动性头痛、脱发、浮肿、排尿不尽等症状。

(三)检查

1. 体重

成年运动员在大运动负荷训练后,体重持续下降(休息、进食后不恢复)。体重下降超过正常体重的 1/30(人工减重除外),是诊断过度训练的重要依据之一。

2. 心血管系统

(1)心率。安静时心率较正常时明显增加。一般认为心率较平时增加 12 次/min 以上,应引起注意。

(2)血压。晨血压比平时高 20%,并持续 2 d 以上时,或短时间内超过正常值(140/90 mmHg),可能是机能下降或过度疲劳的表现。

(3)心电图变化。过度训练的运动员除有上述变化外,还可能出现 ST 段、T 波改变(S-T 段明显下降,超过 0.075 mV,被认为是诊断过度训练的重要参考指标),以及各种心律不齐,如室性早搏、阵发性心动过速及各种传导异常。

3. 血液检查

过度训练的运动员可能出现贫血,但有时只表现为血红蛋白水平较平时降低,但并未达到贫血的标准。此外,在血液检查时还发现运动员白细胞计数减少,特别是淋巴细胞减少,免疫功能低下,抵抗力下降,易发生各种感染性疾病。

4. 泌尿系统

有时会出现血红蛋白尿或血尿。

5. 消化系统

过度训练的运动员,会出现食欲下降、胃肠功能紊乱的症状,如原因不明的腹胀、腹泻。运动中或运动后会出现右肋部痛,在检查时会发现个别运动员肝脏肿大,但肝功能正常。

6. 内分泌系统

(1)女运动员会出现月经紊乱,严重时出现闭经。

(2)血睾酮测定。血睾酮的正常值为:男性 350~850 ng/dL,女性 20~70 ng/dL。当低于训练期前 25% 而又不回升时应调整训练计划。

由于应激引起的皮质醇升高、促性腺激素抑制,使睾酮的分泌减少。睾酮与皮质醇比值的变化被认为是诊断过度训练的敏感指标。一旦睾酮/皮质醇比值低于原始值的 30%,可以考虑过度训练。

7. 免疫系统

过度训练的运动员免疫系统有不同程度的损伤,表现为淋巴细胞计数减少,血清免疫球蛋白、分泌型 IgA 和非特异性免疫功能的下降,运动员易受感染。

(四)过度训练的健康管理

1. 过度训练的处理

从过度训练的发病原因可知,运动负荷、运动强度过大是造成过度训练的主要原因,因此对过度训练的处理应包括以下四点。

由于过度训练发生的原因可能来自多个方面,因此,大学生在参加日常的体育训练时,依然容易发生过度训练问题。一旦出现了类似问题,就需要用正确的方法来处理。一是在教师的帮助下找出根源,查看是个人问题,还是训练计划的问题。二是根据问题根源调整训练计划,必要时可以取消,以集中恢复状态。三是利用医学、运动科学的方法来进行积极性恢复。要视情况进行医学、药物治疗或运动处方治疗。

如果过度训练的程度不高,可以采取减轻训练负荷,缩短训练时间的方法来调整。不需要完全进入静止休息的状态,而是要进行强度较低的一般性训练。同时,患者应该注意在自己的生活习惯上调整,要注意训练后的睡眠、休息和膳食平衡,可以参与一些较为舒缓的娱乐放松活动,使自己的心态得到调整。

对后期或比较严重的过度训练者,除按上述基本原则处理外,一般应停止专项训练,训练应以健身为主,或转换训练环境,停止大负荷大强度的训练;增加睡眠时间,增加文娱活动,进行积极性休息等;进行必要的药物治疗,如补充复合维生素 B、维生素 E、维生素 C 等,必要时服用镇静剂;可采用人参、刺五加、三七、枸杞等中药治疗;采取必要的恢复手段,如按摩、水浴、气功、理疗、心理治疗等。

2. 预防

(1)合理安排运动训练。

预防的关键在于根据运动员的性别、年龄、身体发育状况、训练水平和训练状态等具体情况制订合理的、切合实际的训练计划,即制订逐渐增加训练量、节奏明显、避免骤然增量的方案。加强队医、运动员、教练员之间的交流和配合。及时发现过度训练的早期信号并采取措施,有效预防过度训练。

(2)最佳训练负荷的原则。

最佳负荷取决于多种因素,如遗传特性、生活方式、健康状况等。为了及时调整训练量,应注意以下五点。

①注意调整训练的节奏,遵守循序渐进、系统训练、全面训练和区别对待的原则。

②合理安排生活制度。

③伤后、病后应进行积极治疗,不宜过早恢复训练和比赛。

④常年坚持适当的有氧训练,以提高运动员的心肺机能,提高运动员对训练的承受力,提高运动员的抗疲劳能力和对外界环境的适应能力。

⑤为了让运动员能够充分适应和恢复,在训练的大周期中,每周训练量的增加,不能超过 5%。此外,训练的强度与训练的量不应同时增加。

(3)及时发现过度训练的早期表现。

运动员过度训练时常见以下症状,而且常常同时出现。队医、教练员应当警惕这些早期症状,并积极促进恢复。

①运动员完成训练课或定时跑或比赛时感觉非常费力,两组训练间的恢复时间延长。

②在训练课结束后,运动员有持续疲劳感和恢复不足感,并伴有睡眠不良和晨脉增加。

③在处理日常事务时表现出易怒和情绪化。
④运动员缺乏训练热情,训练效果不佳。
⑤女运动员月经周期改变,甚至出现闭经。

以上这些警戒信号提示运动员、教练员和队医必须较大幅度地调整训练计划。队医对于明确诊断和制订恢复计划是有重要作用的,而不应让运动员处于潜在有害的环境中。

二、运动应激综合征

运动应激综合征是人们在运动时,身体的内部系统由于不适应运动条件而产生的功能性紊乱。这种病症经常在人们参与了一次剧烈运动后产生,一般运动技能不足和身体生理机能较差的人群在刚刚适应运动负荷时更容易出现。在各类运动中,运动负荷较大、运动时间较长的项目更容易造成运动应激综合征。在出现病症后,运动者会产生呕吐、头晕、昏厥、休克等症状,这些都是身体的某些脏器或系统出现失常所导致的,在严重情况下可能会威胁运动者的生命安全。

(一)原因

运动应激综合征主要是由剧烈运动超过机体耐受程度而引起的。其主要原因如下。
(1)运动水平差和生理状态不良,运动经验较少。
(2)患病而长期中断运动后突然参加剧烈运动或比赛。
(3)患心血管疾病的人(如动脉硬化、高血压、各种心脏病病人)参加剧烈运动时也会发生运动应激综合征,严重时可导致猝死。

(二)类型和征象

运动应激综合征在不同人身上表现出的症状有所不同,运动医学将所有的病症划分为五种主要的类型。

1. 单纯虚脱型

这种症状主要表现为人的身体在生理上出现了功能障碍,主要是心肺系统、胃部等器官出现的不适应,可以造成呕吐、头晕、四肢无力等问题。一般来说,如一个人长时间不运动,在缺乏准备的情况下突然进行高强度运动后,会出现这种问题。

2. 晕厥型

这种症状主要是由神经系统或是心血管障碍所导致的,神经系统在失控后,会让身体的其他脏器产生功能失调,并且容易导致脑部供血不足,使运动员的神智不清醒。

(1)举重时晕厥。

人们在进行举重训练或是杠铃健身时,需要身体来支撑杠铃的重量,在杠铃短暂停留在胸部时,如果运动员没有第一时间将杠铃举起,就会导致胸部被压迫的时间过长,导致心脏搏出量突然减少,从而让大脑也供血不足。

(2)重力性休克。

人们在进行快速的短跑活动或自行车等其他竞速运动时,如果在结束时突然停止身体的移动,而没有进行缓冲,就容易导致休克问题。其原因在于:当人们参与跑步、骑车等项目的活动时,主要发力之处在于腿部的肌肉群。腿部肌肉群在运动刺激下,会加快代谢作用,为肌肉提供能量。而这时血液也会集中向下肢输送,为肌肉供应更多的养分,加快代谢循环。如果运动进行急停动作,肌肉的工作也会突然停止,从而来不及收缩,下肢的血液就得不到动力向心脏回流,就会造成心脏和头部的血液供应不足。

(3)强烈刺激后造成的晕厥。

运动员如果参与重大的比赛,容易造成神经系统的过度兴奋或紧张,这时在压力作用下也容易导致生理机能出现故障。

3. 脑血管痉挛型

脑血管痉挛型表现为运动者在运动中或运动后即刻出现一侧肢体麻木,动作不灵活,常伴有剧烈的恶心、呕吐。

4. 急性胃肠综合征

人在剧烈运动或是精神高度紧张的情况下,很容易对肠胃器官造成压迫,使这两个器官出现应激综合征。其症状主要就是出现呕吐问题,同时造成面部失色,全身神经紧张。

5. 急性心功能不全和心肌损伤

运动后出现呼吸困难、憋气、胸痛、咳血性泡沫样痰、右季肋部疼痛、肝肿大、心跳快而弱或节律不齐、血压下降、全身无力、面色苍白等急性心功能不全症状。主要是剧烈运动时交感-肾上腺髓质系统兴奋,使心率加快,心肌耗氧量增加,心脏负荷过重而诱发心力衰竭,有时会出现心肌损伤。有的是剧烈运动直接引起的,有的则是在原有心脏病(风湿性心脏病、病毒性心肌炎、肥厚型心肌病、马凡氏综合征)的基础上诱发的。

(三)运动应激综合征的健康管理

1. 处理

(1)对单纯虚脱型的处理主要是让其卧床休息、注意保暖、饮用热水。较重者可吸氧、静脉注射葡萄糖液等,以加速恢复。

(2)对晕厥型的处理是使其平卧,头稍低位,保持呼吸道通畅,迅速对其进行脉搏、血压、体温、心电图等检查。应给予吸氧、静脉注射高渗葡萄糖液 $40\sim60\ mL$,效果不明显者迅速送往附近医院进行处理。

(3)对脑血管痉挛型者主要处理是使其平卧,头稍低位,保持呼吸道通畅,并对其进行脑部的一系列检查,以发现脑血管病变。

(4)对发生急性胃肠症候群者,尤其是发生胃出血者,应暂停专项训练,休息观察,必要时服用止血药物,吃流食、半流食和易消化食物。一般 $1\sim2$ 周可恢复运动;若反复出血,则应做安静时和运动后胃镜检查,以查明原因,给予适当治疗。

(5)对急性心功能不全或心肌损伤者,身体可取半卧位,保持安静并保暖,给予吸氧等急救处理后应立即送往医院进一步抢救。现场急救时可针刺或指点内关和足三里穴,如果昏迷,可加用人中、百会、合谷、涌泉等急救穴。如果呼吸、心跳停止,应做人工呼吸与胸外心脏按压。

2. 预防

预防运动者发生运动应激综合征是极为重要的。预防的关键有以下四点。

(1)运动前先做身体检查,有心血管功能不良者,患有急性病者,如感冒、扁桃体炎、急性肠胃炎等,均不应进行剧烈运动或参加比赛。

(2)遵守运动的循序渐进原则。避免缺乏锻炼就参加剧烈的运动和比赛,避免伤病初愈或未完全恢复就参加激烈运动和比赛。

(3)加强运动时的医学观察和自我监督,尤其对少儿、老人等锻炼基础差的人要区别情况,因人而异。要坚持健身原则,不应过分追求运动分数和成绩。

(4)锻炼和比赛前做好充分的准备活动,运动后要使身体各部分达到充分放松。

三、运动中腹痛

腹痛是运动过程中一种常见的症状,在中长跑、马拉松、竞走、自行车、篮球等运动项目中发生率较高,其中 1/3 的人查不出发病原因,而仅与运动训练有关。

(一)原因和发生原理

腹痛产生的原因可能来自许多方面,并且腹部神经,肠、胃、肝等器官和腹部肌肉都有可能产生腹痛:一是运动者运动经验不足,在承受较为强烈的运动刺激后,可能导致腹部神经不适应。二是个人的精神状态导致运动技术变形,使腹部产生不良反应。三是运动时,个人没有调整好呼吸。四是个人在运动前存在饥饿或吃得过多等问题。

1. 运动性腹痛

(1)肝淤血。

肝淤血主要是肝脏中的血液循环出现障碍所引发的。而造成这种问题的原因往往是人们参与运动前的准备不足。准备活动能够让身体肌肉及各个器官和系统都逐渐活跃起来,以便应对更强的体育动作。有些人在运动时,准备活动时间不足,尽管肌肉可以适应运动,但肝脏和心血管还没有进入运动状态。这时,人们再参加剧烈的运动,容易导致血液循环不畅,使血液淤积在腹部的肝脏等部位,使其无法顺利地回流心脏。如果肝脏淤血,就会造成严重的疼痛,进而影响呼吸。

(2)呼吸肌痉挛。

腹部的许多肌肉群在人体呼吸时,都需要参与到呼吸工作中,通过与上胸腔组织和器官的协同收缩和拉伸,让人们完成呼吸动作。身体在运动过程中,呼吸换气频率会明显加快,腹部肌肉群的协同作用就更加重要。有些人在运动时,如果准备活动不全面或是方法不正确,就有可能导致其忽略腹部肌肉群的准备活动。在这种情况下,参与剧烈的训练时,腹部肌肉可能无法适应呼吸的变化,这时就容易造成腹部肌肉的痉挛。

(3)胃肠道痉挛或功能紊乱。

胃肠道痉挛或功能紊乱可能是剧烈运动使血流重新分布,胃肠道缺血、缺氧,或因各种刺激所致,如饭后过早参加运动,吃得过饱,喝得过多(特别是喝冷饮过多),空腹运动时空气刺激等都可能引起胃肠痉挛。胃肠痉挛时胃壁和肠壁的神经受到牵扯而发生疼痛。胃痉挛疼痛部位多在上腹部;腹部着凉,虫刺激,运动前吃了难以消化或容易产气的食物(如豆类、薯类、牛肉等)而引起肠动增加或痉挛,疼痛部位多在脐周围。

2. 腹腔内疾病

腹腔内疾病常见有急慢性肝炎、胆道疾病(包括胆石症、胆囊炎、胆管炎、胆道蛔虫等)、溃疡病、肠结核、慢性阑尾炎。运动时病变部位受到牵扯和震动会产生疼痛,其疼痛部位多与病变部位一致。

3. 腹腔外疾病

腹腔外疾病常见有右肺下叶肺炎、胸膜炎、肾结石和腹肌损伤。据研究,在腹外疾患中,运动员的腹直肌损伤并不少见,却容易被忽略。

(二)运动中腹痛的健康管理

1. 处理

人体腹部容纳了很多不同功能的脏器组织,有着密集的神经网络,引发腹痛的因素可能来自多个方面。因此,在处理腹痛时,有必要先做出准确的诊断,针对病因来处理腹痛。一是要诊断腹痛的具体脏器或肌肉组织,有针对性地做出治疗,治疗方式要能够适应病变发生的部位。二是有些腹痛不属于病理意义上的,而是由运动员技术、姿势不正确导致的反应,如肌肉痉挛、胃部痉挛等。在处理时应该让运动员积极进行休息,并且通过针对性训练来提高身体素质。同时要让运动员在锻炼时掌握科学的方法和积极的心态。三是如果在运动过程中,发生急性的腹痛,运动员应该学会自我处置。其中包括逐渐减慢速度,调整自己的呼吸。可以采取轻度按摩、热敷等方法来调节。

2. 预防

对于腹痛的处理应该以预防为主,运动员在训练时,应该加强自我管理,端正运动的态度,采用正确的方式来进行。一是在参与任何运动时都应严格遵守科学规律和运动规则。在提高身体素质和运动技能的过程中,教练员和运动员都应该循序渐进地提高运动强度和难度,让身体能够适应运动的条件。二是在做任何运动前,都应该做好准备活动。准备活动要充分并且全面,如果身体的某些部位没有准备好,就会产生一系列的问题。三是饮食的调整是预防腹痛的关键。很多时候腹痛会发生在肠胃等器官,是消化问题所引起。如果在运动时过饱或过于饥饿,都会引起腹痛;如果饮水过多、饮用冰水等都会引起腹痛。

四、肌肉痉挛

肌肉痉挛是肌肉在工作中时,由于各种问题导致失去控制,而进行的强直性收缩,可以引发痉挛部位的剧烈疼痛。肌肉痉挛的通俗说法是抽筋,人体四肢部位的肌肉是痉挛发生最多的肌肉群。

(一)原因和发病机制

1. 寒冷刺激

外部寒冷温度的刺激是引发肌肉痉挛的主要原因。身体的肌肉和神经系统会对外部环境做出应激反应,当温度过低时,这种反应会非常剧烈,从而导致肌肉不受控地收缩。因此,当人们在寒冷季节参与运动时,需要做好对抽筋的预防,应该做好热身活动。同时,游泳运动也容易让参与者易发生抽筋问题,水的温度是诱发肌肉应激反应的关键因素。

2. 电解质丢失过多

电解质具有调节细胞活动和神经反射的重要作用。当人们在运动时,可能会因体温升高而引发排汗,汗液会携带许多电解质流失到体外。电解质缺失也会让肌肉和神经细胞的工作失调,有可能造成肌肉痉挛问题。

3. 肌肉连续过快收缩而放松不够

运动员在参与体育运动时,有些动作的技巧性较高,需要肌肉做出高难度动作或是快速发力。当运动连续做出高难度动作时,肌肉就可能因为持续性高强度的工作而造成短暂疲劳,这时很容易出现抽筋问题。

4. 疲劳

人的身体在疲劳状态下,肌肉的能量供应会不足,并且由于过度的能量物质代谢,肌肉细胞会堆积代谢废物而无法被血液循环运走。这种情况下,肌肉的工作能力会下降,神经系统也难以协调肌肉的动作,很容易出现痉挛现象。

(二)征象

发病部位的肌肉剧烈挛缩发硬,疼痛难忍,痉挛肌肉所涉及的关节伸屈功能有一定的障碍,发生肌肉痉挛的运动者不能坚持参加运动和比赛。发作常持续数分钟。

(三)肌肉痉挛的健康管理

1. 处理

一般性的肌肉痉挛可以通过进行肢体的拉伸而缓解。在拉伸时,要把握力度,应该匀速地进行,避免因拉伸而导致更大的肌肉损伤。如果运动员难以自主拉伸,可以在其他人的帮助下进行。在痉挛的疼痛得到缓解后,可以继续用按摩、针灸的手法来进行恢复。在恢复过程中,可以采用热敷的方法来进行。

人们在参与游泳时,更容易发生肌肉痉挛。在水中痉挛的危害性比较大,由于环境较差,人们也很难依靠自己的力量来处理痉挛。水中痉挛容易导致呛水等问题,严重时会危及生命安全。在处理痉挛时,运动员首先要保持冷静,不要出现心态上的恐慌;其次要尽量让身体放松,在水中呈仰泳姿态,可以让口部顺利呼吸,同时可以呼叫别人来帮助施救。在条件允许的情况下,可以在水中进行痉挛部位的拉伸;如果条件不允许,应该回到岸上来进行处理。

2. 预防

运动员在做好准备的情况下，可以有效地预防肌肉痉挛的发生。运动需要不断提高自己的身体素质，让肌肉具有更强的抗压能力，从而适应运动项目的要求。在参与各类体育活动时，应该注意做好准备工作。在寒冷条件下运动应该注意身体温度的保持；在炎热条件下运动要注意及时补充水分和电解质。在日常生活时，要注意营养的均衡，使身体可以获得足够的养分和能量。在进行游泳等运动时，要注意查看水温等条件，在入水前要做好充分的热身活动。要根据自己的身体状态来确定游泳的时长。

五、运动性血尿

正常人尿液中无红细胞或偶见个别红细胞，如离心沉淀后的尿液，光学显微镜下每高倍视野有 3 个以上红细胞，称为血尿。血尿轻者尿色正常，须经显微镜检查方能确定，称显微镜血尿。重症者尿呈洗肉水状或血色，称肉眼血尿。

血尿是一个重要的临床症状，可由泌尿系统疾患引起，也可由全身性疾病（血液病、感染性疾病、风湿病、心血管疾病、代谢性疾病等）、尿路邻近器官疾病（前列腺炎、盆腔炎、膀胱癌等）、药物和化学因素（如磺胺类、汞剂等药物）引起。

运动性血尿是指健康人在运动后出现的一过性血尿，虽经详细检查但找不到其他原因。对运动性血尿发生率的研究结果差异性较大，但在各个体育项目中，无论是有训练经验的运动员，还是刚开始训练的新手都有出现，尤其在跑、跳（如长跑、三级跳）、球类和拳击项目中较多见。男运动员发生率较高。

（一）原因及发病机制

运动性血尿的发生主要与剧烈运动有关，其发病原因和机制尚不十分清楚，主要与下列因素有关。

1. 肾静脉高压

有些运动者肾脏周围脂肪组织较少，在直立位长时间地做蹬地动作，使肾位置下移，肾静脉与下腔静脉之间的角度变锐，可发生两静脉交叉处的扭转，引起肾静脉压增高，从而导致红细胞漏出，出现运动性血尿。

2. 肾脏缺氧

运动时肾上腺素和去甲肾上腺素分泌增多，全身血液重新分配，肾血管收缩，肾血流减少，造成肾脏缺血、缺氧；同时，血液中乳酸、丙酮酸等酸性物质增加，pH 下降，使肾小球毛细血管的通透性增加，而导致红细胞漏出，出现血尿。

3. 肾损伤

在运动时由于腰部的屈伸扭转、撞击和挤压均可造成肾组织和肾内毛细血管的轻微损伤，而引起血尿。

4. 膀胱损伤

在膀胱排空的情况下跑步，脚落地时的震动使膀胱后壁和底部相互接触、摩擦，容易造成膀胱黏膜的轻微损伤。由于解剖特点不同,这一学说不适用于女运动员。

(二)征象

(1)运动员或健康人在运动后即刻出现血尿,其明显程度与运动负荷和运动强度的大小有密切关系。

(2)男运动者多见,尤以跑、跳和球类项目运动者多见。

(3)出现血尿后若停止运动,则血尿迅速消失,在绝大多数情况下,在运动后24小时至3天,尿中的红细胞即完全消失。

(4)除血尿外,血液化验、肾功能检查、腹部X线检查、B超检查及肾盂造影等项检查均正常。不伴随全身和局部特异性症状和体征,半数以上运动性血尿的运动者无任何伴随症状,少数运动者有身体机能下降、腰痛、腰部不适、尿道口烧灼感等症状。

(5)从长期随诊观察结果来看,虽然有的运动者会在多年内反复出现运动性血尿,但对运动者的健康未见明显的不良影响。

(三)鉴别诊断

运动后出现血尿,除运动性血尿外,还可能由一些器质性疾病和外伤引起,因此在诊断时必须加以鉴别。

1. 器质性疾病所致的血尿

器质性疾病所致的血尿者其常见的疾病有下列四种,其血尿程度一般与运动负荷及运动强度无明显关系,同时还有病变本身的一些特征。

(1)肾小球肾炎。

肾小球肾炎的患者常出现水肿、少尿、血压升高等征象,尿液检查除有红细胞外,还有蛋白质和管型。

(2)泌尿系统结石。

泌尿系统结石常有肾绞痛、尿频、尿急、尿量减少或排尿中断现象,腹部超声波和CT检查、泌尿道逆行造影检查可发现结石。

(3)泌尿系统感染。

泌尿系统感染,如肾盂肾炎、膀胱炎、肾结核等,这些疾病都表现有血尿、尿和膀胱刺激征(尿频、尿急、尿痛)、尿液细菌培养阳性。其中,肾盂肾炎和肾结核常有腰痛和发热症状。

(4)泌尿系统肿瘤。

泌尿系统肿瘤也是引起血尿的常见原因之一。通过膀胱镜或泌尿道逆行造影等可加以鉴别。

2. 外伤性血尿

运动时腰部受到钝物的打击或摔倒,造成肾脏挫伤,可能引起运动后血尿。一般这类病人都有腰部受伤史和腰痛,诊断不是很困难,但当外伤史不明显,或受伤与就诊间隔时间较长时则容易漏诊。

(四)运动性血尿的健康管理

1. 处理

(1)对出现肉眼血尿者,不论有无其他伴随症状均应中止运动;对无症状的镜下血尿的运动者,应减少运动负荷,继续观察。

(2)严重者可试用止血药,如维生素 K、维生素 C 等。

(3)伴有机能不良者可补充 ATP 片或 B 族维生素。

(4)器质性疾病和外伤所致的血尿,应针对病因进行积极治疗,一般不能进行正常运动训练。

2. 预防

(1)遵守运动的科学原则,负荷量和训练强度要循序渐进,避免骤然加大负荷量和运动强度,做好全身和腰部的充分准备活动。

(2)合理安排运动和比赛时的饮水制度,在剧烈运动和比赛过程中要适当补充水分。

(3)注意外界环境的变化,调整好运动强度。

六、运动性脱水

人体中 70% 以上的物质都是水。水在人体中以细胞液、体液和血液等形式存在,是人的机体进行生化反应的重要溶剂。身体中的水分包含着血细胞等各类细胞、蛋白酶、矿物质离子和其他物质等。当身体排出水分时,一些营养物质也会随着流失,当体内水分过少或是电解质过少时,就会产生脱水现象。

(一)脱水的概述

1. 脱水的概念

脱水主要是身体的水分流失到一定程度后,引起体内水环境失衡、酸碱度失调或电解质不足等情况。身体出现脱水时,细胞的生化反应能力会受到限制,导致身体许多器官和组织都会出现功能失灵的问题。在运动过程中,最常见的脱水形式主要是电解质流失过多而造成的养分功能不足或内环境失衡的现象。

2. 分类

(1)根据体液丢失的程度分类。

①轻度脱水:失水量占体重的 2%~3%。

②中度脱水:失水量占体重的 3%~6%。

③重度脱水:失水量占体重的 6% 以上。

(2)根据水和电解质特别是钠离子丢失的比例和性质分类。

①低渗性脱水:电解质的丢失大于水的丢失,血浆渗透压低于正常范围,运动者可因补水不当而发生此种类型脱水,如大量出汗后只补水而不补充适量的电解质。

②等渗性脱水:水和电解质以血浆正常比例丢失,血浆渗透压在正常范围。

③高渗性脱水：水丢失多于电解质，血浆渗透压高于正常范围，常因饮水不足或出汗过多造成，运动性脱水多是此种类型。

身体内部由水溶液所形成的电解质环境是细胞正常活动时最为重要的环境。电解质物质可以在细胞内外形成不同的浓度或酸碱度压力，从而让细胞液的物质可以实现与体液物质的交换，从而实现了输送营养物质的条件。因此，细胞内外的水环境平衡是身体健康的重要保障。

当身体在运动时，体液以汗液的形式被大量排出后，身体内部就会出现电解质失衡，就会造成细胞无法正常进行代谢，严重制约人体的运动能力。同时，在水分流失后，血液的浓度也会产生变化，会造成脑部、肌肉等组织器官供血不足的情况。另外，体液与汗液是维持体温的关键，如果身体水分过少而无法排汗后，身体温度就会过高，会引发更大的健康问题。

3. 水的生理功能

水是人体中占据体重比例最高的一种物质，是生理功能得以维持的基础，其重要性要高于其他的营养物质。身体内的水分具有以下的生理功能：

(1)水形成的体液和细胞液可以创造生化反应的基础环境，体内多种物质都可以在溶解的条件下进行反应，实现了细胞的代谢与合成功能。

(2)水是血液得以形成的基本条件，可以将多种养分溶解在血液内，并且为红细胞、淋巴细胞等提供运动环境，从而让血液可以流向全身各个位置。

(3)水可以产生散热作用，人体在体温升高时，会通过出汗来排出多余热量。

(4)水具有润滑的作用，身体中的许多黏液都是在水的基础上合成的。

(5)水可以产生排泄的作用，肾脏会产生尿液将代谢废物和有害物质排出体外。

4. 运动者的水代谢特点

(1)出汗率高。

人的身体必须在各种条件下保持恒定的体温，才能确保所有生理功能的正常。身体的血液和体液是对人体进行降温的关键，这些都需要身体拥有充足的水分来进行。人们在运动时，身体必然会出现热量释放的问题，这时就需要通过排汗来调节体温。因此，运动员的排汗系统更加发达。人们在参与运动时，出汗量也会明显增加。排汗是造成脱水问题的最主要原因。

(2)出汗量大，失水量多。

一次大强度负荷运动的失汗量可高达 2～7 L，如在 25～30 ℃进行 4 h 长跑运动的出汗量平均为 4.51±0.30 L。运动中肾血流量和肾小球滤过率减少，因此剧烈运动中或运动后，特别是在出汗量大的情况下，尿量会明显减少或无尿。在正常情况下，呼吸道丢失的水分较少，但在运动中呼吸道丢失水分可增加 10～20 倍。一次马拉松赛中失水量可达 5 L 左右。对一个 70 kg 体重的运动者而言，失水量可达体重的 7%。

能否掌握水分的合理供给，常成为运动效果好坏或比赛成败的关键。耐力运动中，因大量丢失水分而造成的脱水，常因给水不当所致。

(二)运动性脱水的原因

运动性脱水的常见原因如下。

1. 单纯失水

运动时呼吸道黏膜蒸发加强;运动造成的体温升高使皮肤蒸发增加。

2. 失水大于失钠

在剧烈运动时,运动者大量出汗,汗为低渗液体,其中的固体物主要是氯化钠,浓度变化很大,为 0.15%~0.50%,平均为 0.30%,此外还含有少量钾离子。

3. 水摄入不足

人们在体育训练和比赛期间,需要加大对水分的补充。由于在运动时的排汗会让身体中的钠等电解质流失,因此在补充水分时,也应该同时进行矿物质的摄入。如果人们在运动期间不注意补充水和矿物质,会影响身体的健康,出现脱水现象。

(三)运动性脱水的表现

1. 运动性脱水的表现

脱水时,身体会产生以下几种表现:一是脱水会让肌肉细胞的工作能力下降,产生疲劳、无力的感觉。二是脱水时皮肤会产生干燥感,并且身体也会感到燥热。同时,脑部会因为血液供应不足而产生头晕、精神不振等现象。三是严重脱水时,身体的许多器官和组织的功能会严重失调,有可能造成休克等问题。严重脱水会让血液产生黏稠问题,血压和供血能力会明显减少。如果脱水问题严重,对于心血管系统和肾脏会带来病变危害。

2. 运动性脱水的临床特点

运动性脱水主要是由排汗导致电解质流失和体液总量减少而产生的健康危害。随着运动时间的增加,如果不能及时补充水与矿物质,脱水会从轻度演变为重度。轻度脱水时,体现为排汗量和尿液的减少,身体会产生口渴感觉。重度脱水后,会对人的神智产生影响,出现幻觉、昏厥等问题。

人的身体素质情况对于脱水时的适应能力各有不同。运动经验较少的人员,在失水重量约为 2% 时,身体就会出现不适情况,身体的循环系统和细胞的机能会受到影响,使其难以再继续运动。经验丰富的运动员,可以承受身体失水 5% 的重量,在这种情况下运动能力不会受到太大影响。因此,身体素质的增强,可以让人们对于身体失水的情况产生更强的耐力。

(四)运动性脱水的健康管理

1. 处理

在运动时如果发生脱水的问题,最直接的办法就是及时补充水分。在运动期间可以通过多次少量的饮水来补充,同时可以引用一些运动饮料来补充流失的电解质。在运动后,也需要及时进行补充,即使出现脱水问题,也应该通过少量多次的方法来补充。

如果人们在运动时出现了重度脱水问题,仅靠饮水难以解决生理机能失衡的问题,这时需要通过静脉注射的方式向血液中补充水分。注射时一般会采用葡萄糖注射液来挂水，并且要补充矿物质成分。

2. 预防

脱水问题的预防比较容易进行，主要是人们在运动前、运动过程和运动后都需要及时饮用一些饮品来进行预防。

(1) 补液量。

①运动前补液应遵循少量多次的原则，以避免副作用发生。在运动前 15～20 min 可补充液体 400～700 mL。

②胃的最大排空率为 35 mL/min。运动中补液应每隔 15～30 min 补液 100～300 mL，或跑 2～3 km 补液 100～200 mL，以 800 mL/h 为限。补液量可为出汗量的 1/3～1/2，其余在运动后补充。发生口渴时已失去约 3% 体重的汗液，如果依赖口渴感进行补液，需 48 h 才能补足，故口渴感不能作为补液的指征。

③运动后补液仍应遵循少量多次的原则，总量取决于失汗量。

(2) 补液的成分。

饮料若能尽快由胃中排空，则有利于水的吸收和利用。饮料中的糖和电解质浓度越大，则渗透压越大，排空将越慢。糖浓度 5% 时，其排空速度与水相似。

大量出汗情况下所用的运动饮料应以补水为主。可适当采用糖-电解质饮料，以加速血容量恢复；温度较低(5～13℃)，饮料口感较好。

(3) 补液切忌过度集中。

若一次大量补液，可能会引起：

①抑制渴感。

②增加排尿、出汗量，加快电解质流失。

③增加心、肾负担。

④使胃扩张，胃液冲淡，呼吸功能下降。[①]

[①] 李霞.大学体育基础教育概论[M].青岛：中国海洋大学出版社，2016.

参考文献

[1]吴经纬.大学生健康教育[M].西安:西安电子科技大学出版社,2016.
[2]肖建国.新时代大学生思想道德教育研究[M].长春:吉林人民出版社,2021.
[3]湖南省高教学会保健医学专业委员会.新编大学生健康教育读本[M].长沙:湖南大学出版社,2013.
[4]湖南省高教学会保健医学专业委员会.新编大学生健康教育读本[M].2版.长沙:湖南大学出版社,2017.
[5]张影侠,隋灵灵,李玲玲.大学生心理健康教育[M].济南:山东人民出版社,2017.
[6]袁涛.环境健康科学[M].上海:上海交通大学出版社,2019.
[7]程胜高,但德忠.环境与健康[M].北京:中国环境科学出版社,2006.
[8]陈善喜.大学生营养与健康.[M]成都:电子科技大学出版社,2013.
[9]姚鸿恩.体育保健学[M].北京:高等教育出版社,2006.
[10]王萍,吴明宇,姚丹.学前儿童保育学[M].北京:清华大学出版社,2015.
[11]王安利.运动医学[M].北京:人民体育出版社,2008.
[12]沈斌.警察体育保健学实务[M].成都:四川大学出版社,2016.
[13]韦建明.大学生健康教育与体育健身[M].武汉:武汉理工大学出版社,2010.
[14]桑志芹.大学生心理健康学[M].北京:科学出版社,2007.
[15]甄铁梅,贾玉梅.大学生健康教育[M].大连:大连理工大学出版社,2011.
[16]牛映雪,鹿国晖,刘杨,等.体育保健与运动康复技术[M].北京:化学工业出版社,2016.
[17]李乃加,孙启香,曹应忠.大学生健康教育新论[M].南京:河海大学出版社,2008.
[18]高伟峰,张时春.职业道德与就业创业指导[M].北京:清华大学出版社,2005.
[19]孙新,陈晓宁.传染病学[M].北京:人民军医出版社,2013.
[20]徐芳,邵泽龙,董丽波,等.高校时尚健身塑形运动学练新诠释[M].北京:光明日报出版社,2015.
[21]马鹏涛.高校体育教学改革创新与科学化训练研究[M].北京:新华出版社,2018.
[22]宋阳.新时期大学生廉洁教育体系构建的路径研究[M].石家庄:河北人民出版社,2019.
[23]刘雪勇,彭再如,黄定华.大学生健康教育[M].长沙:湖南科学技术出版社,2007.
[24]全国十所院校编写组.新编大学生健康教程[M].汕头:汕头大学出版社,2005.
[25]赵莉莉.职业道德[M].沈阳:东北财经大学出版社,2002.
[26]李海波.职业道德[M].南宁:广西人民出版社,2014.
[27]陈英军,李军,郭智辉.民族传统体育与健身[M].杭州:浙江大学出版社,2012.

[28]刘晓敏,蒋廷阁,郑潇雨,等.思想政治教育与辅导员工作[M].北京:经济日报出版社,2018.
[29]刘丹松.青少年体质调查与能量消耗模型研究[M].武汉:中国地质大学出版社,2015.
[30]曹文元.传染病学[M].西安:第四军医大学出版社,2012.
[31]刘继忠,朱海营,葛飞,等.大学生体质健康教育研究[M].北京:光明日报出版社,2014.
[32]刘星亮.体质健康概论[M].武汉:中国地质大学出版社,2010.
[33]龙正,朝明均.民族体育保健概论[M].成都:西南交通大学出版社,2014.
[34]陈叶坪,张桂兰.大学生健康教育[M].2版.武汉:华中科技大学出版社,2018.
[35]齐爱花.当代大学生道德素质教育理论与实践研究[M].北京:冶金工业出版社,2020.
[36]傅君英.新时代大学生理想信念教育研究[M].西安:西安电子科技大学出版社,2019.
[37]朱坚强,张颖香.大学生诚信教育概论[M].上海:立信会计出版社,2016.
[38]黄东升.新时代大学生廉洁教育论纲[M].北京:光明日报出版社,2020.
[39]李家祥,王雯.职业道德教育[M].昆明:云南大学出版社,2006.
[40]冯宪萍.大学生心理健康教育[M].济南:山东人民出版社,2019.
[41]马毅,吴明宇,苑海燕,等.大学生生理健康教育[M].北京:清华大学出版社,2018.
[42]严铁毅.大学生心身保健教程[M].上海:上海交通大学出版社,2010.
[43]徐晓宗.大学生健康教育读本[M].成都:西南交通大学出版社,2019.
[44]岳慧灵.体育课程运动处方教学模式[M].长春:吉林人民出版社,2020.
[45]张钧,何进胜.运动健康管理[M].上海:复旦大学出版社,2019.
[46]陈善喜.大学生健康与疾病防治教程[M].北京:北京理工大学出版社,2018.
[47]文渭河,杜清锋,杨杰.当代大学体育健康教程[M].长春:吉林人民出版社,2020.
[48]李霞.大学体育基础教育概论[M].青岛:中国海洋大学出版社,2016.
[49]于学强.大学生廉洁教育读本[M].南京:东南大学出版社,2020.
[50]贾腊江.大学生健康促进与健康教育[M].西安:陕西科学技术出版社,2018.

后 记

健康是人类追求的永恒主题。人类个体需要健康,整个人类社会也需要,因为健康是人类社会生存和发展的基础。随着社会的向前发展,人类生存和发展的条件在发生变化,健康的需求以及健康问题都需要人们关注,过去如此,现在和将来亦是如此。健康教育是预防疾病、研究健康教育基本理论和方法的一门科学。高等学校健康教育作为健康教育学的组成部分,是随着我国高等学校教育体制改革而不断发展和完善的,对于帮助青年学生自觉选择健康行为和生活方式,消除危险因素的影响,从而促进心身健康,改善生活质量,具有一定的积极意义。对于大学生来说,维持健康、愉悦的生活,身体健康是基础,心理健康是身体健康的支柱,两者相互联系,密不可分。

大学生是一个特殊的群体,是今后社会向前发展的一支重要力量。大学生虽然具有较丰富的文化知识,但作为一个青春发育后期的群体,大学时期又是他们由家庭走向社会、由青涩走向成熟的转型时期。本书是福建省社科联课题"我国国家制度和国家治理体系的显著优势研究"(JSZW2020096)阶段成果,笔者认真学习贯彻国务院印发的《健康中国行动组织实施和考核方案》,在健康中国视域下研究大健康教育问题,旨在帮助青年学生更好地掌握常见疾病的预防知识,增强自身素质;正确对待疾病,有应对突发状态的防控措施,从容处理紧急状况;在学习的关键时期,能更好地懂得有效自我调节。高校也应根据大学生的身心特点,有计划、有目的地开展和加强健康教育,倡导积极健康的生活方式,帮助大学生树立健康第一、预防为主、终身锻炼的现代健康意识和卫生观。这不仅关系到大学生个人的健康和幸福,而且对中华民族整体健康素质的提升具有重要意义。本书是笔者继医学人文应用文科研究中心系列丛书之《当代休闲体育与人体健康》后撰写的第二部专著。希望学生通过对本书内容的学习,了解健康的作用和意义,增强维护健康的自觉性,树立现代健康观念,摒弃不良的生活习惯,成长为具有健康的体魄、良好的心理素质和善于与人沟通的人,成长为一个真正意义上的全面健康的人。

刘晓云

2023 年 2 月